Retouchez vos photos pas à pas

Luminosité • Contraste • Couleur

CHEZ LE MÊME ÉDITEUR

Du même auteur

Photographier au quotidien avec Anne-Laure Jacquart, 2013, 256 p.
Mémophoto – Les réglages de l'appareil, 2012, dépliant, 14 p.
Mémophoto – La composition étape par étape, 2012, dépliant, 14 p.
Composez, réglez, déclenchez ! La photo pas à pas, 2011, 168 p.

Appareils photo numériques

D. Lefevre, *Photographier avec son Nikon D5300* (à paraître).
P. Druel, *Photographier avec son Nikon D3300* (à paraître).
N. S. Young, *Photographier avec son Canon EOS 70D*, 2014, 282 p.
M. Ferrier, C.-L. Tran, *Réussir ses photos avec le Nikon D5200 – Pentax K-x – Nikon D3000 – Nikon D5000 – Nikon D90 – Canon EOS 1000D.*
A. Santini, *Découvrir le Nikon D60.*
V. Luc, P. Brites, *Maîtriser le Canon EOS 5D Mk III – Canon EOS 600D.*
V. Luc, *Maîtriser le Canon EOS 60D – Canon EOS 500D – Canon EOS 7D – Canon EOS 550D – Canon EOS 5D Mk II – Canon EOS 350D – Nikon D80 – Nikon D200 –Nikon D50.*
V. Luc, M. Ferrier, *Maîtriser le Nikon D300.*
V. Luc, B. Effosse, *Maîtriser le Canon EOS 40D – Canon EOS 400D.*

Techniques de la photo – Prise de vue

E. Balança, *Photographier les animaux* (à paraître).
G. Simard, *Les secrets de la photo en gros plan* (à paraître).
I. et A. Guiller, *Les secrets de la photo sous-marine*, 2014, 268 p.
V. Bergamaschi, *Les secrets de la photo de nuit*, 2014, 144 p.
F. Milochau, *Les secrets de la photo de paysage*, 2014, 224 p.
C. Flers, *Vivre de la photo de mariage*, 2014, 200 p.
É. Delamarre, *Profession photographe indépendant*, 3e édition, 2014, 320 p.
P. Bachelier, *Noir & blanc – De la prise de vue au tirage*, 4e édition, 2013, 230 p.
S. Arena, *Lumière – Pratique photo*, 2013, 284 p.
J.-M. Sepulchre, *Apprendre à photographier en numérique*, 4e édition, 2013, 160 p.
L. Breillat, *Choisir l'objectif idéal pour son reflex Canon/Nikon*, 2013, 176 p.
E. Balança, *Le grand livre de la photo de nature*, 2013, 260 p.
S. Calabrese Roberts, *La photo documentaire*, 2013, 192 p.
A. Amiot, *Conseils photo pour les voyageurs*, 2013, 160 p.
S. Leporcq, *Photographier les enfants*, 2013, 144 p.
É. Baledent, *Photographier tous les sports*, 2013, 180 p.
T. Nagar, *Street photo*, 2013, 176 p.
R. Bouillot, *Pratique du reflex numérique*, 4e édition, 2013, 484 p.
J. Dennis Thomas, *Photographie de concert*, 2013, 208 p.
G. Lepetit-Castel, *Concevoir son livre de photographie*, 2013, 176 p.
H. Adnum, *Blogs, boutiques, catalogues – Photographiez vos créations*, 2012, 192 p.
H. Mante, *Composition et couleur en photographie*, 2012, 208 p.
B. Harvell, *Filmer avec son iPhone – Tourner, monter, diffuser*, 2012, 160 p.
M. Abdelli, *Photo gourmande – Conseils d'une blogueuse culinaire*, 2012, 140 p.
F. Hunter, S. Biver, *et al.*, *Manuel d'éclairage photo*, 2e édition, 2012, 260 p.
C. Harnischmacher, *Mini-studio photo*, 2012, 144 p.
J. Batdorff, *Noir et blanc numérique – Pratique photo*, 2012, 216 p.
J. Revell, *Exposition – Pratique photo*, 2011, 270 p.

Traitement de l'image numérique

S. Kelby et M. Kloskowski, *Photoshop Elements 12 pour les photographes*, 2014, 450 p.
M. Evening, *Photoshop CC pour les photographes*, 2014, 700 p.
M. Evening, *Lightroom 5 pour les photographes*, 2014, 660 p.
G. Theophile, *Lightroom 5 par la pratique*, 2013, 300 p.
G. Theophile et C. Jentzsch, *Créez vos livres photo avec Lightroom*, 2013, 176 p.
J. Delmas, *La gestion des couleurs pour les photographes, les graphistes et le prépresse*, 2012, 540 p.
M. Evening, J. Schewe, *Retouches et photomontages avec Photoshop CS5*, 2011, 478 p. + DVD-Rom.
V. Gilbert, *Camera Raw par la pratique*, 2011, 190 p.

Retouchez vos photos pas à pas

Luminosité • Contraste • Couleur

Anne-Laure Jacquart

EYROLLES

Remerciements

Merci !

Merci à vous tous qui avez accompagné la réalisation de ce livre par vos encouragements, votre touchante impatience, vos bienveillants messages. Merci de m'avoir donné la force et le courage nécessaires pour aller au bout de ce projet ambitieux.

Merci à mon éditeur, Eyrolles, de se montrer aussi ouvert à mes idées et enclin à me suivre et me seconder dans leur mise en œuvre. Je tiens à remercier tout spécialement mon éditrice, Hélène Pouchot, qui a porté ce livre pendant de longs mois et m'a aidée à coucher ce projet sur le papier avec le respect, la patience et le professionnalisme qui la caractérisent.

Merci à mes proches d'être à mes côtés, dans les bons moments comme les plus difficiles, de me soutenir et de m'accompagner. Merci de croire en mes idées et en ma créativité.

Mon papa, André Jacquart, est tout à la fois à l'origine de ma passion pour la photographie et de mon intérêt pour la pédagogie. Il m'a appris la joie de transmettre et d'enseigner, comme celle de s'émerveiller, un appareil à la main, devant ce monde qui cache parfois trop sa beauté. Je lui dédie ce livre qui, je l'espère, vous aidera à apprendre la retouche d'images de la meilleure manière et vous inspirera des photos créatives, belles, expressives.

Groupe Eyrolles
61, bd Saint-Germain
75240 Paris Cedex 05
www.editions-eyrolles.com

Maquette et mise en pages : Nord Compo, Villeneuve d'Ascq

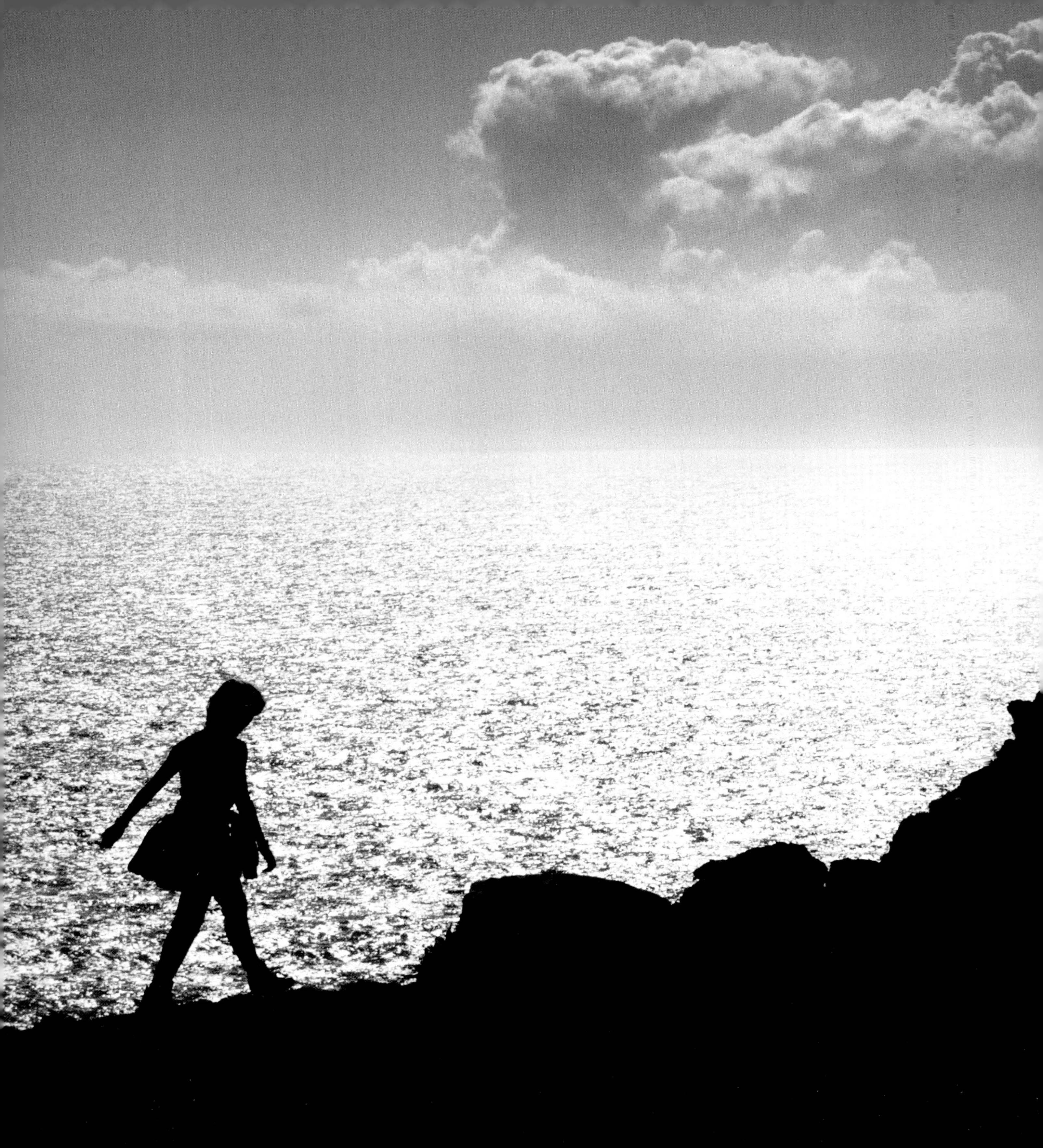

Efficacité, subtilité, expressivité…

Efficacité, subtilité, expressivité… Tels seront nos mots d'ordre de retouche !

Avec ce livre entre les mains, vous avez décidé de faire un pas en avant vers une meilleure mise en valeur de vos images. Quelle bonne nouvelle ! Car, si la prise de vue constitue l'ingrédient principal de notre création photographique, la retouche photo est la pincée de sel ou d'épices qui peut décupler son potentiel et sublimer ses « saveurs ».

De nombreuses barrières se dressent entre le photographe et l'optimisation d'images : préjugés sur la retouche, crainte d'une activité chronophage nécessitant la mise en œuvre de logiciels parfois onéreux et considérés comme complexes à l'usage, méconnaissance des résultats que l'on peut obtenir rapidement avec des outils somme toute assez simples…

J'espère, à travers cet ouvrage, vous amener à découvrir ou redécouvrir le processus de retouche à la fois dans toute sa simplicité et dans toute sa complexité. Simplicité, car c'est à travers une sélection d'outils restreinte que nous allons transfigurer nos images. En effet, 20 % des outils disponibles et de l'effort fourni permettent d'obtenir 80 % du résultat escompté (loi de Pareto) ! Complexité, aussi (qui ne signifie pas « complications » mais bien « richesse »), car c'est dans l'art d'observer finement nos images ainsi que dans la manière de doser et de combiner les effets des cinq ou six outils mis en jeu que nous apprendrons à révéler leur incroyable potentiel.

Au programme, donc, efficacité mais aussi expressivité. En effet, la retouche sera, dans notre démarche, mise au service non seulement du rendu de l'image mais aussi des émotions qu'elle peut procurer… pour des photos d'autant plus personnelles, et créatives.

Alors, bonne lecture et bonne redécouverte de vos photographies !

Sommaire

Au programme de votre lecture

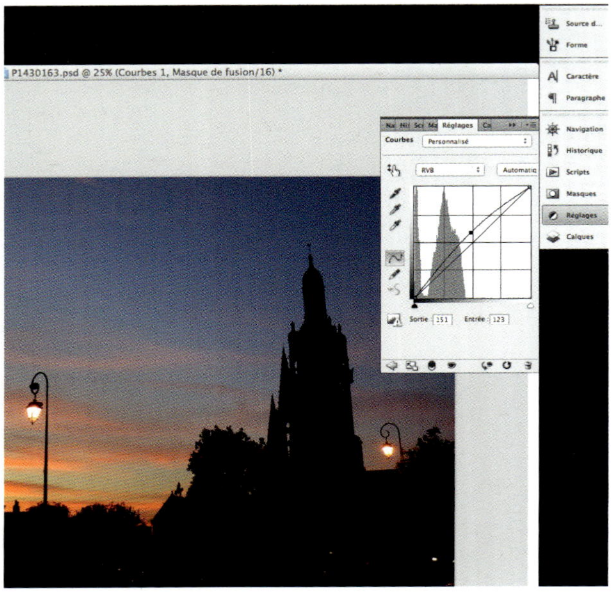

Parfois, même devant notre écran, une « photo » nous saute aux yeux ! Alors que je retouchais une vue de clocher en contre-jour via la Courbe, sous Photoshop, je me suis soudain rendue compte que le tracé de l'histogramme reprenait assez fidèlement la forme du sujet. J'en ai réalisé cette « photo-capture d'écran ».

Ce que je vous propose à travers ces pages, c'est un ouvrage d'optimisation globale du contraste et de la couleur. L'idée ? Celle du « révélateur », déjà d'actualité au temps de l'argentique, et qui fait la transition entre un négatif nécessitant d'être développé et une image finalisée. Si notre matière première numérique est un « positif », elle n'est pas pour autant une photographie au rendu optimal, une image aboutie.

Qu'est-ce que l'optimisation d'images ?

Cet ouvrage traite de l'aspect le plus essentiel de la retouche : le post-traitement d'images… Je ne vous apprendrai donc pas à jouer les prestidigitateurs de la photo en faisant apparaître des goélands dans un ciel azur ni en supprimant, comme par enchantement, l'acné de vos modèles. L'enjeu consiste ici à révéler le potentiel de vos fichiers bruts par une optimisation qualitative et créative de la luminosité, du contraste et de la colorimétrie. Cette démarche de retouche vous aidera, j'en suis convaincue, à « faire illusion » et permettra à vos clichés en deux dimensions d'enfin retranscrire la richesse des scènes que vous captez, tout en volume, en lumière et en couleurs fortes !

Des retouches globales mais « différenciées »

Afin de simplifier le propos mais aussi de rendre les exemples plus parlants et les retouches possibles dans n'importe quel logiciel, j'ai choisi de ne présenter, dans cet ouvrage, que des traitements réalisés sur l'ensemble de l'image (pas de traitements par zones). Les méthodes de retouche différenciée vous surprendront cependant sans doute en vous permettant d'agir (comme par magie !) davantage sur l'un ou l'autre sujet de la photo (voir chapitre 7).

Un contraste accentué pour un impact décuplé

Les traitements présentés visent à exploiter le contraste de façon créative plutôt qu'à l'optimiser de manière sage et classique (voire à l'atténuer *via* l'utilisation de curseurs dédiés à la récupération de détails dans les zones bouchées ou les plus éclairées)… J'espère ainsi que cet ouvrage vous amènera à aimer encore davantage un contraste prononcé tout autant que justement dosé et à mettre en valeur vos photos de façon plus originale, plus personnelle et plus créative.

La retouche, accessible à tous

J'aspire, *via* ce livre, à rendre la retouche accessible à tous, et à permettre à ceux qui n'ont pas osé se lancer jusque là, faute de temps, de support adapté, de budget logiciel ou d'envie, de redécouvrir leurs images sous un nouveau jour. Pour ceux d'entre vous qui pratiquent et maîtrisent déjà en partie l'optimisation d'images, cet ouvrage est une invitation à repartir sur des bases peut-être plus simples et plus solides. Il vous amènera à mieux comprendre certaines manipulations dont vous avez sans doute déjà expérimenté les effets, et à les mettre en œuvre de manière plus pertinente, plus cohérente avec l'image choisie mais également plus intentionnelle.

Conseils de lecture

Effectuer une première lecture chronologique du livre vous permettra de mieux comprendre comment s'articulent la réflexion sur le rendu de l'image et les réglages effectués. Par la suite, chaque thème étant développé sur une double page dédiée, vous pourrez facilement réétudier l'un ou l'autre réglage et choisir, à votre convenance et à votre rythme, l'un ou l'autre rendu parmi les modèles de retouche présentés afin d'en faire bénéficier certaines de vos images.

Ma méthode tend à vous faire repartir de la base, de la perception, puis de la gestion de la luminosité, du contraste, de la couleur, pour aller vers une démarche de retouche aboutie et des rendus plus complexes appliqués « en connaissance de cause ». Vous aurez peut-être l'impression, par moment, de lire quelques évidences ; ces rappels sont cependant essentiels, aussi je vous conseille de ne pas brûler les étapes et de suivre mon raisonnement. La démarche présentée, en vous faisant cheminer du plus simple au plus complexe, vous permettra de comprendre vraiment les enjeux de la retouche d'images.

D'emblée, j'ai imaginé cette prise de vue, réalisée dans un écomusée, en noir et blanc. L'ambiance intemporelle, authentique, le charme du contre-jour et le jeu des matières ne pouvaient qu'être sublimés par un traitement monochrome ! Ici, le contraste était déjà là, un peu trop agressif, même, et selon un rendu plutôt sombre. J'ai donc cherché à retrouver un peu plus de lumière pour adoucir la photo sans toutefois briser ce contraste fort, garant de son impact visuel et émotionnel. Un léger recadrage m'a également permis de dynamiser la composition.

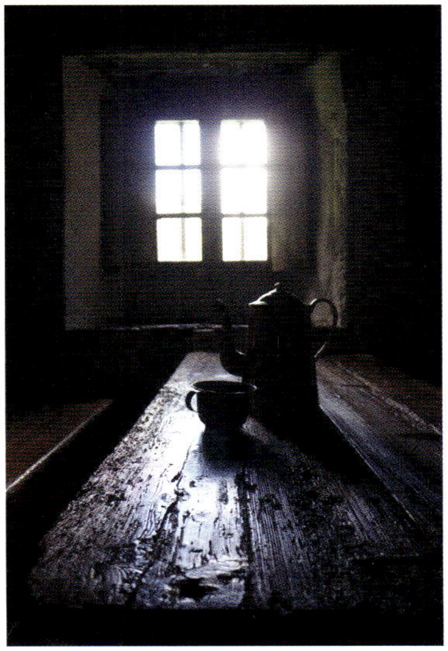

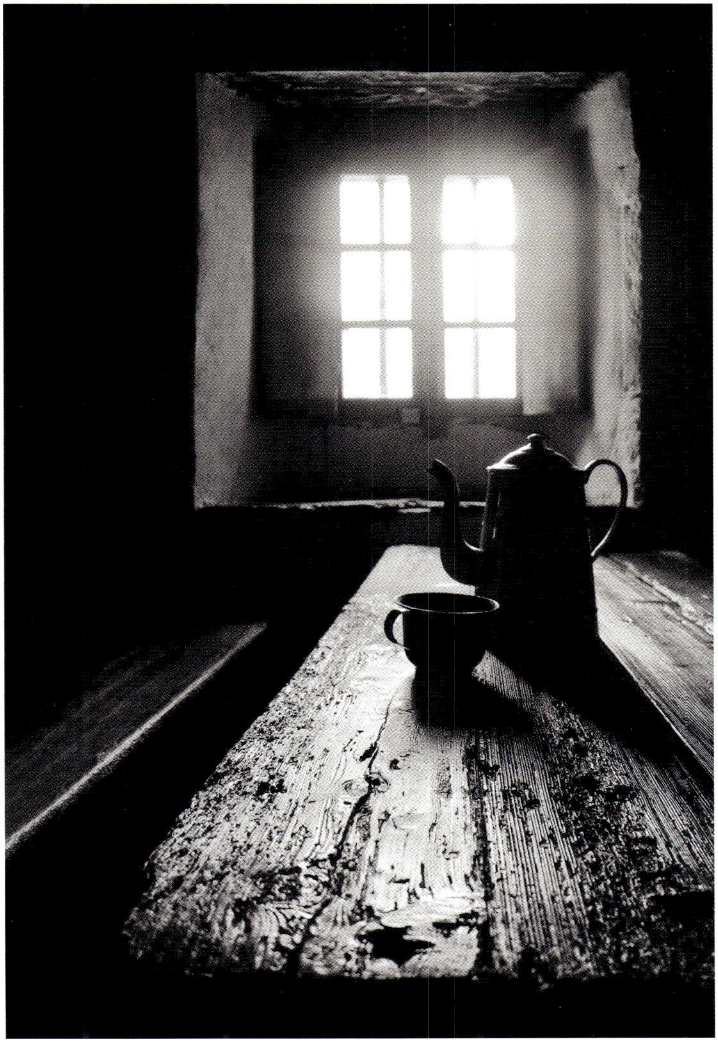

Retouchez pas à pas, mode d'emploi

Pour cet ouvrage aux contenus riches et variés, nous avons souhaité vous proposer une mise en pages souple, tout autant que claire et structurée. Tout au long des dix chapitres qui composent le livre, photos d'illustrations, schémas et captures d'écran accompagnent le texte, pour une meilleure compréhension et un rendu à la fois moins rébarbatif et plus tourné vers la mise en œuvre pratique.

Je m'adresse à vous ici ou là pour vous faire part de mes trucs de retouche, vous avertir d'une difficulté dans l'un ou l'autre logiciel, vous accompagner dans votre lecture et vos tâtonnements.

Chaque thème est présenté sur une double page et structuré en courts paragraphes, pour une lecture claire et un repérage facile de l'information recherchée.

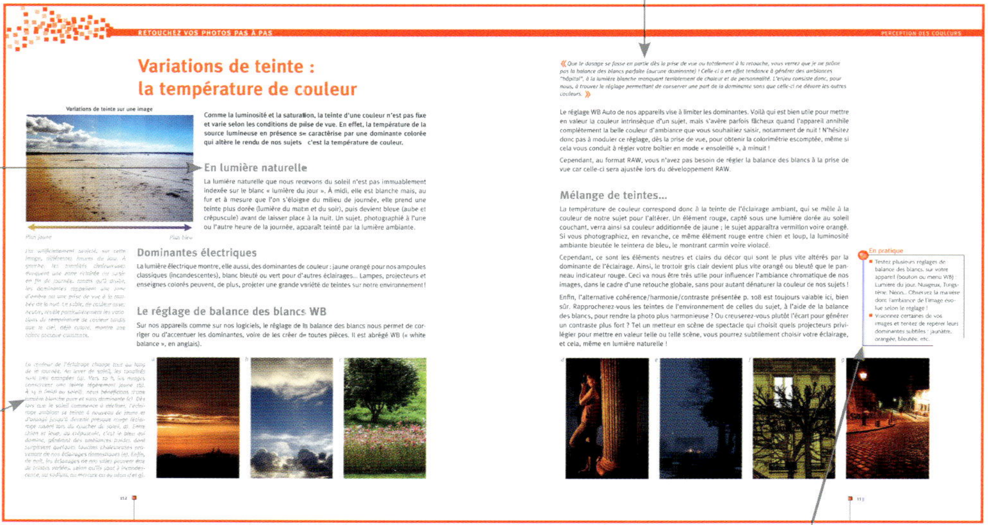

Les légendes indiquent comment j'exploite les opportunités du thème courant lors de mes propres retouches. Elles lèvent le voile sur mes intentions de prise de vue et mes choix de réglage.

Les encadrés « En pratique » constituent des propositions d'exercices et vous amènent à mettre en œuvre sans attendre les réglages présentés. Entraînez-vous sur des retouches simples, expérimentez leurs effets sur diverses images, à des intensités différentes, et vous serez armé pour appliquer des combinaisons de retouches plus complexes à vos photos !

Quelles photos allez-vous sublimer par cette retouche ? Dans les chapitres 5 et 9, je vous oriente d'emblée vers des images adaptées à l'effet étudié.

Dans les chapitres 4 et 5, la 1re colonne décrit la mise en œuvre des retouches à l'aide des réglettes présentes dans la plupart des logiciels simples grand public et de développement d'images. Les logiciels n'employant pas tous le même vocabulaire, consultez l'intérieur du rabat A si vous avez un doute sur le curseur à actionner.

La 2e colonne concerne la retouche via la fenêtre de Niveaux, que l'on trouve essentiellement dans les logiciels de retouche avancée.

La 3e colonne décrit le maniement de la Courbe, outil complexe mais riche en opportunités de retouche, présent dans les logiciels de développement d'images et de retouche avancée.

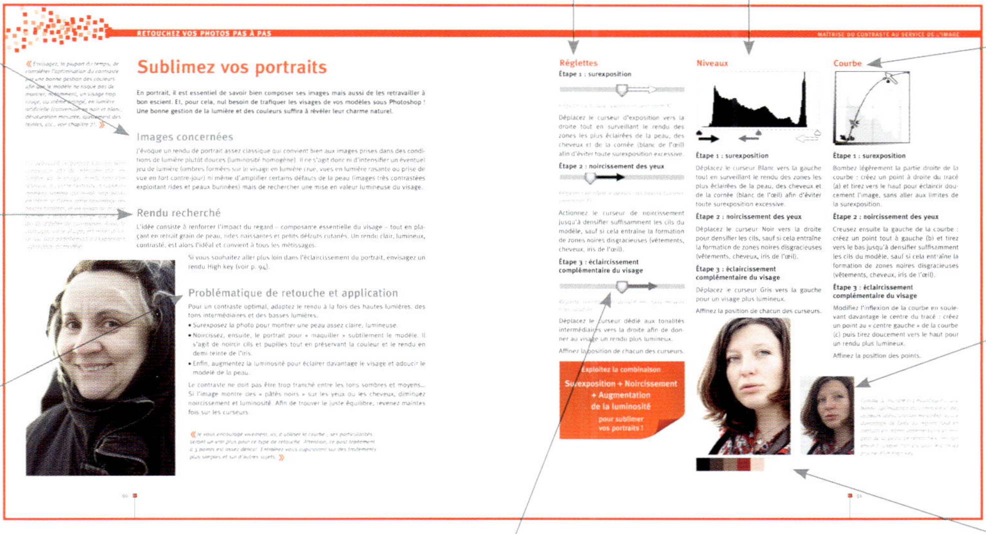

Le rendu présenté correspond-il bien à ce que vous souhaitez pour votre image ? Pour vous aider à le savoir, je décris l'aspect que nous cherchons à obtenir par cette retouche.

Je vous indique ensuite comment procéder pour appliquer la retouche, quel que soit l'outil que vous souhaitez utiliser.

La photo brute, souvent associée à l'image retouchée, vous donne la possibilité de mieux repérer comment l'image a évolué grâce à la retouche et quelles sont les opportunités du réglage étudié.

Les photos permettent de visualiser facilement l'effet produit par le réglage étudié et vous guident dans vos choix de rendu et la mise en œuvre de vos retouches. Les « palettes » mettent l'accent sur la constitution de l'image, en couleur et en densité.

Des captures d'écran matérialisent les réglages à effectuer. L'intensité de la retouche dépendant de l'image d'origine et du résultat escompté, la longueur des flèches ne peut vous indiquer précisément où placer le curseur. C'est pourquoi je ne donne pas non plus de valeurs chiffrées.

Dans les pages Atelier, je partage avec vous mes réflexions et ma démarche de retouche. Les ateliers « variantes » vous invitent à comparer différentes versions d'une image tandis que les ateliers « pas à pas » décrivent les étapes de retouche permettant d'aboutir au résultat final.

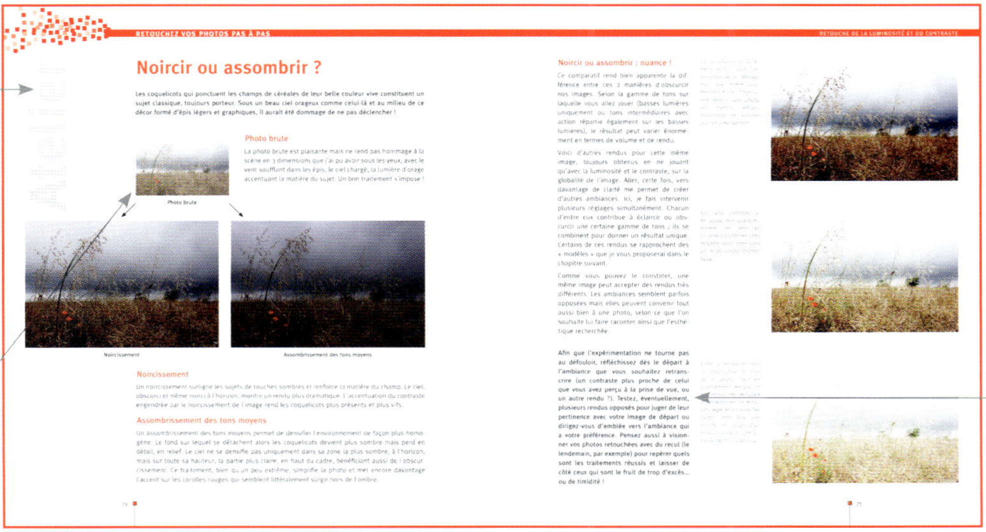

Je vous présente systématiquement la photo brute pour que vous compreniez ce qui guide ma réflexion et mes choix de retouche.

Un dernier paragraphe vous apporte conseils et astuces pour appliquer les retouches présentées et faire bénéficier vos images de rendus similaires.

Un livre pour pratiquer !

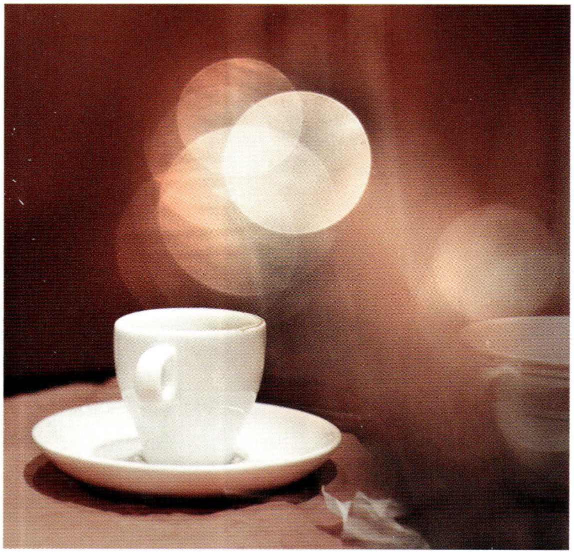

J'ai distillé, déjà à la prise de vue, un peu de magie sur ce sujet tout simple, en intégrant un élément brillant au premier plan, en faible profondeur de champ. Il ne restait plus qu'à souligner ce rendu délicat par une retouche à l'avenant caractérisée par une luminosité et un contraste bien dosés mais surtout par une atténuation des couleurs que je ne voulais conserver qu'en demi-teintes (désaturation mesurée).

Bien entendu, la lecture de ce livre ne va pas sans la mise en pratique, sur vos propres images, des retouches présentées ! Voici quelques informations et conseils pour vous aider à projeter ma démarche de retouche sur vos photos.

Mise en œuvre logicielle

Cet ouvrage est conçu pour vous permettre de progresser quel que soit le logiciel que vous souhaitez utiliser. Pour que cela soit possible, je décris, tout au long du livre, comment accéder aux outils et appliquer les réglages dans une dizaine de logiciels de référence. Ce panel me donne la possibilité d'explorer les différents types de fonctionnement que l'on peut rencontrer sur les plateformes de retouches. Les similitudes d'ergonomie et de vocabulaire permettent que ces informations soient utiles aux utilisateurs de tous logiciels.

Si, au cours de votre lecture et de vos essais, vous réalisez que votre logiciel présente des lacunes et limite votre retouche, tournez-vous simplement vers d'autres plateformes pouvant mieux répondre à vos besoins ! N'hésitez pas, notamment, à consulter la liste des logiciels gratuits conseillés p. 44 ; ceux-ci vous permettront de mettre en œuvre facilement tous les traitements présentés dans l'ouvrage.

Les différentes variantes d'un même outil (réglettes, niveaux ou courbe pour le contraste, balance des couleurs à curseurs ou encore courbes Rouge Vert Bleu pour les traitements couleur, etc.) peuvent, de plus, s'avérer plus ou moins adaptés à l'une ou l'autre retouche. Aussi, ne vous limitez pas à une seule, mais exploitez leur complémentarité pour obtenir LE rendu précis que vous recherchez ! Selon votre expérience de la retouche et votre sensibilité, commencez par approfondir les réglages *via* l'un de ces outils avant de vous intéresser au suivant, ou consultez d'emblée les informations données, pour un même réglage mis en œuvre, sur plusieurs d'entre eux, afin de mieux repérer leurs spécificités.

Sélection de photos tests pour se lancer

Afin de vous entraîner à mettre en œuvre facilement et sans scrupules les retouches présentées, préparez une petite sélection d'images qui constituera la matière première de vos bancs de tests. Pour vous faire la main, n'optez pas pour vos photos préférées ! Les images choisies auront en effet peut-être à subir vos maladresses de retouche, sans doute inévitables, et vous devez vous sentir libre d'expérimenter.

Prenez soin, avant toute chose, de dupliquer les photos concernées afin d'en conserver une version intacte. En plus de cette version brute mise de côté et archivée, enregistrez, dans votre dossier « Retouchez vos photos pas à pas », chacune des images en deux exemplaires. Cela vous permettra de comparer facilement votre version tout juste retouchée avec l'original, et de dupliquer ce dernier à l'infini pour envisager, chaque fois, une nouvelle retouche, différente de la précédente.

Dans votre sélection d'images tests, rassemblez une dizaine de photos variées montrant les caractéristiques suivantes (une même image peut intégrer plusieurs des critères énoncés) :

- douce et fade, comme voilée (vue par temps couvert, reflet) ;
- extrêmement contrastée (contre-jour présentant des silhouettes et des zones lumineuses) ;
- très claire, assez blanche (vue d'un sujet très clair, ou légèrement surexposée) ;
- particulièrement colorée (vue regroupant des sujets d'au moins trois couleurs tranchées) ;
- presque sans couleurs (vue tout en demi-teintes, gris bleuté, verdâtre, jaunâtre, etc.) ;
- ensoleillée (vue montrant des ombres et des sujets éclairés) ;
- dominée par le ciel (vue intégrant une grande part de ciel, si possible nuageux) ;
- nocturne (vue de nuit plutôt sombre, réalisée en extérieur) ;
- à la lumière électrique (vue réalisée en intérieur, en fin de journée) ;
- décevante car non représentative du volume ou des couleurs du sujet photographié ;
- mystérieuse, dramatique (vue vous semblant montrer une ambiance un peu inquiétante, offrant un bon potentiel dramatique) ;
- un portrait (vue montrant un visage mais pas l'ensemble du corps du modèle).

Bien entendu, cette première sélection n'est pas limitative. Aussi, n'hésitez pas à aller chercher au fur et à mesure de votre lecture d'autres photos plus adaptées pour mettre en œuvre l'une des retouches présentées ou à prélever de vos prises de vue récentes quelques nouvelles images dont vous souhaitez explorer le rendu. Cependant, revenir plusieurs fois sur la même photo vous aidera, je le pense, à juger de vos progrès et à affiner, par la pratique, votre réflexion sur le rendu d'une image.

Cette photo est rendue assez douce par son contraste plutôt réduit, son flou de profondeur de champ et ses couleurs harmonieuses. J'ai cherché, par un traitement subtil, à offrir une meilleure luminosité à cette vue saisie entre chien et loup sans pour autant la surexposer ni en annihiler l'atmosphère semi-nocturne. La retouche a naturellement révélé les teintes complémentaires des sujets en présence sans pour autant les rendre criardes ; elles apparaissent alors plus pures et plus acidulées.

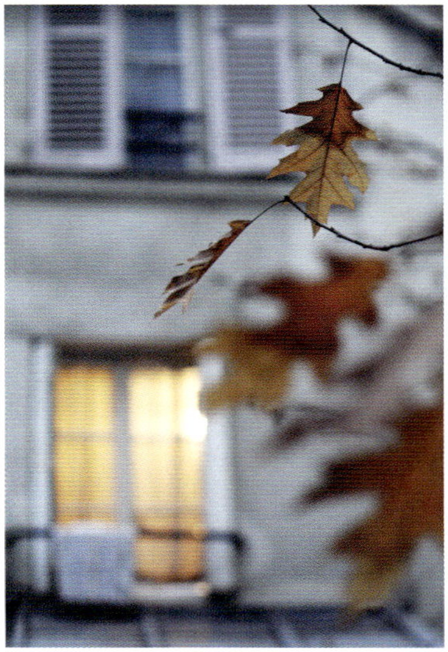

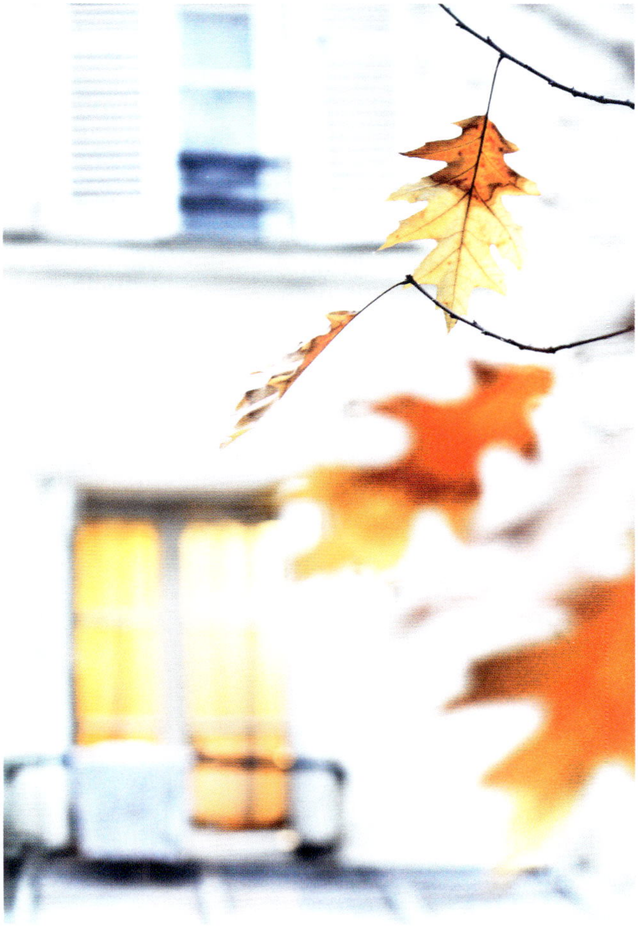

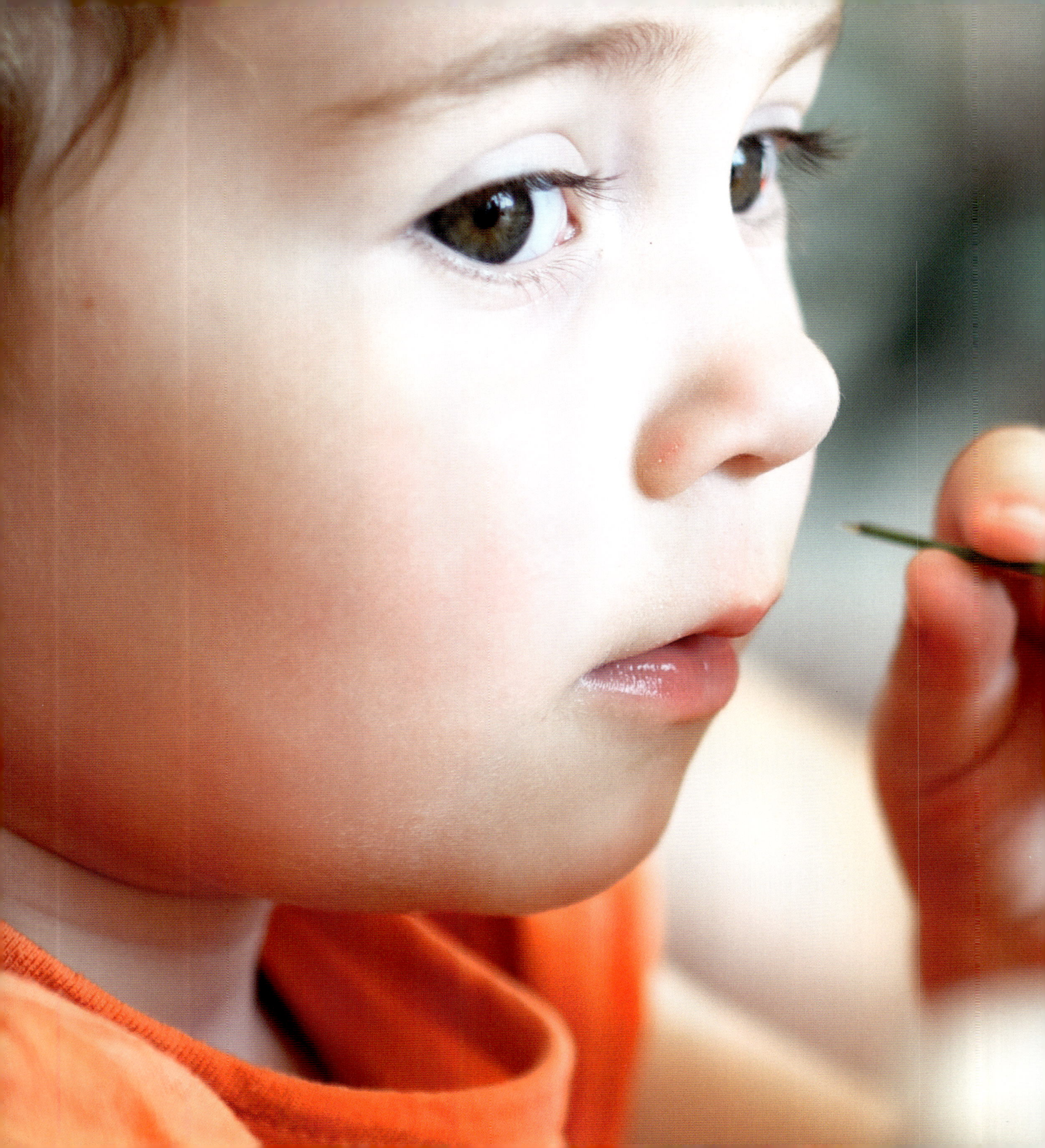

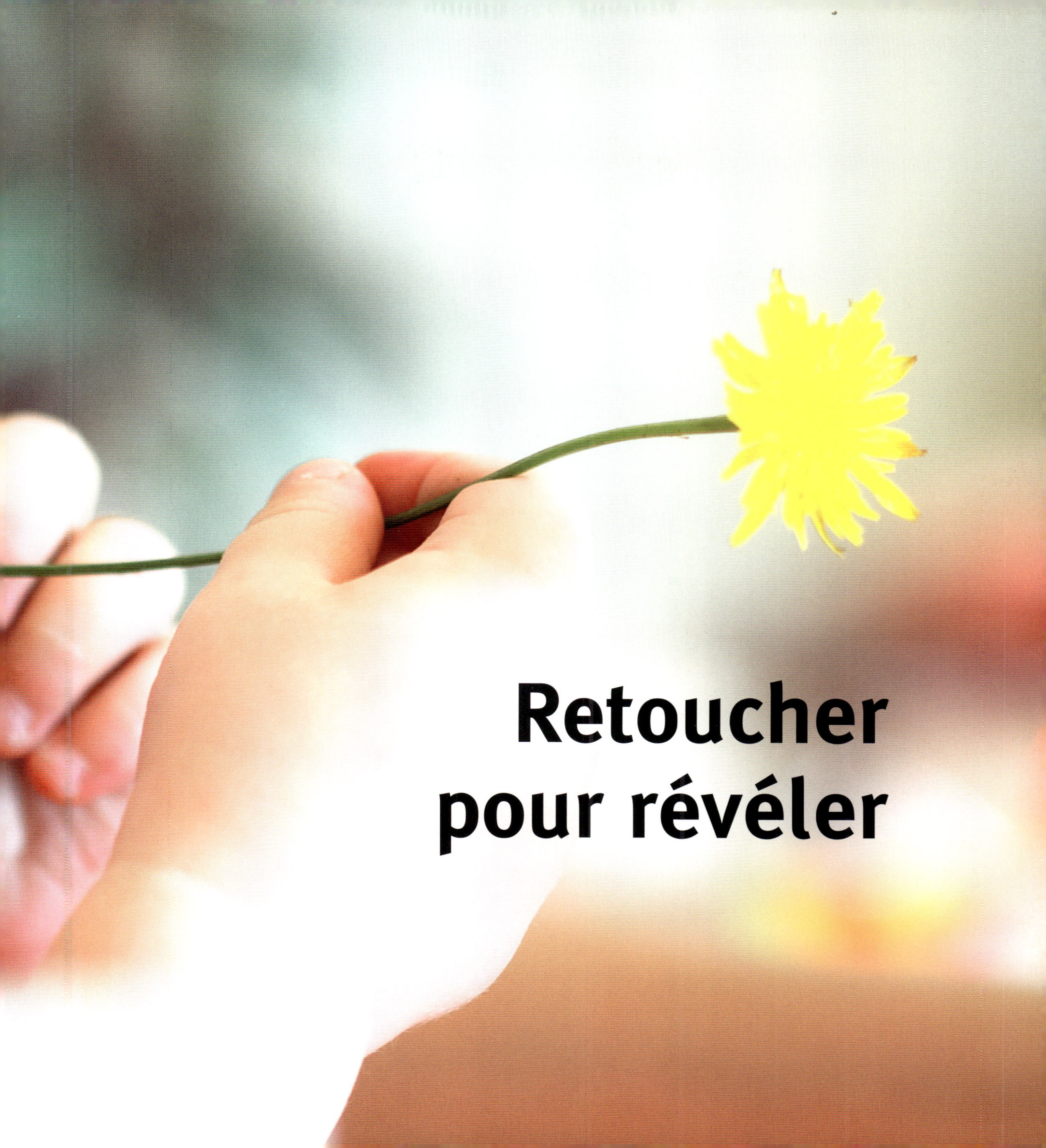

Retoucher pour révéler

◀ *Expression de l'insouciance, ce portrait d'enfant, la fleur aux dents, a bénéficié d'une optimisation tout en douceur. Léger recadrage, recherche d'un rendu plus lumineux et plus chaleureux, la retouche se fait oublier au profit de l'image.*

Représentation photographique et réalité

Certains photographes hésitent à utiliser la retouche sur leurs images car ils ont l'impression que cela serait travestir la réalité. Afin d'y voir plus clair et d'évacuer quelques idées reçues, faisons le point sur les liens qui existent entre réalité visible, image brute et version retouchée.

Le mythe de la photo brute

Beaucoup pensent que l'image brute, tout juste sortie de l'appareil, est proche du réel voire se confond avec lui, et que la retouche ne peut que l'en éloigner. Pourtant, force est de constater qu'entre notre environnement en trois dimensions et l'image brute, que nous en tirons, les divergences sont nombreuses ! Mettons de côté le passage de 3D en 2D et le processus de cadrage qui consiste à n'en prélever qu'une portion choisie… Que penser du flou de profondeur de champ ou de mouvement saisis dans nos images ? Ces jeux de flou sont largement acceptés, même par ceux qui défendent farouchement l'authenticité d'une photo soi-disant fidèle à la réalité, tout comme la conversion monochrome, rarement perçue comme une « bidouille » ou un procédé visant à travestir le réel… Et pourtant, ni vous ni moi n'avons jamais eu l'occasion de percevoir autour de nous un environnement en nuances de gris !

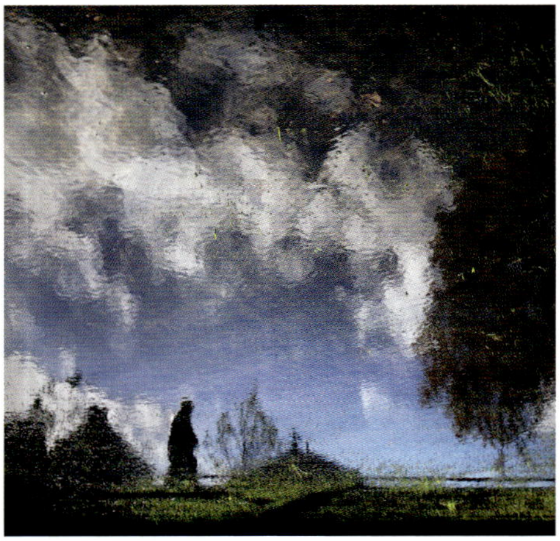

Cette image a fait l'objet de bien peu de retouches, mis à part le retournement visant à orienter le reflet du personnage « la tête en haut ». Et pourtant, elle remet en cause certaines de nos idées reçues sur ce à quoi doit ressembler la réalité non retouchée. Cette photo, plus picturale que réaliste, nous évoque davantage un monde parallèle que notre propre réalité, or aucun filtre Photoshop ni retouche avancée n'ont été employés pour obtenir ce rendu ! L'aspect de l'image ne découle que des déformations de la surface de l'eau dans laquelle se reflète mon sujet.

Ainsi, il est amusant de constater que les choix photographiques découlant de réglages effectués avant ou pendant la prise de vue sont couramment acceptés (réglage de la balance des blancs et de l'exposition, dosage du couple vitesse-diaphragme, conversion en noir et blanc découlant à l'origine d'un choix de pellicule effectué en amont…) tandis que les manipulations effectuées *a posteriori* sont diabolisées. Sans céder à la facilité (et à l'illusoire !) du « bâclons la prise de vue et corrigeons tout au traitement » (nous y reviendrons), pourquoi décrier une surexposition effectuée à l'aide de la réglette d'un logiciel, tout en encourageant les réglages de correction d'exposition effectués sur le boîtier ? Ce n'est pas, souvent, la qualité de la photo produite qui est citée comme argument phare, mais plutôt une sorte d'éthique sans grand fondement…

Avez-vous conscience que deux appareils photo, devant une même réalité, ne produisent pas la même image ? En effet, la qualité du matériel joue, bien évidemment, sur le rendu de la photo (netteté, détail, reproduction des couleurs…). En outre, nos boîtiers intègrent des algorithmes de prétraitement qui retouchent d'emblée notre image soi-disant « brute » pour tantôt la lisser, l'accentuer, la contraster. Ainsi la photo neutre, intouchée et intouchable, n'est finalement qu'un mythe ! En numérique, le format RAW pourrait être assimilé à ce fichier neutre, objet de tant de fantasmes, mais il doit nécessairement bénéficier d'un « développement » pour être utilisé et n'existe pas comme photographie en tant que telle, que l'on peut présenter, partager, exposer. Rappelons également que l'appareil ne réagit pas de la même manière que l'œil devant une scène, ce qui rend encore une fois impossible la captation fidèle de ce que l'on a vu.

Affirmer que l'on souhaite présenter des photos brutes sans aucune manipulation ultérieure sous couvert d'authenticité est sans aucun doute un leurre : la photo, même brute, comporte un degré d'interprétation trop important pour que l'on puisse invoquer sa proximité avec la réalité.

Une réalité changeante et subjective

La photo n'est pas la réalité. Ceci découle du processus de création d'images mais aussi de la nature de la réalité elle-même qui n'est peut-être pas aussi fixe, objective, ni fiable que nous l'imaginons souvent, et que nous ne pouvons connaître que par le filtre imparfait de nos sens.

Par exemple, la réalité visible que nous évoquons, nous la supposons d'emblée nette et détaillée... Et nous finissons par imaginer que nous la percevons bien de cette manière. Or, la vision humaine n'est en fait précise et détaillée qu'en son centre ! La perception des détails s'étiole au fur et à mesure que l'on s'en éloigne, en largeur mais également sans aucun doute en profondeur (après tout, notre œil, lui aussi, comporte une forme de « mise au point »). Ainsi, le flou de profondeur de champ n'est-il pas finalement un artifice conduisant à créer des images plus fidèles à ce que nous voyons de nos propres yeux (un point net entouré de flou...) ?

Autre exemple... Notre vision des couleurs est elle-même limitée et variable. Nous pensons naturellement que ce que nous voyons constitue la réalité et pourtant... Un daltonien ne perçoit pas les mêmes couleurs que moi, devant une réalité identique ! Sans aucun doute, le contraste et la couleur n'ont de sens que par la manière dont nous les percevons, leur « réalité » ne pouvant finalement que nous échapper...

Le réalisme ne constitue pas toujours la démarche qui donne le résultat le plus authentique. Lors de cette prise de vue, le vent fort en altitude donnant un peu le tournis ainsi que mon émotion du moment m'ont conduit à saisir cette vision au très grand-angle avec un objectif particulier produisant un « vignetage flou » (toy lens)*, en monochrome. La proximité avec l'homme, au premier plan, et le cadrage limite, à son niveau, accentuent encore la subjectivité assumée de cette image. Celle-ci retranscrit ma vision photographique, en cet instant, et n'a pas la prétention d'être la captation d'une soi-disant réalité objective.*

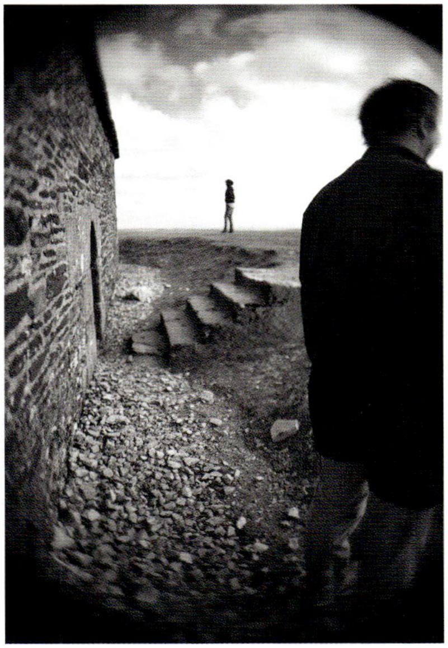

De la réalité à la vision photographique

Selon le schéma ci-dessous, l'image que nous réalisons constitue l'extrémité d'une chaîne faite d'interprétations, d'extrapolations un peu façon « téléphone arabe » !

Mais la raison d'être de la photographie est-elle vraiment, de toute façon, de produire une image conforme au réel ? Au temps de son invention, et en opposition à la peinture, nul doute que le réalisme constituait un argument fort. Cependant, à la lumière de nos réflexions et des productions photographiques des grands auteurs qui nous ont précédés, nous réalisons que l'enjeu est tout autre. C'est notre perception, au sens large du terme, qui est le vrai sujet de nos images : perception visuelle de cette réalité qui nous échappe, mais aussi perception émotionnelle, quand le ressenti se mêle à la vue pour générer ce que l'on peut plutôt qualifier de vision.

Et vous, quelle est « votre » manière de voir les choses ? Le challenge consiste bien évidemment à répondre à cette question en image, *via* les outils que vous avez à votre disposition : un matériel de prise de vue, mais aussi des logiciels adaptés pour finaliser vos photos et les rendre plus fidèles à votre vision des choses.

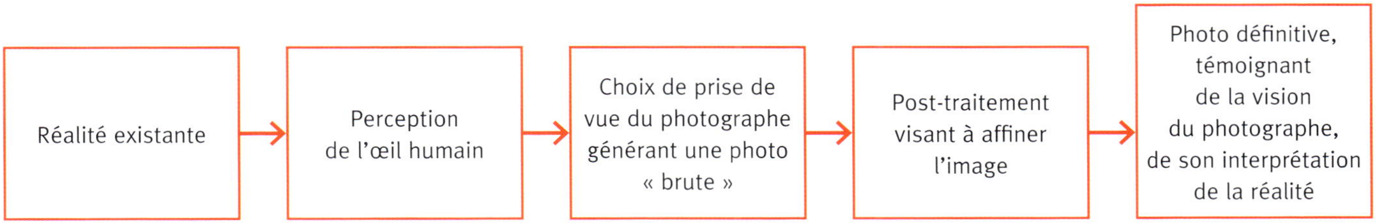

Retouche et authenticité

Ainsi, l'image n'a pas pour vocation, bien sûr, de retranscrire la réalité, mais « notre » réalité.

Pourquoi retoucher ?

Non seulement l'appareil ne génère donc pas une photo forcément conforme au réel, mais force est de constater que, malheureusement, il ne crée pas non plus une photo fidèle à notre vision, à ce que nous souhaitons partager et conserver, et ce, pour plusieurs raisons.

- Malgré tous nos efforts de prise de vue, l'image ne sera toujours qu'une portion de l'environnement entrevu, en deux dimensions. Il est donc normal que la photo nous semble parfois être une « sous-réalité » à laquelle il manque quelque chose (cette impression est courante en photo de paysages). Or, la retouche peut nous aider à tenter d'apporter un plus à nos photos pour essayer de combler ce manque.
- L'image numérique, de par sa nature, a une dynamique assez faible. On est bien loin du rendu contrasté d'une diapositive ! Nos photos sont souvent comme voilées de gris, ce qui nuit à leur impact. Notre image a donc besoin d'être « dévoilée ».
- Enfin, l'appareil nous permet de régler et doser différents paramètres mais rend impossible l'amélioration de la photo par certains biais. C'est le cas notamment du contraste, qui ne peut pas être modelé à la prise de vue (le réglage de l'exposition constitue un dosage de la luminosité de l'image mais pas de son contraste, comme nous le développerons page 24).

Ces différents points justifient donc que nous envisagions une retouche, pour que notre photo ressemble enfin à l'image que nous nous en sommes fait !

Encore une fois, le réalisme de la photo brute ne me saute pas aux yeux ! Où est passée ma journée radieuse en bord de mer, le ciel azur, l'impression de luminosité caractéristiques d'un beau mois d'août ? Et pourtant, mes paramètres de prise de vue ne semblent pas en cause... Un traitement s'impose ! Ainsi, c'est la version retouchée globalement à l'aide des outils présentés dans l'ouvrage qui paraît, sans hésitation, la plus authentique.

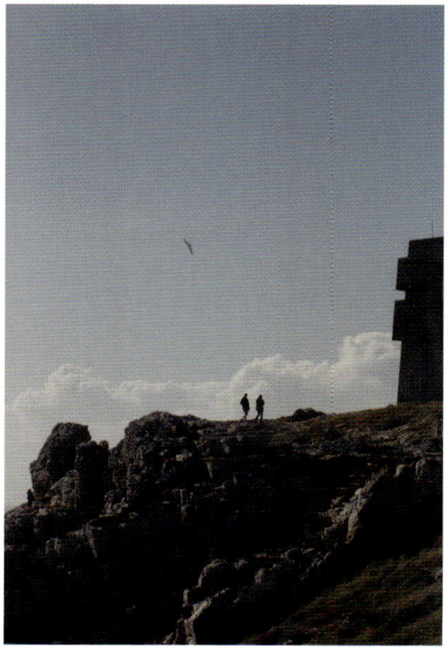

Photo brute

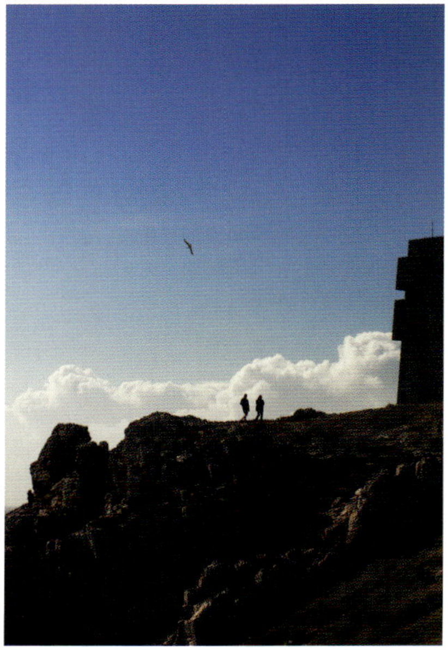

Version optimisée

Précision de vocabulaire

« Retoucher » est un terme très générique qui indique que l'on agit après coup sur quelque chose. De même qu'une couturière effectue des retouches pour adapter la longueur d'un pantalon ou le cintrage d'une veste, notre démarche vise à ce que le rendu de nos images ne soit plus du prêt-à-porter... mais du sur mesure !

La retouche comprend différentes sortes d'altérations de nos photos. Le type de corrections qui constitue l'objet de ce livre est souvent appelé « post-traitement », « optimisation d'images », ou encore « développement ». Il s'agit en l'occurrence de modeler la luminosité, le contraste et la colorimétrie des images, tout en laissant en dehors montages, ajout et suppression d'éléments, effets de superposition, etc. Je parlerai donc indifféremment de « retouche », « traitement » ou « optimisation » pour qualifier notre démarche.

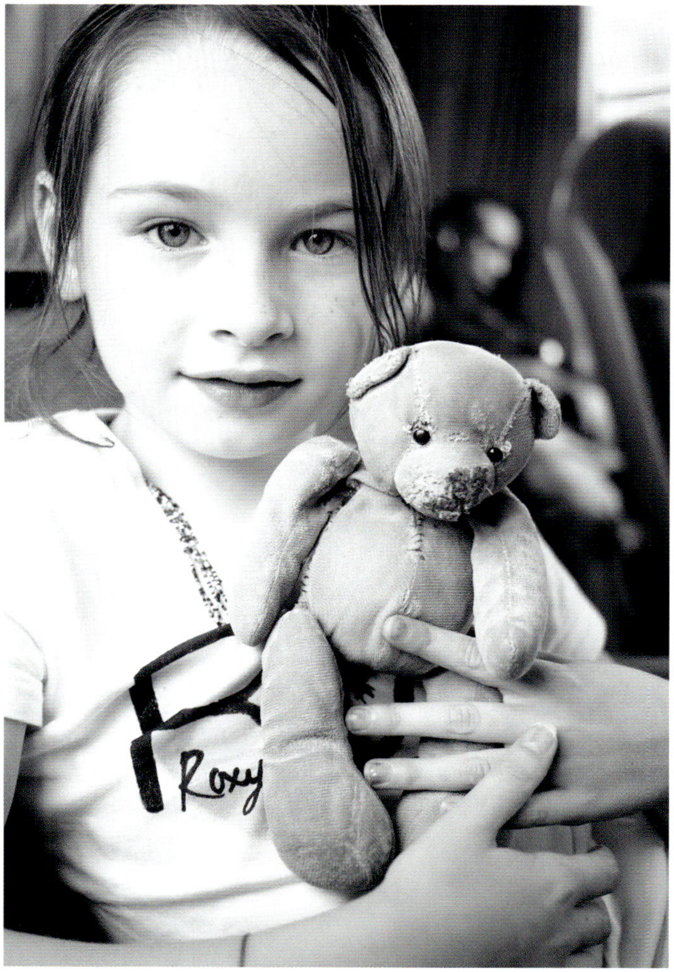

L'authenticité d'un tel portrait (improvisé lors d'un trajet en TGV) ne peut bien sûr pas être créée artificiellement à la retouche. Conversion monochrome et contraste bien géré constituent une mise en valeur essentielle de cette photo, dont l'authenticité n'est ni remise en cause par le traitement, ni « fabriquée » a posteriori.

La question de l'authenticité

La problématique de la retouche rejoint celle de l'authenticité. Modifier après coup une image est souvent vu comme un procédé qui rend la photo artificielle, qui l'éloigne d'une certaine vérité. Or, c'est finalement bien souvent le contraire ! Le traitement peut être d'un grand secours pour rendre vos images « plus vraies ». La force d'un regard, l'intensité d'une lumière, la justesse d'un cadrage qui ne montre rien de superflu, la présence des couleurs, l'émotion d'un moment... voilà ce qui fait l'authenticité d'une image.

Passer la photo en noir et blanc, effectuer un léger recadrage ou renforcer le contraste d'une scène constituent des mises en valeur essentielles pour nos photos et, pour peu que ces traitements soient appliqués de façon pertinente et justement dosés, les rendent généralement non pas moins mais *a contrario* plus authentiques. Pour éviter toute maladresse, n'hésitez pas cependant à mener une réflexion sur la teneur de vos retouches. Sont-elles susceptibles de conduire à un rendu peu naturel ou de nuire à l'authenticité de la scène ? Si vous appliquez une retouche *via* une courbe biscornue ou commencez à changer la couleur de certains de vos sujets, le risque est particulièrement présent ! Mais les retouches décrites dans cet ouvrage ne comportent, pour la plupart, pas de risque de vous conduire à des maladresses.

En pratique

Visionnez quelques images de grands photographes que vous appréciez. Déterminez chaque fois ce qui fait la vérité de ces images, ce qui les rend fortes et vivantes. N'avez-vous pas plutôt l'impression que le post-traitement, que vous pouvez parfois deviner, contribue, par un contraste adapté, une colorimétrie bien dosée, à mettre en valeur cette authenticité, la renforcer ? Pensez-vous vraiment que celle-ci puisse être créée artificiellement, à la retouche ?!

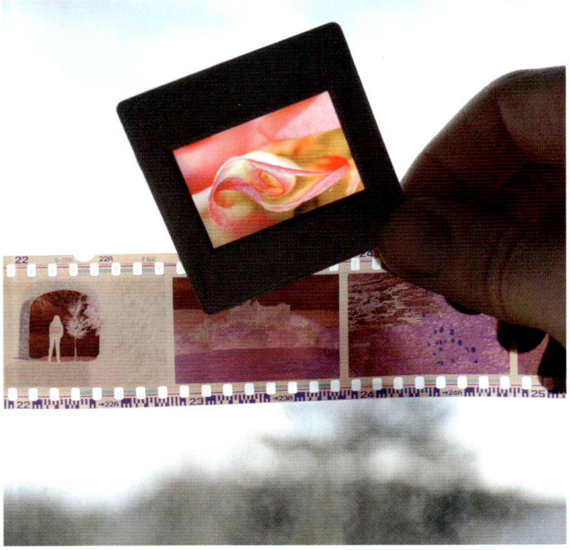

Du tirage argentique à la photo numérique

On pense souvent que la retouche est l'apanage du numérique et que les photos argentiques sont davantage brutes, « 100 % pur jus authentiques ». En réalité, dès son invention, la photographie est accompagnée de retouche : au milieu du XIXe siècle, déjà, les premiers photographes effectuent parfois des montages visant, par exemple, à montrer un plan plus large que ce qu'il était possible d'obtenir à l'époque. De plus, le développement du négatif – constituant une photo brute non exploitable en tant que telle – et la réalisation de tirages intègrent également des retouches, comme nous allons le développer ici. Ainsi, retravailler, modeler ses images après la prise de vue fait partie intégrante de la création photographique. L'un n'existe pas sans l'autre !

Négatif couleur et diapositive de mes propres photographies, réalisées en 1999, saisis en contre-jour devant une fenêtre. Le négatif montre des densités inversées avec des silhouettes claires sur fond sombre. La diapositive, elle, est un positif.

« Diapositives et photos Polaroid constituent des cas particuliers. Ce sont des "positifs" qui n'imposent pas d'optimisation a posteriori *réalisée par le photographe. Cependant, leur rendu apparaît d'emblée abouti, ce qui est loin d'être le cas de nos fichiers numériques qui ont bien besoin d'être révélés pour restituer toutes leurs subtilités ! »*

Le déroulé argentique

En argentique, le rendu photo découle essentiellement de choix réalisés avant et après la prise de vue.

- **Avant la prise de vue,** le choix de l'appareil détermine le format de l'image (carré en 6 × 6 et Polaroid, rectangulaire en 24 × 36, etc.) ainsi que, éventuellement, son rendu (vignetage de certains objectifs, fuites de lumière...). Le choix de la pellicule définit si les photos produites seront en noir et blanc ou en couleurs. Selon le film sélectionné (Kodachrome, Tri-X, négatif ou diapo...), contraste et couleurs peuvent varier. Le choix de la sensibilité ISO s'effectue d'emblée pour l'ensemble de la pellicule ; il découle à la fois de l'anticipation des contraintes de prises de vue mais aussi, souvent, de considérations esthétiques, notamment en monochrome.
- **Au moment de la prise de vue,** seule l'exposition semble déterminante pour le rendu de l'image finale (j'évoque ici purement le rendu contraste/couleurs et exclus évidemment les effets liés au réglage du couple vitesse-diaphragme, etc.). Il arrive aussi que l'on utilise des filtres pour altérer le rendu en noir et blanc ou corriger les dominantes (voir p. 134-137).
- **Après la prise de vue,** le développement du négatif peut altérer le rendu de la photo. Par exemple, un traitement croisé, consistant à développer une pellicule dans un bain de révélateur qui ne lui est pas destiné, produit un virage chromatique. Enfin, c'est surtout lors de la réalisation du tirage sous l'agrandisseur que le contraste est finement dosé. Le choix du grade du

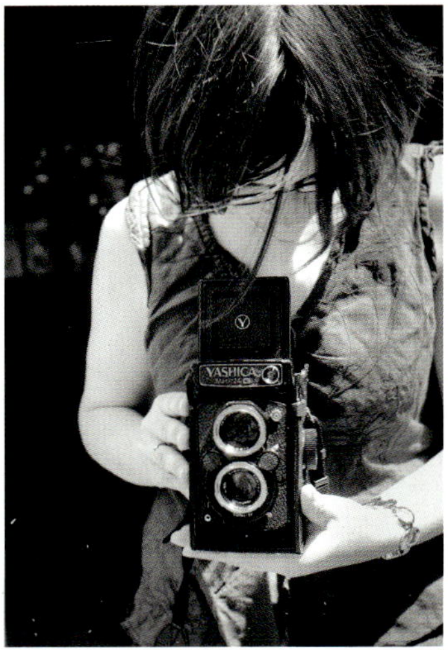

Une jeune femme utilise un appareil moyen format de la marque Yashica. Ce boîtier bi-objectifs reflex permet une « visée à l'écran » – celui-ci étant placé sur le dessus de l'appareil – et la réalisation de photos argentiques carrées dont les négatifs font 6 cm de côté.

papier influe sur le rendu, de même que le temps d'exposition de chaque partie de l'image que le photographe gère en effectuant des masquages.

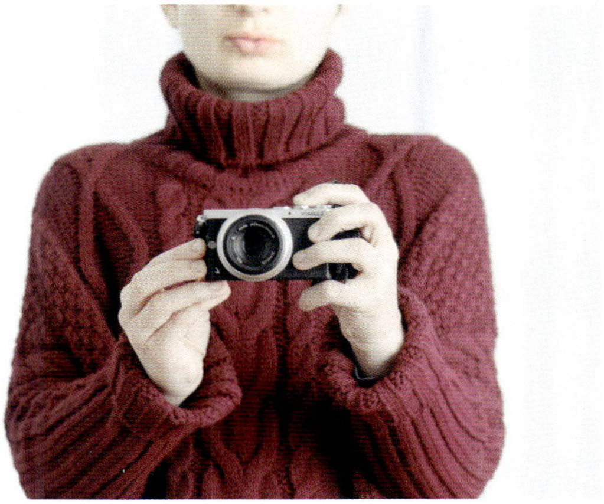

Autoportrait dans le miroir avec le Lumix GM1. Cet appareil hybride au capteur micro 4/3 de 17,3 × 13 mm génère des fichiers numériques de 16 millions de pixels.

La création photo, en numérique

En numérique, l'ordre est un peu chamboulé mais la création d'images a-t-elle pour autant extrêmement changé ?

- **Avant la prise de vue,** peu de choix sont déterminants, tant le numérique nous permet de changer nos options image par image. Notons cependant que l'appareil peut influencer leur aspect par ses préréglages intégrés (contraste natif, accentuation, bruit numérique) ou, côté objectif, par quelques distorsions et très légers vignetages.
- **C'est à présent avant chaque déclenchement** que l'on peut changer de format, de sensibilité ISO, et d'exposition. Certains appareils, notamment ceux caractérisés par une visée à l'écran (boîtiers photo ou même smartphones), offrent également la possibilité de choisir, à ce stade, un rendu d'image qui correspond à une pré-retouche automatisée. La réflexion sur le rendu de notre photo, loin d'être l'apanage de la retouche, empiète alors nettement sur nos prises de vue. Même si ces modèles tout prêts ne permettent pas l'application des rendus subtils et effectués sur mesure qui sont l'objet de cet ouvrage, ils sont une invitation à aller plus loin dans la création d'images.
- **C'est enfin après la prise de vue,** lors de la phase d'optimisation, que nous allons généralement faire les choix les plus marquants pour le rendu de nos images. Le traitement du contraste et de la couleur dont il est question constitue le sujet de ce livre.

Ainsi, ce qui fait le rendu de nos photos, en numérique, découle de choix réalisés à plusieurs étapes de notre démarche de création d'images. Finalement, le moment importe peu. Ce qui est essentiel, en revanche, c'est la prise de conscience de ces choix et des opportunités qu'ils offrent.

La retouche... plus facile en numérique ?

Il est commun d'affirmer qu'en numérique, la mise en œuvre de la retouche est bien plus facile et que l'on peut donc se permettre de bâcler sa prise de vue pour ensuite en tirer une photo parfaite, en deux temps trois mouvements, sur son ordinateur ! La réalité est cependant tout autre.

Certes, la mise en œuvre d'un post-traitement numérique est plus confortable et moins manuelle que son équivalent argentique mais la démarche est tout aussi complexe et la maîtrise des logiciels pas vraiment évidente. La richesse et la diversité des retouches que ceux-ci permettent nous conduisent en effet souvent à perdre le fil et nous donnent l'impression d'« usines à gaz » bien difficiles d'emploi. Ne vous inquiétez pas, la mise en œuvre d'un post-traitement basé sur quelques outils essentiels vous aidera, j'en suis certaine, à y voir plus clair à ce niveau.

Vous verrez tout au long de votre lecture que, si l'optimisation d'images peut faire des miracles, elle n'altère toutefois finalement nos photos que de façon minime. Ainsi, une bonne prise de vue reste, bien évidemment, une condition *sine qua non* pour l'obtention d'une photo réussie, tout comme un traitement adapté qui, même léger, peut révéler, littéralement, votre image.

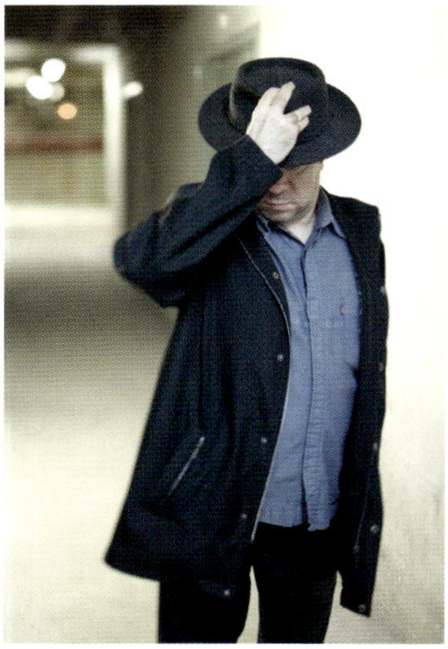

Lors de cette prise de vue, j'ai essayé, avec le modèle, de recréer différentes ambiances, en variant cadrages, postures et gestes. Cependant, ce n'est qu'au traitement que j'ai pu finaliser cette démarche et obtenir des images vraiment fidèles à l'atmosphère escomptée. Ici, la conversion en noir et blanc et le contraste fort, en donnant une connotation un peu « vieux film » à la scène, sortent l'image de la banalité et servent une interprétation assez « gangster ». Ces éléments constituent mon intention expressive, tandis que mon intention visuelle consiste à accentuer fortement le contraste sans trop surexposer la main et en gardant juste ce qu'il faut de détail dans le manteau, mais pas davantage.

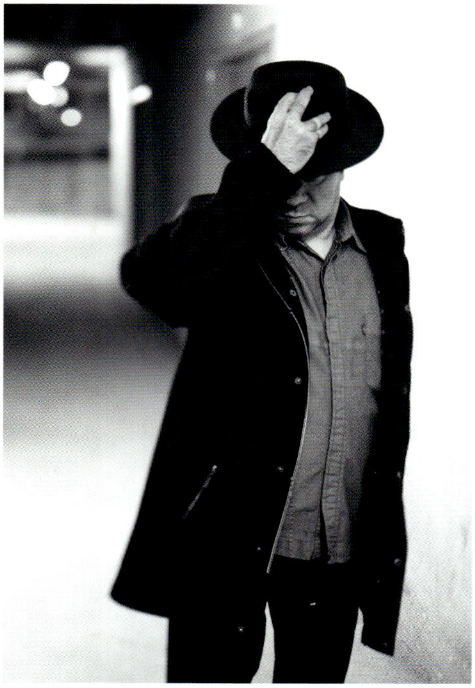

L'intention de retouche

Le post-traitement, comme la prise de vue, nécessite d'utiliser des outils et de mettre en œuvre des techniques. Et pourtant, dans un cas comme dans l'autre, appuyer sur des boutons, actionner des molettes, déplacer des curseurs ne constitue pas le cœur du problème. Ces manipulations ne forment que la partie émergée de l'iceberg ! Malheureusement, notre inquiétude de ne pas savoir maîtriser les outils complexes à notre disposition nous fait souvent oublier ce qui est, au contraire, le challenge le plus important à relever pour arriver à nos fins : avant l'action, l'intention.

Juste déplacer des curseurs ?!

Pour retoucher, vous allez manier des curseurs… Oui mais comment et surtout pourquoi ? Agir sur l'une ou l'autre réglette n'est en réalité pas bien difficile. Suivre des instructions pour convertir une photo en noir et blanc nécessite peu de savoir-faire. Mais savoir si telle ou telle photo gagnera à être traitée en monochrome ?! Décider si éclaircir ou assombrir une image l'améliorera ou annihilera tout son impact ?! Comprendre comment les couleurs de telle ou telle photo peuvent être très légèrement altérées pour que l'émotion soit soudain au rendez-vous ?! Ce sont là les vrais défis que vous avez à relever pour améliorer le rendu de vos images par la retouche.

Il vous faut d'abord mieux comprendre vos propres images, ce qui caractérise leur contraste et leurs couleurs de départ, leur ambiance, et savoir déceler le potentiel qu'elles possèdent. Ce n'est qu'ainsi que vous pourrez apprendre, ensuite, à appuyer ou même à contrarier leurs caractéristiques afin de les sublimer, de les réinventer, toujours dans un vrai respect de l'image.

Définir une intention constitue une étape essentielle de la création photo. Elle est ce qui fera la différence entre votre rendu et celui obtenu par un clic sur « retouche auto » ! Cela demande que vous écoutiez votre instinct, fassiez preuve de sensibilité et assumiez vos goûts esthétiques, puis mettiez tout cela au service des émotions photographiques que vous souhaitez transmettre.

Ne vous laissez pas entraîner dans une spirale technique qui vous éloignera de la création d'images ! Il est normal, pendant quelques minutes, au départ, d'expérimenter avec l'un ou l'autre curseur et d'explorer les opportunités techniques que nous donnent nos outils. Mais passée cette courte phase d'exploration, remettez le logiciel à sa vraie place, celle d'outil au service de l'image et revenez à la création photo.

Un enjeu visuel et expressif

Ainsi, le rendu d'une image et donc le travail de retouche qui le contrôle influent à deux niveaux sur notre photo. Un rendu précis détermine :

- l'aspect purement visuel de l'image, son apparence, ce que l'on voit sur la photo : ses couleurs, si elle est claire ou foncée, douce ou contrastée, si elle est lisible ou non, quels éléments attirent le plus le regard, etc. ;
- l'expression de la photo, l'émotion qu'elle génère : si l'ambiance y est dramatique, apaisante, joyeuse, mystérieuse, nostalgique, effrayante...

Afin de vous aider à distinguer ces deux aspects et de définir avec plus de facilité ce que doit être votre programme de retouche, essayez de formuler clairement votre intention à l'aide de l'un de ces intitulés :

- Je souhaiterais que ma photo soit plus............... **[aspect visuel]** afin qu'elle véhicule une atmosphère plus.................. **[expression]**.
- Pour que ma photo exprime davantage............... **[émotion]**, pourquoi ne pas.................. **[type de retouche effectuée et aspect visuel obtenu]** ?

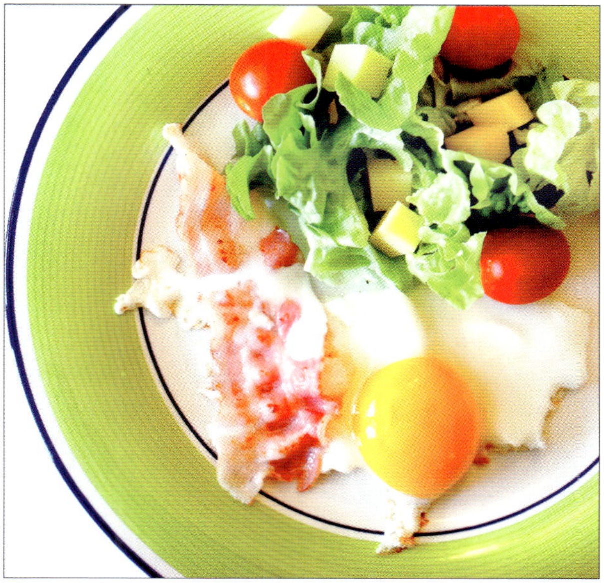

Sur cette photo quotidienne, l'intention visuelle a consisté simplement à mettre en valeur les teintes bigarrées du sujet par un fort contraste et une bonne gestion des couleurs. Et l'intention expressive ?! Vous faire rêver d'un brunch bien sûr !

Exemples :

- *Je souhaiterais que ma photo soit plus* ***colorée*** *afin qu'elle véhicule une atmosphère plus* ***joyeuse****.*
- *Pour que ma photo exprime davantage* ***le mystère, l'inquiétude,*** *pourquoi ne pas* ***diminuer son contraste pour un rendu un peu brumeux*** *? Ou au contraire* ***l'accentuer de manière à plonger certaines zones dans l'obscurité*** *?*

Une intention évolutive

L'intention de retouche peut être là dès la prise de vue ; l'idée d'un traitement précis, d'un rendu porteur motive même parfois directement notre déclenchement. Il arrive aussi qu'elle nous vienne plutôt par la suite, en triant et en visionnant nos images, avec un peu plus de recul. Là encore, l'instant importe peu, c'est l'idée qui compte ! Enfin, cette intention n'est pas forcément figée. N'hésitez pas à faire évoluer votre idée si vous entrevoyez soudain une manière de mieux exploiter les potentialités de votre photo ! Osez, de plus, vous montrer par moment un peu opportuniste et conserver un rendu non prémédité et peu maîtrisé. Le non-intentionnel a également du bon ; il est lui aussi une porte vers la créativité !

En pratique

- Au cours de votre lecture et de vos mises en pratique, ayez le réflexe, dès que vous avez découvert ou redécouvert un nouvel outil, aussi simple soit-il, de chercher à l'exploiter pour révéler différemment certaines de vos images. L'idée ne consiste pas forcément à obtenir le rendu parfait du premier coup avec un seul outil mais de mettre la technique au service de l'image, tout simplement, et d'expérimenter.
- Entraînez-vous à formuler clairement une intention de retouche en détaillant ses composantes visuelles et expressives. Votre intention changera peut-être en cours de retouche ; cela n'est pas gênant et vous donnera un axe de travail bénéfique.

Atelier

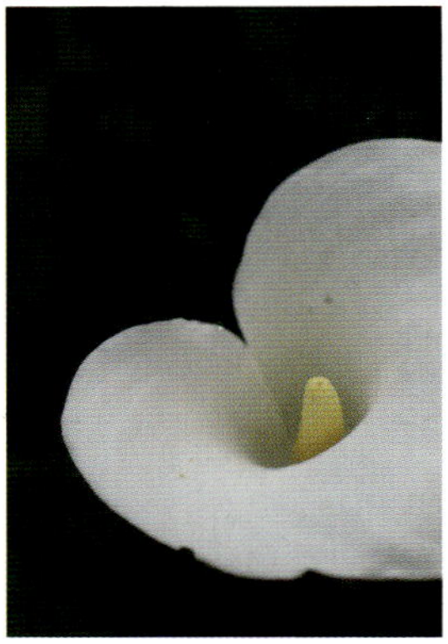

Réflexion de retouche

Suivez ma démarche de retouche devant cette vue d'arum saisie au jardin.

« *Le propos de cet atelier est ciblé sur la réflexion de retouche, l'évolution de mon intention, la recherche d'un bon rendu pour l'image. Je n'y intègre donc aucune indication technique sur les manipulations effectuées. Les réglages correspondants seront cependant présentés et détaillés au fil de l'ouvrage afin que vous puissiez les exploiter pour sublimer vos propres photos !* »

1. Une photo brute triste et fade

Prise sous une lumière bien fade, l'image manque de couleurs et son arrière-plan, assez inexistant, est loin d'égaler ceux de certaines photos de nature au fond bigarré, façon tableau abstrait ! La corolle, grignotée par les insectes et tachée par endroits, ne semble pas non plus le modèle idéal pour une image digne d'un catalogue de fleuriste... Tant mieux, car je ne compte pas transformer cette photo en une vue végétale poétique, colorée, et parfaite si possible, par la magie de la retouche !

Si j'ai déclenché, c'est parce que le graphisme de l'arum m'a inspirée. Le cadrage osé qui coupe le sujet renforce les courbes délicates des pétales... Ainsi, loin d'essayer de masquer les « défauts » de cette fleur, j'espère au contraire les exploiter pour produire une image qui la sublimera d'autant mieux.

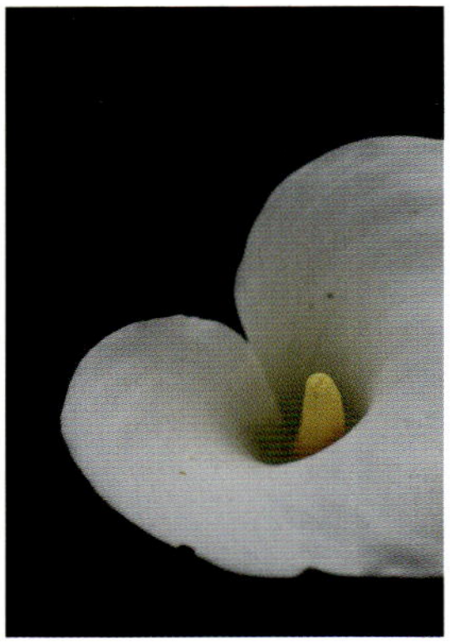

2. Noircissement du fond et « effet studio »

Puisque l'arrière-plan ne présente pas d'intérêt, outre celui de faire se détacher mon sujet clair sur un fond assez sombre, je décide de renforcer ce contraste entre fleur et décor, afin de booster l'impact de l'image. En assombrissant la photo jusqu'à ce que l'arrière-plan soit plongé dans le noir, je donne presque l'impression d'une prise de vue studio ! Le graphisme de l'image est appuyé par cet aplat noir qui entoure et souligne la forme de mon sujet. La photo apparaît cependant encore triste et plombée, et la fleur est blanc sale.

3. Éclaircissement du sujet

J'éclaircis donc la photo de manière à rendre la corolle plus blanche et plus lumineuse, sans pour autant la surexposer. La fleur n'est soudainement plus aussi « tristounette ». Les couleurs, présentes en son cœur, semblent bien plus vives ; cette zone de l'image devient enfin un point fort « tape-à-l'œil » dans le bon sens du terme : attractif et esthétique, le jaune vif tranche ainsi particulièrement avec l'arrière-plan uniformément noir.

Cette version couleur pourrait constituer une bonne version finale pour cette retouche. Cependant, l'opposition blanc/noir entre sujet et arrière-plan me pousse à envisager une conversion monochrome, pour une interprétation 100 % basée sur le contraste, en l'absence de couleur.

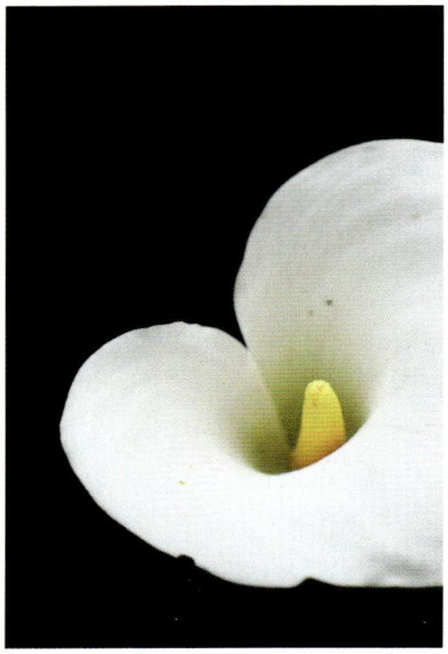

4. Conversion en noir et blanc

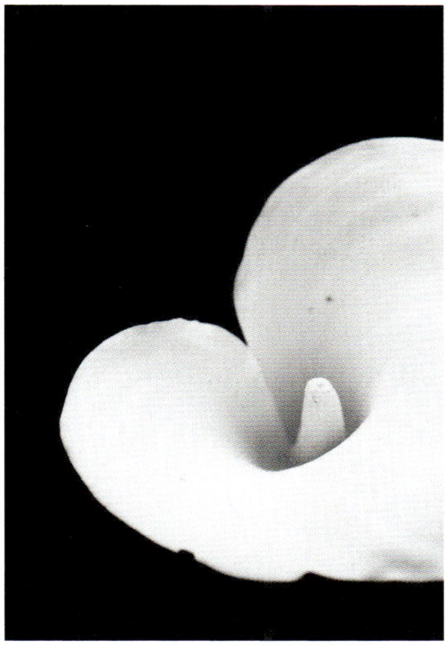

Je passe donc l'image en noir et blanc. Une fois la conversion appliquée, cependant, le résultat n'est pas tout à fait à la hauteur de mes espérances ! Le jaune plein d'impact de ma photo couleur s'est changé en un gris pâle peu porteur pour souligner mon point fort. Un dernier ajustement du contraste s'impose.

5. Obscurcissement complémentaire et version définitive

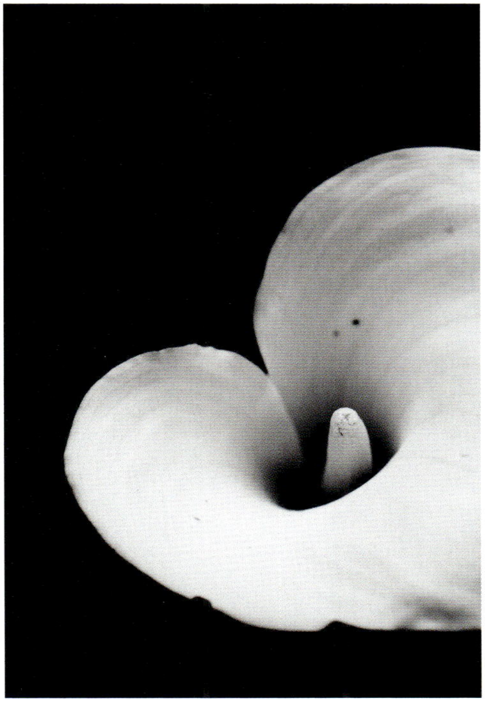

J'assombris donc à nouveau la photo de façon à adapter le contraste au choix du noir et blanc (le monochrome demande souvent, comme ici, un contraste plus intense que la couleur).

La zone dans l'ombre au cœur de la corolle, en devenant plus noire, donne davantage de présence à l'axe de la fleur. L'alternance blanc/noir générée est idéale pour mettre en valeur le graphisme de mon image : un point fort clair est encerclé de noir, puis entouré d'une corolle claire, elle-même présentée sur fond noir.

Ce rendu un peu charbonneux convient tout à fait à mon envie d'exploiter l'imperfection d'une fleur de jardin, dans le cadre d'une image graphique mais authentique. J'espère ainsi concilier impact visuel (approche graphique exploitant formes et contrastes) et intérêt expressif (les fleurs, même les plus « classes », ne viennent pas toutes de chez le fleuriste et sont belles, dans leur imperfection) !

Quel contraste serait le plus adapté pour mettre en valeur votre image ? Allez-vous envisager un rendu couleur ou monochrome ? Comment prendre en compte les qualités et « défauts » de vos sujets pour produire des images, non pas idylliques, mais vraies et parlantes ? De quelle manière pouvez-vous influencer l'émotion suscitée par vos photos, rien qu'en jouant sur leurs densités, leurs couleurs ? Ces problématiques seront notre fil conducteur tout au long de l'ouvrage !

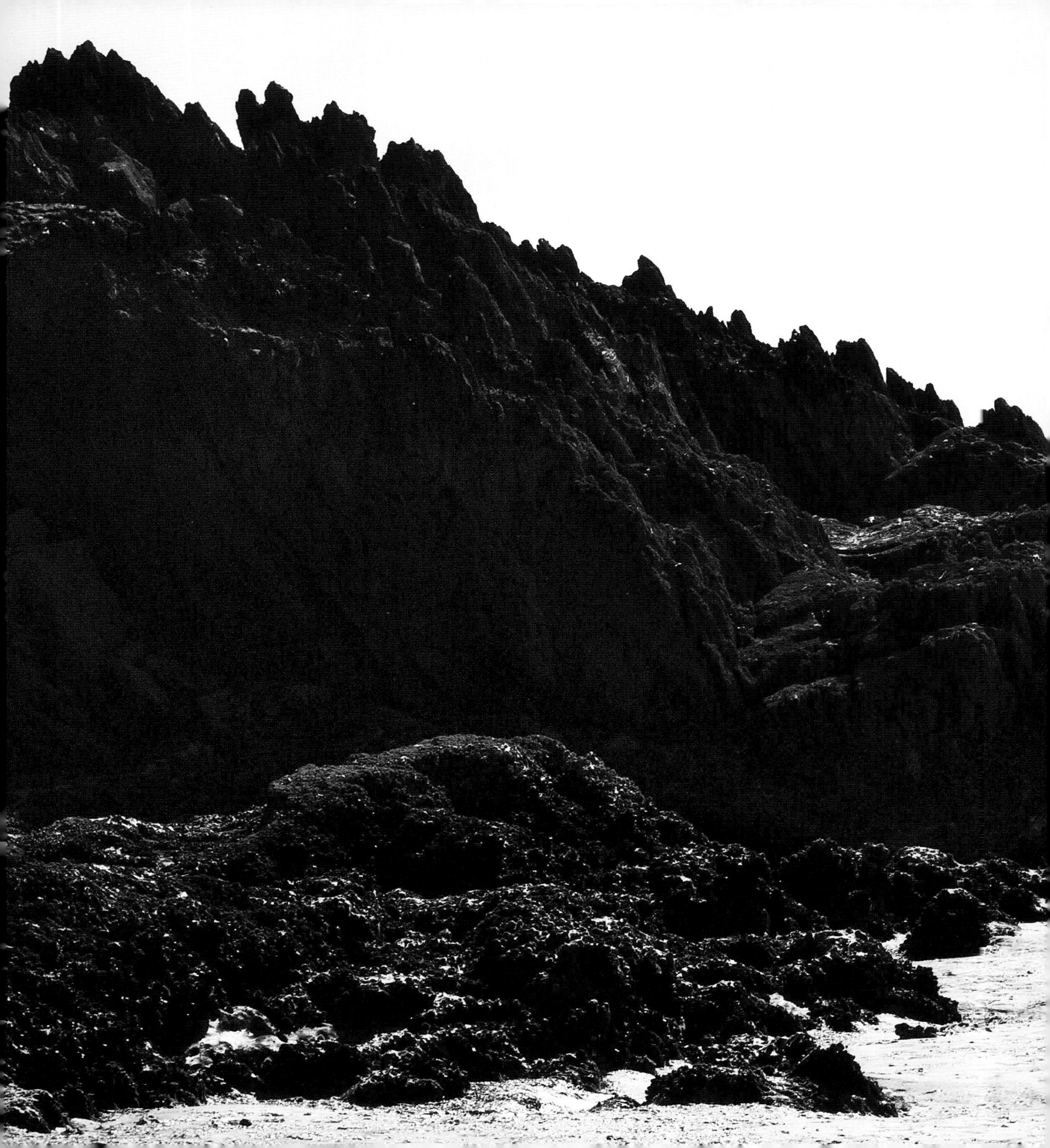

Perception de la luminosité et du contraste

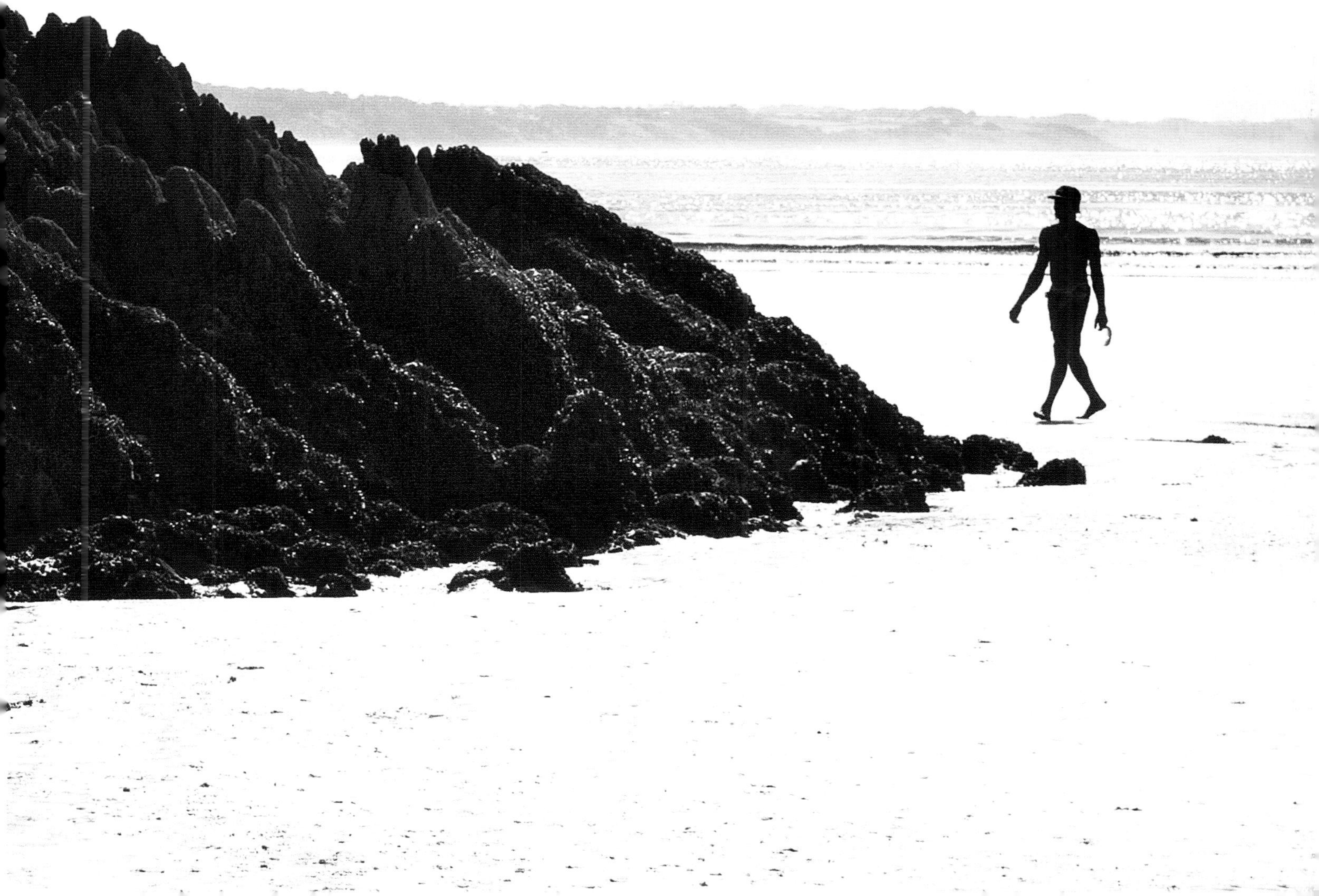

Le photographe écrit avec la lumière, à la prise de vue comme à la retouche, associant des formes dans l'ombre à des zones éclairées, des sujets clairs à des éléments foncés ; intuitivement, il exploite le contraste dans le but de créer des images étonnantes. Sur cette photo, conversion monochrome et subtile optimisation du contraste contribuent au juste dosage de la présence de chaque élément dans la photo.

Avant l'action, la perception !

La retouche consiste à manipuler l'image, à altérer sa luminosité, son contraste, ses couleurs pour l'améliorer et la rendre plus conforme à nos attentes. Cependant, avant d'entrer dans le vif du sujet du post-traitement, je vous invite à travailler votre perception. En effet, pour pouvoir décider d'éclaircir ou de contraster une image et actionner les curseurs adéquats, il est essentiel de comprendre ce qui fait la particularité de sa luminosité et de son contraste au départ.

Sensibilisez-vous !

Commencez par observer et considérer autrement votre environnement et les images que vous aurez l'occasion de voir comme celles que vous aurez prises. Travailler votre œil de cette façon vous servira également en prise de vue ; vous saurez alors mieux, *in situ,* analyser comment la lumière se répartit dans l'espace et de quelle manière exploiter les couleurs de votre environnement dans vos images.

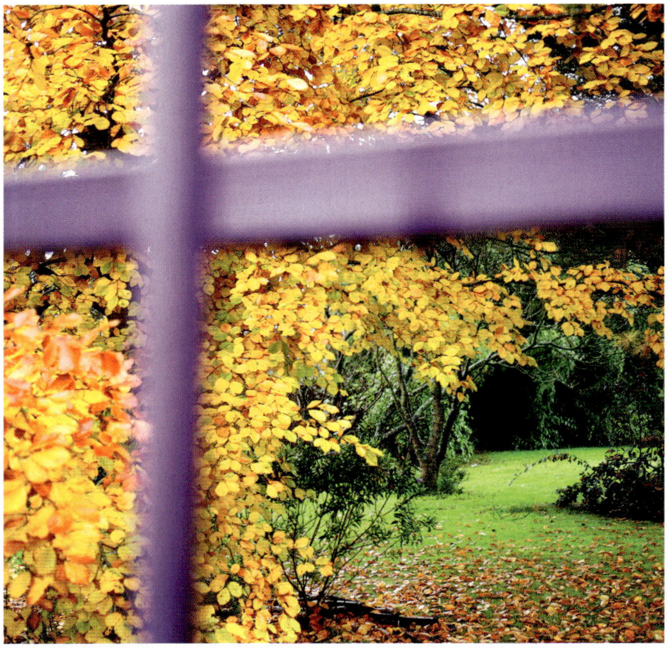

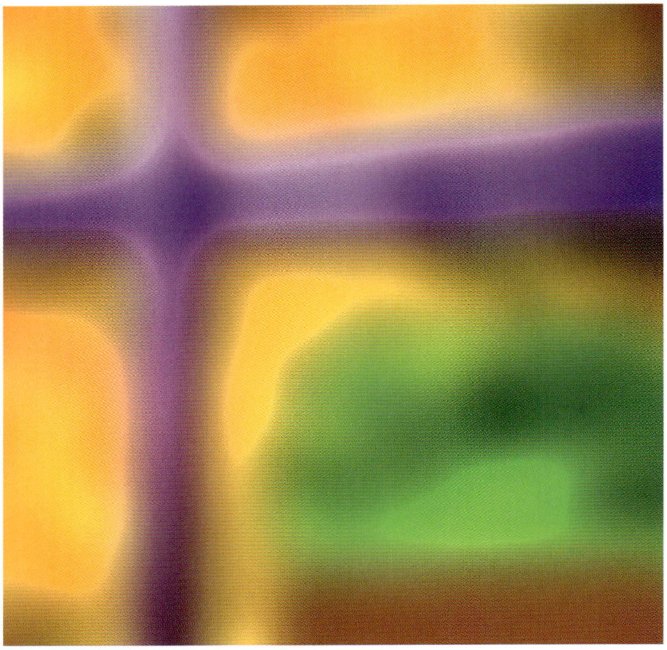

Pour saisir cet arbre au feuillage doré par l'automne, je me suis positionnée derrière un portail peint en violet, afin d'exploiter un fort contraste de couleurs (teintes complémentaires jaune/violet). Le « coin » vert fait respirer la photo et démultiplie l'intérêt coloré de l'image. Pour composer une telle photo, il est très utile de savoir oublier le sujet au profit de ses couleurs et de son graphisme, par exemple en plissant les yeux ou en « floutant » sa vision dans l'appareil.

Des tableaux nuancés, en couleurs et en densité

Lorsque nous visionnons une image, nous sommes souvent accaparés par le caractère attractif du sujet et ce qu'il représente pour nous. Et pourtant, objectivement, on peut considérer qu'une photo n'est faite que de formes, de lignes, de couleurs…

Visuellement, une photo est comme un « tableau » constitué de zones plus ou moins claires, plus ou moins foncées (densité), et de zones plus ou moins colorées (saturation), aux tonalités variées (teinte).

Une histoire de contraste

Le plus souvent, ce n'est pas vraiment la couleur ou la densité d'une zone qui importe mais la façon dont cette couleur ou cette densité interagit avec celle des zones voisines. L'impact d'une scène et *a fortiori* d'une image découle donc du contraste entre ses différentes composantes (sujet qui tranche ou au contraire se confond avec un autre élément ou avec l'arrière-plan, par exemple).

Les éléments d'une photo peuvent se distinguer visuellement :

- par une couleur différente (contraste coloré, quand un sujet rouge juxtapose un élément bleu, par exemple) ;
- par une densité distincte (contraste classique, en densité, quand un sujet foncé ou obscur s'oppose à un sujet clair ou éclairé, par exemple).

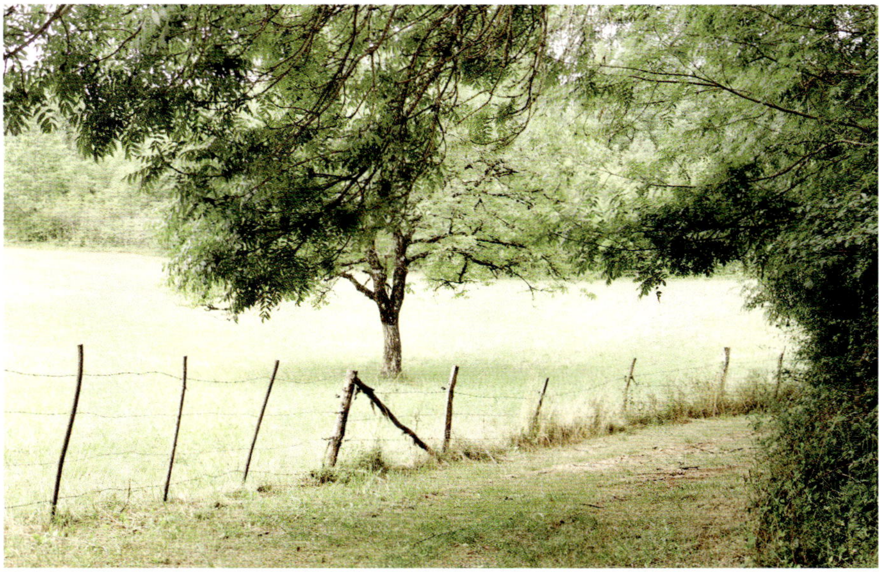

Contrairement à l'image précédente montrant un contraste de teintes (jaune/violet/vert), cette photo de nature ne présente quasiment qu'une unique teinte, du vert. J'utilise ici un contraste en densité pour rendre ma photo lisible, graphique et forte visuellement, en faisant se détacher des éléments sombres (tronc et poteaux, notamment) sur le fond clair du champ. Un choix différent d'angle de vue, plaçant le tronc d'arbre (élément sombre) devant le fond de feuillages plus dense de l'arrière-plan, aurait donné une image beaucoup plus désordonnée ou en tout cas moins contrastée. J'ai renforcé au traitement ce contraste en densité, déjà présent à la prise de vue, afin d'accentuer l'impact visuel de la photo.

En pratique

- En prise de vue, décalez franchement la netteté, en mise au point manuelle, afin de plonger votre environnement dans le flou (voir photo en page de gauche). Oubliez les sujets qui vous entourent au profit de leur couleur, leur forme générale, la manière dont ils se détachent les uns des autres par opposition de densités ou de teintes. Déclenchez pour mémoriser le « tableau flou » qui a éveillé votre intérêt, puis faites la mise au point et déclenchez à nouveau pour enregistrer la photo nette obtenue. Attention, certaines des images produites peuvent être plus jolies floues que nettes car les détails parasites en sont effacés.
- Cherchez par la suite à jouer avec les densités et couleurs sans fausser la mise au point.

Voir les densités pour retoucher

Laissons pour le moment de côté la couleur et étudions, tout d'abord, comment les densités, et surtout les différences de densités, que l'on appelle « le contraste », influent sur l'image. Cela nous sera très utile pour modeler, par la suite, densités et contraste à la retouche.

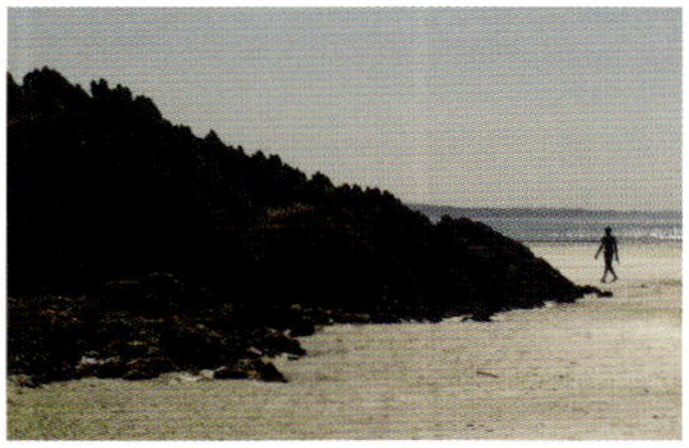

« *Le noir et blanc est très présent dans ce chapitre car, en vous montrant des images sans couleur, je rends plus apparentes les variations de luminosité et de contraste. Notez qu'une bonne gestion des densités est cependant tout aussi essentielle en couleurs qu'en monochrome.* »

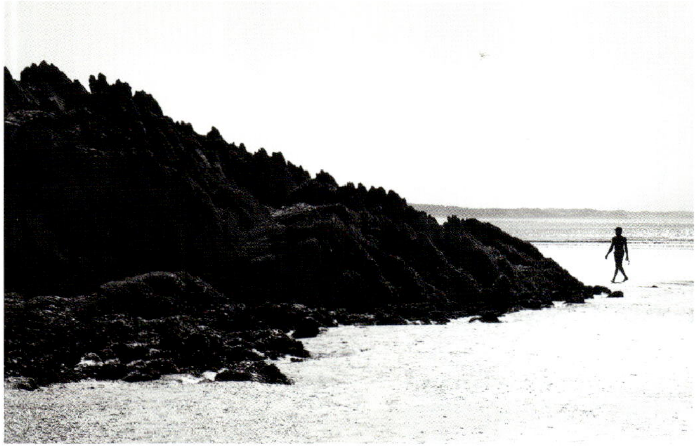

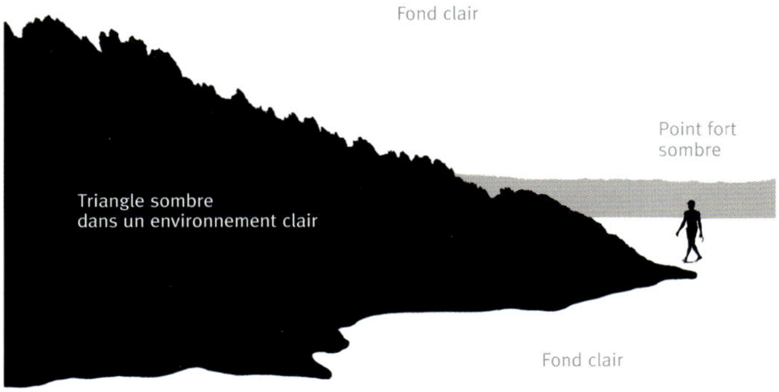

Pour composer et retoucher cette photo, j'ai été particulièrement attentive au contraste en densité entre les différents éléments de l'image. Ce rocher constituait une forme intéressante se découpant en sombre sur un fond plutôt clair. En déclenchant juste avant que le passant ne se confonde avec la masse rocheuse, j'ai agrémenté ma photo d'un point d'intérêt évocateur et ponctuel, toujours en sombre sur fond clair. Lors de la retouche, j'ai imaginé cette image en noir et blanc. J'ai aussi veillé à conserver un noir bien présent tout en éclaircissant ciel, mer et sable afin de mieux faire ressortir mon sujet sombre.

La perception relative des densités

La densité correspond au caractère clair ou foncé d'une zone de l'image. L'apparence en densité d'un élément dans la photo dépend de :

- sa couleur intrinsèque. Un pull bleu marine est plus foncé qu'un tee-shirt jaune clair ;
- la luminosité ambiante. Un chat blanc installé au soleil apparaît très clair ; il devient plus terne s'il se déplace à l'ombre. Et la nuit, tous les chats sont gris !
- l'exposition. Dès la prise de vue, vous pouvez agir sur la densité du sujet, par exemple grâce à une correction d'exposition. En surexposant, vous éclaircissez l'image, sujet inclus. En sous-exposant, vous assombrissez la photo et par là même votre sujet. Attention, la correction d'exposition ne peut que rendre l'image plus claire ou plus sombre mais n'agit pas sur son contraste (voir p. 30) ;
- la densité des éléments qui l'entourent. Comme dans certaines illusions d'optique, un sujet gris va sembler sombre lorsqu'il est présenté sur fond clair, et plus lumineux s'il se détache sur un fond plus dense (voir les illustrations ci-contre).

Ainsi, certains de ces paramètres sont indissociables du sujet ou ne se contrôlent qu'à la prise de vue (couleur du sujet photographié, présence d'ombres, arrière-plan choisi…), mais d'autres

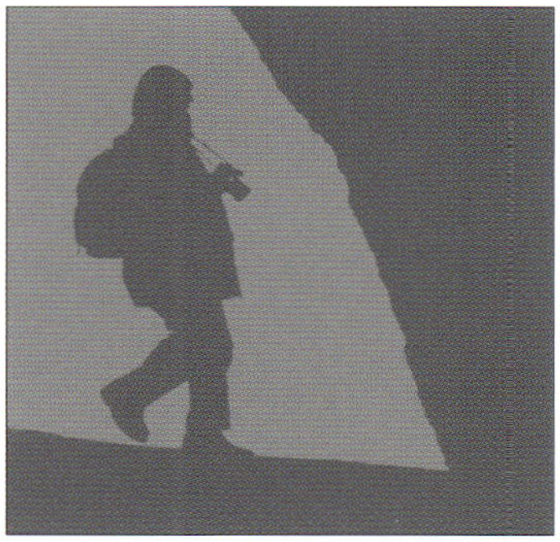
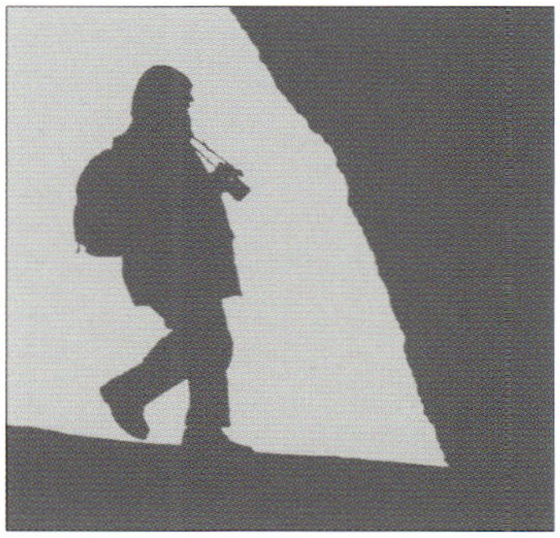
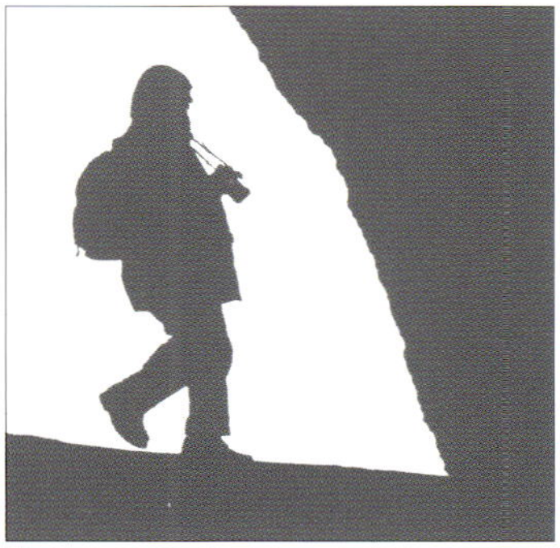

La densité de chacune des zones de l'image est perçue différemment selon son voisinage dans la photo ou le contexte dans lequel celle-ci est présentée (sur fond blanc ou noir, par exemple), ce qui peut occasionner quelques « illusions d'optique ». Remarquez-vous comme la silhouette semble plus foncée dès lors qu'elle se détache sur un fond plus clair ? Et pourtant, elle est du même gris moyen sur ces trois illustrations.

peuvent être également modelés au post-traitement. C'est le cas du couple luminosité ambiante/exposition sur lequel nous pouvons jouer afin de simuler une atmosphère plus lumineuse et/ou un éclairage plus contrasté (voir chapitre 4).

Démarche de retouche

Pour bien retoucher vos photos, voici la marche à suivre. Il vous faudra :

- percevoir, tout d'abord, comment la lumière se répartit dans l'image et ce que l'on peut dire de la densité de ses sujets. Vous chercherez à repérer si la photo présente du blanc, du noir, si elle est claire, sombre, contrastée... ;
- définir une intention de retouche à partir de vos constatations. D'après ses particularités, les défauts repérés sur l'image, souhaitez-vous l'assombrir, l'éclaircir, la contraster, densifier ou éclaircir ses tons intermédiaires ?
- utiliser à bon escient un logiciel pour réaliser la modification souhaitée ;
- puis percevoir, sans doute, un autre manque, une autre retouche pouvant magnifier la photo... et ainsi de suite !

Une retouche globale mais « différenciée »

La démarche que je vous propose ne fait pas intervenir de sélection de zones ou de sujets. Nous allons donc, chaque fois, retoucher l'ensemble de l'image... en théorie ! Car vous allez rapidement constater que les réglages effectués n'altèrent pas la photo de façon uniforme mais s'appliquent au contraire de manière « différenciée » : en effet, ce sont tantôt les parties sombres de l'image qui vont davantage réagir au traitement, tantôt ses zones claires ou de telle ou telle densité...

Ainsi, aiguiser votre œil aux densités va vous permettre d'établir une intention visuelle de retouche, elle-même différenciée ! Vous repérerez, par exemple, quelle est la densité de la zone qui vous semble trop sombre, dans votre photo, et identifierez l'outil grâce auquel modeler spécifiquement la luminosité de cette gamme de tons (sans pour autant réaliser la moindre sélection, j'insiste !) de manière à réaliser une retouche pertinente et ciblée.

En pratique

- De temps à autre, essayez de caractériser le contraste créé par la lumière ambiante. Bénéficiez-vous d'une lumière directe (soleil, lampe...) qui génère, en plus des zones éclairées, des ombres marquées ? Ou bien un temps couvert ou une pièce dans l'ombre vous offrent-ils plutôt un éclairage tamisé, diffus, peu contrasté ?
- Observez et repérez, à différents moments de la journée et selon des conditions météo variées, comment la position du soleil et la présence éventuelle de nuages influencent les couleurs, les densités et le contraste de votre environnement. Exploitez vos observations lors de vos prises de vue.

Atelier

Variantes en luminosité et contraste

À partir d'un exemple, voyons comment les variations de luminosité et de contraste affectent visuellement une image et peuvent changer du tout au tout l'atmosphère d'un cliché.
Chacune de ces retouches a été effectuée sur l'ensemble de l'image, à l'aide des réglages de contraste présentés dans l'ouvrage : surexposition, noircissement et modulations de la luminosité (voir chapitre 4). Vous pourrez vous-même appliquer par la suite ces rendus à certaines de vos images, au cours de votre lecture.

Observation fine des variantes de rendu

Afin de mieux comprendre ce qui caractérise chacun de ces rendus, repérez sur chaque image :

- si les sujets humains montrent du détail ou sont changés en silhouettes ;
- si la mer, à l'horizon, est visible ou se confond avec le ciel ;
- si le ciel apparaît uni ou chargé de nuages (plus ou moins lisibles), s'il est sombre ou clair.

Observez aussi comment le rendu de chacune des zones de la photo influence :

- la lisibilité de l'image ;
- son ambiance (tantôt gaie et lumineuse, tantôt dramatique).

Quelles images vous semblent les plus lisibles ? les plus fouillis ? Comment caractériseriez-vous l'atmosphère de chacune d'entre elles, l'émotion provoquée ?

Mon choix de retouche

Établir une préférence entre de telles variantes est une question de sensibilité. Certains apprécieront particulièrement les rendus clairs tandis que d'autres seront davantage touchés par les ambiances dramatiques ! De même, un contraste plus ou moins marqué peut être considéré comme tout à fait porteur ou au contraire trop agressif selon qui visionne l'image.

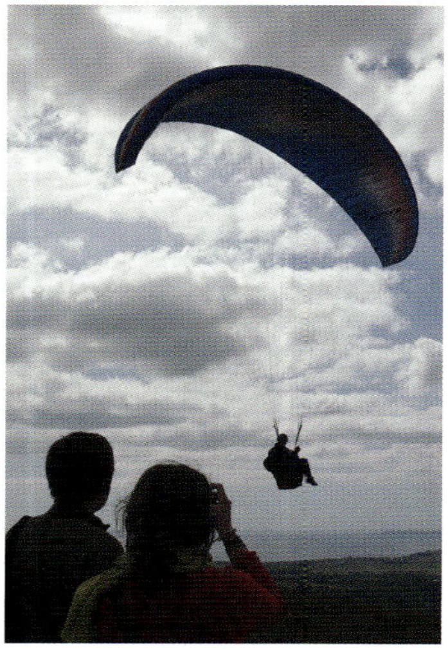
Photo brute

Personnellement, je trouve que l'attrait visuel de la photo augmente lorsque le ciel nuageux est bien présent (l'image gagne en détail, en modelé) et quand l'effet de silhouette, par l'ajout de noir, donne de la profondeur à l'image et la rend plus dynamique.

Classiquement, on a tendance à vouloir conserver du détail dans le sujet (personnes de dos et parapentiste, ici). Or, il me semble que, sur cette image, c'est la matière du ciel qui est la plus essentielle à exploiter, tandis que l'humain est parfaitement lisible en silhouette. On ne perd pas grand-chose à plonger ce sujet dans le noir.

Ainsi, ma préférence se porte sur l'avant-dernière image de la série, la version « contraste fort », pour le rendu optimal du ciel et l'approche créative liée aux silhouettes.

N'hésitez pas, par la suite, à tester, sur certaines de vos photos, différents rendus au traitement. Mais attention à ce que les effets ne soient pas une fin en soi ! Cherchez à déceler ce qu'un rendu apporte à l'image, s'il est cohérent avec le sujet et adapté à l'émotion que vous souhaitez partager. Enfin, faites un choix fort, en bout de course, et ne conservez qu'une voire deux variantes de retouche, afin de ne pas vous perdre dans les déclinaisons.

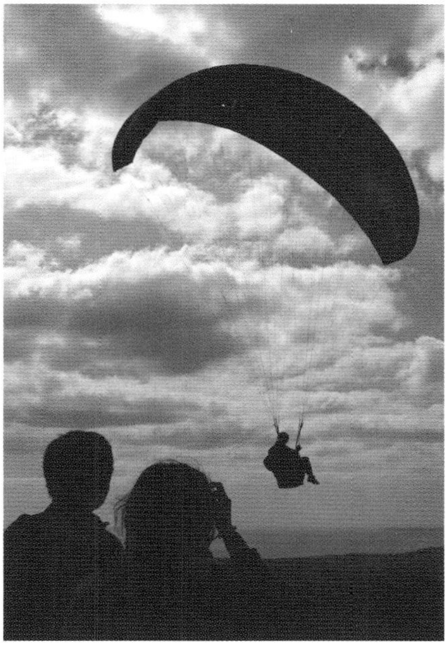

Photo « décontrastée » :
grise, sans noir ni blanc

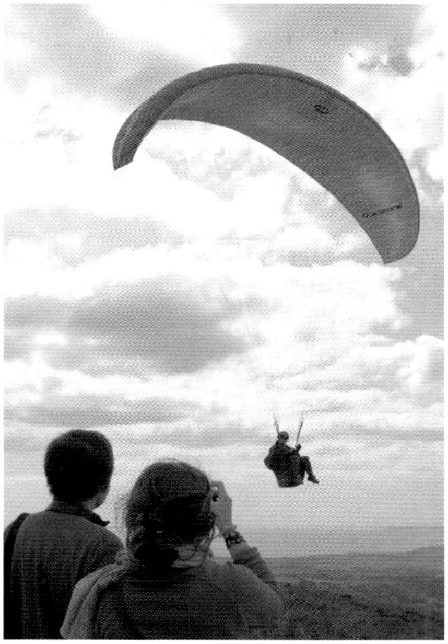

Contraste mesuré :
sujets et ciel montrant du détail

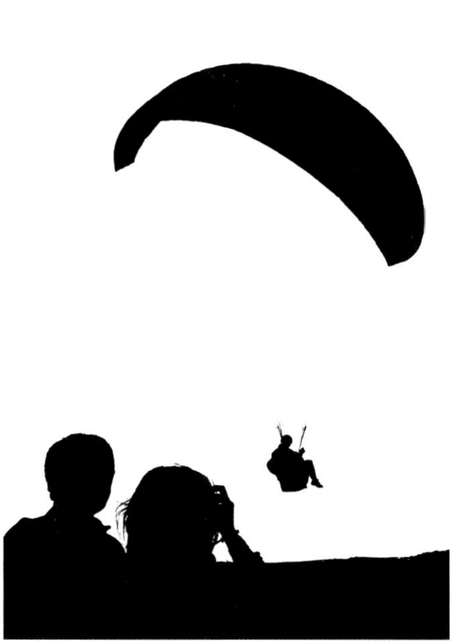

Contraste extrême : sujets transformés
en silhouettes noires et ciel en aplat blanc

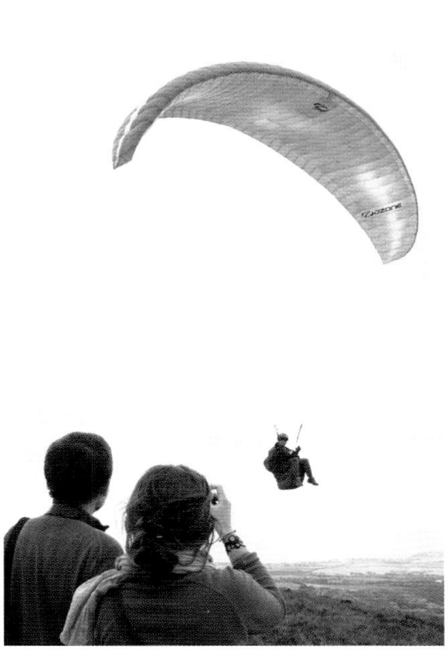

Contraste « clair » : sujets montrant
du détail sur un ciel particulièrement clair

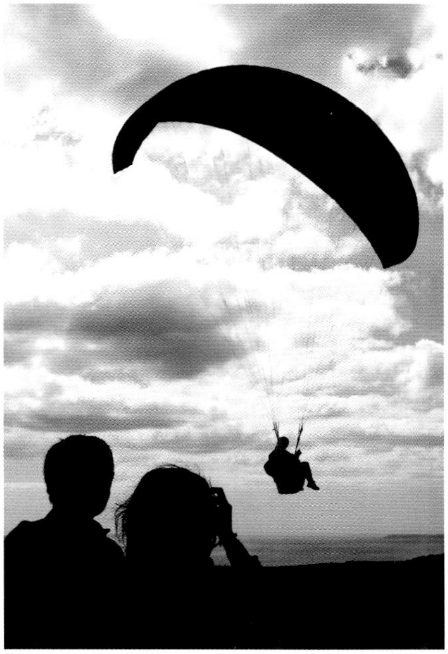

Contraste fort : sujets transformés
en silhouettes sur un ciel contrasté

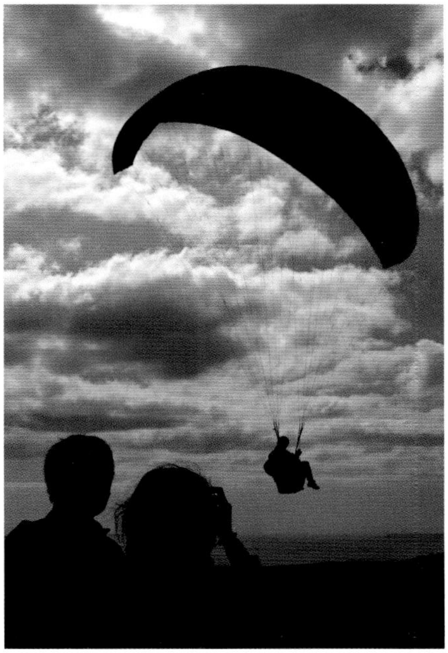

Contraste « dense » : sujets transformés
en silhouettes sur un ciel foncé

Densités extrêmes : les hautes et basses lumières

Voici la palette d'une photo monochrome équilibrée. Ses tons vont du noir au blanc et sont échelonnés régulièrement. Les basses lumières correspondent aux densités les plus sombres de la photo et les hautes lumières aux tons les plus clairs. Au centre, les tons intermédiaires comprennent les couleurs de densité moyenne. Attention, ce nuancier équilibré n'est pas forcément la palette idéale pour nos images ! Selon le sujet, et la lumière ambiante, une photo peut demander à ce que l'on répartisse ses densités autrement pour gagner en impact, comme nous le verrons par la suite.

Matérialiser l'échelle de densités d'une image sur un nuancier, une palette, peut nous aider à visualiser comment la lumière se répartit dans la photo (densité des tons de l'image et proportion de chacune des densités par rapport aux autres).

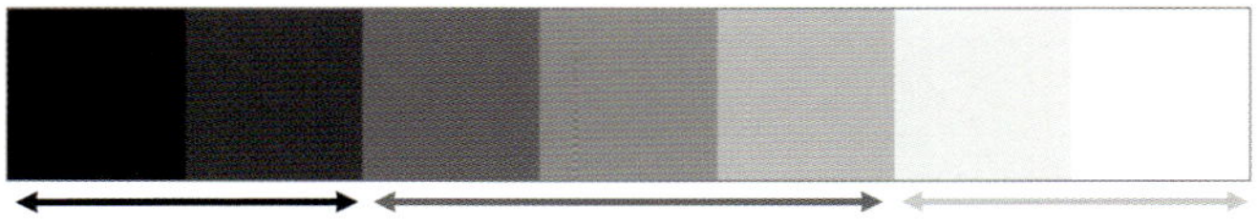

Les hautes lumières

Bien percevoir les densités extrêmes de cette scène m'a aidée à composer l'image et à la retoucher.

Entraînez-vous tout d'abord à repérer les zones les plus lumineuses de différentes photos. On appelle ces tons les plus clairs les « hautes lumières » de l'image.

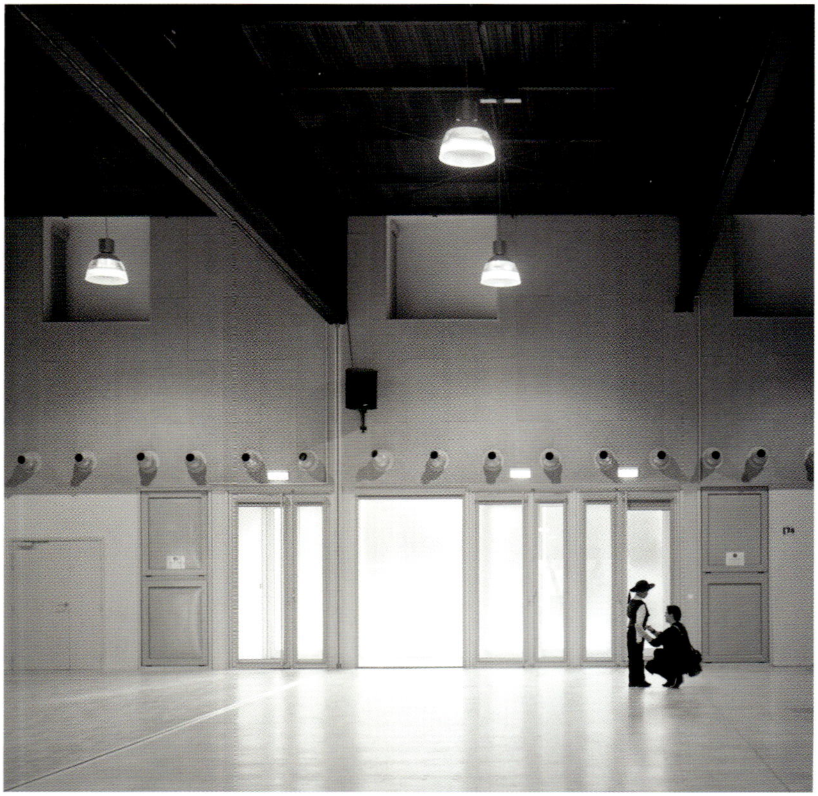

Observez une photo (brute ou retouchée). Comment se présentent ses hautes lumières ? Sont-elles blanches ou plutôt de couleur claire ? Sont-elles grises ? Affichez l'image sur un fond blanc pour vous aider à les caractériser.

Si les hautes lumières sont grises et que le blanc est manquant, l'image est sous-exposée. L'effet peut être voulu mais, la plupart du temps, il est préférable de corriger ce défaut au traitement pour obtenir une photo bien lumineuse et contrastée (voir p. 64). Quand les hautes lumières sont déjà bien blanches, il vous faut être vigilant au traitement car, si vous éclaircissez davantage la photo, et de la mauvaise manière, vous risquez de la surexposer complètement et de perdre du détail, formant comme des « trous blancs » dans l'image.

Analysez également l'étendue des hautes lumières. Le blanc et les couleurs claires ne constituent-ils que quelques petites touches très ponctuelles ou les zones claires sont-elles présentes en quantité dans l'image ? Pour considérer qu'une photo est claire, lumineuse, il ne suffit pas de constater que les hautes lumières sont bien blanches ou d'une couleur très claire. Il faut aussi que leur présence en quantité soit suffisante pour « éclairer l'image ».

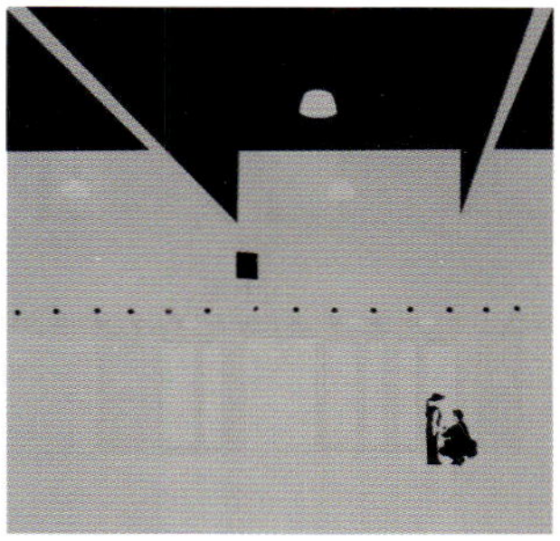

Basses lumières (en noir)

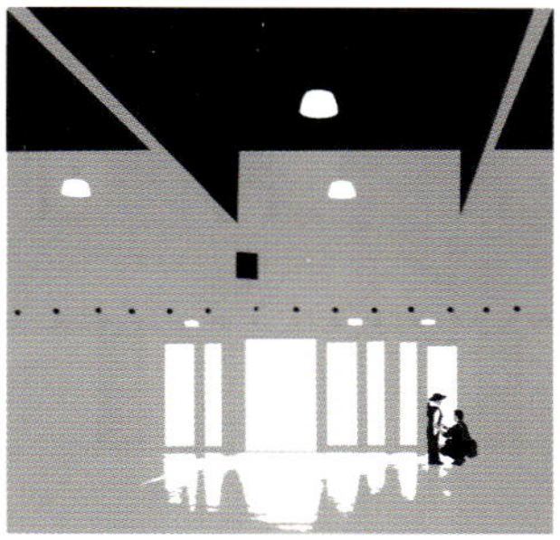

Basses lumières, tons moyens, hautes lumières

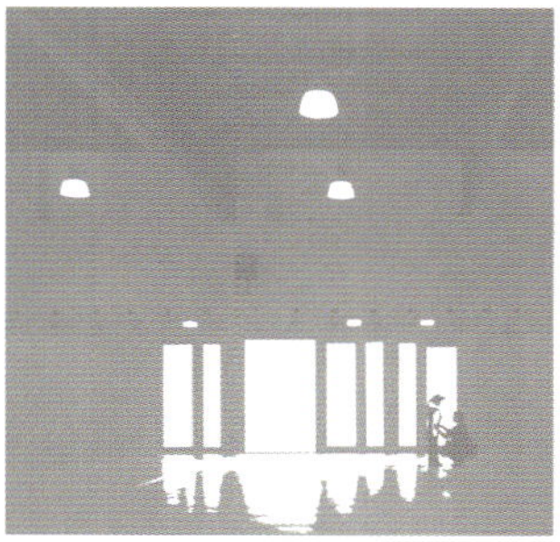

Hautes lumières (en blanc)

Les basses lumières correspondent au sujet principal et à la partie haute de la photo (à gauche). Les hautes lumières s'imposent, au contraire, en bas de l'image et ponctuent la partie haute (à droite). Ainsi, ma composition, renforcée par une conversion en noir et blanc et un post-traitement bien dosé, fait s'équilibrer zone claire et zone sombre mais aussi se détacher un sujet noir sur fond clair et quelques éclairages lumineux sur fond obscur (au centre). C'est ce « yin yang » contrasté qui fait la richesse visuelle de l'image.

Les basses lumières

Rien de plus simple, à présent, que de procéder de la même manière pour les basses lumières. Elles correspondent, vous l'avez deviné, aux zones les plus sombres de la photo.

Les « basses lumières » de l'image que vous visionnez sont-elles d'un vrai noir bien dense ou vous semblent-elles grises ? Observez la photo sur fond noir pour vous aider à les caractériser.

Si l'image ne présente pas de noir et manque de basses lumières, elle apparaît voilée. Cela arrive, en particulier lorsque l'appareil est ébloui par une source lumineuse, en contre-jour, ou que l'image est surexposée. La palette est alors plus restreinte, le noir étant manquant. L'absence de noir génère une image douce mais fade. Cela peut se corriger facilement, comme présenté page 70.

Que pensez-vous, à présent, de l'étendue des basses lumières de votre photo ? La scène montre-t-elle simplement quelques touches de noir ou de tons bien denses sur un fond clair ? Est-elle au contraire envahie par le noir et les tons foncés, dans le cadre d'une ambiance sombre et dramatique ?

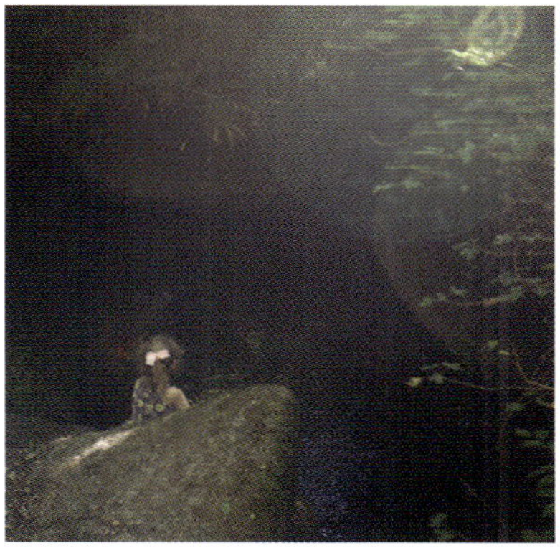

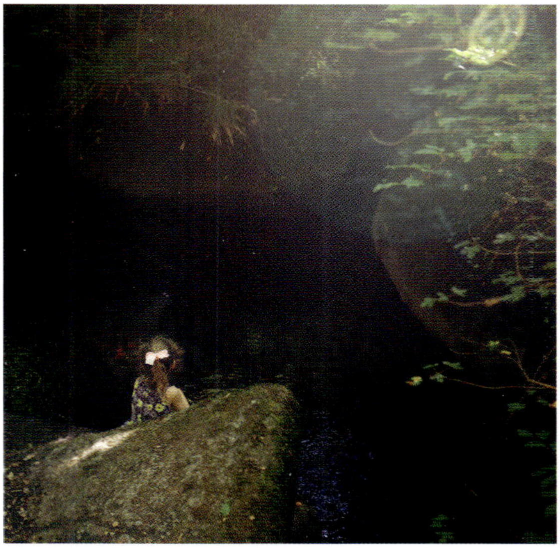

Cette petite fille assise au bord de l'eau dans un rayon de lumière m'a fait l'effet d'une apparition ! Le soleil passant entre les branches éblouit l'appareil, qui génère alors une photo voilée. Une sous-exposition de -1,33 IL visant à conserver du détail dans le nœud de l'enfant, à la prise de vue, a assombri l'image mais pas jusqu'à lui offrir de vrais noirs. J'ai recherché le juste équilibre, au traitement, pour que la photo gagne en dynamique grâce à des noirs marqués sans toutefois perdre en nuances, en mystère et en luminosité.

En pratique

- Visionnez quelques images sur fond gris, noir puis blanc. Identifiez-vous certains de leurs défauts (sous-exposition ou voile, éléments gênants, etc.) ?
- Repérez-vous l'endroit où une photo est la plus claire ? La plus foncée ? La plus vive ? Les éléments à première vue unis (par exemple, le ciel) ne présentent-ils pas un coin plus sombre, une zone plus saturée ou à la teinte différente ?

Le contraste des extrêmes

Le contraste d'une photo est une notion assez complexe, mais que vous apprivoiserez progressivement au fil de votre lecture. Pour caractériser le contraste, il ne suffit pas de constater quelle est la densité d'une zone ; il faut comparer les densités des différents éléments qui constituent l'image. C'est en effet l'écart entre densités qui crée le contraste.

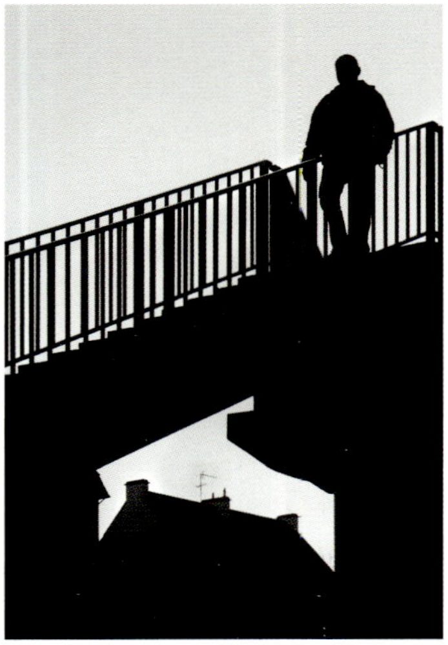

Du blanc au noir

Or, pour un écart maximal des densités, quoi de mieux que la présence conjointe de noir et de blanc dans une photo ?

L'image ci-contre n'est presque constituée que de hautes et de basses lumières ! Les densités s'entrechoquent, dans cette composition très graphique, à l'impact fort. La prise de vue en contre-jour sur un ciel blanc a généré ce contraste intense, que je n'ai accentué que légèrement au traitement.

Basses lumières bien sombres

Hautes lumières bien claires

Palette caractéristique d'un bon « contraste des extrêmes »

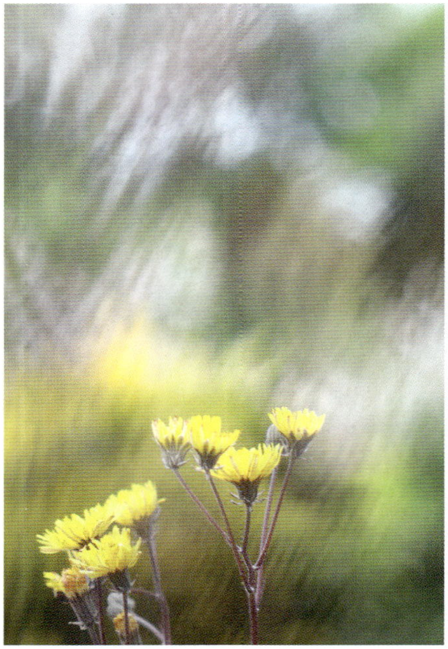

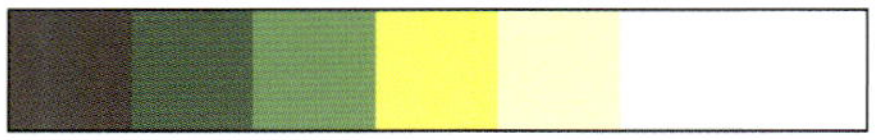

Absence de noir ✗

Photo voilée

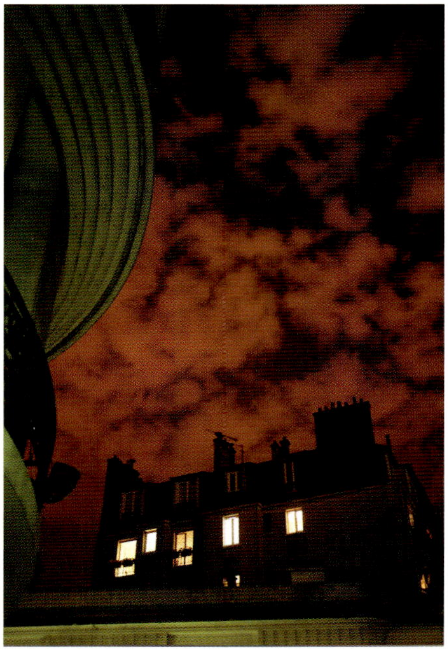

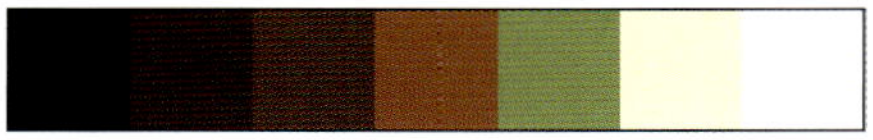

Présence de noir ✓ *Présence de blanc* ✓

Photo bien contrastée

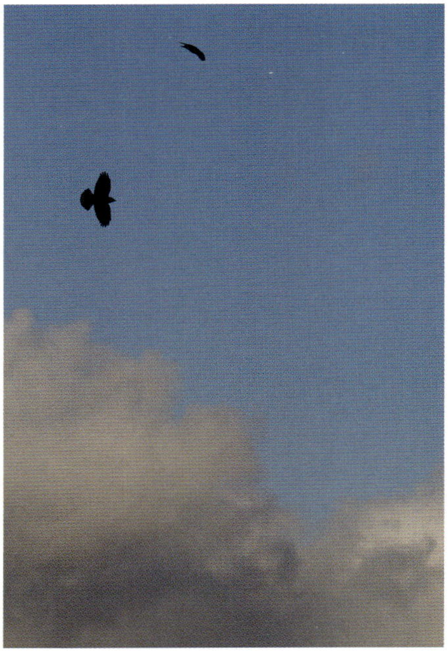

Absence de blanc ✗

Photo sous-exposée

Ainsi, si une image a des hautes lumières bien blanches et des basses lumières bien noires, sa « palette » est la plus étendue possible et va jusqu'aux extrêmes. La photo s'avère donc bien contrastée.

À l'inverse, une image à la fois voilée (pas de noir) et/ou sous-exposée (pas de blanc) présente un contraste très faible et un impact visuel réduit. Sa « palette » est particulièrement restreinte et se limite aux gris intermédiaires.

Veillez, donc, la plupart du temps, à ce que vos images incluent à la fois du noir et du blanc. Laissez cependant parler votre sensibilité et adaptez-vous au sujet. Une macrophotographie de fleur, adoucie par un flou de profondeur de champ, ne demande pas autant de contraste qu'une vue graphique urbaine. La présence d'un noir intense est assez rare dans la première tandis qu'elle est essentielle dans la seconde.

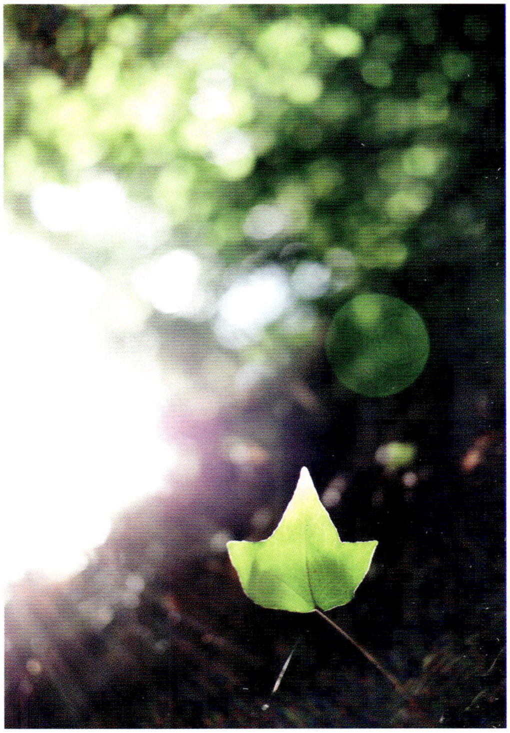

Ici, le sujet est constitué de hautes lumières et ressort particulièrement bien sur un arrière-plan flou assez sombre. Les hautes lumières sont présentes sur la feuille, la zone surexposée à gauche du cadre et le flou clair situé en haut de l'image ; les basses lumières, entremêlées avec les tons intermédiaires, constituent le reste de la photo.

Densité du point fort

Le sujet principal d'une photo, pour avoir une présence visuelle forte et attirer le regard, se doit, le plus souvent, de montrer un rendu extrême : couleur vive ou densité affirmée (très sombre ou très claire) – les bonnes photos monochromes montrent rarement un sujet « grisouille » ! Lorsque, parfois, il se compose de densités variées et intermédiaires, il est presque toujours souligné de blanc ou de noir, extrêmes qui lui permettent de « surgir de l'image ». Pensez-y à la prise de vue, puis à la retouche.

Question de proportions

Le contraste des extrêmes consiste donc à étaler la palette de tons d'une image du blanc au noir et à donner au point fort un rendu marquant. Cependant, pour un contraste intense, la proportion de tons très sombres et très clairs importe également. Autant quelques touches noires et blanches peuvent dynamiser une photo, autant des zones de densités extrêmes plus étendues, plus présentes donneront une plus forte impression de contraste. Ainsi, à la prise de vue comme à la retouche, il est essentiel de se montrer particulièrement attentif aux extrêmes : à l'intensité de leur rendu comme à leurs proportions !

En pratique

Visionnez une sélection variée d'images retouchées (les vôtres mais aussi celles d'autres photographes). Bénéficient-elles d'un bon « contraste des extrêmes » ? Lorsque ce n'est pas le cas, pensez-vous qu'il s'agisse plutôt d'un effet artistique assumé (photo contrastée mais aux basses lumières ou hautes lumières changées en gris, par exemple) ou d'images qui ne sont pas suffisamment optimisées ?

◀ Observez les hautes et basses lumières de ces photos, ainsi que le contraste généré. Tandis que l'image centrale, bien contrastée (même si sombre), montre un rendu optimal comprenant à la fois du blanc (fenêtres éclairées) et du noir (toit de l'habitation), les deux autres photos perdent en impact à cause d'une exposition mal gérée. La photo de gauche paraît fade car elle ne montre pas de noir ni de tons sombres. Ses basses lumières ne sont pas assez denses. Celle de droite est terne et grise car le blanc est manquant. Ses hautes lumières ne sont pas assez claires. Heureusement, ces défauts peuvent être corrigés à la retouche !

Ajustement des densités extrêmes

Lors de vos retouches, après avoir finement observé les densités de l'image, ayez à cœur de modeler successivement les hautes et basses lumières afin d'améliorer son contraste.

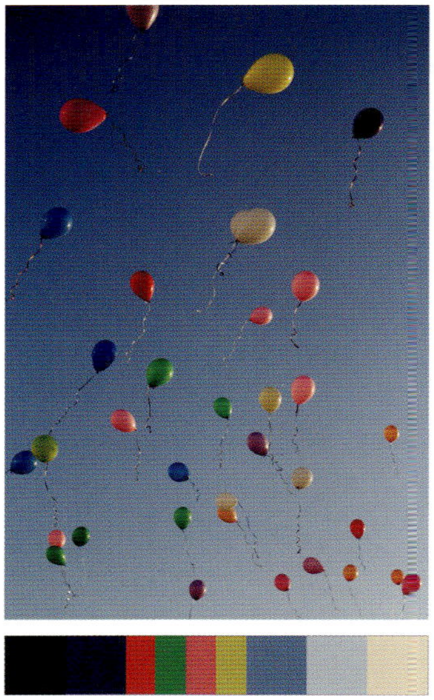

Basses lumières bien denses ✓ *Hautes lumières sous-exposées* ✗

Photo « noircie »

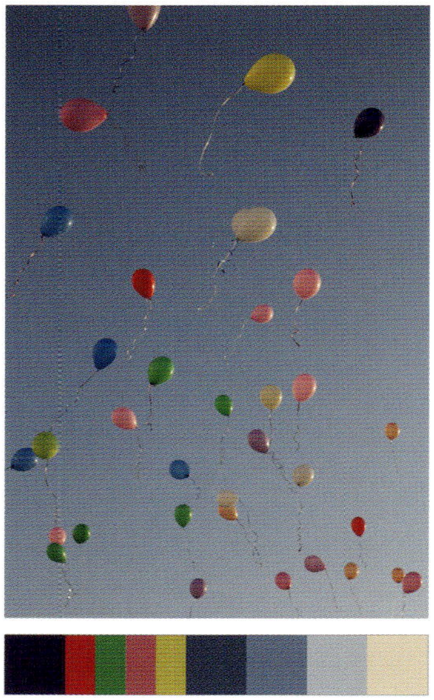

Basses lumières grises et voilées ✗ *Hautes lumières sous-exposées* ✗

Photo brute

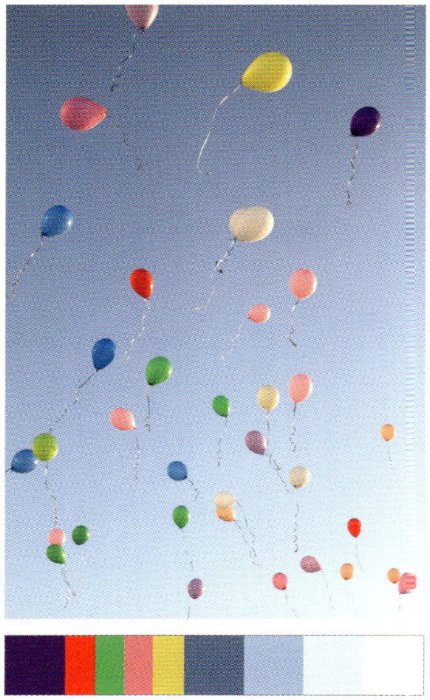

Basses lumières grises et voilées ✗ *Hautes lumières bien claires* ✓

Photo après augmentation de l'exposition

Photo brute

Cette photo numérique brute, présentant pourtant un sujet coloré saisi par temps ensoleillé, apparaît terne et grise (à gauche). Elle manque réellement de contraste. Attention, si elle vous donne cette impression, c'est surtout parce que je l'ai accompagnée dans cette double page d'autres versions, soigneusement optimisées ! La plupart du temps, nous n'avons pas conscience de la fadeur de nos images…

En y regardant de plus près, cependant, on peut remarquer que sa gamme de tons est restreinte, comme le fait également apparaître la palette associée. Les hautes lumières sont sous-exposées ; les basses lumières sont voilées… La photo ne montre ni noir, ni blanc, ni couleur bien vive, ce qui réduit son impact visuel.

Photo « noircie »

En « noircissant » l'image (en haut), le rendu perd de sa fadeur grâce à des tons sombres qui « surlignent » le sujet. La photo semble cependant plombée et présente des couleurs « sales ».

Photo surexposée

En surexposant l'image (ci-contre), on gagne en luminosité grâce à des hautes lumières bien claires. La photo apparaît cependant voilée et montre des couleurs un peu trop pastel.

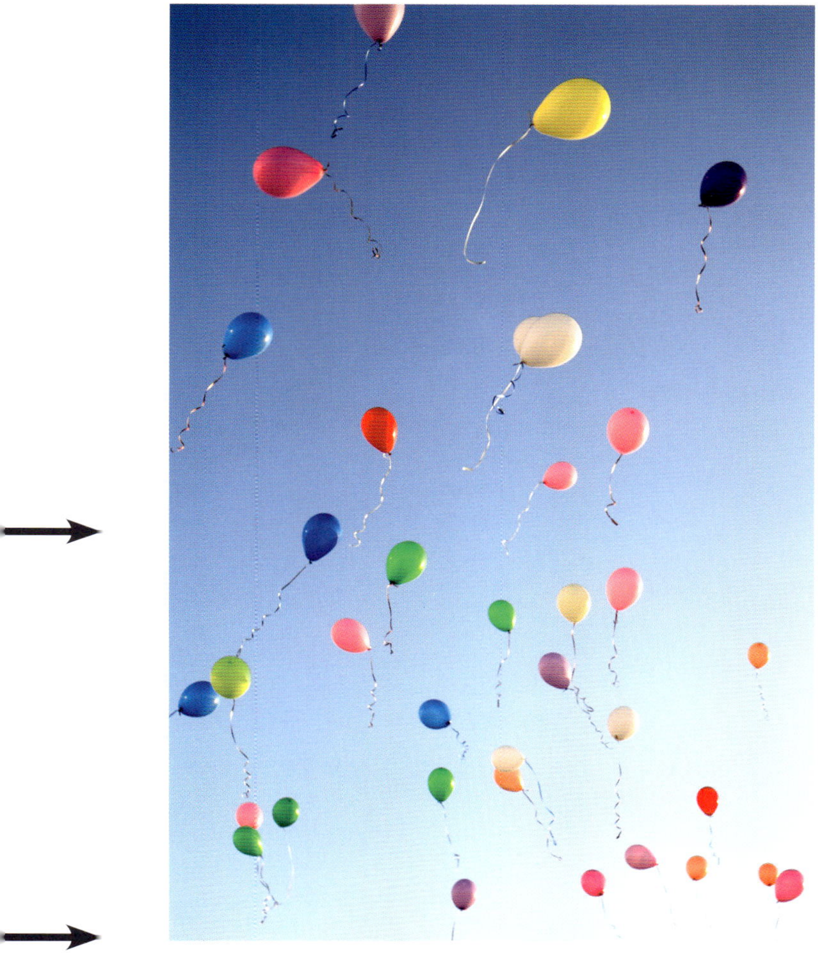

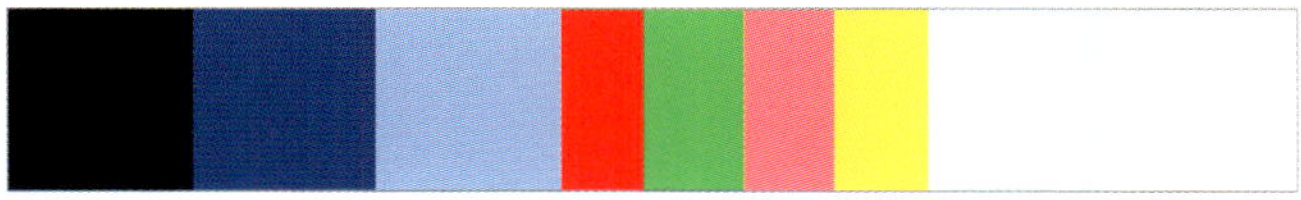

Basses lumières bien denses *Hautes lumières bien claires*

Photo contrastée

Photo contrastée

Ce n'est qu'en combinant augmentation de l'exposition et noircissement, à la retouche, que j'obtiens un rendu contrasté et constituant une bonne mise en valeur de mon sujet.

Le rendu de la photo est grandement amélioré par l'exagération de la densité des extrêmes. Les hautes lumières sont bien claires et vont jusqu'au blanc, pour un bon rendu lumineux ; les basses lumières sont bien sombres et apparaissent presque noires, pour un impact optimal de la photo, en densité. Les couleurs sont naturellement avivées par le renforcement du contraste, sans que j'ai eu à les retoucher.

J'espère que ces exemples concrets vous ont rendu plus sensible, plus réceptif, au rendu des densités extrêmes de vos images. Nous étudierons, dans la suite de l'ouvrage, comment effectuer techniquement ces retouches dans différents logiciels (chapitres 3 et 4). Vous apprendrez, aussi et surtout, à procéder étape par étape, pour combiner les effets de plusieurs retouches, afin de donner à votre image un rendu caractéristique et original (chapitre 5).
Mais, avant cela, intéressons-nous dans les pages qui suivent à ces densités un peu bâtardes qui se trouvent entre les extrêmes.

Les tons intermédiaires

Vous savez à présent mieux repérer et caractériser les extrêmes. Mais ce qui fait, bien souvent, qu'une photo apparaît claire ou foncée, c'est une gamme de tons à laquelle on ne fait pas toujours suffisamment attention : les densités intermédiaires. Il s'agit des tons moyens, ceux qui se trouvent au centre de mes « palettes ».

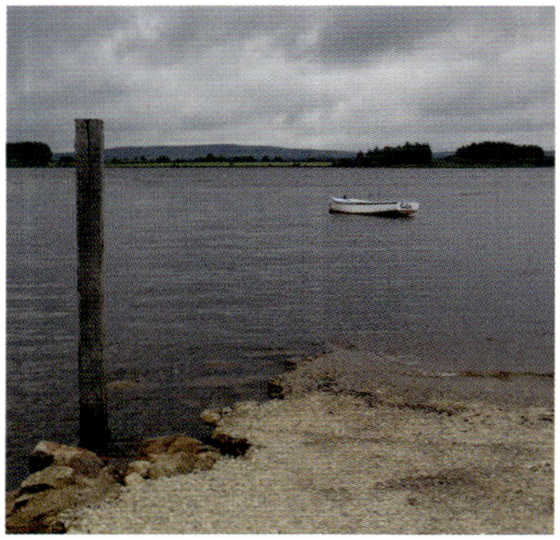

Photo brute

Voici deux versions d'une image, montrant une gestion opposée des tons intermédiaires. Notez que l'extrémité des palettes, elle, est commune aux deux variantes. En haut, les tons moyens sont éclaircis ; le rendu est plutôt lumineux, assez « zen ». En bas, ils sont au contraire obscurcis, générant une ambiance plus dramatique. La barque étant bicolore (haut clair, base sombre), chacune des deux options fonctionne. La zone blanche de la coque étant cependant la plus étendue et la plus attractive, c'est le rendu le plus dense (en bas) qui constitue la meilleure mise en valeur.

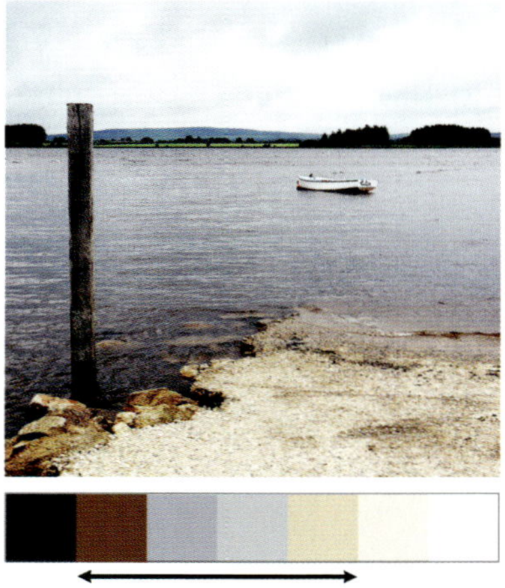

Retouche aux tons intermédiaires clairs

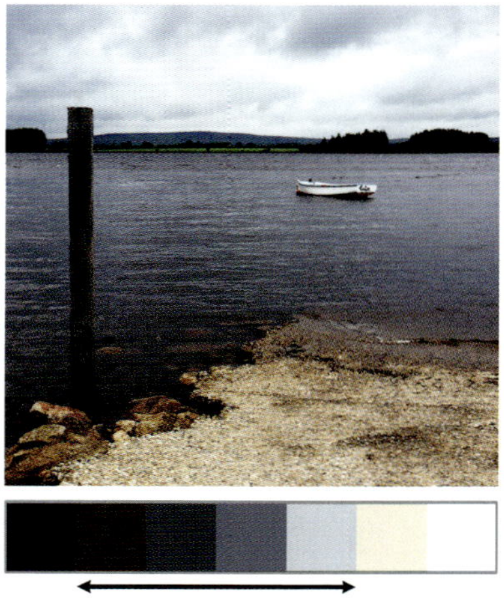

Retouche aux tons intermédiaires denses

Influence des densités moyennes

Ces gris intermédiaires, moyens, ne sont ni très clairs ni très sombres et pourtant, leur densité est déterminante dans le rendu final de l'image.

- Plutôt denses, ils dramatisent (ou plombent) la photo.
- Plutôt lumineux, ils l'éclaircissent (ou l'affadissent).

Comment savoir si votre choix va dans le bon sens ou si la manière dont vous pensez modeler la densité des tons intermédiaires risque de « plomber » ou d'affadir l'image ?

Le contraste local

Le dosage des densités de la photo contrôle le contraste global de l'image mais aussi le contraste local de certaines de ses zones.

Or, la partie essentielle d'une image est bien entendu celle qui contient le point fort. Comme vous commencez à le comprendre, c'est le contraste qui contrôle la lisibilité de votre photo et donc son impact. Sujet clair sur fond sombre, ou sujet sombre sur fond clair… voilà ce qui vous permettra d'obtenir un bon contraste local ! Cette prise de conscience vous sera utile à la prise de vue comme lors de la phase de retouche.

Dès la prise de vue, vous pouvez agir naturellement sur le contraste en évitant les « sujets caméléons ». Repérez les éléments qui tranchent sur leur environnement, déplacez-vous pour modifier l'arrière-plan, jouez à faire se détacher des silhouettes obscures sur des fonds clairs et des sujets éclairés sur un arrière-plan plongé dans l'ombre… En bref, pensez déjà au contraste, au déclenchement !

Au traitement, vous pourrez parfois améliorer l'impact de votre photo en suivant cette règle simple : définissez, le plus souvent, la densité des tons intermédiaires à l'inverse de celle de votre sujet principal. Ainsi, pour faire bien ressortir un point fort clair, assombrissez les tons intermédiaires (voir mise en œuvre p. 72). Pour mettre en valeur, au contraire, un sujet sombre (silhouette, par exemple), rendez la photo plus lumineuse et plus claire en jouant sur ses tons moyens (voir mise en œuvre p. 66).

Cette notion est fondamentale et peut constituer une véritable clé pour vos retouches. Gardez donc toujours en tête de doser le contraste en utilisant à la fois les extrêmes mais aussi les tons intermédiaires pour bien faire ressortir le sujet.

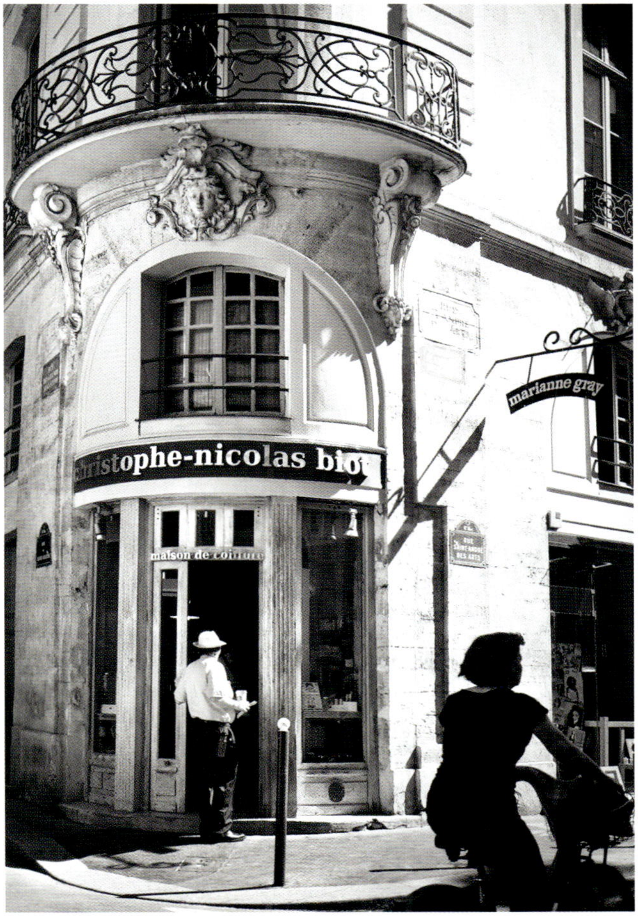

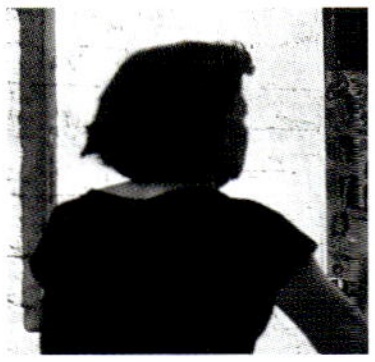

Contraste local
en sombre sur clair

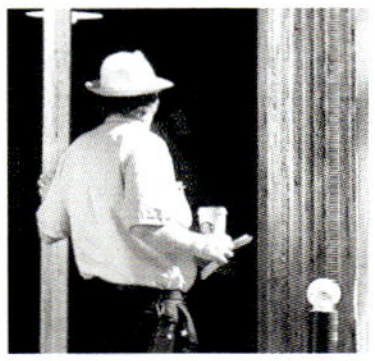

Contraste local
en clair sur sombre

Palette équilibrée, nuancée

Cette photo, relativement chargée, tire son impact de ma gestion des densités des éléments présents. J'ai tout d'abord repéré cet homme à la chemise et au chapeau blancs au soleil, dans l'embrasure d'une porte ouvrant sur une boutique plongée dans l'ombre. Le look du modèle et le contraste local généré m'ont immédiatement intéressée ! Lorsqu'une cycliste est passée, j'ai déclenché un peu à l'instinct. Par chance, j'ai su la saisir sur un arrière-plan clair et uni, alors qu'elle-même se trouve à l'ombre. Ainsi, les deux protagonistes de la photo, homme et femme, semblent se répondre en négatif.

En pratique

- Ciblez vos observations sur les densités moyennes et non plus sur les extrêmes. Ces tons intermédiaires sont-ils clairs ou foncés ? Repérez aussi quelle est la densité du sujet (est-il plutôt clair ou foncé ?). Comment agir sur les tons moyens pour mieux le mettre en avant ? Faut-il les assombrir, les éclaircir ?
- Dans un logiciel adapté, passez en noir et blanc une image au point fort évident en déplaçant le curseur Saturation vers la gauche, jusqu'à l'extrémité de la réglette. Déplacez le curseur contrôlant la luminosité des tons moyens dans votre logiciel (voir rabat) vers la droite puis vers la gauche afin de les éclaircir ou les assombrir. Quelle manipulation met le mieux en valeur votre sujet ?

Le contraste tranché

Ces variantes montrent différents types de contraste, dépendant de la gestion des extrêmes mais aussi des tons intermédiaires. La présence de blanc et de noir ainsi que la manière dont s'échelonnent les tons intermédiaires influent sur le rendu de la photo.

Faire varier la densité des tons intermédiaires ne consiste pas seulement à modeler l'ambiance générale de la photo, pour la rendre plus claire ou plus sombre. Cela vous permet également de changer de « type de contraste » et de passer ainsi d'un contraste progressif à un contraste tranché… pour toujours plus d'impact ou de lisibilité.

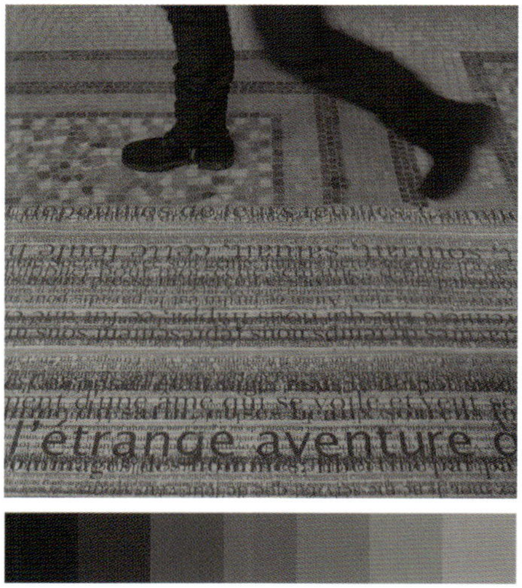

Palette de tons très restreinte, sans blanc ni noir

Contraste très réduit

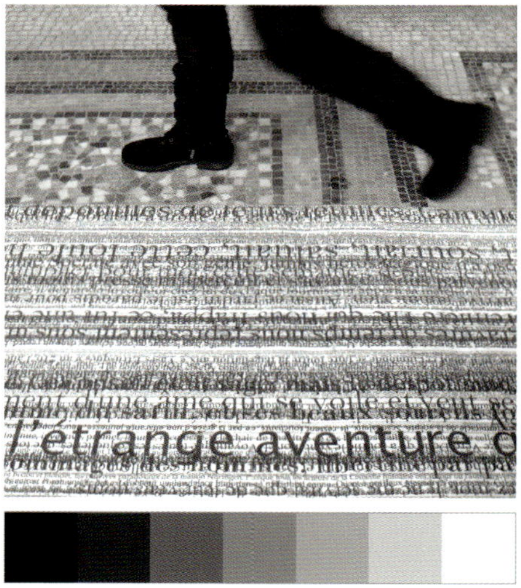

Palette de tons échelonnée régulièrement du noir au blanc

Contraste progressif

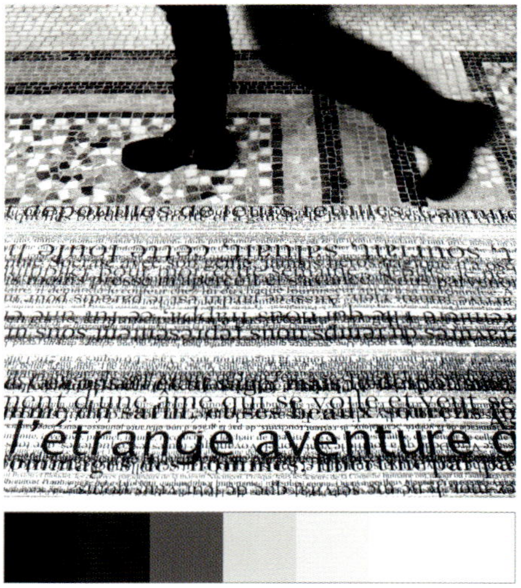

Palette de tons allant du blanc au noir et scindée en deux blocs [noir + sombre] et [blanc + clair]

Contraste tranché

Une scission en densité

Contrairement à ce que l'on pourrait croire, une palette de tons équilibrée ne donne pas forcément les photos les mieux retouchées ni les plus contrastées.

Pour obtenir un fort contraste, jouez, au contraire, pour certaines photos, sur une scission dans la palette avec un passage brutal entre hautes lumières et basses lumières. C'est ainsi que vous pourrez faire se côtoyer des zones sombres et des zones claires qui s'opposeront nettement, sans que des tons trop intermédiaires viennent affadir votre image.

Des intermédiaires qui se changent en extrêmes

Concrètement, pour que les tons intermédiaires disparaissent, en quelque sorte, jusqu'à ce qu'il ne reste quasiment que les extrêmes qui « s'entrechoquent », il faut tout simplement les transformer eux-mêmes en extrêmes ! Lors du post-traitement, il s'agira tantôt d'obscurcir fortement les tons intermédiaires jusqu'à, presque, les faire se confondre avec les « extrêmes sombres » (voir p. 72), tantôt de les éclaircir de façon marquée, au contraire, pour les faire se rapprocher des tons très clairs (voir p. 66).

La règle présentée en page précédente pour le contraste local reste valable ici. Orientez les tons moyens vers le clair ou vers le sombre en vous basant sur la densité du sujet :

- pour mettre en valeur un sujet dense, éclaircissez les tons intermédiaires (arrière-plan) jusqu'à obtenir un contraste tranché en sombre sur clair ;
- pour mettre en valeur un sujet lumineux, assombrissez les tons intermédiaires (arrière-plan) jusqu'à obtenir un contraste tranché en clair sur sombre.

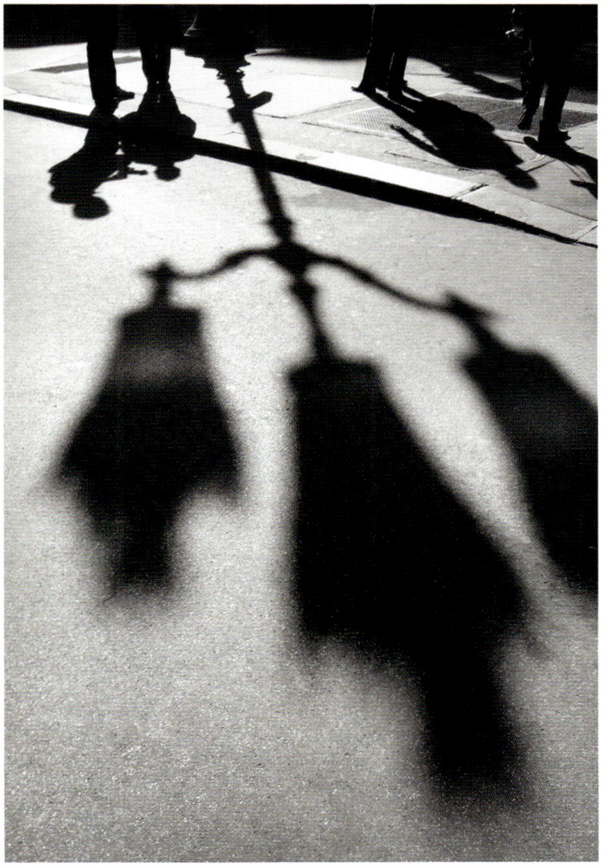

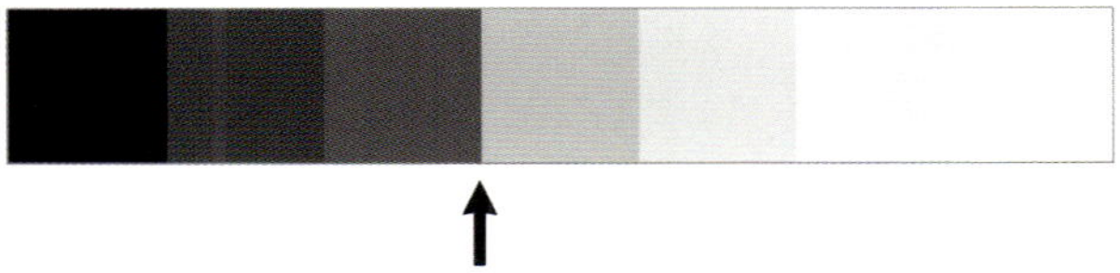

Scission entre hautes lumières
et basses lumières

Cette photo ne montre pas du tout une palette à la gamme échelonnée régulièrement comme celle de la page 35, mais une palette scindée en deux, pour un contraste tranché. En effet, l'image ne présente presque pas de tons moyens mais fait se détacher des ombres et silhouettes denses sur un fond bien clair.

Pour des retouches plus subtiles

Les tons extrêmes mais aussi les tons intermédiaires peuvent voir leur densité adaptée au traitement. Et, pour chacun d'entre eux, à vous de voir s'il s'agit d'obscurcir ou d'éclaircir la photo.

Retenez donc qu'il y a deux manières d'obscurcir une image :

- la noircir en densifiant les basses lumières (voir p. 70) ;
- l'assombrir en densifiant les tons intermédiaires (voir p. 72).

De même, on distingue deux manières d'éclaircir une image :

- la blanchir, la surexposer, en éclairant les hautes lumières (voir p. 64) ;
- l'éclaircir en débouchant les tons intermédiaires (voir p. 66).

Retenons trois idées fortes sur la démarche de retouche. Elle consiste ainsi :

- à agir sur telle ou telle gamme de densités d'une photo (hautes lumières, tons moyens, basses lumières),
- dans un sens ou dans l'autre (éclaircir, assombrir),
- et cela de manière plus ou moins marquée (réglage mesuré, poussé, extrême).

En pratique

Essayez d'imaginer (ou de dessiner, par exemple sur un logiciel) la palette de photographies monochromes plus ou moins contrastées. Pour cela, commencez par un extrême, par exemple le blanc, puis cherchez où sont les gris clairs de la photo, puis les gris moyens et ainsi de suite jusqu'au noir. Repérez si toute la gamme semble présente, quelle est la proportion de tons clairs ou foncés… Affinez votre sensibilité visuelle aux densités ! Si cela vous semble difficile, ne vous inquiétez pas, celle-ci va s'affûter au fil de votre lecture et par la mise en pratique des retouches de différents types, proposées dans l'ouvrage.

Densités et histogramme

Nos appareils et certains logiciels de retouche proposent parfois un graphique – l'histogramme – pouvant nous aider à analyser la luminosité et le contraste de nos images. Si votre logiciel n'intègre pas cette fonction, n'ayez pas de scrupule cependant à faire l'impasse sur ce thème, qui ne constitue pas un « passage obligé » pour la retouche photo.

Comprendre le graphique

L'histogramme est une représentation graphique des densités présentes dans une photo.

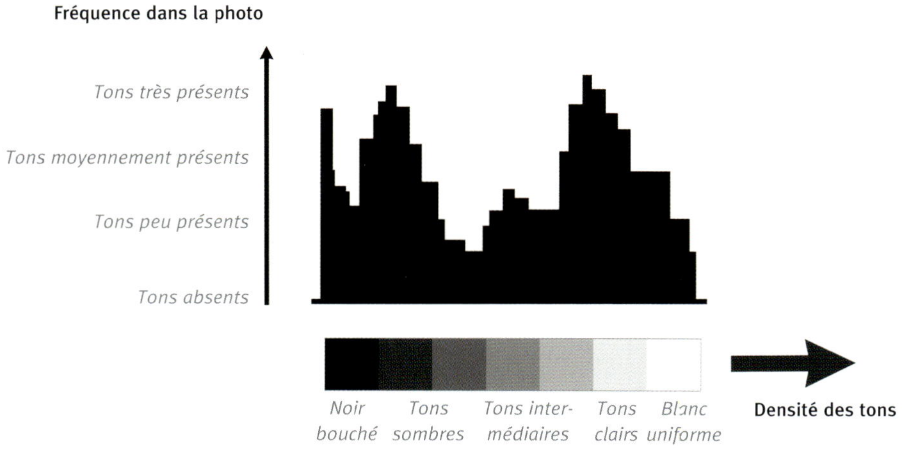

- Horizontalement, nous retrouvons l'échelle de densités qui correspond à ma palette. De la gauche vers la droite, les noirs profonds laissent place aux tons sombres, aux tons intermédiaires, puis clairs, pour enfin terminer par le blanc pur, à l'extrémité droite du graphique.
- Verticalement, la hauteur du graphique témoigne de la proportion d'une certaine densité dans l'image. Plus le graphique est haut et plus la densité correspondante est représentée.

Repérer pics et creux sur le graphique et constater à quelle densité ils correspondent permet de mieux comprendre ce qui caractérise le contraste d'une image.

Hautes et basses lumières sur l'histogramme

Tout comme ma palette de tons, l'histogramme peut nous aider à mieux voir si la photo présente bien du blanc et du noir. Les extrémités du graphique sont tout à fait indiquées pour caractériser... les extrêmes bien sûr ! On y décèle la présence ou l'absence de hautes et basses lumières.

Un histogramme plat à son extrémité gauche est caractéristique d'une photo voilée, qui ne présente pas de noir (schéma de gauche), tandis que si c'est la partie droite du graphique qui est manquante, c'est alors le blanc qui est absent de l'image, celle-ci est sous-exposée (schéma de droite). Le pic que montre chacun des graphiques témoigne des densités prédominantes dans la photo correspondante.

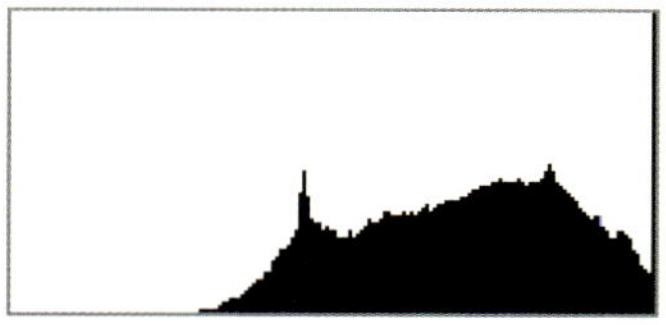

Absence de noir et de tons sombres — *Prédominance des tons clairs et intermédiaires*

Histogramme d'une photo voilée

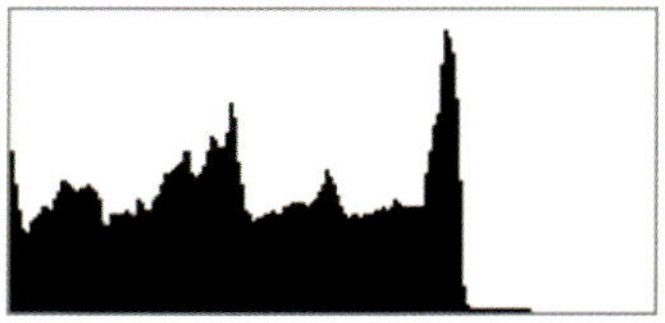

Prédominance des tons sombres et intermédiaires — *Absence de blanc et de tons clairs*

Histogramme d'une photo sous-exposée

Intermédiaires et type de contraste

Observer plus finement les pics et creux au sein du graphique permet ensuite de savoir quelle est la proportion de telle ou telle gamme de tons et à quel type de contraste nous avons affaire.

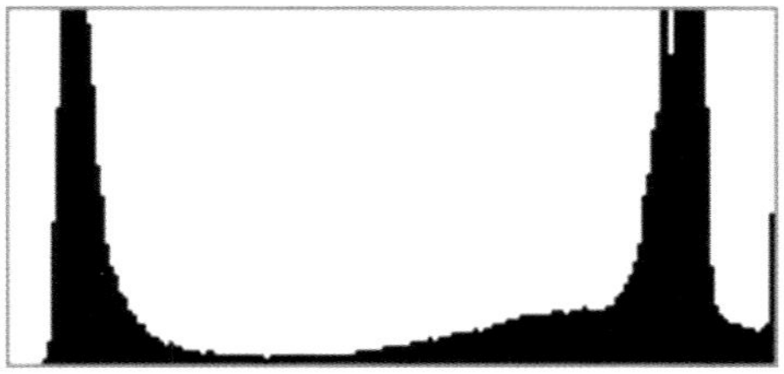

Pic de tons foncés *Absence de tons intermédiaires* *Pic de tons clairs*

Histogramme d'une photo au contraste tranché

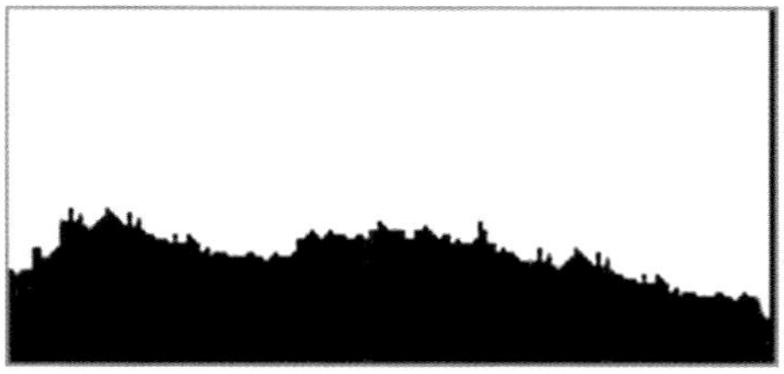

Présence similaire de tons sombres, intermédiaires et clairs

Histogramme d'une photo homogène au contraste progressif

Un graphique à deux pics est révélateur d'un contraste tranché (à gauche) : le creux dénote l'absence de tonalités intermédiaires tandis que les pics correspondent aux densités qui dominent l'image. À l'inverse, un histogramme régulier montrant une hauteur à peu près constante indique une répartition homogène des densités, qui sont toutes présentes et selon une même proportion (contraste progressif, à droite).

N'hésitez pas à vous servir de l'histogramme si celui-ci vous aide à analyser vos photos et à les retoucher. Il peut être utile pour « caler » rapidement les hautes et basses lumières.

Je vous invite cependant à ne pas passer trop de temps sur cet outil technique. Rien ne vaut l'étude de la photo elle-même ! Aucun outil d'analyse ne saura vraiment retransmettre la subtilité du contraste d'une image ni vous indiquer ce qu'il faut faire pour améliorer son rendu.

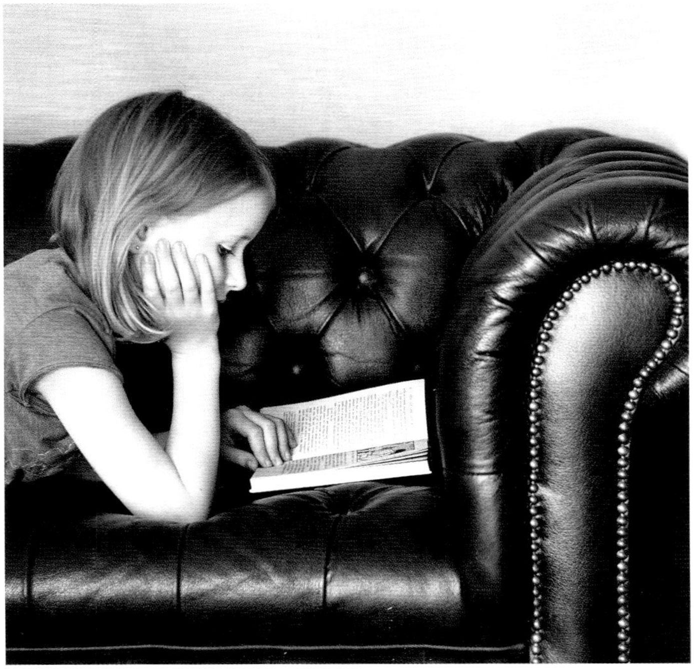

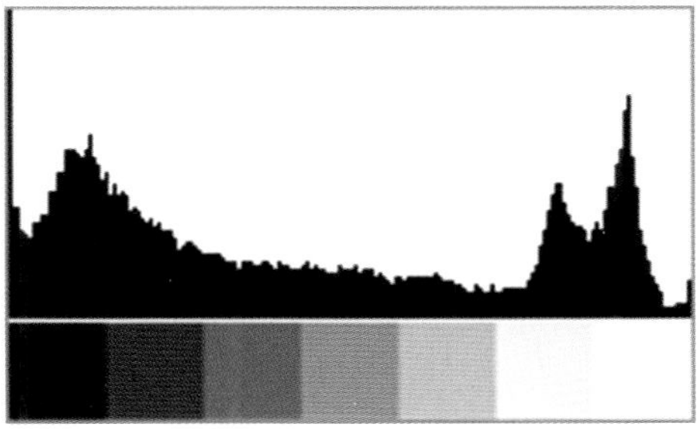

Canapé *Cheveux et tee-shirt* *Livre, peau, mur...*

J'ai retouché cette image de manière à accentuer le contraste en densité saisi à la prise de vue. L'idée consiste ici à exploiter un contraste tranché pour faire ressortir de manière forte le sujet clair de l'image, l'enfant lisant un livre, sur le fond dense et texturé du canapé. L'histogramme de la photo finale est révélateur de cette démarche : il présente deux pics (l'un de tons très clairs, l'autre de tons très sombres) séparés par un « plat » de tons moyens peu représentés. Ce manque d'intermédiaires me permet de juxtaposer directement le presque noir avec le presque blanc, dans le cadre d'un contraste local intense.

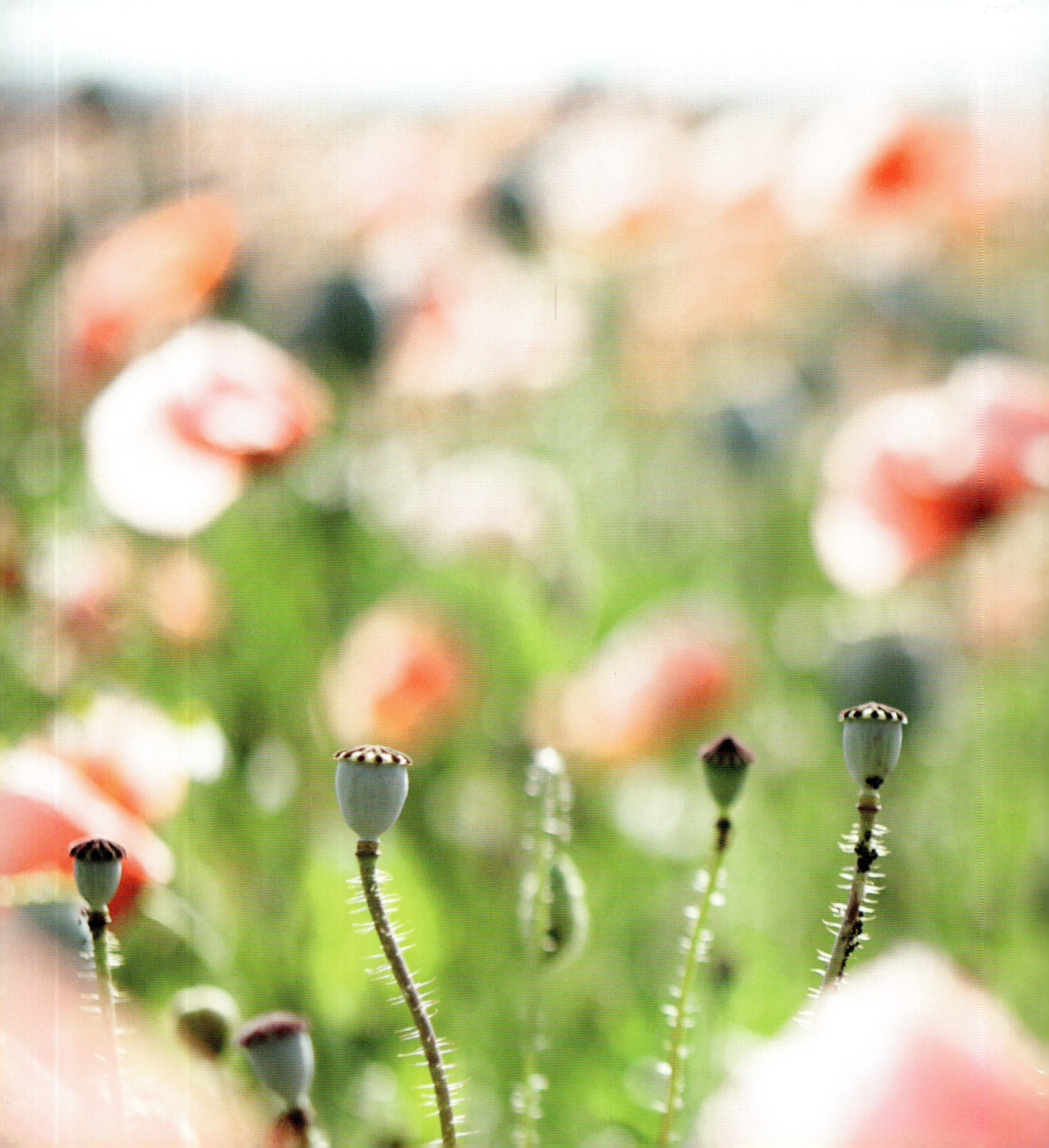

Logiciels et outils pour gérer le contraste

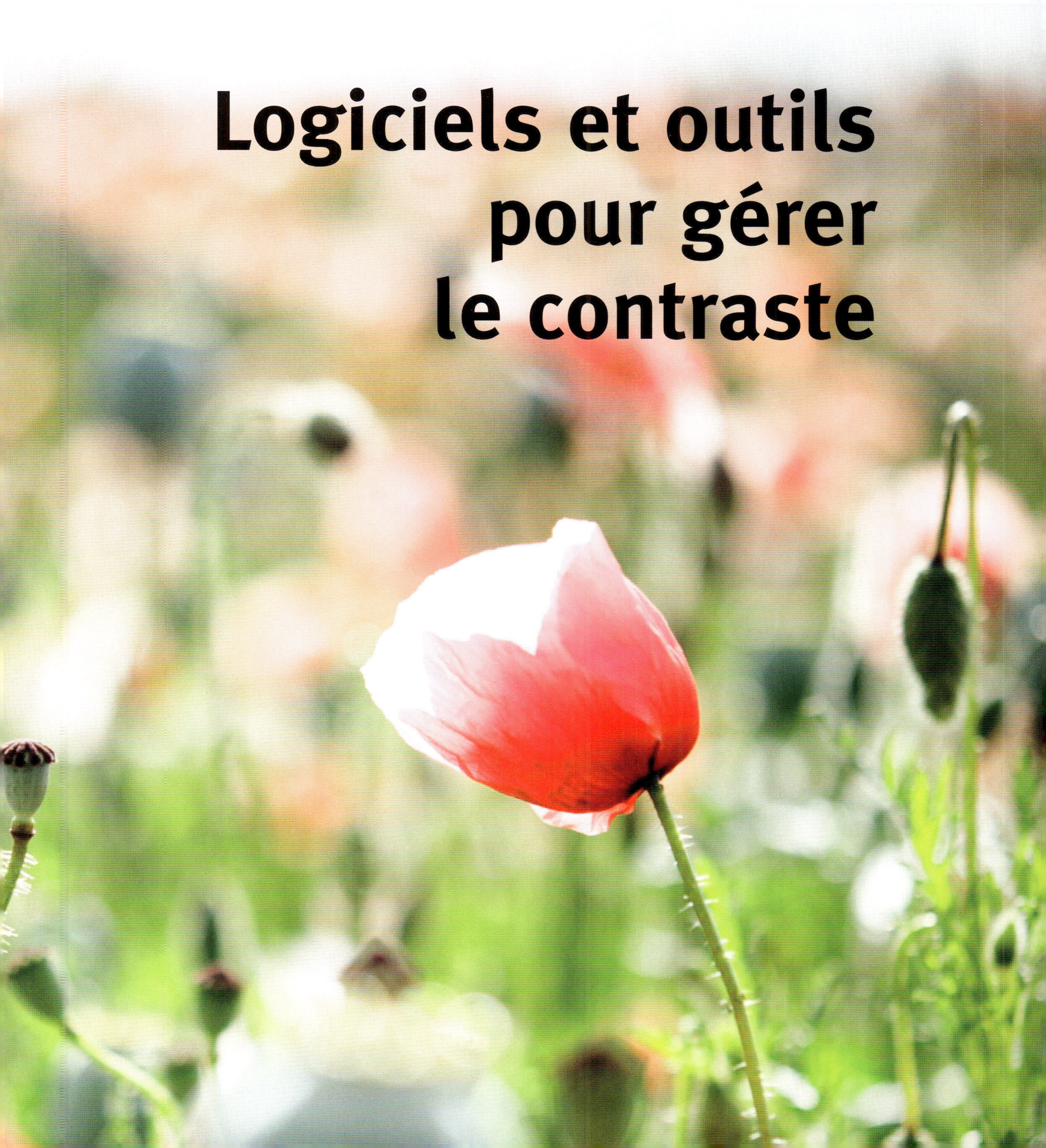

Derrière les réglages un peu austères que nous allons étudier se cachent de puissants outils permettant de dompter la lumière et de doser la présence d'un sujet. Sur le terrain, angle de vue assez bas et flou de profondeur de champ prononcé m'ont permis de sublimer les pavots roses de la double page précédente. Au traitement, j'ai parfait leur mise en valeur par un recadrage boostant la composition et une optimisation du contraste visant à la fois à alléger et aviver les corolles.

Quels logiciels pour quels outils ?

Pour optimiser le contraste d'une photographie, un logiciel de retouche est indispensable. Celui-ci va nous permettre d'effectuer les réglages correspondant à une intention définie. Il existe plusieurs types de logiciels. Plus ou moins complexes, gratuits ou plus ou moins onéreux... il n'est pas toujours facile de savoir lequel adopter. Malheureusement, cette épineuse question – quel logiciel choisir ? Faut-il que j'en achète un nouveau ou la version récente de celui que je possède déjà ? – nous éloigne souvent de l'essentiel et nous empêche de voir toutes les opportunités présentes dans quelques curseurs déjà actifs sur notre ordinateur...

Pour commencer

Retouchez tout d'abord avec un logiciel que vous avez déjà ! Cet outil familier vous aidera à ne pas vous perdre dans la technique mais à vraiment axer votre démarche sur la réflexion quant au rendu et la définition d'une intention. Découvrez ou redécouvrez les possibilités offertes par les outils qui se trouvent sur votre ordinateur ou sur le Web !

Certains logiciels sont cependant lacunaires : il leur manque des fonctions essentielles, leur conception limite nos possibilités de retouche... Sentez-vous donc libre d'évoluer par la suite si vous en éprouvez le besoin. Soyez-en sûr : aucune acquisition d'un nouveau matériel n'est toutefois indispensable à vos progrès. Vous trouverez, en page suivante, une sélection de logiciels gratuits permettant des retouches tout à fait qualitatives.

Quels que soient le logiciel utilisé, sa complexité, son coût, la manière dont se présentent ses outils, ce qui nous intéresse ici, c'est sa capacité à modeler la luminosité et le contraste de nos images. Qu'importe le flacon pourvu qu'on ait l'ivresse !

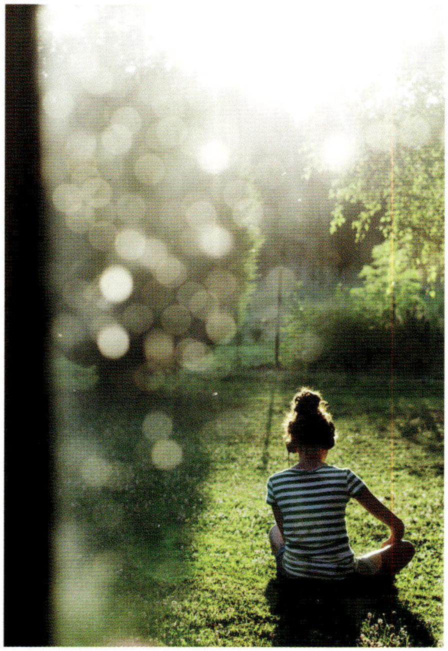

Les deux photos de cette double page ont été optimisées à l'aide des outils présentés dans l'ouvrage.

Plusieurs catégories d'outils

Je distingue 3 outils de retouche pour l'optimisation du contraste : les réglettes, les niveaux et la courbe – tous présentés dans ce chapitre. Par la suite, pour chaque retouche simple ou complexe traitée, je décrirai la mise en œuvre technique requise avec chacun d'entre eux (voir chapitres 4 et 5).

Dans un premier temps, vous ne vous intéresserez peut-être qu'à l'un de ces 3 outils. Cependant, vous serez sans doute curieux, par la suite, de voir comment on obtient un même résultat avec l'un ou l'autre outil mais aussi de découvrir leurs spécificités, et ce qui fait leur complémentarité.

Selon les logiciels à votre disposition, votre expérience en post-traitement et l'approche qui semble le mieux vous correspondre, vous avez le choix entre 2 démarches d'apprentissage :

- étude complète d'un outil que vous apprendrez à exploiter sur différentes retouches, puis passage au suivant ;
- étude d'une retouche avec les différents outils, permettant de « jongler » par la suite avec les réglettes, niveaux et courbes.

Différents types de logiciels

Voici les 3 types de logiciels que vous pourrez avoir l'occasion d'utiliser :

- **les logiciels simples à réglettes** (PicMonkey, Picasa, BeFunky, Snapseed, etc.) intègrent essentiellement, parmi les fonctions qui nous intéressent, les réglettes de réglage et les outils graphiques de recadrage, horizontalité, etc. Ils ont souvent une ergonomie intuitive et leur nombre limité d'outils les rend faciles d'accès. Leur inconvénient : une fois la retouche validée, la position des curseurs se réinitialise, rendant impossible par la suite la légère diminution d'un effet ;
- **les logiciels de développement d'images** (Lightroom, Aperture, RawTherapee, Darktable, etc.) présentent les réglettes et la courbe, en plus des outils de retouche graphique. Ils permettent de développer des fichiers RAW (voir p. 46) ou de traiter des JPEG. La retouche est « non destructive » : vous pouvez à tout moment revenir en arrière sur un curseur, retrouver le cadrage d'origine, etc. Nul besoin, en outre, d'enregistrer le fichier : la position des curseurs est mémorisée en temps réel par le logiciel. Sur ces plateformes, affichez le panneau Développement, Développer, Ajustements ou Chambre noire pour accéder aux modules de réglage ;
- **les logiciels de retouche avancée** (Photoshop, Gimp, PhotoFiltre, et Pixlr) permettent l'optimisation du contraste *via* les niveaux et la courbe. L'expression « retouche avancée » ne correspond pas à un jugement de valeur sur leur qualité (certains logiciels de développement d'images sont plus performants que certains de ces logiciels avancés) mais à des opportunités de retouche supplémentaires : création de calques, torsion de l'image, balance des couleurs personnalisée *via* des réglettes, etc.

Sur l'une ou l'autre plateforme, ouvrez toujours une photo avant de chercher les outils de retouche. Il est fréquent que ceux-ci ne soient disponibles qu'une fois l'image à optimiser ouverte ou sélectionnée.

Par la suite, dans l'ouvrage, j'indique comment accéder aux outils et exploiter chaque réglage dans une dizaine de logiciels de référence. Ces informations indicatives seront utiles même à ceux d'entre vous qui retouchent sur d'autres plateformes ! En effet, les similarités de vocabulaire, l'aspect des outils et l'application des réglages permettront à chacun de transposer les informations données, et ce quel que soit le(s) support(s) utilisé(s).

*« **Photoshop** permet la création de calques de réglages pour la gestion de la luminosité, du contraste et des couleurs, qui rendent les retouches "non destructives". Supprimer un calque est alors possible, de même qu'atténuer son effet* via *la fonction Opacité, et cela tout au long du traitement comme après coup si vous avez enregistré votre photo au format PSD. Les autres logiciels de retouche avancée n'autorisent pas la création de tels calques, même s'ils présentent un menu du même nom. »*

Jouez la complémentarité !

Pour expérimenter les traitements proposés dans ce livre, vous serez amené à utiliser plusieurs logiciels. Combiner l'effet de 2 ou 3 logiciels est courant et ne pose pas de problème, *a priori*. Ne multipliez cependant pas les plateformes et, une fois le stade des tests passé, sélectionnez celles qui ont votre préférence tout en vous offrant la palette de retouches adéquate puis ne vous dispersez plus.

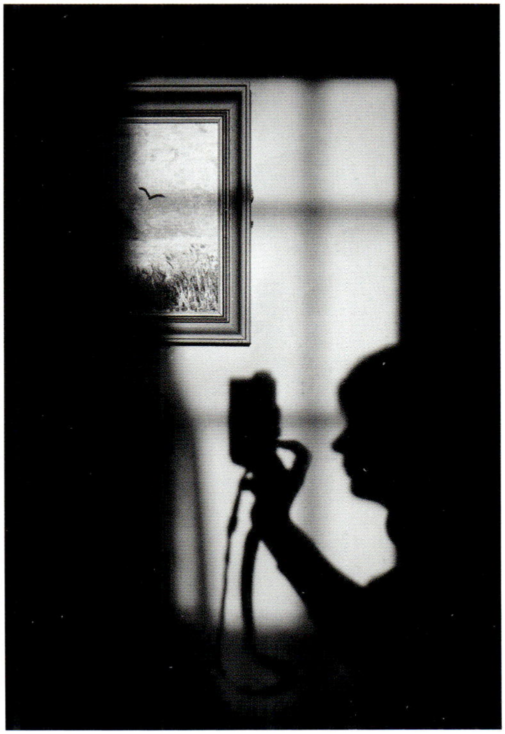

En pratique

Étudiez rapidement les logiciels que vous utilisez pour visionner vos photos. Vous permettent-ils d'effectuer quelques retouches sommaires à l'aide de réglettes ? Affichez les outils, identifiez les fonctionnalités proposées et testez l'ergonomie du logiciel avec une photo ratée. Déterminez si, une fois un réglage validé, vous pouvez revenir en arrière ou réafficher la version d'origine de l'image.

Sélection de logiciels de retouche gratuits

« Consultez le rabat B, en toute fin d'ouvrage ; j'y indique quels logiciels me paraissent les plus adaptés pour tester chacun des outils de retouche présentés au fil du livre. »

J'ai privilégié ici des logiciels non spécifiques à une marque d'appareil, dont la compatibilité n'est pas limitée au PC et dont les outils sont en adéquation avec le contenu de l'ouvrage. Beaucoup d'autres logiciels existent et peuvent convenir à vos traitements ; vérifiez simplement qu'ils présentent les opportunités de réglages sur lesquelles est basée la démarche proposée.

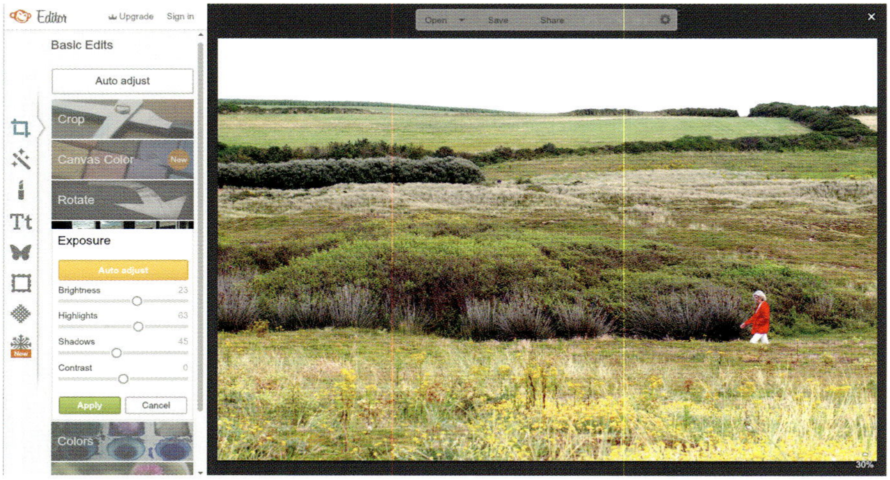

Retouche via PicMonkey. Accessibles dans le panneau Exposure, les curseurs Brightness, qui contrôle la luminosité, et Contrast sont par défaut au centre de leur réglette, tandis que ceux de surexposition (Highlights) et de noircissement (Shadows) sont à l'extrême gauche. Pour obtenir ce rendu contrasté, j'ai associé surexposition (Highlights à 63) et noircissement (Shadows à 45) à une légère augmentation de la luminosité des tons intermédiaires (Brightness à 23).

Logiciels simples à réglettes

Vous y côtoierez quelques termes en anglais. Cependant, la simplicité des logiciels ainsi que notre approche ciblée sur quelques curseurs devraient permettre aux moins anglophones de s'y retrouver rapidement.

- **PicMonkey (www.picmonkey.com)** : logiciel de retouche en ligne nécessitant Flash Player. Cliquez sur Edit pour importer la photo puis utilisez les onglets Exposure et Colors.
  Les réglages d'optimisation du contraste et de la couleur sont présents (Brightness désigne la luminosité des tons moyens et Highlights l'exposition), ainsi que les retouches graphiques utiles, hors torsion. L'ergonomie est intuitive et agréable. Seul bémol : la latence à l'enregistrement, en haute résolution.
- **BeFunky (www.befunky.com/create)** : logiciel de retouche en ligne nécessitant Flash Player. Importez la photo à l'aide du bouton Mon ordinateur (attention, le logiciel est parfois un peu long à charger) puis utilisez les onglets Exposure et Colors.
  Les réglages d'optimisation du contraste et de la couleur sont présents (bizarrement, l'exposition est appelée « Sélection »), ainsi que les retouches graphiques utiles, sauf horizontalité et torsion. Pensez à valider votre réglage avant de cliquer sur un autre bouton !
- **Snapseed** : application tactile smartphones et tablettes, iPhone et Android. Ouvrez un fichier puis cliquez sur Tune Image. Scrollez verticalement pour choisir un réglage et déplacez le « curseur » par un mouvement horizontal.
  Bien que limitée à certains réglages, cette application « nomade » est performante. La fonction Luminosité altère les tons intermédiaires, mais peut conduire à surexposer la photo, alors qu'un curseur Exposition manque... Le logiciel ne permet pas non plus le noircissement direct de la photo. Snapseed reste toutefois qualitative pour une retouche rapide sur support tactile. Elle intègre les traitements graphiques utiles, sauf torsion et symétrie, et autorise les traitements par zones *via* Selective Adjust.

« Je n'inclus pas Picasa à cette sélection, ce logiciel n'autorisant ni diminution de la luminosité, ni réglage personnalisé de la saturation. »

Logiciels de développement d'images

Les logiciels payants de référence, dans cette catégorie, sont essentiellement Lightroom (PC et Mac) et Aperture (Mac). En voici des alternatives gratuites.

- **RawTherapee :** logiciel téléchargeable toutes plateformes Mac, PC, Linux, en 32 ou 64 bits. Pour le passer en français, accédez à ses Préférences (icône dans l'angle inférieur gauche). Décochez « Use OS language setting » puis sélectionnez « Français » dans le menu déroulant « Select language ». Quittez et relancez. Un manuel d'utilisation est disponible en ligne.
  Il présente l'ensemble des réglages envisagés dans ce livre (hors torsion) : réglettes et courbe pour le contraste, et retouche par gamme de teintes + balance des couleurs différenciée *via* les courbes Rouge, Vert, Bleu, pour la couleur. Le rendu de l'image s'actualise avec une certaine latence… La fenêtre, un peu chargée, comprend de nombreux outils secondaires, qui ne vous gêneront plus une fois que vous aurez pris vos marques.
- **Darktable :** logiciel téléchargeable toutes plateformes Mac, PC, Linux, etc. Affichez les Préférences (icône « roue crantée », dans Table lumineuse) et décochez « Dépliez un seul module de la chambre noire à la fois ». Les outils sont dans la Chambre noire. Explorez « Plus de modules » (en bas à droite) et ajoutez « Recadrer et pivoter », « Orientation » et « Zones de couleurs ».
  Darktable intègre l'ensemble des retouches graphiques, torsion comprise (fonction Perspective) ainsi que, pour l'optimisation du contraste, les réglettes (panneaux « Contraste Luminance Saturation » et « Exposition »), les niveaux et la courbe. Côté couleur, pas de balance différenciée possible mais une retouche par gammes de teintes *via* le panneau « Zone de couleurs ». L'ergonomie est assez déconcertante mais le logiciel complet et performant.

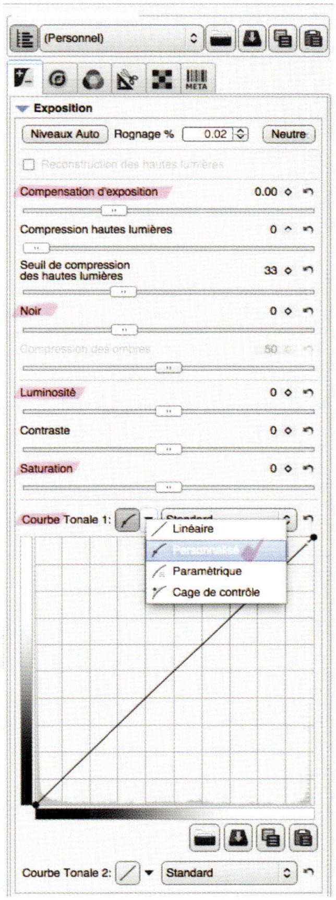

Logiciels de retouche avancée

Le logiciel de référence est Photoshop, mais des alternatives gratuites existent néanmoins.

- **Pixlr (pixlr.com/editor) :** logiciel de retouche en ligne, nécessitant Flash Player. Cliquez sur « Ouvrir une image à partir de l'ordinateur » puis sélectionnez une photo.
  Vous y trouverez les niveaux, la courbe, ainsi que l'ensemble des outils de retouche graphique. Côté traitement de la couleur, la retouche par gammes de teintes est malheureusement manquante mais l'application d'une balance des couleurs différenciée est permise *via* les courbes Rouge, Vert, Bleu.
- **Gimp :** logiciel téléchargeable pour Mac, PC, Linux.
  Vous y trouverez les niveaux, la courbe, ainsi que tous les outils graphiques essentiels, sauf torsion, la fonctionnalité correspondante (Perspective) m'ayant semblé peu exploitable… Gimp présente des réglages de balance des couleurs différenciée, *via* des curseurs ou encore les courbes Rouge, Vert, Bleu. La gestion des couleurs par gammes de teintes génère, en revanche, des résultats contrariants.

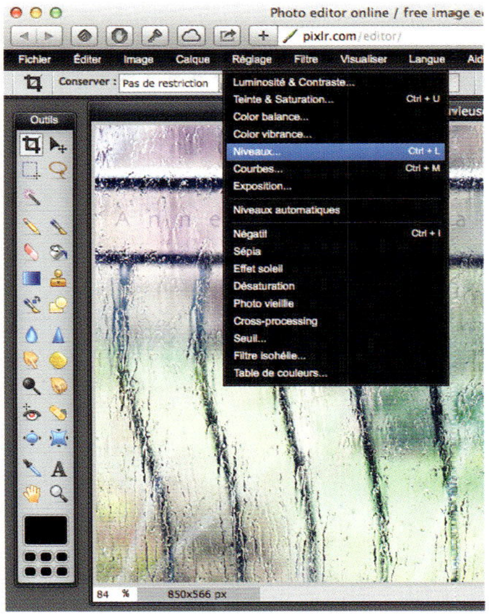

En haut, panneau Exposition de l'onglet +/- de RawTherapee intégrant les réglages d'exposition, de noircissement, de luminosité des tons moyens et de saturation. La Courbe permet d'optimiser le contraste par un autre biais.

En bas, menu Réglage de Pixlr comprenant le contrôle du contraste par les niveaux et la courbe. Dans le panneau Outils (à gauche), la fonction Recadrage est sélectionnée.

Quelques considérations techniques

La prédominance de la technique dans nombre des supports que nous lisons nous conduit souvent à penser que certains choix matériels sont incontournables et telles étapes fastidieuses inévitables, ce qui nous coupe parfois dans notre élan… En réalité, nous avons le choix d'opter pour l'une ou l'autre technique et de passer ou non du temps (et parfois de l'argent…) sur certains aspects matériels ou logiciels. Faisons-le en connaissance de cause.

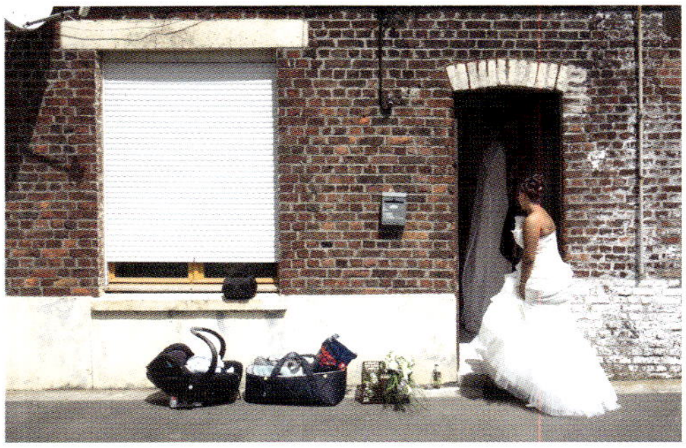

Photo brute, surexposée

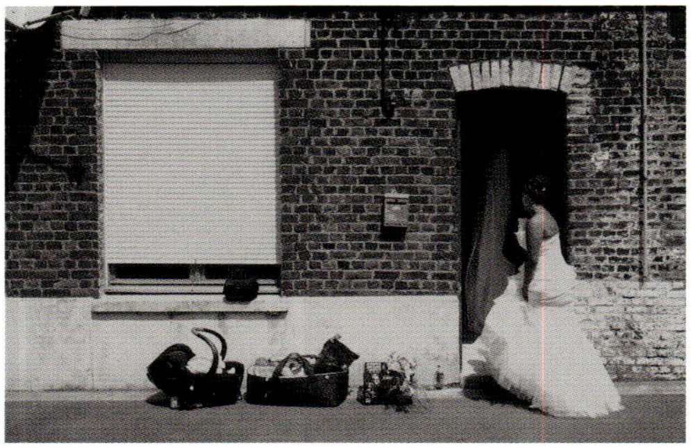

Version retouchée d'après un fichier JPEG ✗

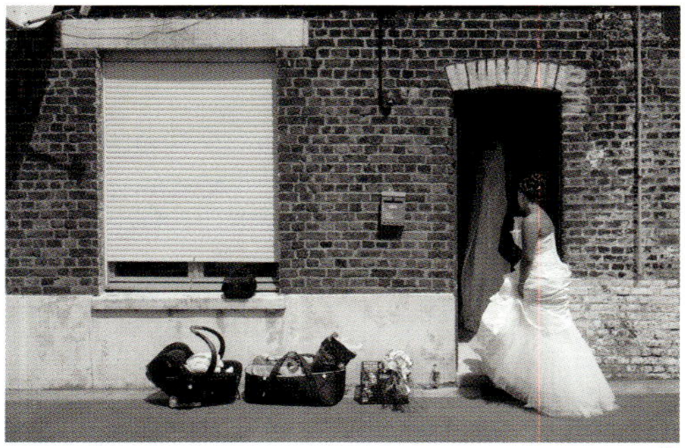

Version retouchée d'après un fichier RAW ✓

La robe de mariée au soleil apparaît laiteuse et sans détail sur la photo brute. Un traitement, monochrome, à partir du fichier JPEG ne me permet pas de corriger ce défaut… Déplacer le curseur contrôlant l'exposition vers la gauche conduit à griser les blancs mais en aucun cas à retrouver de la matière dans les zones surexposées (les plis de la robe sont perdus). Le même traitement appliqué au fichier RAW permet de retrouver du volume dans les plis du tissu et du tulle.

RAW, JPEG… Quelles images retoucher ?

À la prise de vue, nous pouvons généralement choisir le format d'enregistrement de nos photos : JPEG ou RAW. Or, on entend très souvent que seul le RAW (« brut », en anglais) permet d'optimiser ses images… À mon sens, ce format constitue une option idéale, mais pas une condition *sine qua non* à la retouche ! Un point s'impose.

Un fichier RAW consiste en un enregistrement brut de la photo qui conserve le maximum d'informations possibles. Voici ses particularités les plus marquantes :

- paramètres malléables après la prise de vue, notamment exposition et balance des blancs (voir p. 15) ;
- compression sans perte d'informations et donc absence de défauts liés à la compression du fichier ;
- nombre de « couleurs » élevé (luminosité codée sur 12 ou 14 bits) ;
- nécessité d'être développé dans un logiciel adapté ;
- fichiers lourds et « encombrants » pour nos ordinateurs (puisque riches en informations).

La norme JPEG, créée par le *Joint Photographic Experts Group,* se caractérise, quant à elle, par :

- des images directement exploitables à la sortie de l'appareil, sur n'importe quel ordinateur, smartphone ou tablette ;
- l'obtention de fichiers plus légers, moins encombrants pour nos disques durs ;
- une dynamique un peu moins importante (luminosité codée sur 8 bits) ;
- une compression plus ou moins marquée qui dégrade légèrement l'image.

« En JPEG, dosez la qualité d'enregistrement (sur une échelle de 0 à 12 ou de 0 à 100) pour limiter la dégradation des photos. Si vous retouchez vos photos par étapes, évitez cependant de les enregistrer plusieurs fois successivement en JPEG afin de ne pas multiplier les compressions : préférez les formats non compressés (PSD ou TIFF). »

Les fichiers JPEG correspondants peuvent faire l'objet de retouches, le résultat s'avérant loin d'être catastrophique pour autant ! Concrètement, selon moi, deux arguments essentiels justifient cependant que l'on exploite les fichiers RAW :

- seule une photo enregistrée en RAW peut voir une surexposition outrancière corrigée au traitement (voir p. 65). Ainsi, si votre image montre des zones complètement blanches (sujet clair au soleil, notamment), ce défaut, irrémédiable en JPEG, peut le plus souvent être corrigé en RAW ;
- le RAW permet l'obtention de fichiers plus propres, ni compressés, ni altérés autrement par le boîtier (accentuation, etc.).

*« Dans **Gimp**, pour enregistrer le fichier à un autre format que le XCF, passez par Fichier>Exporter. Optez pour le format souhaité à l'aide du menu déroulant "Sélectionner le type de fichier (Selon l'extension)" en bas de la fenêtre. »*

Avant d'enregistrer vos images en RAW, assurez-vous que le format RAW propriétaire généré par votre appareil est géré par le logiciel que vous souhaitez utiliser (c'est le cas, normalement, avec le dérawtiseur de la marque de votre boîtier). Pour exploiter vos fichiers RAW, passez par ce logiciel avant d'exporter votre photo et de poursuivre éventuellement votre retouche sur une autre plateforme.

Dans le doute (retoucherez-vous sur un logiciel à réglettes ou de développement d'images ? Ce dernier gère-t-il bien vos fichiers RAW ?), réglez votre appareil sur RAW + JPEG. Ce paramétrage permet, de plus, d'enregistrer à la fois une version couleur (le RAW, brut) et une version monochrome (le JPEG intégrant les préréglages potentiellement appliqués sur l'appareil) de votre photo, ce qui peut être appréciable dans certains cas. Adaptez-vous aussi aux conditions lumineuses et au sujet, et pensez au RAW pour vos prises de vue délicates !

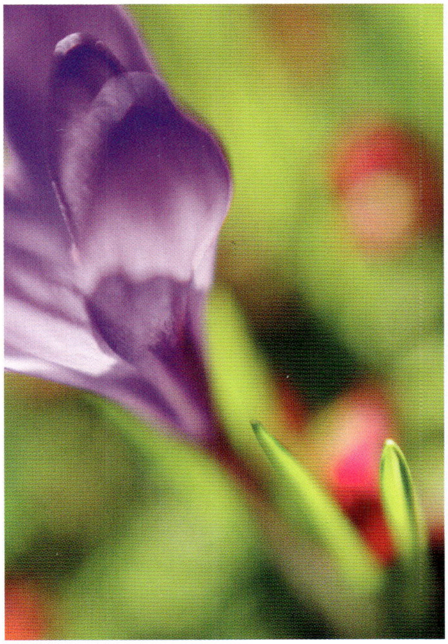

Version retouchée d'après un fichier JPEG ✓

J'ai travaillé cette macro végétale à partir du fichier JPEG. L'image, non surexposée au départ et imprimée à ce format, montre un rendu irréprochable.

Le calibrage d'écran

On entend souvent dire qu'il ne sert à rien de se fatiguer à retoucher si l'écran n'est pas calibré... Affirmation qui est tout de même à nuancer.

En réalité, le calibrage n'a de sens que si la destination de l'image fait également l'objet du même calibrage. Pour la réalisation de tirages, par exemple, le calibrage sert à mettre en cohérence l'écran d'ordinateur et le rendu imprimante. Cependant, à l'ère numérique, alors que nos images sont essentiellement visionnées sur écran, il est rare que l'on connaisse vraiment le débouché de la photo que l'on envoie à nos proches ou que l'on met en ligne...

Beaucoup d'écrans intègrent un système de calibrage interne, généralement suffisant pour que vos photos aient un rendu correct. Aussi, n'hésitez pas à prendre le temps de réaliser cet étalonnage ; de nombreuses ressources web peuvent vous y aider. Si celui-ci ne vous semble pas satisfaisant, vous pouvez toujours louer ou acquérir une sonde, pour un étalonnage plus précis.

En pratique

Renseignez-vous sur le format RAW éventuellement délivré par votre appareil et sa prise en charge par les logiciels de développement d'images. Si la compatibilité est effective, réglez votre appareil en RAW + JPEG afin d'expérimenter la réaction du logiciel à l'application d'une sous-exposition sur le RAW ou le JPEG (curseur contrôlant l'exposition vers la gauche).

« Sur les supports tactiles tels que smartphones et tablettes, les réglettes ne sont pas toujours matériellement présentes. Dans Snapseed, par exemple, il s'agit de réaliser un mouvement droite/gauche sur la photo comme si vous déplaciez un curseur virtuel. Dans l'ouvrage, lorsque j'évoque les réglettes et curseurs, je n'exclus pas ces logiciels à l'ergonomie différente mais au fonctionnement similaire. »

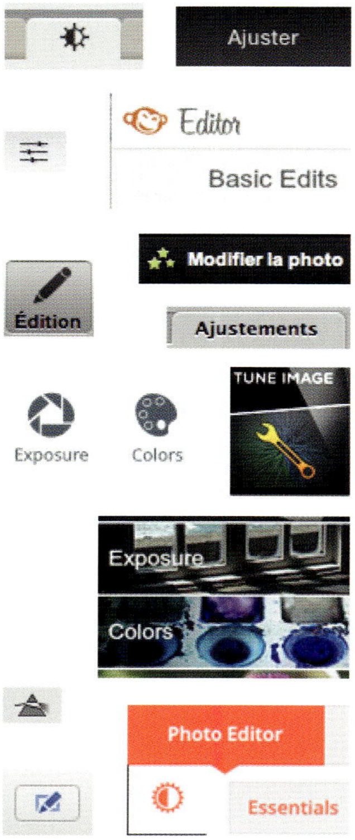

Retoucher avec les réglettes

Cet outil de réglage est constitué de plusieurs réglettes, qui présentent chacune un seul curseur. Chaque réglette agit sur un réglage différent (exposition, contraste, saturation, etc.).

Spécificités de l'outil

Les réglettes sont l'outil le plus fréquent et le plus intuitif à utiliser, et vous permettront de vous concentrer pleinement sur le rendu de la photo et sur votre intention de retouche. En revanche, la multiplicité des réglettes, dont les noms et effets produits varient parfois selon les logiciels, peut générer le sentiment de ne pas trop savoir où donner de la tête ! Ainsi, dans l'ouvrage, je ne cite et n'emploie qu'un nombre limité de réglettes : celles que j'estime les plus fondamentales et intéressantes à exploiter pour obtenir un contraste fort, un rendu créatif. Pensez à ouvrir le rabat A pour découvrir le nom des réglettes produisant les effets ci-contre, dans différents logiciels, et pouvoir garder ces informations sous les yeux lors de vos retouches !

Accès à l'outil

- **Dans les logiciels simples à réglettes**, cherchez les icônes représentant un crayon, un soleil, des curseurs ou une palette de peinture et traquez les termes Édition, Ajuster, Modifier, Exposition, Couleur, etc. Fuyez, *a priori*, les icônes évoquant une « baguette magique » (ou une myriade d'étoiles…) qui généreront souvent une retouche automatique et standard de la photo. Dans **PicMonkey** et **BeFunky**, passez par les boutons Exposure et Colors.
- **Dans les logiciels de développement d'images**, les réglettes se trouvent généralement dans des modules appelés « Exposition », « Améliorer », « Réglages de base »…
- **Les logiciels avancés** ne présentent, souvent, pas de version intéressante de cet outil.

Réglettes, mode d'emploi

Pour forcer l'effet correspondant à une réglette donnée, déplacez le curseur vers la droite (pour obtenir davantage de luminosité, une exposition ou une saturation plus fortes). Pour aller dans le sens contraire de l'effet, déplacez-le vers la gauche (pour générer moins de luminosité, ou désaturer). L'effet du curseur Saturation sera traité dans le chapitre 7 (voir p. 116).

Pour réinitialiser la position d'un curseur, double-cliquez sur la réglette elle-même, sur le nom du réglage associé ou cliquez sur une flèche courbe dirigée vers la gauche se trouvant à proximité.

Voici un récapitulatif des réglettes que je vous propose d'utiliser pour optimiser le contraste, ainsi que leurs effets. Chacun des réglages cités est développé dans le chapitre 4.

« Le curseur Contraste contrôle 2 paramètres en même temps. L'actionner conduit à surexposer et noircir votre image d'un même mouvement, sans que vous ne puissiez maîtriser la proportion de chacun. C'est pourquoi je vous conseille de privilégier les réglettes présentées ici et de n'utiliser ce curseur que pour débuter un traitement sur une photo très fade ou renforcer vos effets si l'action des autres curseurs semble insuffisante. »

Effet du curseur contrôlant l'exposition

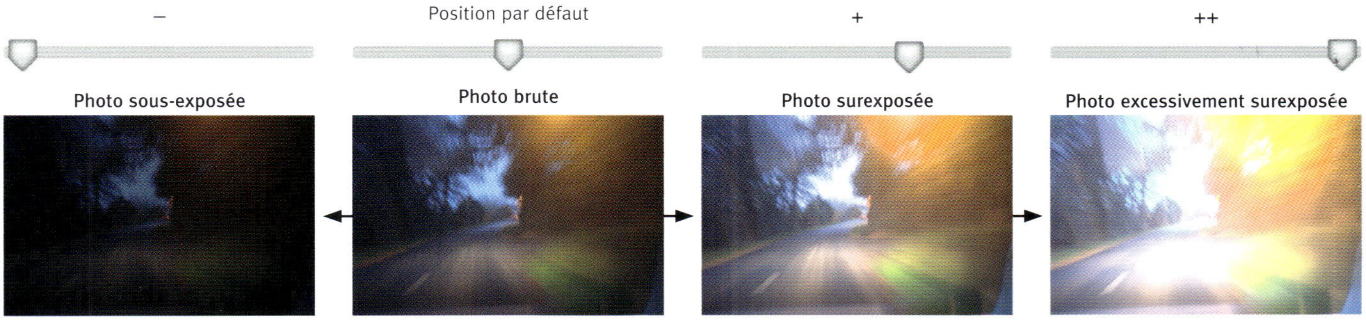

La réglette souvent appelée « Exposition » contrôle la clarté de l'image et le rendu des hautes lumières (voir p. 28). Glisser le curseur vers la gauche « éteint » la photo en grisant les blancs et sous-exposant l'image, au format JPEG (réglage à éviter). Dans les logiciels de développement d'images et sur une photo en RAW, il permet de corriger une légère surexposition à la prise de vue (voir p. 65). Déplacer le curseur vers la droite « éclaire » l'image et rend les hautes lumières plus lumineuses. Un réglage trop marqué surexpose cependant, créant des trouées blanches.

Effet du curseur contrôlant la luminosité des tons moyens

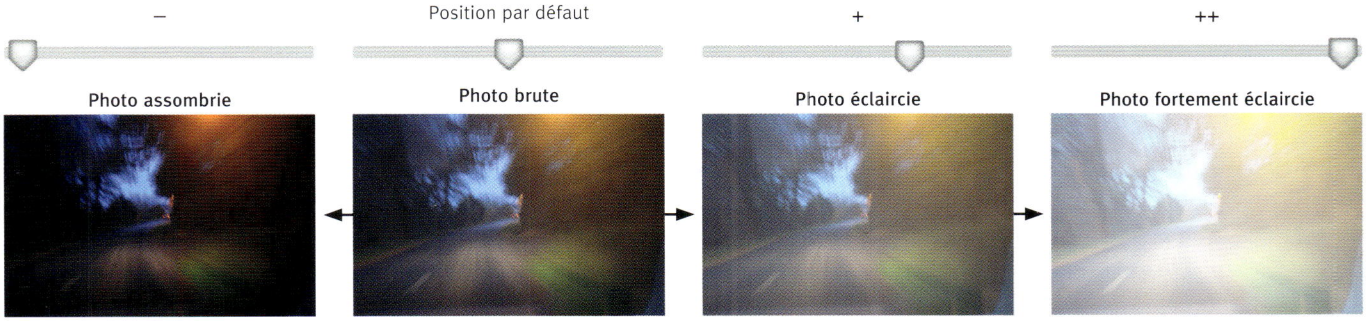

Cette réglette commande la densité des tonalités intermédiaires (voir p. 34). Glisser le curseur vers la gauche assombrit l'image ; le déplacer vers la droite éclaircit les tons moyens, générant un rendu tantôt plus gris tantôt plus lumineux. Un réglage trop marqué a tendance à affadir ou plomber l'image, s'il n'est pas accompagné d'une autre retouche.

Effet du curseur de noircissement

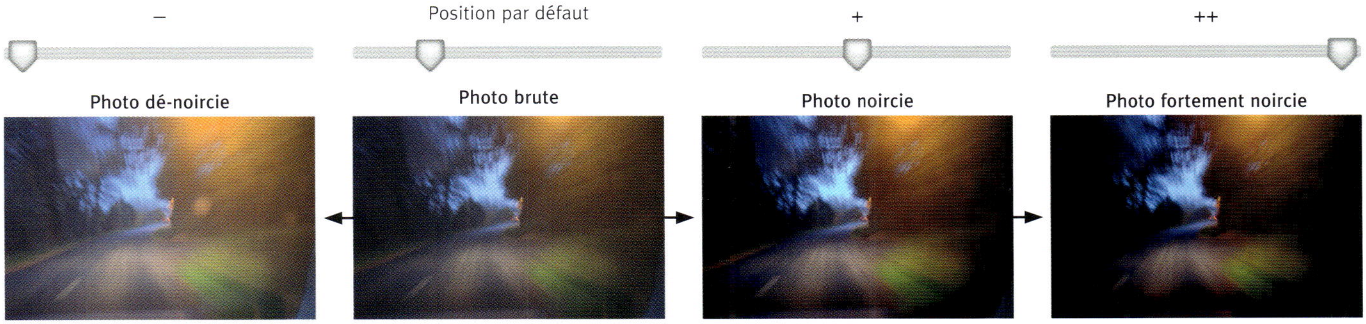

La réglette souvent appelée « Point noir », « Noir(s) » ou « Ombres » contrôle la densité des basses lumières (voir p. 29). Actionner le curseur vers la droite noircit l'image (attention, sous Lightroom, glissez-le vers la gauche) en densifiant ses tons déjà sombres et en la soulignant de noir. Un réglage trop marqué crée des « pâtés noirs ». Déplacer le curseur vers la gauche altère la densité des noirs, les grisant ou leur redonnant du détail.

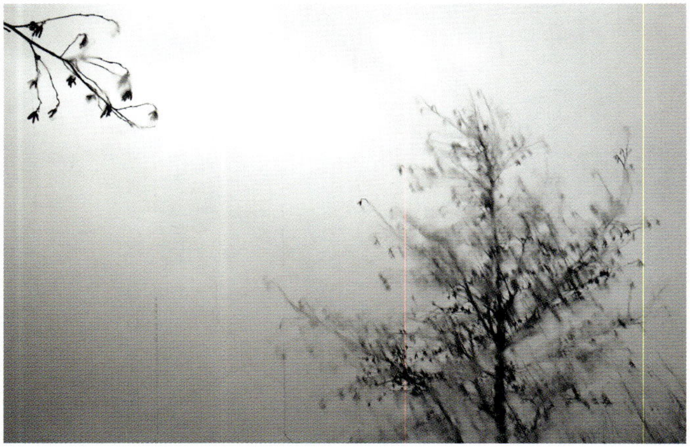

Retoucher avec les niveaux

Les Niveaux correspondent à une réglette présentant 3 curseurs : un noir, un gris, et un blanc. Souvent associés à un histogramme (voir p. 38), ils permettent de retoucher séparément exposition (hautes lumières incluses), tons intermédiaires et basses lumières.

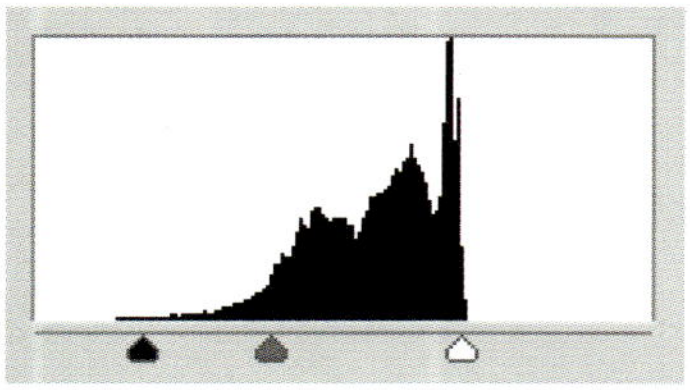

Ici, j'ai glissé le curseur Blanc vers la gauche jusqu'à l'histogramme pour bien exposer la photo, et le curseur Noir vers la droite pour densifier la silhouette de l'arbre. Enfin, j'ai éclairci très légèrement les tons moyens par un déplacement mesuré du curseur Gris vers la gauche.

Accès au réglage des Niveaux

- Réglage non disponible dans **les logiciels simples à réglettes**.
- Sous **Darktable**, le module Niveaux est présent dans l'onglet Tonalité. Les autres logiciels de développement d'images n'intègrent pas ce réglage.
- Sous **Photoshop**, passez par le menu Image>Réglages>Niveaux ou cliquez sur l'icône ◐ située en bas de la palette de Calques (par défaut, à droite de l'écran) puis sur Niveaux (méthode à privilégier en cas de réglages successifs, les calques rendant la retouche non destructive – voir p. 43). Sous **Pixlr**, dans le menu Réglage, sélectionnez Niveaux. Sous **Gimp**, dans le menu Couleurs, sélectionnez Niveaux. Vérifiez que la case « Aperçu » est bien cochée afin de voir vos réglages s'appliquer en temps réel sur l'image.

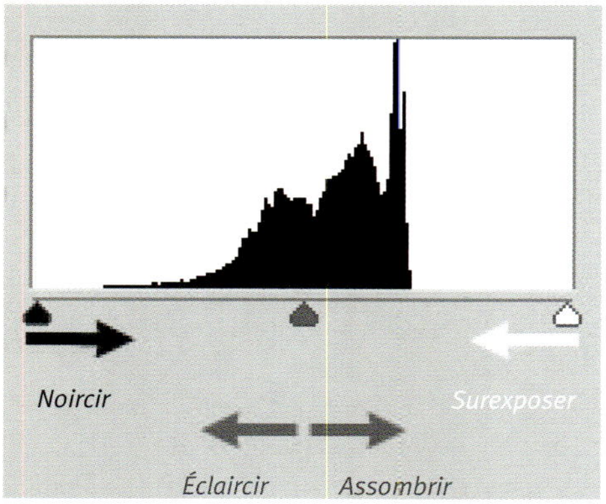

Ce schéma résume l'action de chacun des curseurs selon leur déplacement. En les actionnant vers la gauche, on va vers un rendu plus clair (surexposition ou éclaircissement). En les glissant vers la droite, on densifie la photo (noircissement ou assombrissement).

3 curseurs de retouche

Placés aux extrémités, les curseurs Noir et Blanc agissent sur les tons extrêmes. Ils ne peuvent être déplacés que vers l'intérieur de la fenêtre de réglage, leur position pouvant par la suite être affinée grâce à un déplacement droite/gauche. Contrairement aux réglettes (voir p. 48) qui ne permettent qu'un réglage d'amplitude limitée, les Niveaux (et, en p. 52, la Courbe) autorisent des retouches poussées, jusqu'à rendre l'image noire ou blanche.

« *L'histogramme peut vous servir de point de repère pour bien "caler" vos basses et hautes lumières. Déplacer les curseurs Noir et Blanc jusqu'à ce qu'ils atteignent le graphique contribue à améliorer très simplement l'image (voir aussi p. 38).* »

Niveaux et contraste : action !

Pour accentuer le contraste d'une image, amenez 2 curseurs l'un vers l'autre. Plus vous les rapprocherez, plus l'intensification du contraste sera marquée. Exploitez les combinaisons :

- Noir vers la droite et Blanc vers la gauche (Noircissement + Surexposition) ;
- Gris vers la droite et Blanc vers la gauche (Diminution de la luminosité + Surexposition) ;
- Noir vers la droite et Gris vers la gauche (Noircissement + Augmentation de la luminosité).

Agir sur les basses lumières : effet du curseur Noir

Le curseur Noir représente les basses lumières ; il est placé par défaut à l'extrémité gauche des Niveaux. Déplacez-le vers la droite pour noircir l'image.

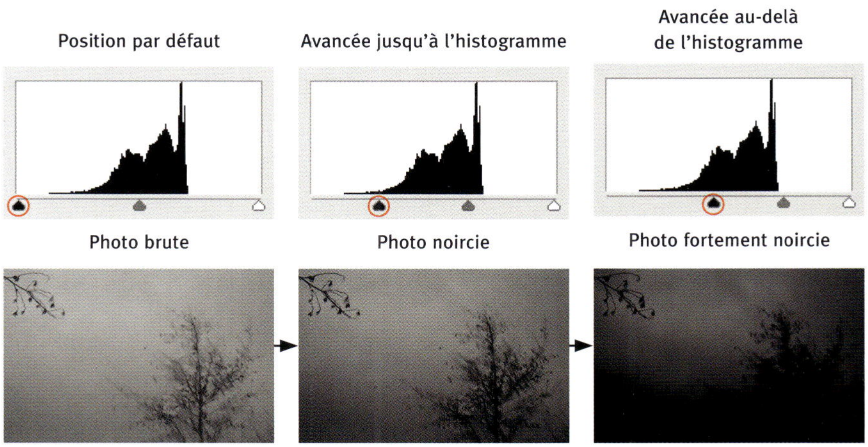

Agir sur l'exposition : effet du curseur Blanc

Le curseur Blanc contrôle l'exposition (clarté de l'image, hautes lumières comprises) ; il est placé par défaut à l'extrémité droite des Niveaux. Déplacez-le vers la gauche pour surexposer l'image.

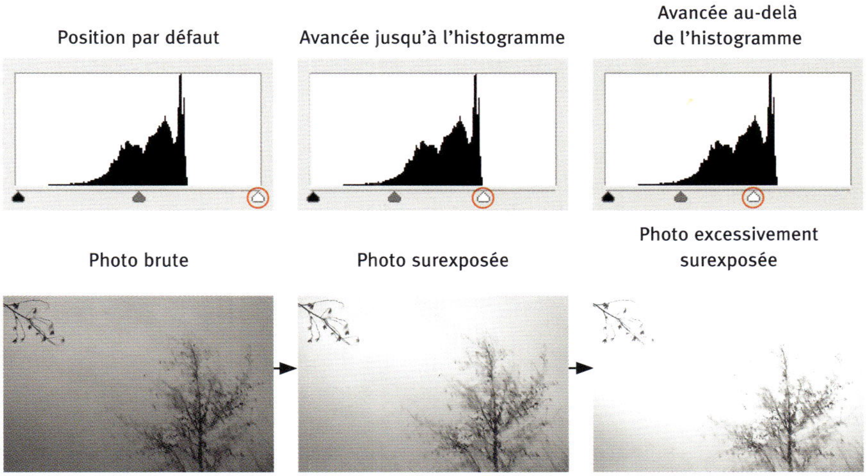

Doser les intermédiaires : effet du curseur Gris

Le curseur Gris représente les tons moyens. Par défaut à mi-chemin des curseurs Noir et Blanc, il se déplace simultanément lorsque l'on actionne ceux-ci, une surexposition ou un noircissement modifiant également, dans un degré moindre, les tons intermédiaires.

Actionner le curseur Gris lui fait perdre sa position médiane :

- un déplacement vers la gauche éclaircit l'image et augmente sa luminosité ;
- un déplacement vers la droite assombrit l'image et diminue sa luminosité.

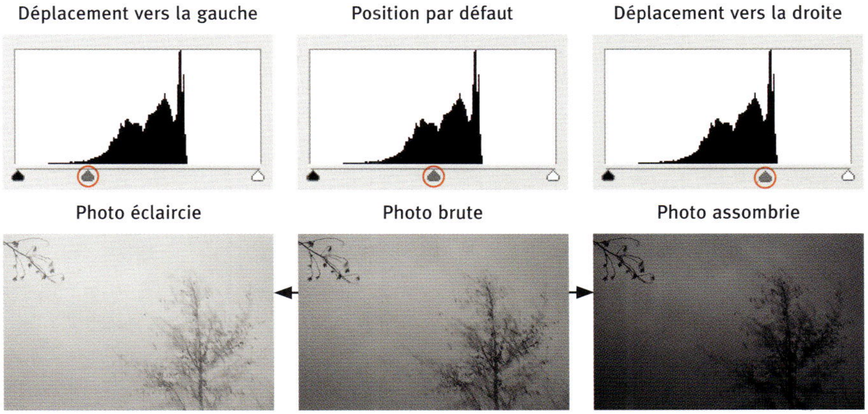

Modifier la luminosité avec la courbe

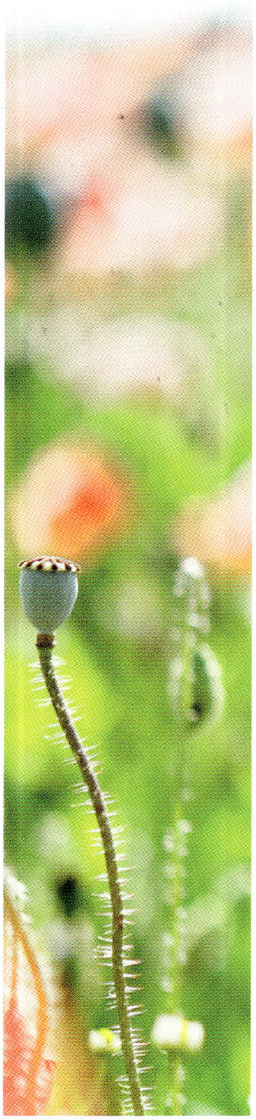

La Courbe, ou Courbe RVB, constitue l'outil de retouche le plus complexe. En effet, aux curseurs « imposés » des Niveaux se substituent des points que l'on peut soi-même créer sur la courbe. En découle une plus grande liberté, synonyme de difficultés et de risques de retouche ratée… comme de nouvelles opportunités !

Accès aux réglages *via* la Courbe

Par défaut, la Courbe est… droite ! Il s'agit d'une ligne traversant en diagonale une zone carrée reprenant souvent l'histogramme. Ce n'est qu'en modelant le contraste d'une image qu'elle devient bombée, incurvée ou sinueuse.

- Ce réglage n'est pas disponible dans **les logiciels simples à réglettes**.
- Dans **Aperture**, ouvrez l'ajustement Courbes. Dans **Darktable**, affichez le module Courbe de base dans l'onglet Réglages de base. Dans **RawTherapee**, onglet +/-, module Exposition, cliquez sur le menu déroulant « Courbe Tonale 1 » et sélectionnez Personnalisé pour accéder au tracé. Sous **Lightroom**, affichez la « Courbe des tonalités » Afin d'avoir 100 % de liberté sur le réglage, la zone « Région » doit être masquée ; pour la faire disparaître ou apparaître, cliquez sur l'icône symbolisant la courbe.
- Sous **Photoshop**, passez par le menu Image>Réglages>Courbes ou cliquez sur l'icône ◐, située en bas de la palette de Calques (par défaut, à droite de l'écran), puis sur Courbes (méthode à privilégier si plusieurs réglages successifs). Sous **Pixlr**, dans le menu Réglage, sélectionnez Courbes. Enfin, sous **Gimp**, dans le menu Couleurs, sélectionnez Courbes. Vérifiez que la case « Aperçu » est cochée. Ne changez pas le type de courbe et conservez « Lissée ».

Un point sur la courbe

Une gestion plus fine des tons intermédiaires (au sens large du terme : tons moyens mais aussi tons clairs et foncés plus proches des extrêmes) avec la courbe peut vous aider à gagner en précision et en maîtrise. En effet, cliquer sur la courbe à un endroit donné revient à créer votre propre curseur et vous permet de choisir précisément quelles densités retravailler.

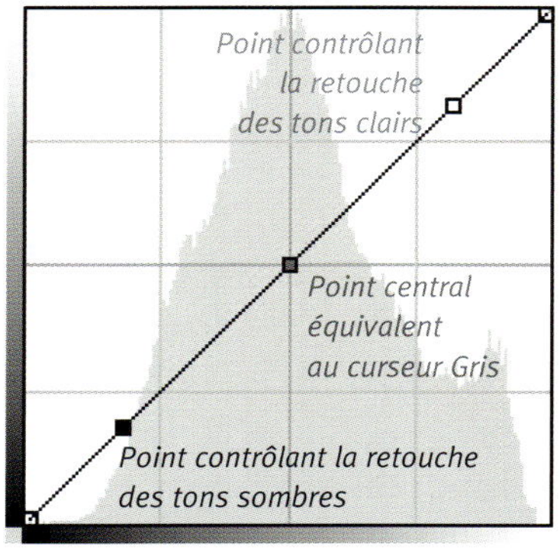

« Alors que vous retouchez une image avec la courbe, votre photo prend soudain une allure bizarre ? Vous avez sans doute cliqué à côté du point que vous pensiez resélectionner et créé un nouveau point très proche qui altère le rendu. Supprimez-le et reprenez votre retouche. »

Afin de créer un point, cliquez sur la courbe, puis tirez pour effectuer une retouche. Modifiez sa position en cliquant dessus pour le sélectionner et tirez à nouveau. Pour le supprimer, pressez la touche Suppr de votre clavier, accédez à la commande de suppression *via* un clic droit ou entraînez le point hors du cadre de réglage.

- Si vous cliquez sur la courbe, pile à mi-parcours entre ses deux extrémités, vous recréez purement et simplement le curseur Gris des Niveaux.
- La position droite/gauche du point détermine la gamme de tons sur laquelle vous allez agir. De l'extrême gauche vers la droite, vous manipulez tour à tour les « presque noirs », les tons foncés, les tons moyens (au milieu), les tons clairs et enfin les « presque blancs ».
- Le déplacement vertical du point détermine l'amplitude de la retouche effectuée. Tirez vers le haut pour éclaircir la gamme de tons sélectionnée et tirez vers le bas pour l'assombrir. Tirez d'autant plus fort que vous souhaitez une retouche prononcée.

« Si vous tirez sur la courbe tellement fortement qu'elle s'écrase sur le haut ou le bas du cadre, vous surexposez excessivement (ou "cramez") la photo, ou encore la noircissez vivement, pour un rendu "charbonneux". »

Modèles de courbes simples, à un seul point

Une courbe simple (à un seul point) permet d'assombrir une photo ou d'augmenter sa luminosité :

- pour densifier les basses lumières (retouche proche d'un noircissement de l'image, mais plus mesurée et subtile), créez un point à gauche de la courbe et tirez vers le bas ;
- pour diminuer la luminosité des tons intermédiaires, créez un point au centre de la courbe et tirez vers le bas ;
- pour augmenter la luminosité des tons intermédiaires, créez un point au centre de la courbe et tirez vers le haut ;
- pour surexposer l'image, créez un point à droite de la courbe et tirez vers le haut.

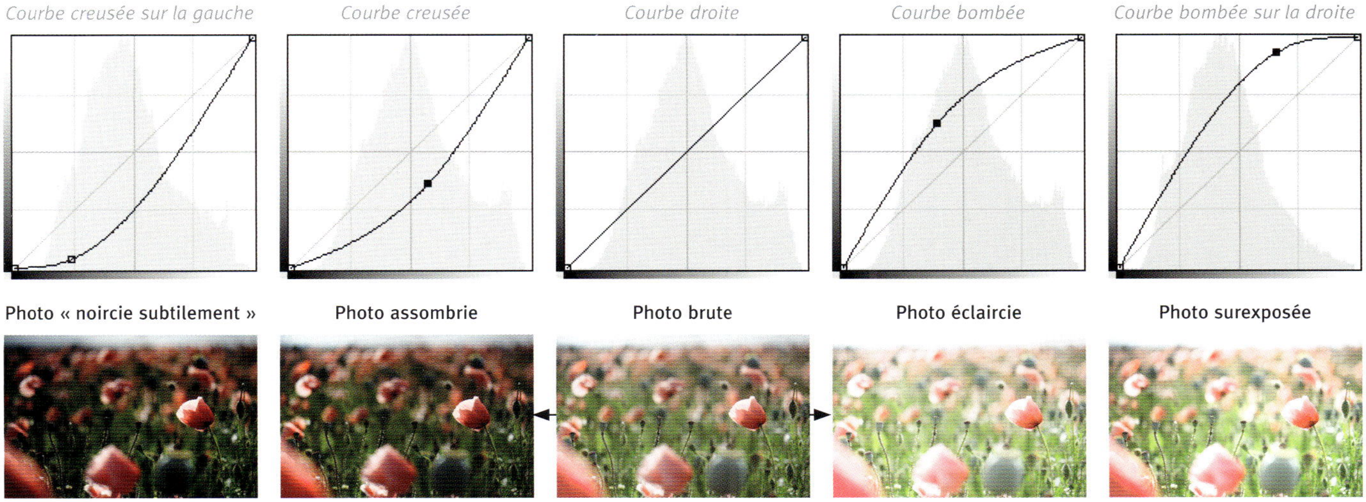

Notez que placer un point à un endroit ou l'autre de la courbe génère parfois presque la même forme de courbe et le même rendu pour l'image ! C'est la forme de la courbe qui importe et non la position de son ou ses points (voir p. suivante).

Modeler le contraste avec la courbe

Puisque la Courbe vous permet, en quelque sorte, de créer vos propres curseurs, celle-ci ne vous limite pas à 3 curseurs, comme les Niveaux. Dans l'absolu, vous pouvez créer une infinité de points !

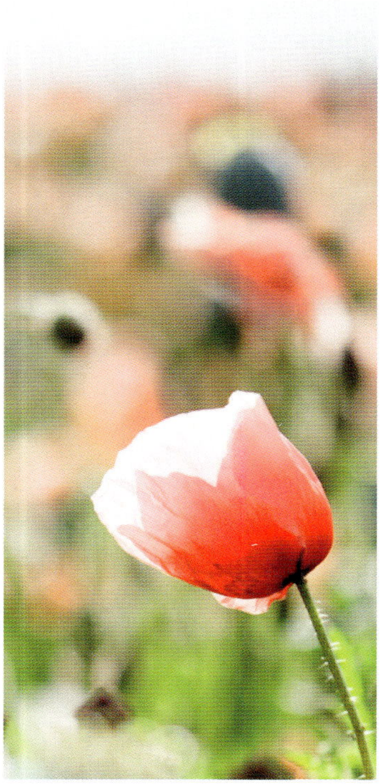

« Un point créé, même si vous ne le déplacez pas, constitue un ancrage pour la courbe et altère donc son tracé. Pour "revenir à zéro", vous devez le supprimer (voir p. précédente). Vous pouvez donc fort bien créer un point sans pour autant le déplacer, pour les besoins de votre retouche. »

Courbe à 2 points et contraste

Dans la pratique, vous vous rendrez vite compte qu'en multipliant les points d'ancrage, le tracé a tendance à se tordre et à générer des effets peu avantageux sur vos images. Je vous conseille donc de vous limiter à 2 points sur la courbe (éventuellement 3, mais pas davantage), ce qui, malgré les apparences, vous offrira déjà de nombreuses opportunités. Ainsi, pour modifier un traitement peu convaincant, pensez à déplacer un point existant, plutôt qu'à en créer un nouveau.

Alors qu'une courbe simple à un seul point ne permet que de modifier la luminosité d'une photo (voir page précédente), une courbe complexe à plusieurs points vous donne la possibilité de moduler son contraste. Comme nous l'avons vu p. 24, le contraste est créé par un écart entre densités. Or, en créant un second point sur la courbe, pour contrarier la forme de courbe générée par le premier point, vous contribuez à différencier les densités et jouez donc avec le contraste.

La forme de la courbe

Ce qui importe, ce n'est pas la position des points mais la forme de la courbe ! Créer des points n'a qu'une finalité : donner une certaine forme à la courbe pour altérer de façon particulière le contraste d'une image. Sur les captures illustrant l'ouvrage, observez donc en priorité la forme de la courbe.

De ce fait, il est essentiel de raisonner globalement pour envisager l'ensemble des points à créer et la forme de courbe qui va en résulter. La manière dont un point altère une gamme de densités donnée va être complètement modifiée par un second point ajouté au premier. Ainsi, n'essayez pas de finaliser la position d'un point avant de passer au suivant mais créez d'abord vos points en tirant doucement sur chacun selon la tendance voulue puis affinez le rendu en les déplaçant.

Comment procéder ?

- Créez un premier point sur la courbe, puis tirez sans trop l'éloigner de l'axe (retouche modérée), selon la tendance que vous souhaitez donner à votre retouche (vers le bas pour obscurcir, vers le haut pour éclaircir).
- Créez un second point, et tirez pour altérer légèrement la forme de la courbe (sa forme incurvée devient plus ondulante lorsque l'on accentue le contraste).
- Sélectionnez à nouveau le premier point pour faire évoluer sa position droite/gauche ou haut/bas en interaction avec le second.

- Affinez progressivement la position des points à l'aide de mouvements d'amplitude de plus en plus réduite.

Modèles de courbes complexes, à 2 points

De manière générale, pour contraster une image, on densifie ses tons déjà assez sombres tout en donnant davantage de luminosité à ses tons clairs. Pour réaliser cela, sur la courbe, il faut créer un point sur la gauche (tons sombres) et tirer vers le bas (assombrir) puis créer un point sur la droite (tons clairs) et tirer vers le haut (éclaircir), ou *vice versa*, l'ordre de la retouche importe peu. Vous obtenez alors une forme typique : la courbe en S.

Ce « S » peut varier en amplitude, ce qui génère un contraste plus ou moins marqué. Il peut également être déporté vers la droite ou la gauche, ce qui influence plutôt la luminosité de l'image.

En étudiant chacune des courbes présentées ici, gardez en tête que la position des points, sur mes captures, n'est qu'une option parmi d'autres (celle-ci influence parfois légèrement l'inflexion du tracé, mais cela reste négligeable) : c'est bien la forme du tracé qui contrôle le contraste.

« Où placer les points, de quelle force tirer sur la courbe pour lui donner telle ou telle forme et produire tel rendu sur la photo est l'objet de la suite de cet ouvrage. À ce stade, expérimentez. La compréhension du fonctionnement de la courbe viendra par la mise en pratique des différentes retouches proposées au fil des pages. »

a. Courbe inverse

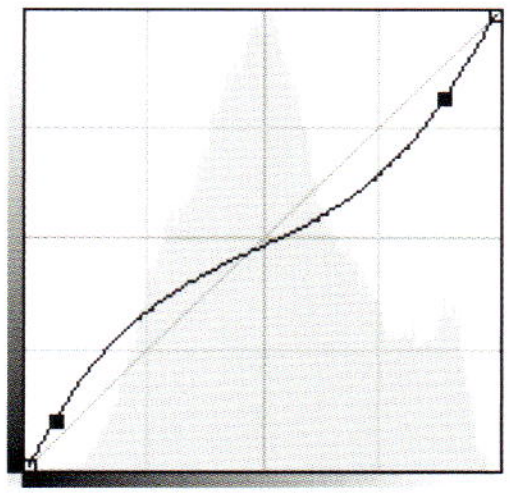

Photo « décontrastée »

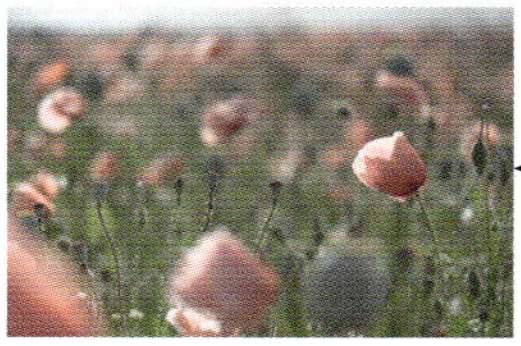

b. Courbe droite

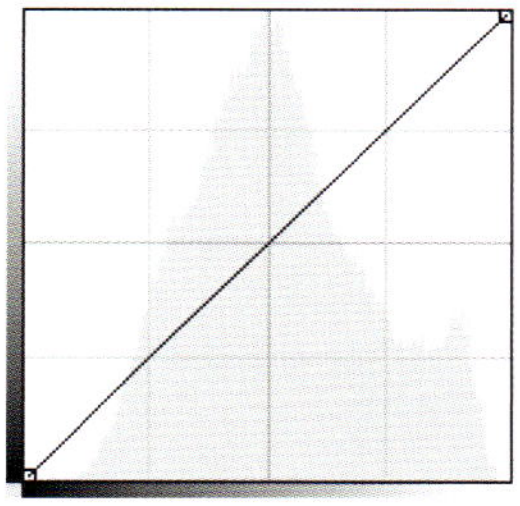

Photo brute

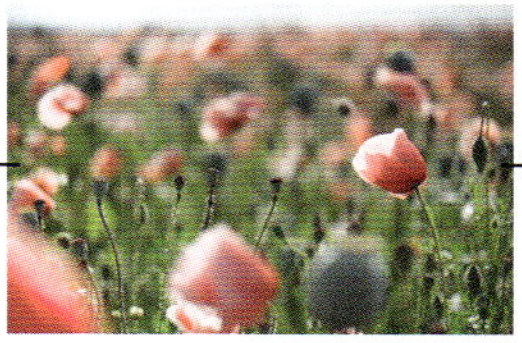

c. Courbe en S aplati

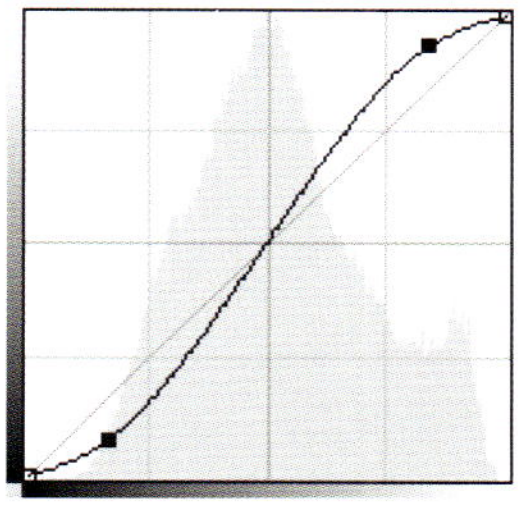

Contraste mesuré

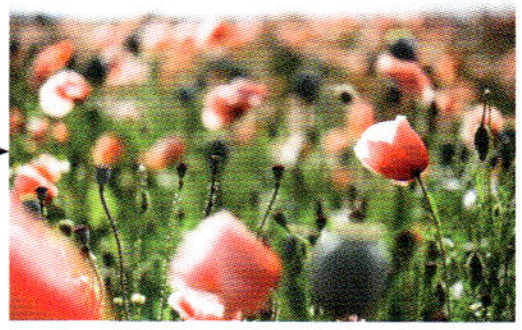

d. Courbe en S marqué

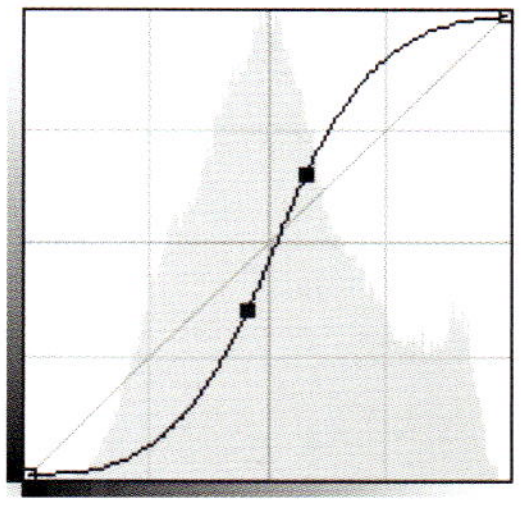

Contraste prononcé

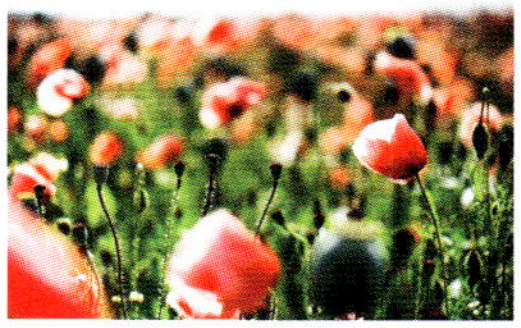

Voici différents types de courbes à 2 points, qui produisent, la plupart du temps, une augmentation du contraste.

Un S plutôt plat engendre un contraste mesuré (c). Plus l'ondulation est marquée et plus le contraste généré est prononcé (d). Si, au contraire, on forme un S inversé en bombant la partie basse de la courbe tout en en creusant sa partie haute, la photo perd en contraste pour devenir plus grise et plus fade (a).

L'axe du S n'est pas nécessairement centré sur la courbe. Un S dont l'axe est décalé vers la gauche (« tête » du S plus volumineuse que le « corps ») produit une photo contrastée au rendu très lumineux (contraste clair ou lumineux, en e). Au contraire, quand l'axe du S est déporté vers la droite (« corps » du S plus volumineux que la « tête »), l'image est contrastée de façon plus dramatique et fait se détacher des hautes lumières sur un environnement plutôt sombre (contraste sombre ou dramatique, en f).

e. Courbe en S décalé vers la gauche

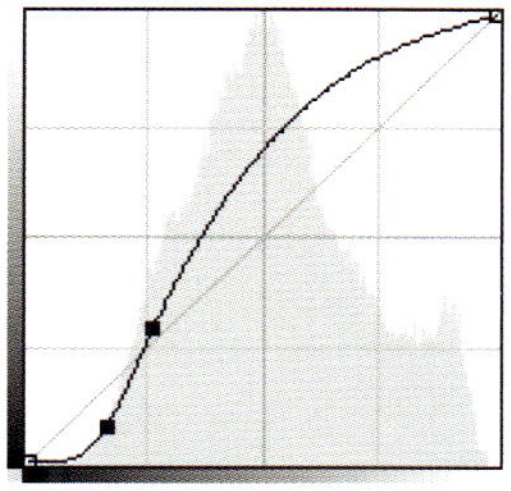

Contraste lumineux

f. Courbe en S décalé vers la droite

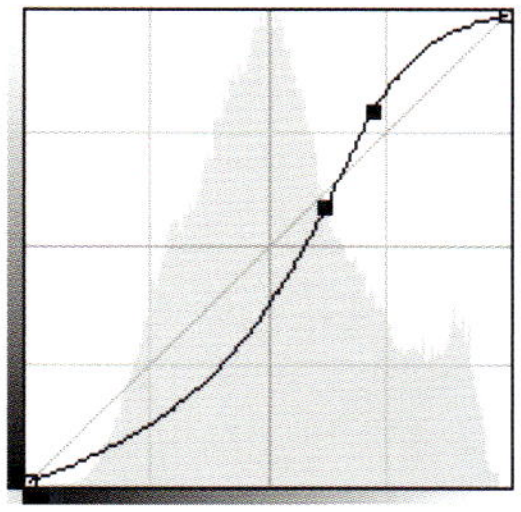

Contraste dramatique

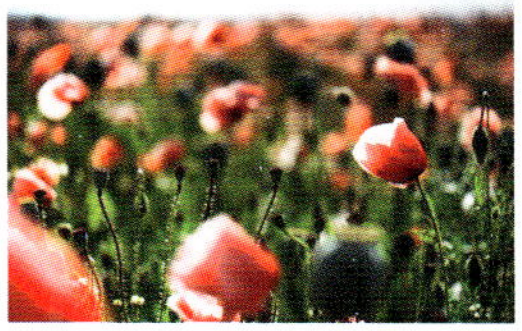

5 conseils pour bien optimiser vos photos

Voici quelques conseils pour vous aider à réaliser vos premières retouches. Quelles étapes allez-vous suivre ? Comment allez-vous procéder ? La démarche de retouche présentée est valable quel que soit le logiciel utilisé, l'outil actionné, l'intention recherchée.

Dupliquez pour comparer

Prenez l'habitude, avant toute retouche, de dupliquer votre fichier. Cela vous permettra de conserver une version intacte de votre image, au cas où... Vous pourrez ainsi comparer facilement, de plus, photo brute et image retouchée de manière à repérer d'éventuels défauts créés à la retouche et à juger de la qualité de vos traitements (voir page suivante).

Lorsque le contraste de départ est intense (qu'il s'agisse d'un contraste en densité ou en teinte), la retouche reste essentielle mais se limite plus que jamais à souligner les qualités propres de l'image, comme sur les photos présentées dans cette double page.

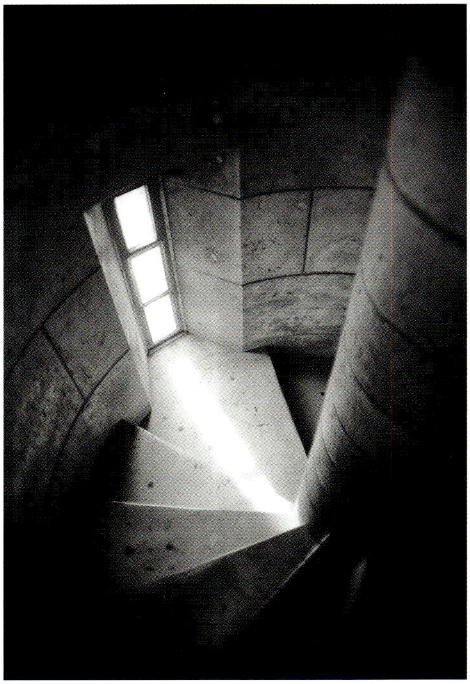

Procédez sans ordre et par tâtonnement

Il n'y a, selon moi, pas d'ordre de retouche à suivre, que vous utilisiez l'un ou l'autre outil (réglettes, niveaux ou courbe) de même que pour une combinaison de réglages *via* plusieurs d'entre eux. Je ne vous conseillerai donc pas d'actionner tel curseur avant tel autre ou de passer, par exemple, par les niveaux avant la courbe, mais vous encourage, au contraire, à aller d'emblée vers la modification qui vous semble la plus essentielle, le manque qui vous saute aux yeux.

De plus, penser que l'on peut actionner les curseurs les uns après les autres puis considérer sa retouche comme terminée est assez illusoire. En réalité, les réglages interagissent entre eux. Une gestion fine de la position de chacun des curseurs ou points étant la clé d'une retouche parfaitement aboutie, c'est plutôt par tâtonnement que vous procéderez. Manipulez plusieurs fois curseurs ou points, alternez les réglages pour trouver la combinaison optimale et n'hésitez pas à revenir sur un réglage déjà effectué afin de voir, en bout de course, comment le rendu de l'image évolue si vous atténuez l'effet ou si, à l'inverse, vous le renforcez.

En bref, commencez par établir une tendance par des retouches éventuellement un peu grossières puis affinez progressivement le rendu par des modifications subtiles de vos réglages de départ.

Jugez en direct de vos retouches

Quel que soit l'outil choisi, chaque réglage s'imprime « en direct » sur votre photo, vous permettant de juger de sa pertinence et de doser son intensité (n'oubliez pas de cocher « Aperçu », si besoin). Actionner lentement les outils ne vous fera pas perdre du temps mais au contraire en gagner ! Soyez extrêmement concentré tout en retouchant et balayez la photo du regard pour contrôler son rendu sur différentes zones critiques.

Effectuez régulièrement des avant/après

Procédez fréquemment à des avant/après afin de comparer votre photo retouchée d'une part avec sa version précédente (juste avant l'application de votre dernier réglage) et d'autre part avec la photo brute. Vous pourrez ainsi repérer un éventuel défaut généré par le réglage et opter pour une correction plus mesurée si nécessaire.

- Pour un comparatif version précédente/version courante, faites un Ctrl + Z sur PC (ou un Cmd + Z sous Mac) pour annuler le dernier réglage puis, selon le logiciel utilisé, appuyez à nouveau sur Ctrl + Z, ou effectuez un Maj + Ctrl + Z (ou encore Ctrl + Y sous Gimp ou Pixlr...) pour le rétablir. Répétez la manipulation plusieurs fois en observant différentes zones de l'image.
- Pour confronter photo en cours de retouche et fichier brut, enregistrez la version courante et visionnez-la en alternance avec la photo brute. Si votre logiciel ou votre système d'exploitation vous en donne l'opportunité, affichez-les côte à côte. Certains logiciels intègrent un bouton Comparer qui permet, en un mouvement, d'afficher la photo brute à la place de sa version retouchée avant de revenir à cette dernière pour poursuivre l'optimisation.

« *Sous **Photoshop** et **Gimp**, utilisez l'Historique. Affichez-le en cochant Historique dans le menu Fenêtre sous Photoshop, ou en passant par Fenêtres>Fenêtres ancrables>Historique d'annulation sous Gimp. Cliquez sur la ligne précédente puis resélectionnez la dernière ligne de l'historique pour réaliser un avant/après sur le réglage effectué. Pour un comparatif avec la photo brute, dans Gimp, cliquez sur [Image de base] avant de resélectionner votre version retouchée via un clic sur la dernière vignette de la liste. Sous Photoshop, l'icône "appareil photo", en bas de la fenêtre d'Historique, permet de mémoriser la version en cours. Comparez-la, ensuite, avec le fichier brut en cliquant alternativement sur les miniatures de chacune des versions de l'image (cette fois, tout en haut de la fenêtre d'Historique).* »

Changez d'outil et/ou de logiciel

L'effet appliqué dépend en qualité et en intensité du logiciel que vous utilisez. Des réglettes de même nom n'y produisent pas forcément le même effet, tout comme un même déplacement de curseur n'y génère pas nécessairement un résultat de même amplitude ! Ainsi, si vous n'arrivez pas à vos fins avec un logiciel, changez votre fusil d'épaule. C'est votre intention de retouche qui doit primer !

Dans les logiciels simples à réglettes, notamment, vous pousserez parfois l'un des curseurs au maximum sans toutefois avoir obtenu l'effet escompté... Dans ce cas, tournez-vous vers les niveaux ou la courbe qui vous permettront toujours un réglage aussi intense que souhaité. Ce dernier outil est le plus délicat à utiliser mais aussi le moins bridé, et vous permettra d'obtenir absolument tous les rendus possibles dans le cadre d'une optimisation globale de l'image. Aussi gardez-la en tête pour des photos nécessitant une retouche particulièrement subtile.

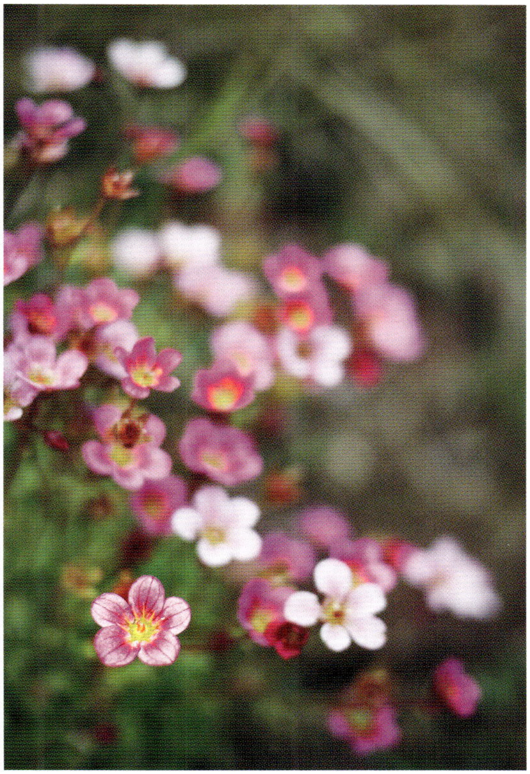

Osez repartir à zéro

Si, au cours de votre retouche, vous ne savez plus où vous en êtes, ne vous trouvez pas satisfait du rendu et doutez d'être sur la bonne voie, enregistrez la version courante et repartez à zéro en dupliquant une nouvelle fois la photo brute, pour un nouveau traitement. La retouche réalisée précédemment sur l'image n'est pas du temps perdu ; elle vous a permis d'explorer concrètement les densités et les couleurs de la photo, ce qui vous donne un bon axe de travail pour la nouvelle version. En recommençant la retouche sur une « image propre », vous éviterez d'accumuler des traitements contradictoires et de créer des défauts.

Pour évaluer la qualité de vos traitements

Voici quelques conseils généraux et suggestions pour vous aider à mieux percevoir les éventuels défauts de vos photos retouchées et vous sentir ainsi plus à l'aise pour les améliorer.

Observez la première image. Belle ambiance n'est-ce pas ? Comparer la densité du cadre noir avec celle de la silhouette vous permet de constater que les noirs sont denses et bien gérés. Intéressez-vous ensuite à la version sur fond blanc. Ne la trouvez-vous pas particulièrement grise et fade ? Il s'agit pourtant de la même image. Cependant, un arrière-plan clair met en avant le caractère sombre et terne de la photo. En la visionnant sur fond blanc, nous réalisons que l'image elle-même ne présente pas de blanc mais uniquement des nuances de gris clair. C'est pourquoi elle semble grise et voilée. Peut-être aurez-vous d'ailleurs repéré ce défaut sur la version encadrée de noir, le blanc de la page n'étant pas si loin et constituant un point de comparaison fort.

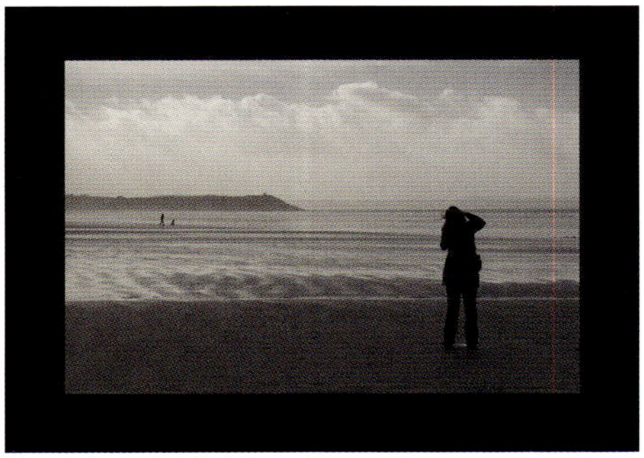

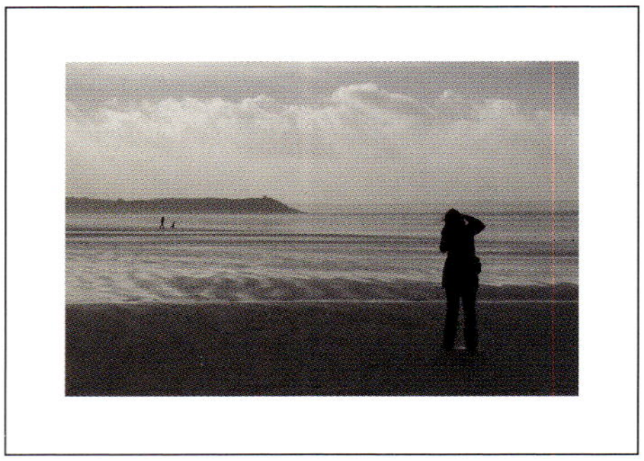

Entre timidité et excès

Êtes-vous de ceux qui craignent de dénaturer leur image et ne font que le « minimum syndical » en matière de retouche ? Ou plutôt amateur de rendus forts n'hésitant pas à affirmer ses retouches, au prix, peut-être parfois, de quelques maladresses ?! Comment trouver le juste équilibre ?

Vous savez que c'est l'authenticité qui doit primer. À nouveau, il ne s'agit pas d'une illusoire fidélité à la réalité mais bien de savoir jauger du ressenti produit par vos photos. Pour moi, si la retouche appliquée se remarque avant la photo elle-même, c'est raté ! Le traitement doit soutenir l'image sans pour autant l'écraser. Pensez-y si vous penchez du côté « excès » !

Si vous êtes dans le camp des timides, demandez-vous si vous avez du mal à voir la différence entre photo brute et photo retouchée, et si cette dernière garde le rendu un peu grisouille de nos fichiers numériques ou approche plutôt l'impact fort que vous pouvez constater sur mes images. Petit à petit, osez donner à vos propres photos les rendus que vous aimez sur celles des autres ! Testez aussi la méthode qui consiste à appliquer des réglages outranciers puis à revenir en arrière jusqu'à retrouver un rendu bien dosé.

Jugez avec du recul

Le comparatif fichier brut/version retouchée peut parfois s'avérer étonnant, même dans le cadre d'un traitement loin d'être excessif. Il nous permet, souvent, de réaliser à quel point la photo d'origine avait besoin de voir son potentiel révélé. Il est donc parfois difficile de se rendre compte, sur le moment, si la photo retouchée constitue une mise en valeur adaptée. Aussi n'hésitez pas à laisser reposer vos images afin de les visionner avec du recul. Cette fois, laissez de côté la photo brute et regardez l'image plus ou moins aboutie que vous avez essayé de produire. Vous semble-t-elle trop vive, trop sombre, trop contrastée ?

Visionnez vos images sur différents arrière-plans

L'affichage sur des arrière-plans tranchés (fond blanc, gris ou noir) vous aidera à mieux optimiser le contraste de vos images mais aussi à repérer des éléments gênants le long du cadre. Certains logiciels de retouche permettent de changer la couleur de l'arrière-plan sur lequel se détacheront vos photos. Sous Photoshop, appuyez plusieurs fois sur F et réalisez un clic droit sur chaque fond pour en personnaliser la couleur.

Nul besoin d'afficher chacune de vos images sur ces 3 arrière-plans… Adaptez-vous ! Visionnez plutôt vos photos sombres sur fond noir et vos images claires sur fond blanc.

- Un fond blanc aide à contrôler les hautes lumières de l'image. Le blanc de l'arrière-plan et celui de la photo doivent être d'une luminosité similaire. Si les zones claires de votre photo paraissent grises, envisagez une surexposition (voir p. 64). Cherchez aussi à repérer d'éventuels éléments parasites clairs le long du cadre et recadrez si besoin.
- Un arrière-plan gris clair permet de repérer les dominantes de couleur. Comparez fond gris et zones plutôt neutres de l'image, censées apparaître blanches ou grises. Votre photo n'est-elle pas un peu verdâtre par endroits ? Jaunâtre ? Ou vaguement rose ? Décidez de la pertinence de ces dominantes : faut-il les annihiler, les laisser telles quelles ou les accentuer (voir p. 136) ?
- Un fond noir aide à juger de la densité des basses lumières de la photo et à repérer des éléments parasites sombres en bord de cadre. Veillez à ce que les zones les plus sombres soient noires ou gris extrêmement foncé, afin que l'image n'apparaisse pas grisouille et voilée.

« Si vous ne pouvez pas changer l'arrière-plan de votre logiciel, affichez votre photo sur le fond blanc d'un e-mail, d'une page de traitement de texte, ou encore sur un document noir ou gris. »

Adoptez un autre regard

Les astuces suivantes vous aideront à vous détacher du descriptif tout en vous rendant plus réceptif à la composition globale de l'image ainsi qu'à la répartition de ses densités et de ses couleurs.

- Réduisez le format d'affichage de l'image (*via* une icône loupe ou le menu Affichage>Zoom arrière) à l'écran, jusqu'à obtenir une vignette de quelques centimètres de large (voire moins !).
- Plissez les yeux afin de « flouter » votre vision.
- Disposez vos œuvres à l'envers comme le font certains peintres, grâce à l'outil Rotation à angle droit (voir p. 176).

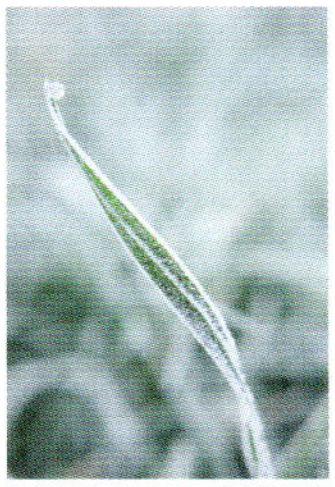

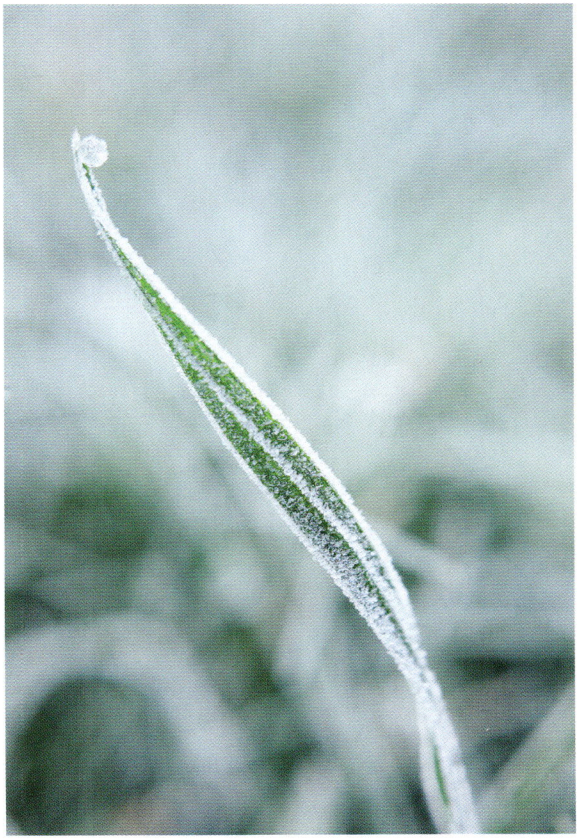

J'ai choisi ici un contraste mesuré, tout en douceur, et renforcé légèrement la tonalité bleutée de la prise de vue. Observez la version grand format. Que voyez-vous ? Une bille de glace au bout d'un brin d'herbe… Un élément net sur un fond flou… Une photo dans les tons verts. Vous imaginez une matinée de givre. Peut-être remarquez-vous la composition diagonale qui la caractérise? Passez à la miniature. La perle de rosée devient à peine visible, c'est la partie centrale du brin d'herbe qui attire davantage le regard. Si la composition diagonale ne vous avait pas sauté aux yeux, vous la trouverez sans doute plus évidente sur cette vignette. Mais ce qui, selon moi, ressort vraiment, c'est cette division de l'image en une zone plus claire, en haut, et plus sombre, en bas. Préoccupé par tant d'autres choses attrayantes, notre œil l'avait peu remarqué sur l'image grand format.

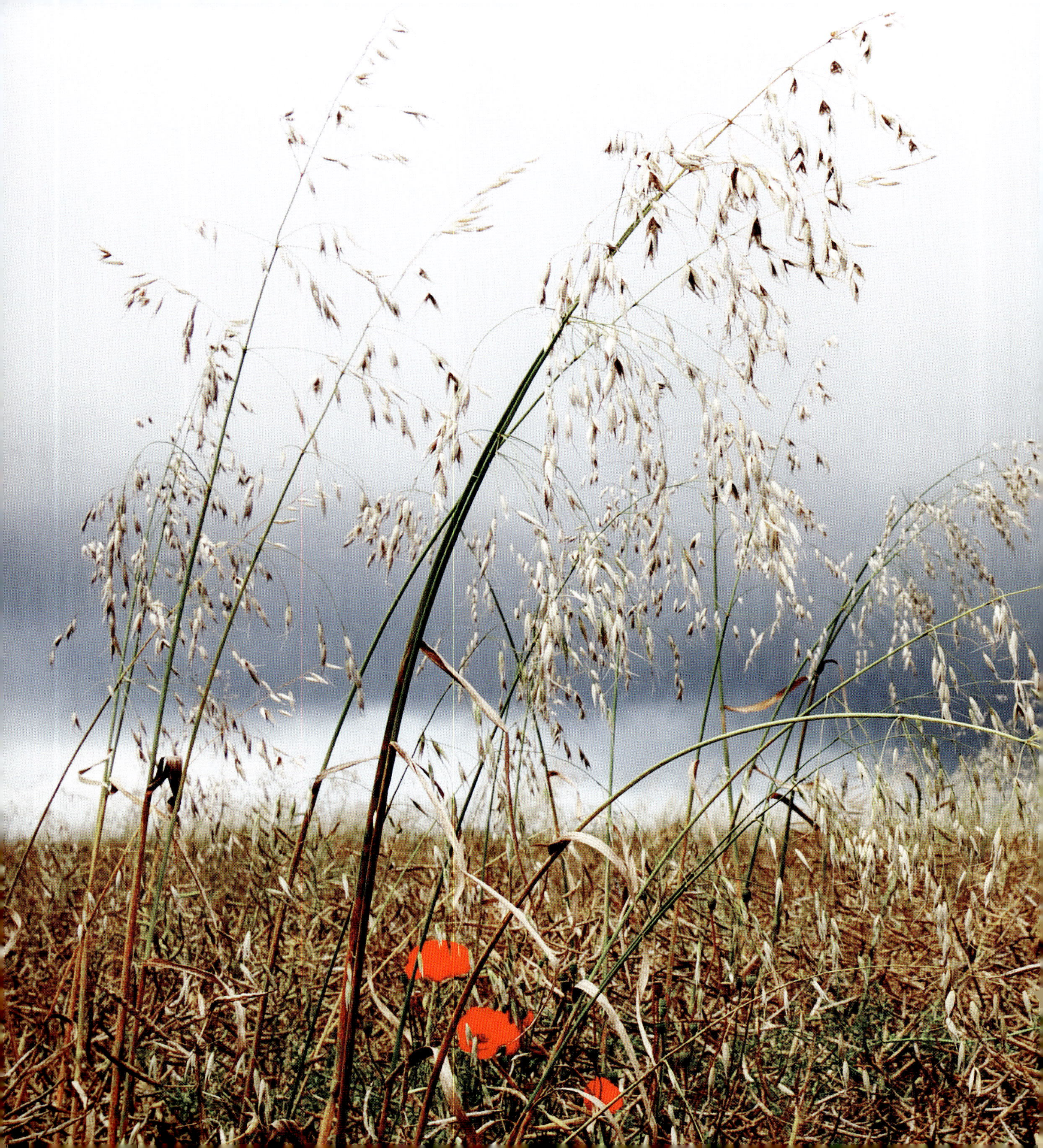

Retouche de la luminosité et du contraste

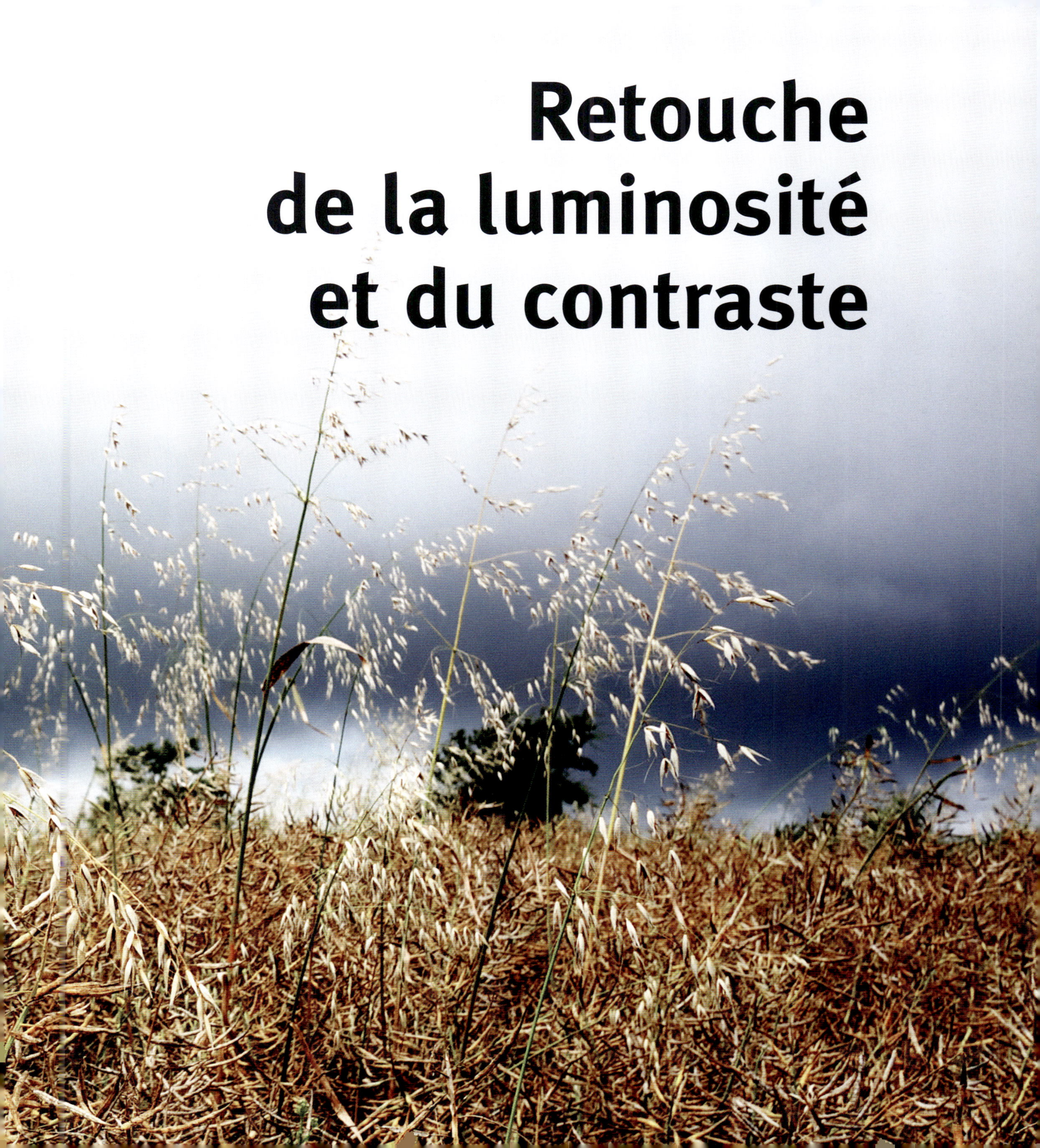

En page précédente, remarquez à quel point chacune des gammes de densités sert la scène. Les hautes lumières optimisées garantissent la bonne luminosité du ciel et la légèreté des épis ; des noirs présents surlignent le champ, dansant et texturé ; enfin, les intermédiaires, juste bien dosés, se mettent au service de la couleur pour un ciel gris ardoise, des coquelicots écarlates et des épis dorés.

Des retouches « simples »

À partir des constatations réalisées précédemment sur certaines de vos images (voir chapitre 2), vous pourrez facilement définir une intention simple de retouche. Les outils présentés au chapitre 3 (réglettes, niveaux et courbe) vous permettront de mettre en œuvre les réglages proposés dans ce chapitre.

De l'intention à la retouche

- L'image est voilée, elle manque de noir ? Et si nous assombrissions la photo pour densifier ses basses lumières ?
- L'image est, au contraire, grise et sous-exposée ? Nous allons voir comment retrouver du blanc, de vraies hautes lumières en augmentant son exposition.
- Le sujet ressort mal car le contraste local autour de la zone du point fort n'est pas suffisant ? Voyons comment vous pouvez jouer sur l'une ou l'autre densité pour gagner en impact et en lisibilité !

Les pages suivantes vous aideront à choisir le réglage à utiliser et à comprendre comment il peut améliorer votre image.

Quel que soit le sujet, du plus quotidien au plus dramatique, un bon traitement constitue « la cerise sur le gâteau ». Ici, une retouche particulièrement lumineuse donne un rendu presque studio à cette scène de vie et confère à ses couleurs un aspect acidulé du plus bel effet.

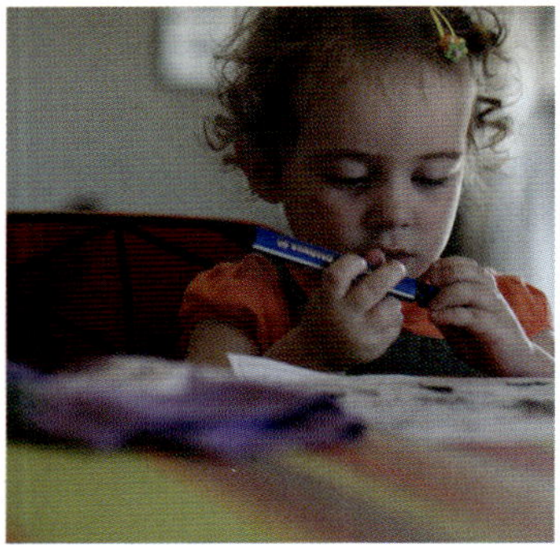

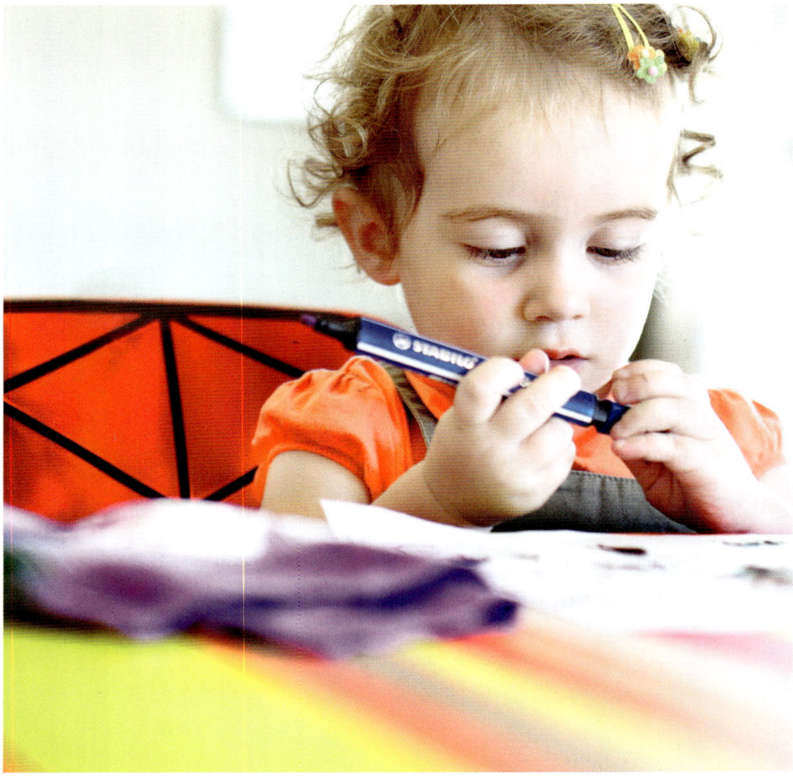

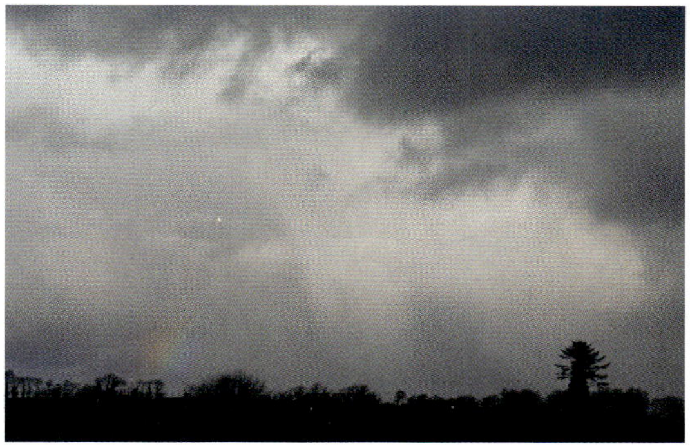

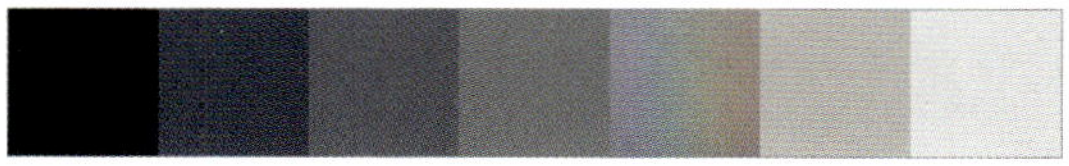

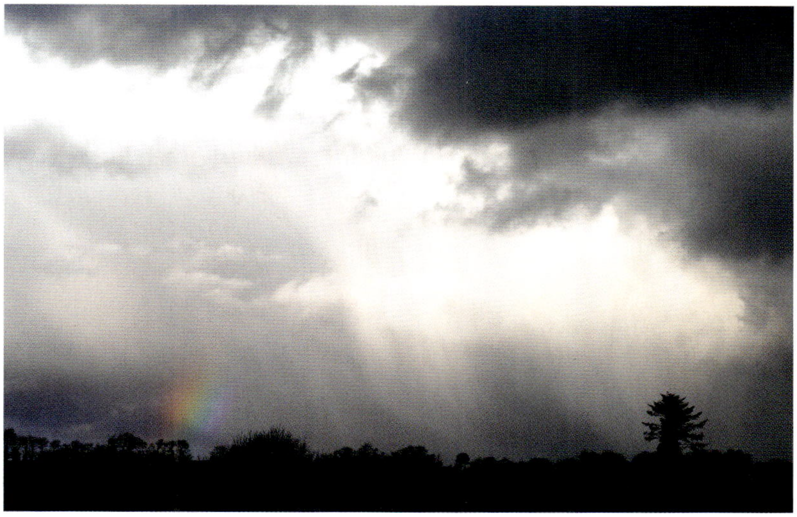

Afin de booster encore l'impact de cette étonnante photo orageuse, je constate tout d'abord ses défauts : vue sous-exposée avec des nuages clairs qui apparaissent gris et dynamique assez faible dans le ciel. J'envisage donc de forcer les hautes lumières jusqu'à obtenir des nuages presque blancs. Associer à ce réglage un assombrissement des tons moyens correspondant à une majorité de nuages va, de plus, contribuer à doper le contraste. Pour ce qui est des outils, une simple réglette me semble convenir pour caler les hautes lumières. Afin de doser subtilement l'obscurcissement des tons intermédiaires, j'opte en revanche plutôt pour la courbe. J'effectue par conséquent cette retouche dans un logiciel de développement d'images, qui présente ces deux outils. Ne pensez-vous pas que, devant une telle image, beaucoup imagineraient une retouche bien plus compliquée ?!

Des retouches simples mais à l'amplitude dosée sur mesure

Chaque retouche appliquée à nos images se compose de plusieurs réglages. Ceux-ci s'associent et se combinent pour produire un rendu parmi d'autres : celui que nous souhaitons pour notre photo. Dans ce chapitre, je décompose la démarche de retouche afin d'étudier successivement chacun de ces réglages puis de commencer à envisager certaines combinaisons porteuses. Ces retouches, pourtant simples, s'avèrent particulièrement versatiles et changeantes, grâce à des variations d'intensité, notamment.

« Les captures d'écran des pages suivantes montrant réglettes, curseurs de niveaux, courbes ne sont que des exemples indicatifs. Testez différentes variantes en déplaçant plus ou moins tel ou tel curseur jusqu'à trouver le bon réglage simple ou la bonne combinaison d'effets (réglages multiples qui interagissent entre eux). »

L'amplitude requise pour le réglage dépend d'ailleurs énormément de votre photo de départ : il vous faudra l'adapter, selon le contraste natif de l'image et la nature de son sujet. Chaque retouche appliquée étant associée à une gamme de tons définie (hautes lumières, tons intermédiaires, basses lumières), elle nous permet aussi de modeler le rendu de l'image de façon différenciée.

Suivez donc la démarche [Repérage d'un rendu inadapté – Détermination de la gamme de tons à altérer – Choix d'un logiciel et d'un outil de retouche du contraste : réglettes, niveaux et/ou courbe – Application du réglage selon une amplitude donnée] et vous obtiendrez des résultats étonnants, même dans le cadre de ces retouches « simples » !

« On qualifie souvent de "surexposée" une image "trop" exposée aux zones blanches disgracieuses, cramée, brûlée. Personnellement, j'emploie ce verbe au sens premier du terme, et non pas de manière péjorative, pour décrire une augmentation de l'exposition. Surexposer signifie alors simplement "exposer davantage". Pour évoquer, en revanche, une photo aux hautes lumières brûlées, je parle plutôt de surexposition excessive. »

Surexposer une image

Deux démarches complémentaires existent pour rendre une image plus lumineuse : éclaircir l'ensemble de la photo, et notamment ses hautes lumières, ou encore jouer subtilement avec ses tons intermédiaires pour déboucher ses zones d'ombre.

Le réglage de l'exposition

La première option traitée sur cette double page consiste à augmenter l'exposition, paramètre qui peut être dosé au déclenchement comme à la retouche. Pour surexposer une image et obtenir des hautes lumières bien blanches, il est conseillé d'utiliser une correction d'exposition à la prise de vue plutôt que de trop « forcer » à la retouche. Ces 2 approches peuvent cependant être complémentaires : le post-traitement vous aidera à doser, de façon plus précise que sur le terrain, l'impact lumineux de l'image.

Surexposer consiste à éclaircir la photo sur toutes ses gammes de densités. La « palette » est alors entièrement éclaircie : les gris clairs deviennent blancs, les gris moyens se changent en gris clairs, les gris foncés en gris moyens et les noirs peuvent parfois perdre de leur intensité.

Une surexposition trop poussée produit des zones blanches unies dans la photo. Bien que généralement à éviter, elles peuvent aussi vous aider à créer des effets porteurs et originaux (voir p. 94).

Je souhaite obtenir des hautes lumières bien blanches. En effet, la photo brute est sous-exposée. Sombre et « plombée », elle ne présente pas de blanc. Ses hautes lumières, matérialisées par la neige, sont grises et ternes ! Après une surexposition mesurée, la palette va enfin du noir au blanc. Les hautes lumières sont blanches et gris clair ce qui confère une bonne présence lumineuse à la photo. La dernière image est, elle, trop fortement surexposée et le blanc envahit la zone neigeuse, faisant perdre du détail en bas du cadre. Les hautes lumières mordent alors sur les tons intermédiaires, les tons clairs s'étendant jusqu'au centre de la palette. Cet effet est généralement à éviter.

Tons intermédiaires sombres et fades — *Hautes lumières grises* ✗

Photo brute

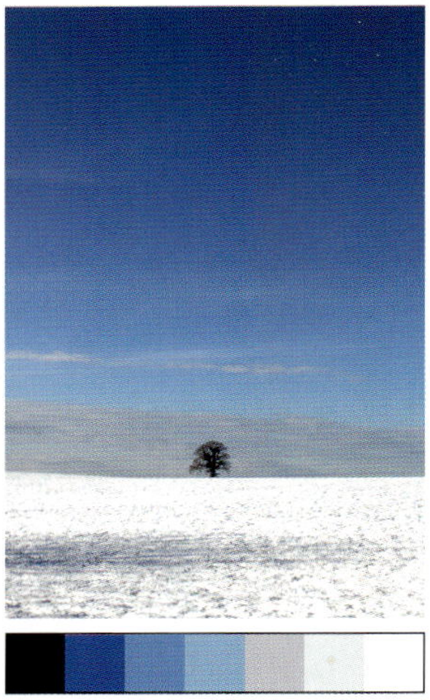

Tons intermédiaires éclaircis et avivés — *Hautes lumières bien blanches* ✓

Surexposition mesurée

Tons intermédiaires « acidulés » — *Hautes lumières « trouant » la photo* ✗

Surexposition poussée

Application

Affichez si possible la photo sur fond blanc (voir p. 58) et ne craignez pas de forcer le réglage pour revenir ensuite en arrière, afin de mieux repérer le moment où l'image est bien exposée et présente du « vrai blanc », mais sans excès.

« Sur les captures, les flèches matérialisent les réglages à effectuer. Je les trace en blanc pour signifier que l'on module, ici, essentiellement les hautes lumières. »

Réglettes

Surexposition

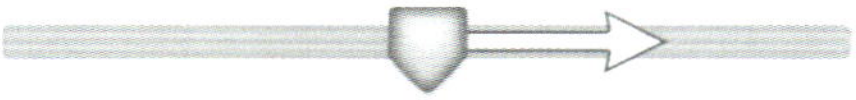

Réglette contrôlant l'exposition (voir rabat A)

Actionnez le curseur vers la droite pour redonner de la clarté aux hautes lumières. Stoppez le réglage dès que la photo commence à montrer du « vrai blanc » afin de ne pas risquer d'y créer des zones « cramées », brûlées par la lumière.

Le curseur contrôlant le contraste peut également être utilisé, mais avec précaution, car il surexpose et noircit l'image à la fois (voir p. 48) !

Rattraper une surexposition malencontreuse

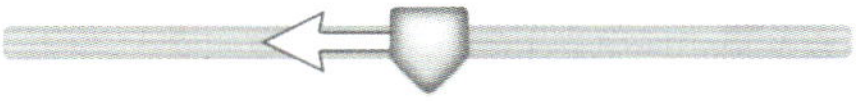

Réglette contrôlant l'exposition (voir rabat A)

Un fichier brut excessivement surexposé à la prise de vue ne peut malheureusement pas être corrigé à l'aide des logiciels simples à réglettes (PicMonkey, BeFunky…) ou sur des photos JPEG. Privilégiez donc le format RAW pour vos prises de vue délicates. Vous pourrez ainsi rattraper l'exposition dans un logiciel de développement d'images (Lightroom, Aperture, RawTherapee, Darktable…). Pour retrouver du détail dans les blancs, déplacez le curseur vers la gauche. Les zones claires apparaissent alors plus texturées. Avec un logiciel non adapté ou sur une image JPEG, vous n'obtiendrez en revanche que des blancs comme « coloriés en gris ».

Niveaux

Surexposition

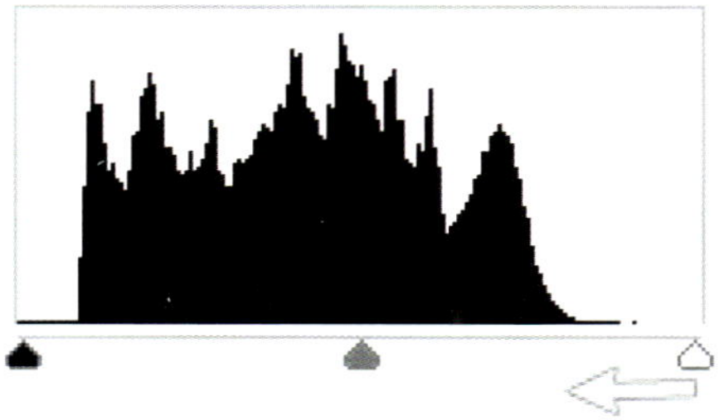

Pour surexposer progressivement une photo, actionnez le curseur Blanc vers la gauche. Stoppez le réglage dès que vous arrivez au niveau de l'histogramme, et que la photo montre du « vrai blanc » afin de ne pas risquer d'y créer des zones « cramées », brûlées par la lumière.

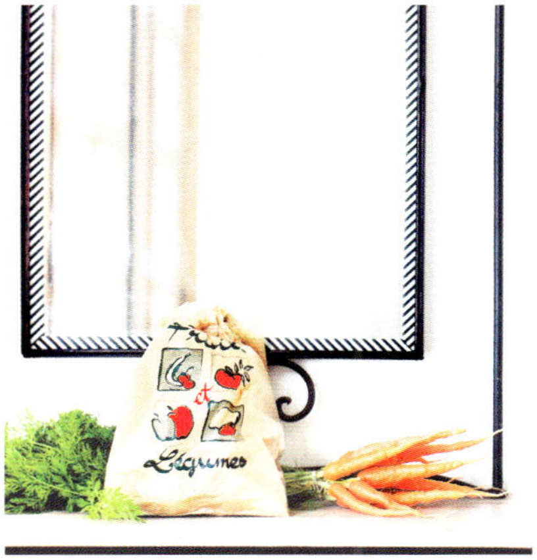

Pour une telle image, une bonne gestion de l'exposition est la condition sine qua non *à l'impact espéré. Murs bien blancs et décor lumineux sans être cramé… c'est gagné !*

Courbe

1re variante : surexposition classique

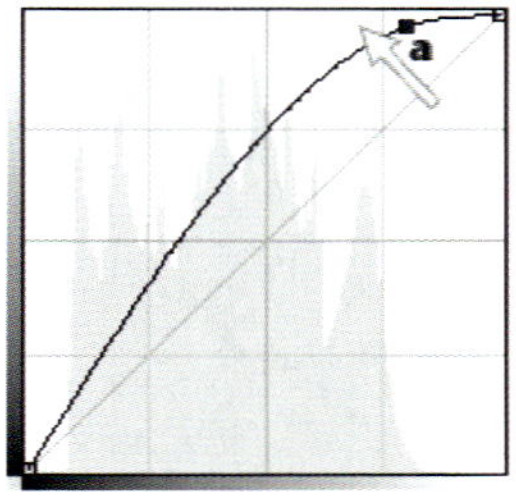

Pour booster les hautes lumières, bombez la partie droite de la courbe : créez un point au 1/8e droit environ de la courbe (a) et tirez vers le haut. Stoppez le mouvement avant que la courbe ne s'écrase sur le haut du cadre afin de ne pas générer de zones blanches brûlées.

2e variante : surexposition localisée

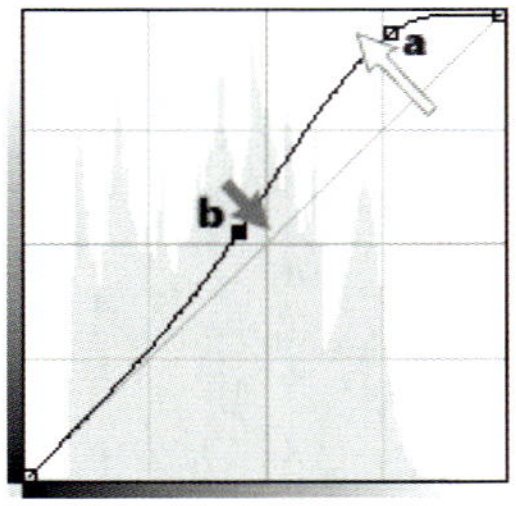

Créez le point (a) comme décrit ci-dessus et tirez vers le haut. Attention, n'allez pas jusqu'au blanc ! Puis, afin de « neutraliser » le rendu des tons moyens et de limiter la surexposition aux hautes lumières, rapprochez la partie centrale de la courbe de l'axe en créant un 2e point, en position médiane sur le tracé (b), et en tirant vers le bas (le tracé doit toucher l'axe en partie gauche, sans pour autant passer en dessous). Adaptez la position des points de manière à finaliser la retouche.

Éclaircir les tons intermédiaires

L'appareil ayant été ébloui lors de la prise de vue, cette photo est très sombre au départ et les silhouettes des enfants ne ressortent pas bien. En revanche, le contraste des extrêmes est déjà très marqué, la brillance de la mer constituant de bonnes hautes lumières et l'effet de silhouettes des basses lumières pleines d'impact. Le rendu frôlant déjà la surexposition par endroits, il m'est impossible d'envisager d'augmenter l'exposition, ici. Ce sont les tons moyens qui demandent à être éclaircis. J'augmente donc progressivement leur luminosité à l'aide des outils adaptés.

Une photo bien exposée présente déjà des zones presque blanches dès le départ. Et pourtant, il peut arriver qu'elle semble toutefois sombre, si elle a été prise dans une situation lumineuse très contrastée, par exemple, et que le reste de la « palette » est très dense. Augmenter davantage l'exposition n'est alors pas la bonne solution car cela conduirait à « percer » la photo de zones blanches unies disgracieuses (image « cramée »), les gris clairs perdant de ce fait tout détail.

Augmentation de la luminosité

C'est donc cette fois-ci en jouant sur les tons intermédiaires que nous allons éclaircir la photo sans toucher aux hautes lumières. Il s'agit d'intervenir uniquement sur le centre de la palette et non sur ses extrémités. Les noirs (bien noirs !) restent noirs, le blanc n'envahit pas la photo mais les tons moyens s'éclaircissent pour donner davantage de luminosité à l'image.

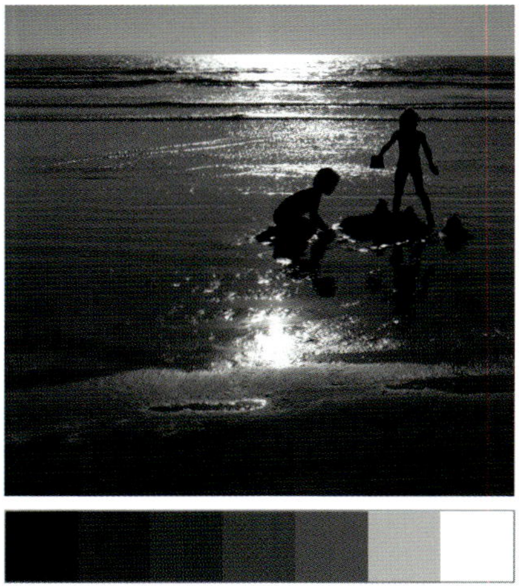

Photo brute

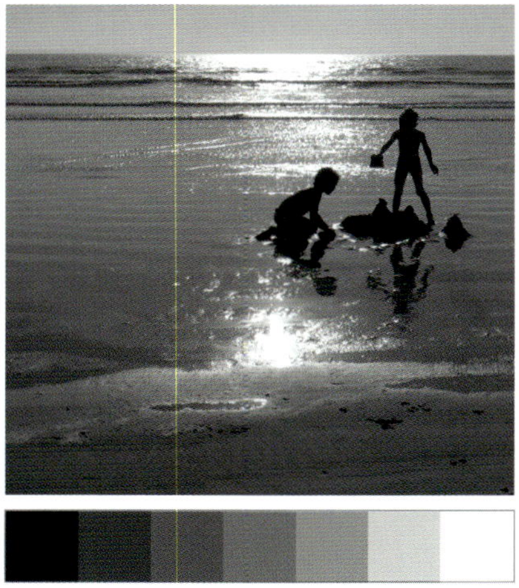

Augmentation de la luminosité mesurée

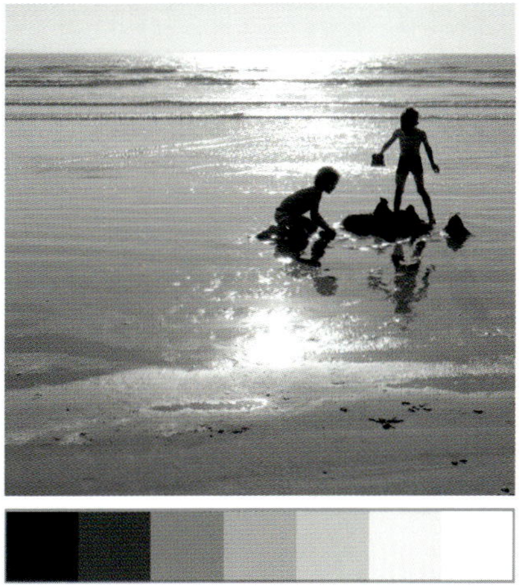

Augmentation de la luminosité prononcée

Application

L'éclaircissement des tonalités intermédiaires peut parfois conduire à affadir la photo ; aussi soyez mesuré et consultez les chapitres suivants traitant de l'assombrissement et de l'augmentation du contraste, afin de combiner différents effets et obtenir une photo à la fois lumineuse et contrastée.

Réglettes

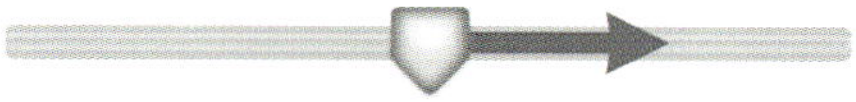

Réglette contrôlant la densité des tons intermédiaires (voir rabat A)

Pour éclaircir une photo sans surexposer ses hautes lumières, actionnez le curseur contrôlant la luminosité des tons moyens vers la droite. Cherchez à rendre l'image plus lumineuse, sans qu'elle ne devienne toutefois trop fade.

« Sur les captures ci-dessus, les flèches matérialisent les réglages à effectuer. Je les trace en gris car l'on module, ici, essentiellement les tons intermédiaires. »

Niveaux

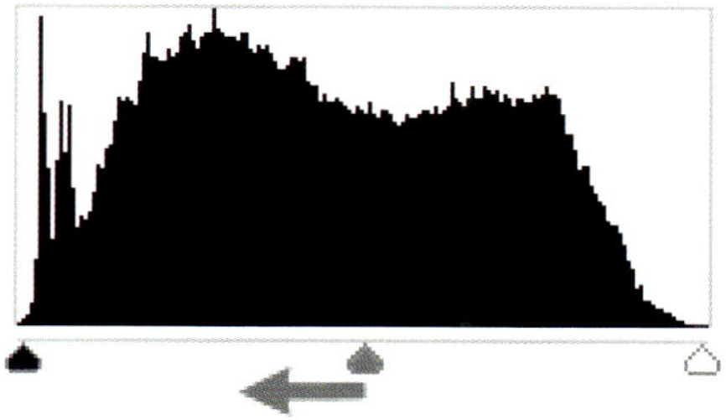

Pour éclaircir une photo sans surexposer les hautes lumières, actionnez le curseur Gris vers la gauche. Cherchez à rendre l'image plus lumineuse, sans qu'elle ne devienne toutefois trop fade.

Courbe

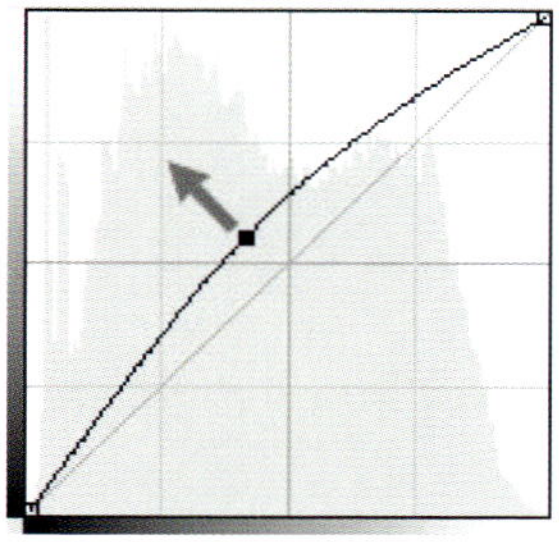

Pour éclaircir une photo sans surexposer les hautes lumières, bombez la partie centrale de la courbe. Pour cela, créez un point en son milieu et tirez doucement vers le haut. Attention, si vous montez trop la courbe, l'image subira tout de même une surexposition (hautes lumières brûlées dès lors que le tracé s'écrase sur le haut du cadre).

Personnalisez davantage le réglage en déplaçant le point créé sur la courbe vers la droite ou vers la gauche (le point n'est alors plus en position centrale mais déporté légèrement sur un côté). Vous choisirez ainsi plus précisément quelle gamme de tons intermédiaires vous souhaitez éclaircir.

En décalant le point vers la droite, vous choisissez de n'éclaircir que les tons moyens déjà assez clairs (vous vous rapprochez d'une surexposition mesurée, telle que décrite en page précédente) ; le contraste produit est plus intense. En décalant, au contraire, le point vers la gauche, vous éclaircissez une plus large gamme de tons moyens, qui commence dès les tons sombres. L'éclaircissement est encore plus prononcé et l'image apparaît plus douce. Tâtonnez en modifiant finement la hauteur et la position droite/gauche du point pour obtenir un éclaircissement optimal.

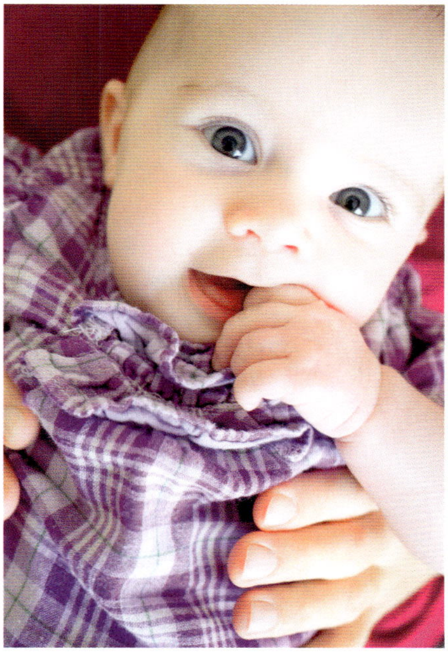

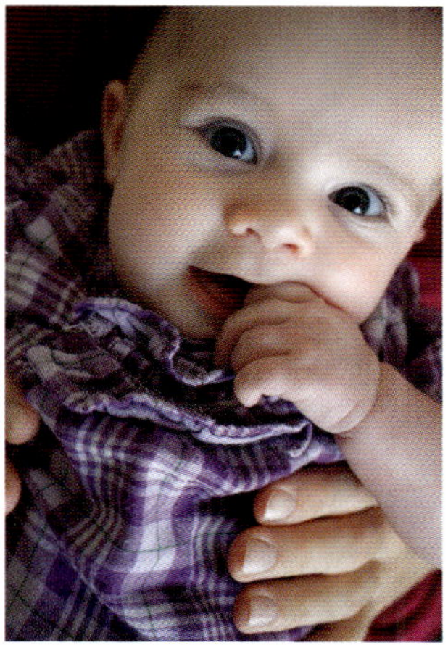

La première version de ce portrait (à droite) s'avère trop dense et manque de subtilité, or, pour mettre en valeur un visage, une approche plus nuancée est souhaitable. L'augmentation de la luminosité (à gauche) adoucit les ombres et éclaircit la peau, permettant aux yeux (point fort) de mieux ressortir (meilleur contraste local).

En pratique

- Faites vos essais sur une image fortement contrastée dès la prise de vue (photo de nuit, contre-jour…) et cherchez à repérer quelles densités sont particulièrement modifiées par le réglage et lesquelles restent quasiment intactes. Observez comme une augmentation de luminosité trop prononcée affadit la photo et finit par altérer les noirs ; gardez en tête pour la suite qu'il vous faudra souvent associer cette retouche à un autre réglage pour contrebalancer ce défaut ! Repérez, dans votre logiciel, le nom du curseur contrôlant la densité des tonalités intermédiaires.
- Sur une photo, comparez l'effet d'une surexposition et d'une augmentation de la luminosité.

Surexposer ou éclaircir ?

Dès la prise de vue, j'ai sous-exposé (correction d'exposition sur le boîtier) cette image nocturne d'un monument éclairé, pour mettre en cohérence l'exposition avec l'obscurité ambiante et garantir une bonne densité de la fenêtre, éclairée d'une lumière orangée. Ce réglage m'a également permis de baisser un peu le temps de pose, afin de pouvoir déclencher à main levée. La photo brute semble finalement trop sombre et a bien besoin d'être éclaircie au traitement. Elle manque également de contraste.

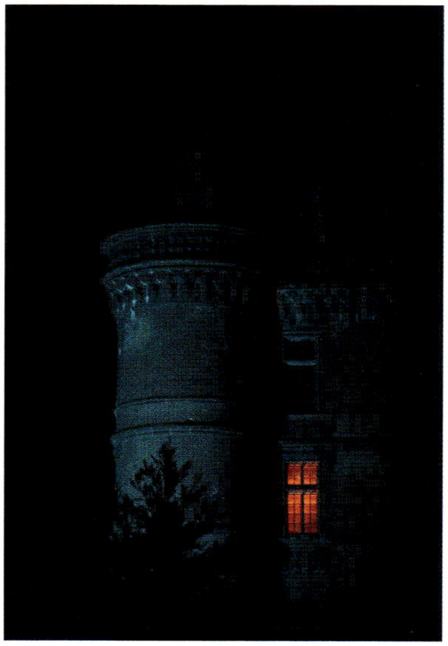

Photo brute

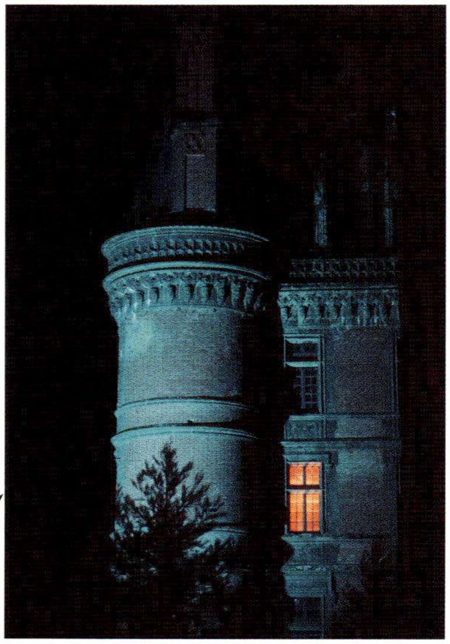

Surexposition

Une surexposition éclaircit en priorité les zones les plus claires de la photo. Ses hautes lumières (fenêtre et briques éclairées) gagnent ainsi en détail et en impact visuel. Elles n'apparaissent ici pas blanches mais de couleur claire (turquoise et orange clair). La surexposition n'altère presque pas le rendu des basses lumières (ciel, zones dans l'ombre...), ce qui permet à la photo d'apparaître bien contrastée.

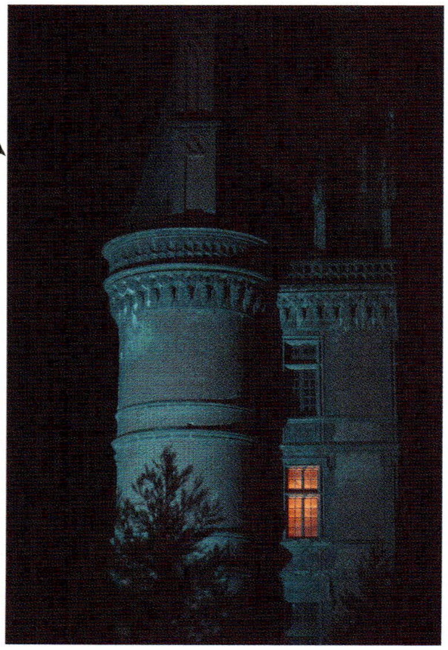

Augmentation de la luminosité

Une augmentation de la luminosité éclaircit davantage les zones d'ombre de la photo que ses zones lumineuses. Elle n'agit presque pas sur les hautes lumières, qui restent ternes, mais révèle des détails dans les densités moyennes ou sombres de l'image : le haut des tours surgit de l'obscurité et certaines zones dans l'ombre gagnent en lisibilité (2e arbre en bas, briques à droite de la tour...). Sur cet exemple, l'augmentation de la luminosité altère aussi les basses lumières et conduit à griser le ciel. Ce dernier montre d'ailleurs une légère teinte rosâtre, peut-être générée en contraste avec l'éclairage cyan sur la tour.

En page de gauche, alors qu'une augmentation de l'exposition booste les zones éclairées de l'image tout en maintenant le reste dans l'obscurité, un éclaircissement des tons moyens a davantage tendance à déboucher ses zones d'ombre. Selon le rendu de départ de la photo brute que vous optimiserez et vos intentions quant à l'aspect que vous souhaitez lui donner, vous préfèrerez l'une ou l'autre manière d'offrir plus de lumière à l'image... voire associerez les 2 (voir p. 78) !

Voici d'autres variantes de retouche mettant en jeu différents réglages développés par ailleurs.

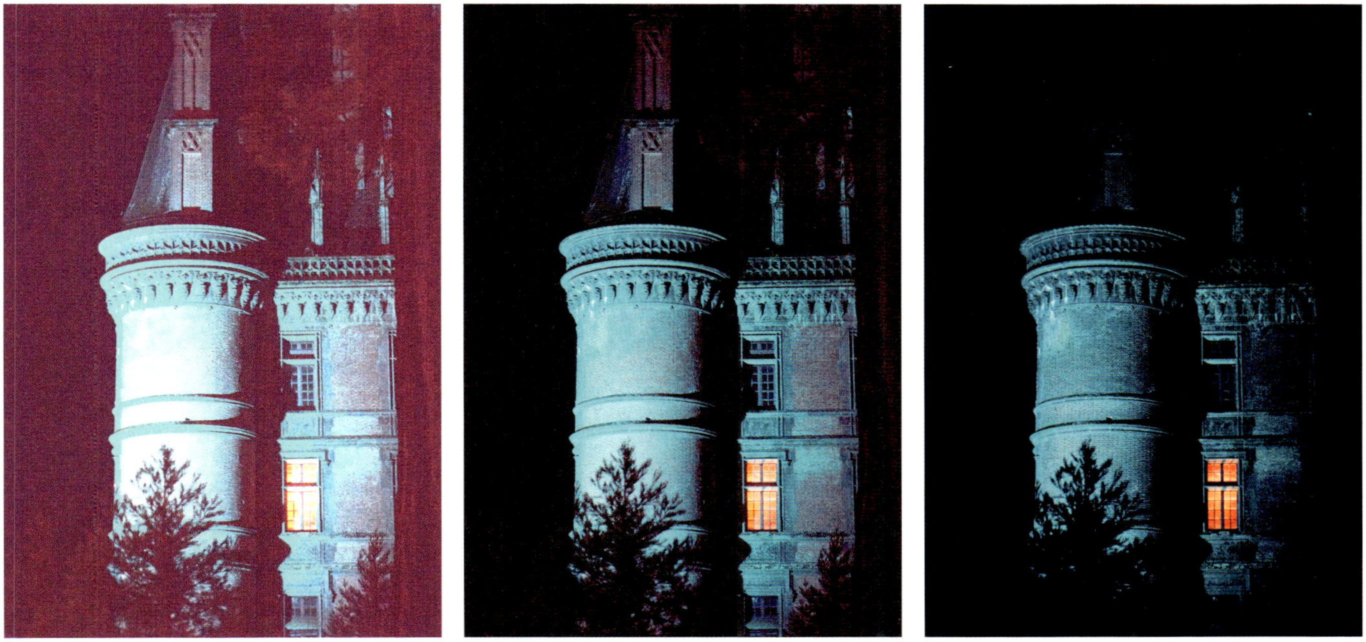

À gauche, l'image est excessivement surexposée. Le rendu généré est assez discutable mais il donne un aspect « vieux film » à la photo et lui fait bénéficier de couleurs acidulées étonnantes (château cyan et ciel bordeaux) ! Au centre, un contraste fort associe surexposition et assombrissement du ciel, pour un rendu classique mais plein d'impact. À droite, cette version « charbonneuse » joue la carte du mystère. Le haut des tours disparaît dans l'obscurité tandis que les briques gagnent en matière grâce à ce traitement dramatique combinant contraste et densification des basses lumières.

Le choix n'est pas facile mais c'est peut-être bien cette dernière version qui a finalement ma préférence. Le traitement dense donne un bon impact à l'orangé comme au cyan et renforce ainsi le contraste entre teintes complémentaires. Les toits des tours me semblent un élément secondaire qu'il n'est pas gênant de plonger dans l'obscurité : ce sont cette fenêtre éclairée ainsi que la matière de la pierre et des sculptures qui constituent le sujet intéressant de l'image. Le contraste fort génère une atmosphère assez « château de Dracula ».

Pour vos propres images, l'enjeu consiste, de la même manière, à trouver le rendu le plus attractif, tant au niveau de l'intérêt visuel que de l'ambiance transcrite. Cherchez le juste équilibre entre « bien joli mais peu expressif » et « dramatique mais presque inesthétique » !

« Noircir » une image

Tout comme pour l'éclaircissement, deux approches distinctes et complémentaires sont envisageables pour assombrir nos images. Voyons tout d'abord comment procéder pour appuyer et forcer des basses lumières trop « grisouilles ».
À l'inverse du blanc « cramé », le noir n'est pas un élément pénalisant pour nos images, s'il est bien géré. Ainsi, lancez-vous et redécouvrez vos photos en noircissant vos ambiances !

Cette photo, prise en contre-jour et intégrant en partie la source lumineuse, est naturellement voilée à la prise de vue. Elle ne présente pas de noirs et se caractérise par un rendu plutôt terne. Noircir la photo permet d'augmenter son impact visuel. Le choix d'intensité du réglage dépend de l'intention quant au rendu de l'habitation, au premier plan. Pour conserver du détail sur la façade (fenêtres), le noircissement doit être assez mesuré, tandis que, pour la plonger dans le noir, il faut le forcer davantage.

La densification des basses lumières

Ce réglage obscurcit encore davantage les basses lumières de la photo, la partie gauche de la palette. Les hautes lumières ne sont pas modifiées mais ressortent alors mieux, par contraste !

On cherche généralement à « noircir » une photo fade ou voilée à la prise de vue (contre-jour éblouissant, temps couvert à la lumière diffuse...) afin de lui donner un meilleur impact. Pour juger de la densité des basses lumières d'une photo, visionnez-la sur fond noir !

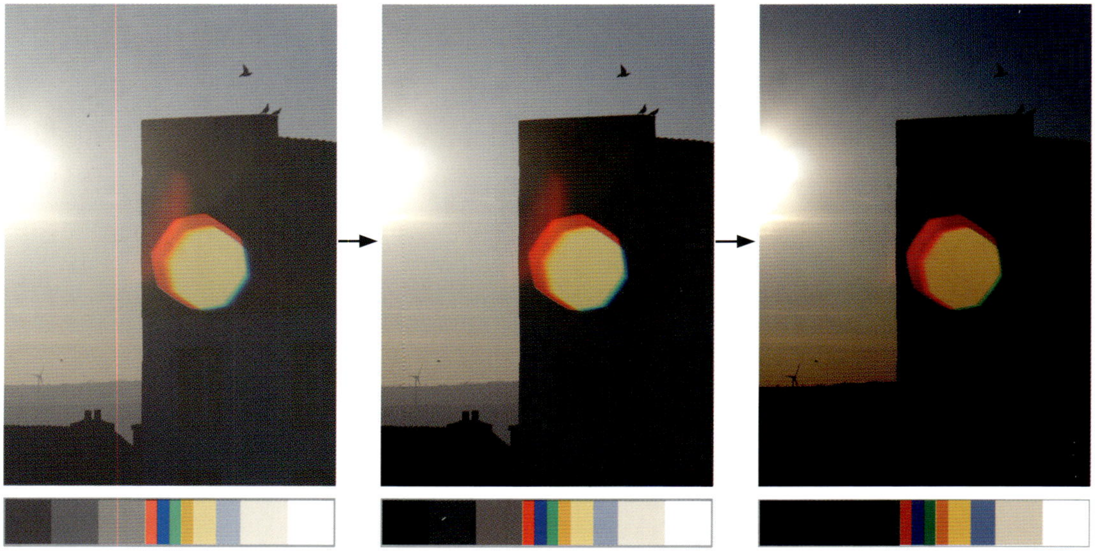

Basses lumières grises et voilées — *Tons intermédiaires clairs et fades*
✗ Photo brute

Basses lumières bien sombres — *Tons intermédiaires densifiés et avivés*
✓ Noircissement mesuré

Basses lumières très noires — *Tons intermédiaires très assombris*
✓ Noircissement poussé

Application

Adaptez l'intensité du réglage à la densité et au contraste de l'image. Tentez de lui donner plus de présence sans pour autant générer un rendu agressif, artificiel ou « charbonneux ».

Réglettes

1re variante : noircissement à l'aide d'un curseur dédié

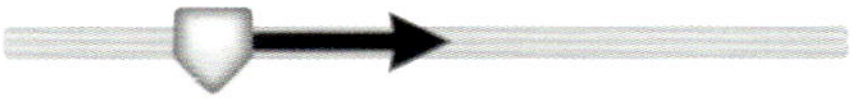

Réglette contrôlant la densité des basses lumières (voir rabat A)

Pour noircir une photo, actionnez le curseur de noircissement généralement vers la droite (attention, sous Lightroom, il faut le glisser vers la gauche). Quel que soit le logiciel, une photo très fade peut vous conduire à aller jusqu'au bout de la réglette mais, la plupart du temps, un léger déplacement suffit à retrouver de beaux noirs.

2e variante : noircissement à l'aide du curseur Contraste

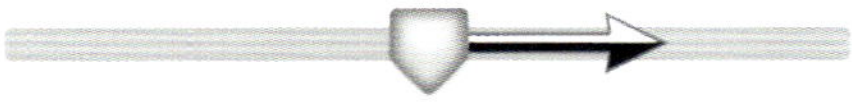

Réglette Contraste

Le curseur Contraste peut également être utilisé, notamment si l'image est particulièrement fade et que ses hautes lumières sont aussi « grises » que ses basses lumières, mais avec précaution. Certains logiciels grand public ne proposent pas, de plus, de réglage spécifique pour les basses lumières, et nous obligent à nous tourner vers ce curseur, qui noircit parfois plus qu'il ne surexpose.

Ne l'utilisez pas, cependant, pour retoucher une image que vous avez déjà surexposée ou montrant des hautes lumières très claires dès la prise de vue (nuages dans le ciel, notamment) car l'accentuation du contraste conduirait à « cramer » la photo. Surveillez toujours les plus hautes lumières de la scène lorsque vous actionnez ce curseur afin de stopper le réglage avant qu'il ne produise de surexposition excessive.

Cette vue d'une feuille saisie en transparence, surexposée volontairement à la prise de vue, paraît bien lumineuse mais également fade et voilée car elle ne présente aucune zone sombre… Je n'ai eu qu'à noircir l'image pour obtenir un bon rendu !

Niveaux

Noircissement à l'aide des Niveaux

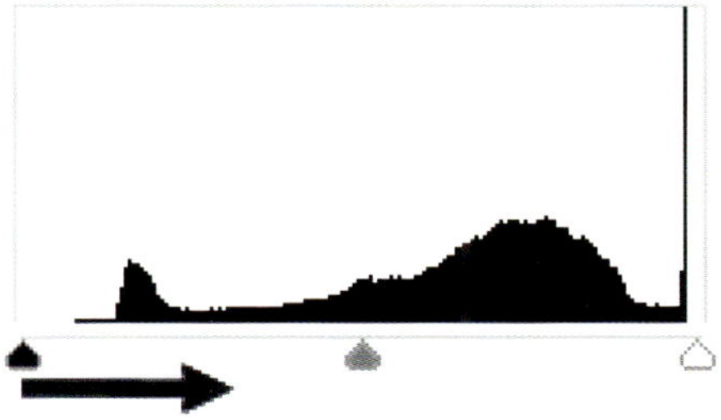

Pour noircir une photo, actionnez le curseur Noir vers la droite. Selon le rendu souhaité, arrêtez-vous dès l'histogramme ou, au contraire, mordez dans le graphique pour surligner l'image de touches noires.

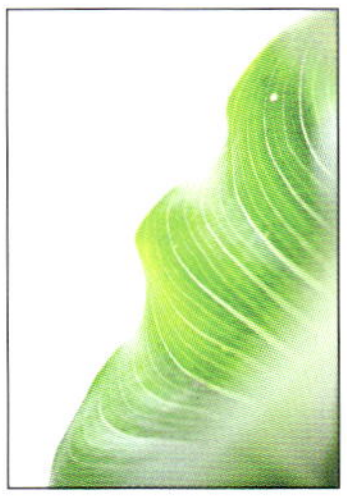

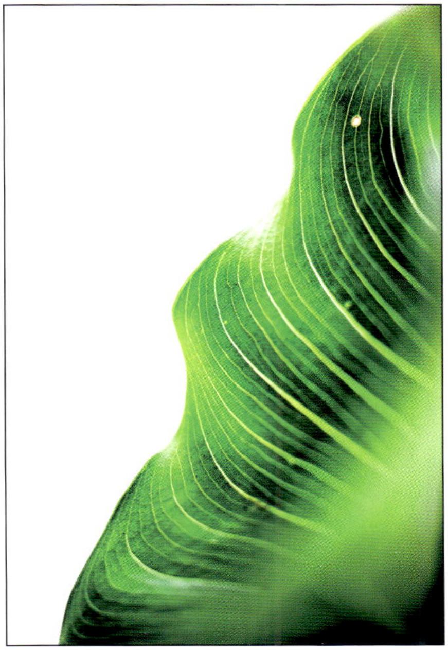

Courbe

1re variante : noircissement classique

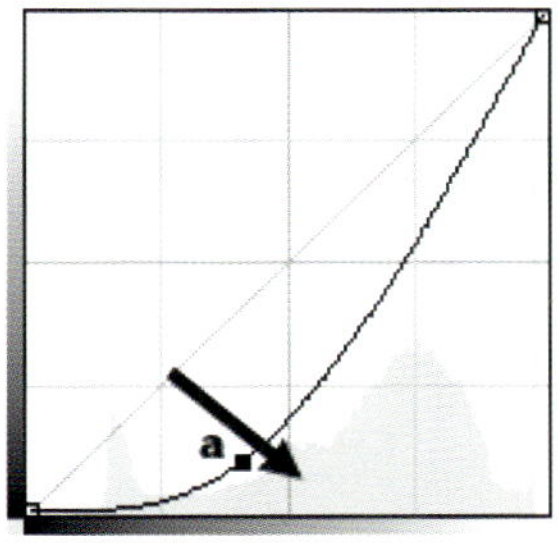

Pour noircir une photo, creusez la partie gauche de la courbe : créez un point sur sa gauche (a) et tirez doucement vers le bas. Les tons moyens seront légèrement densifiés ainsi que les basses lumières. Si la courbe s'écrase sur le bas du cadre, vous obtenez des noirs denses et bouchés.

2e variante : noircissement localisé

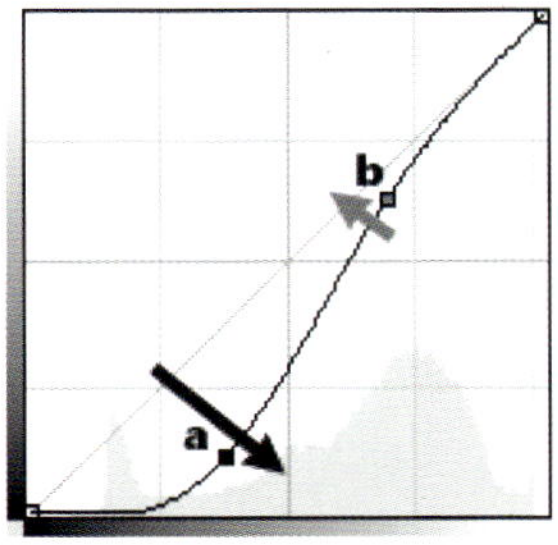

Créez le point (a) comme ci-dessus et tirez vers le bas. Puis, pour limiter la retouche aux basses lumières tout en préservant les tonalités intermédiaires, ajoutez un second point (b), plus au centre, qui ramènera la courbe sur l'axe (et non au-dessus), en partie droite. Une fois les 2 points créés, adaptez leur position jusqu'à trouver la meilleure combinaison.

« Les flèches associées aux captures sont tracées en noir car l'on module, ici, essentiellement les basses lumières. »

Assombrir une photo

L'image de départ apparaît surchargée et son rendu est très « grisouille ». On remarque à peine la cohérence de teinte entre le pull de la passante et les éléments du décor. En diminuant progressivement la luminosité, je donne un meilleur contraste à la photo en changeant les gris en noir et en densifiant les couleurs. Quand j'accentue le réglage, l'assombrissement des densités intermédiaires engendre un contraste généralisé qui fait se détacher le sujet, peu altéré par la retouche, sur un fond de plus en plus sombre et uni.

Si ce ne sont pas les extrêmes, en l'occurrence les basses lumières ici, que vous cherchez à densifier mais l'image dans son ensemble, de manière plus homogène, tournez-vous vers un autre réglage et assombrissez les tons intermédiaires.

La densification des tons intermédiaires

Quand vous souhaitez obtenir une photo plus sombre mais sans pour autant qu'elle semble soulignée de touches noires comme précédemment, tournez-vous vers cette retouche.

Il s'agit de faire évoluer la densité des intermédiaires vers une gamme de tons plus sombres. Les hautes lumières ne sont presque pas altérées par ce réglage. Les tons foncés et moyens sont, en revanche, obscurcis. Densifier ainsi l'image est particulièrement utile, par exemple, pour faire ressortir un sujet clair sur un fond plus sombre ; le sujet semble alors surgir hors de l'image !

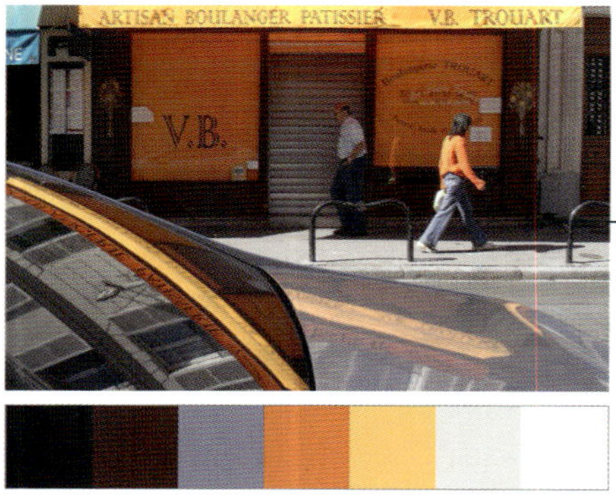

Basses lumières fades et grises ✗ — *Couleurs ternes* ✗ — *Hautes lumières bien claires*

Photo brute

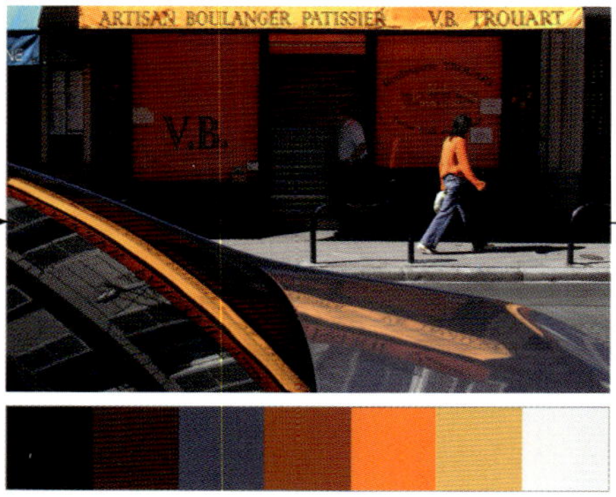

Basses lumières bien noires ✓ — *Couleurs avivées par le contraste* ✓ — *Hautes lumières bien claires*

Assombrissement de l'image

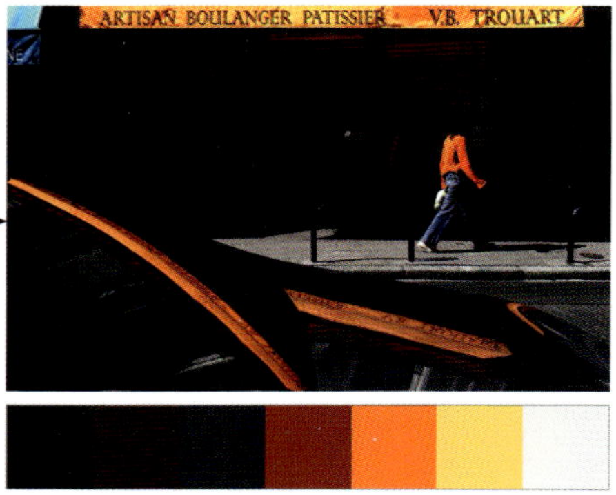

Tons intermédiaires changés en noir ✓ — *Hautes lumières surgissant de l'ombre*

Assombrissement extrême de l'image

Application

Un assombrissement des tonalités intermédiaires, seul, peut parfois conduire à « plomber » la photo. Associez-le souvent à un réglage d'exposition et consultez les thèmes traitant du contraste (voir p. 76 à 81) afin de combiner les différents effets permettant d'obtenir une photo à la fois dense mais contrastée.

Réglettes

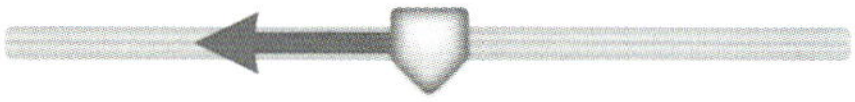

Réglette contrôlant la densité des tons intermédiaires (voir rabat A)

Actionnez le curseur contrôlant la densité des tons moyens vers la gauche. Dosez le réglage selon le rendu souhaité, nuancé ou au contraire très sombre.

Niveaux

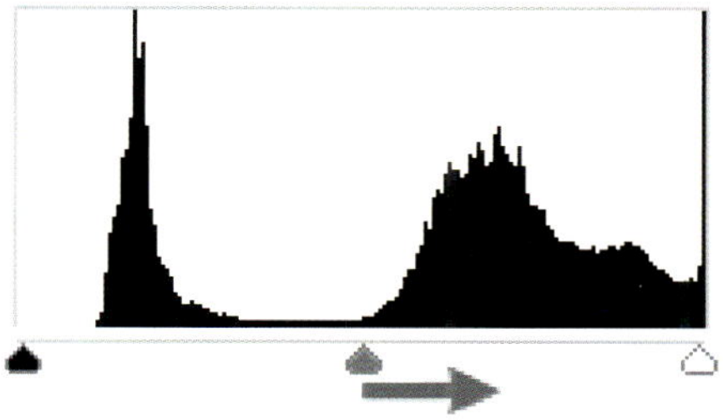

Actionnez le curseur Gris vers la droite. Dosez le réglage selon le rendu souhaité, nuancé ou au contraire très sombre.

Courbe

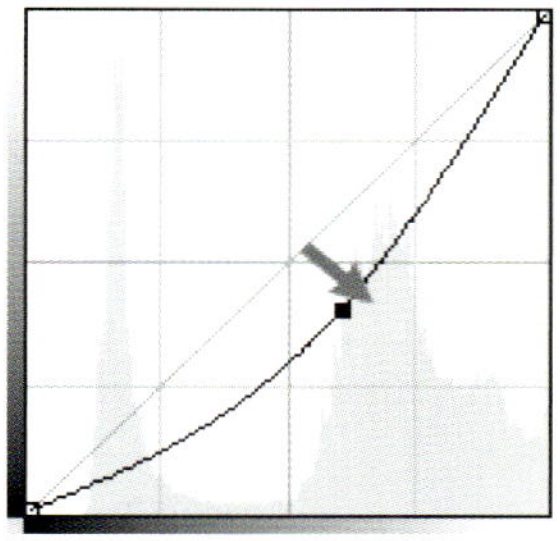

Creusez la partie centrale de la courbe : créez un point en son milieu et tirez doucement vers le bas. Personnalisez le réglage en déplaçant le point vers la droite ou vers la gauche. Cela vous permet de choisir plus précisément quelle gamme de tons intermédiaires assombrir.

En décalant le point vers la gauche, vous n'assombrissez que des tons moyens déjà bien sombres, presque comme lorsque nous avons créé un point sur la gauche du tracé pour noircir (voir p. 53). En le décalant, au contraire, vers la droite, vous assombrissez une plus large gamme de tons moyens, qui commence dans des tons assez clairs au départ. Plus prononcé, l'assombrissement affecte alors davantage l'ensemble de la photo. Tâtonnez en modifiant finement la hauteur et la position droite/gauche du point pour obtenir un assombrissement optimal.

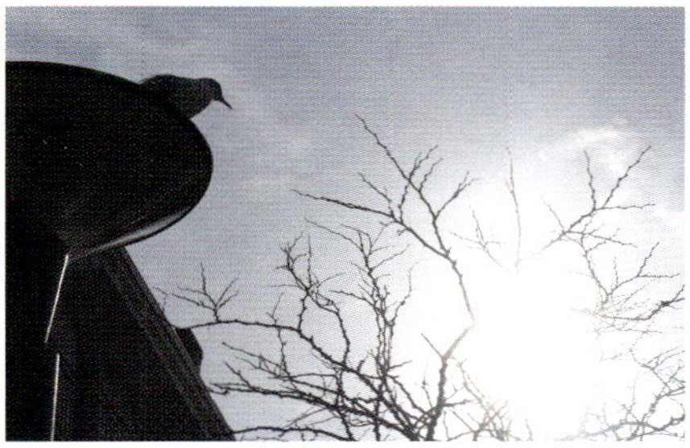

Le fichier brut de cette scène en contre-jour montre un rendu clair et fade… Pourtant, au moment de déclencher, je distinguais à peine mon sujet tant le contraste était fort ! Dès le départ, j'ai imaginé l'oiseau en silhouette. Noircir la photo aurait pu produire cet effet, mais le ciel serait resté un peu clair. J'ai donc opté pour un assombrissement plus homogène afin d'obscurcir la mouette, les branches de l'arbre et le ciel qui gagne ainsi en présence et en couleur. Ce réglage fait ressortir « l'astre brûlant » dans les arbres et dramatise l'ambiance.

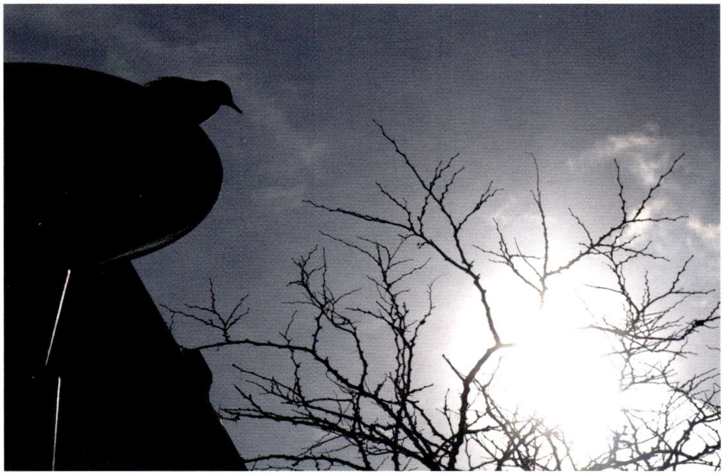

« Les flèches associées aux captures sont tracées en gris car l'on module, ici, essentiellement les tons intermédiaires. »

En pratique

- Testez l'effet d'une densification plus ou moins marquée des tons intermédiaires, sur des images au contraste assez fort dès le départ (contre-jour, ambiance ombres et lumières, prise de vue d'un sujet translucide ou brillant, etc.).
- Comparez noircissement et diminution de la luminosité sur quelques photos. La retouche effectuée améliore-t-elle votre image ? Plombe-t-elle l'ambiance ou la dramatise-t-elle ?

Noircir ou assombrir ?

Les coquelicots qui ponctuent les champs de céréales de leur belle couleur vive constituent un sujet classique, toujours porteur. Sous un beau ciel orageux comme celui-là et au milieu de ce décor formé d'épis légers et graphiques, il aurait été dommage de ne pas déclencher !

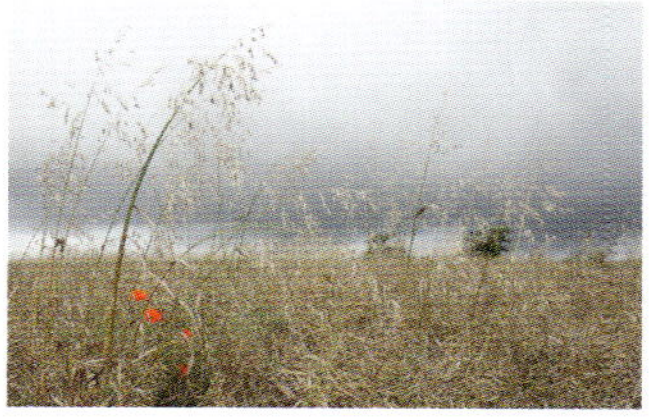

Photo brute

Photo brute

La photo brute est plaisante mais ne rend pas hommage à la scène en 3 dimensions que j'ai pu avoir sous les yeux, avec le vent soufflant dans les épis, le ciel chargé, la lumière d'orage accentuant la matière du sujet. Un bon traitement s'impose !

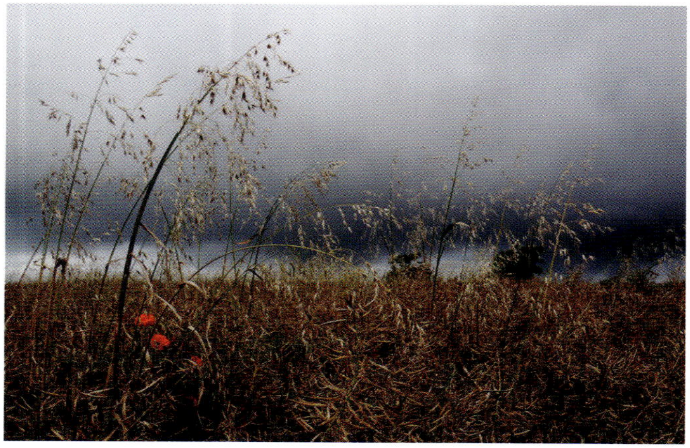

Noircissement

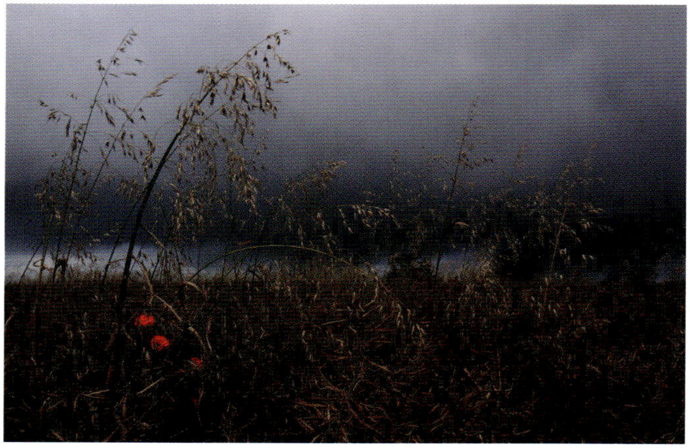

Assombrissement des tons moyens

Noircissement

Un noircissement surligne les sujets de touches sombres et renforce la matière du champ. Le ciel, obscurci et même noirci à l'horizon, montre un rendu plus dramatique. L'accentuation du contraste engendrée par le noircissement de l'image rend les coquelicots plus présents et plus vifs.

Assombrissement des tons moyens

Un assombrissement des tons moyens permet de densifier l'environnement de façon plus homogène. Le fond sur lequel se détachent alors les coquelicots devient plus sombre mais perd en détail, en relief. Le ciel ne se densifie pas uniquement dans sa zone la plus sombre, à l'horizon, mais sur toute sa hauteur, la partie plus claire, en haut du cadre, bénéficiant aussi de l'obscurcissement. Ce traitement, bien qu'un peu extrême, simplifie la photo et met encore davantage l'accent sur les corolles rouges qui semblent littéralement surgir hors de l'ombre.

Noircir ou assombrir : nuance !

Ce comparatif rend bien apparente la différence entre ces 2 manières d'obscurcir nos images. Selon la gamme de tons sur laquelle vous allez jouer (basses lumières uniquement ou tons intermédiaires avec action répartie également sur les basses lumières), le résultat peut varier énormément en termes de volume et de rendu.

Voici d'autres rendus pour cette même image, toujours obtenus en ne jouant qu'avec la luminosité et le contraste, sur la globalité de l'image. Aller, cette fois, vers davantage de clarté me permet de créer d'autres ambiances. Ici, je fais intervenir plusieurs réglages simultanément. Chacun d'entre eux contribue à éclaircir ou obscurcir une certaine gamme de tons ; ils se combinent pour donner un résultat unique. Certains de ces rendus se rapprochent des « modèles » que je vous proposerai dans le chapitre suivant.

Comme vous pouvez le constater, une même image peut accepter des rendus très différents. Les ambiances semblent parfois opposées mais elles peuvent convenir tout aussi bien à une photo, selon ce que l'on souhaite lui faire raconter ainsi que l'esthétique recherchée.

Afin que l'expérimentation ne tourne pas au défouloir, réfléchissez dès le départ à l'ambiance que vous souhaitez retranscrire (un contraste plus proche de celui que vous avez perçu à la prise de vue, ou un autre rendu ?). Testez, éventuellement, plusieurs rendus opposés pour juger de leur pertinence avec votre image de départ ou dirigez-vous d'emblée vers l'ambiance qui a votre préférence. Pensez aussi à visionner vos photos retouchées avec du recul (le lendemain, par exemple) pour repérer quels sont les traitements réussis et laisser de côté ceux qui sont le fruit de trop d'excès… ou de timidité !

Ici, la photo est fortement noircie mais l'association de ce réglage avec une légère augmentation de l'exposition génère une photo qui montre encore davantage de volume que les précédentes.

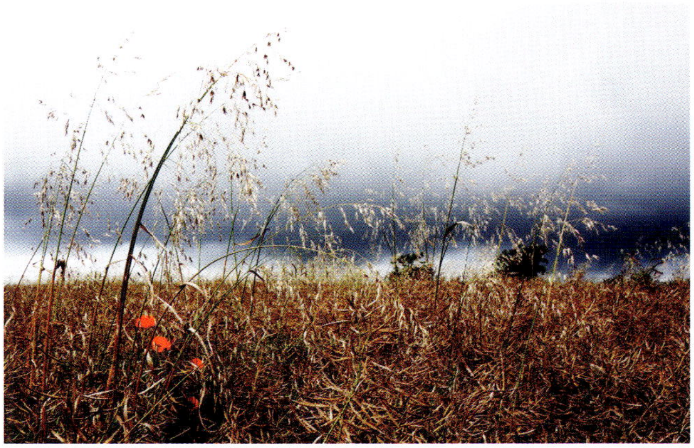

Sur cette variante, je ne garde que quelques pointes de noir et j'éclaircis plutôt les tons moyens pour aller vers un rendu moins dramatique.

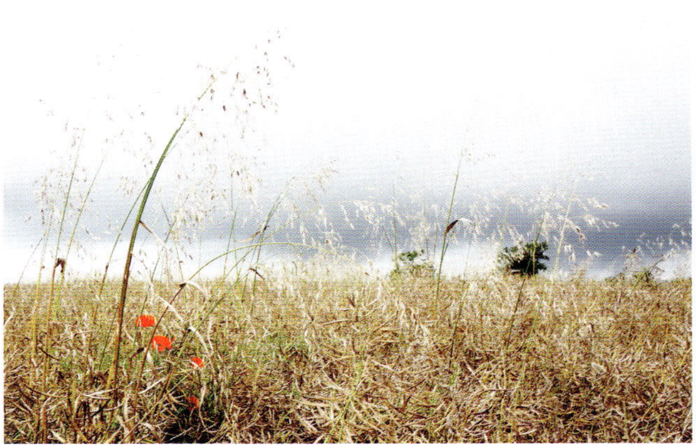

Enfin, je choisis de faire ici disparaître le noir de la photo, tout en augmentant encore la luminosité des densités intermédiaires. Ce rendu très léger et pictural fait surgir, cette fois, une touche de rouge d'un environnement pastel également très porteur.

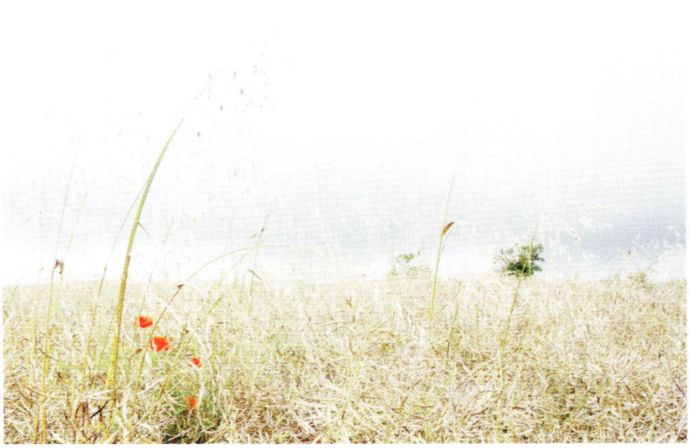

Contraster les extrêmes

Mettons à présent « noir sur blanc » la mise en œuvre des retouches de contraste. Elles correspondent à une combinaison simple entre 2 réglages opposés présentés précédemment.

Combiner surexposition et noircissement

Améliorer le contraste des extrêmes consiste à surexposer l'image tout en densifiant ses basses lumières (voir p. 70). Vous obtenez ainsi des images denses mais non « plombées », des vues lumineuses sans pour autant être fades… En bref, toujours bien contrastées !

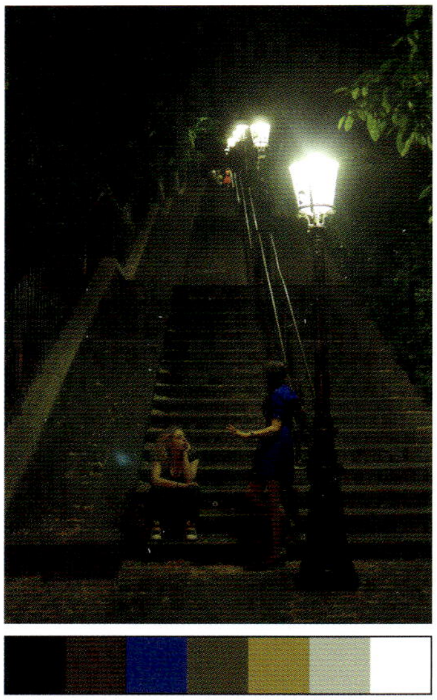

Photo brute

Le contraste des extrêmes ne sert pas qu'à obtenir du blanc et du noir dans l'image, aussi ai-je choisi ici une photo brute présentant déjà de bonnes basses et hautes lumières. Cependant, ce n'est pas mon sujet qui y est bien exposé mais un élément secondaire, le réverbère ! Or, le contraste local au niveau du sujet principal (les jeunes filles) n'est pas bon ; c'est pourquoi l'image semble sous-exposée.

Noir OK — Tons intermédiaires fades et sombres — Blanc OK

Application

L'ordre suivi n'a guère d'importance. Commencez plutôt par le réglage qui donnera le ton de votre retouche, puis affinez.

Avancez franchement les curseurs au départ, tout en traquant, notamment, les surexpositions disgracieuses. Par la suite, n'hésitez pas à revenir en arrière pour trouver le juste dosage.

« L'intensité de chaque réglage et le dosage relatif des effets constituent la clé d'une retouche réussie. »

Je décide de doser le contraste pour mon sujet, quitte à surexposer les lampes. Pour amener le rendu de la peau des jeunes femmes vers le blanc, j'utilise une surexposition et j'opte pour un noircissement, afin d'obtenir ce rendu surligné de noir, un peu « cracra ». La première version optimisée, à gauche, montre ce que j'appelle un « contraste clair » ou « contraste lumineux ». J'ai exploité mes 2 réglages complémentaires, en privilégiant toutefois la surexposition. Sur la version de droite, j'ai associé un plus fort noircissement au réglage de surexposition, de manière à obtenir un contraste dramatique, avec un rendu plus « charbonneux » (marches noircies, en particulier).

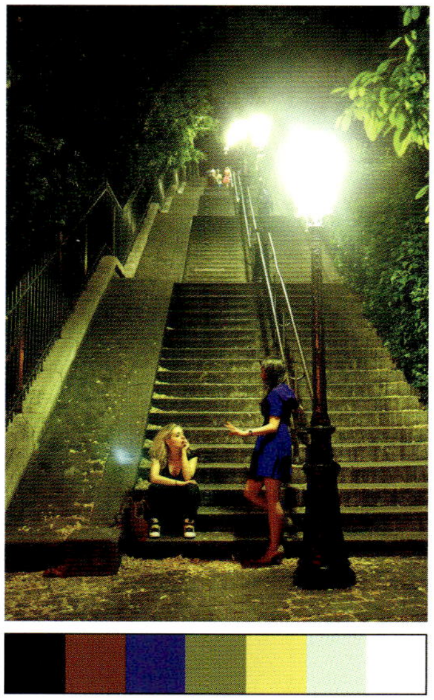

Basses lumières denses et ponctuelles — Tons intermédiaires clairs et étendus

Contraste lumineux

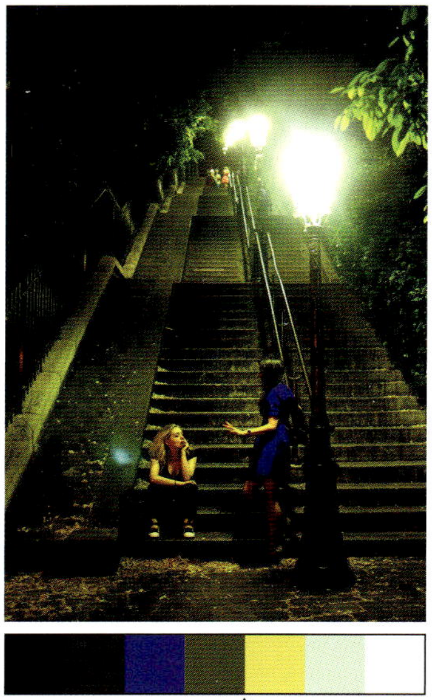

Basses lum. denses et étendues — Contraste tranché — Hautes lum. claires et vives

Noircissement poussé

Réglettes

1re variante : surexposition + noircissement *via* les curseurs dédiés

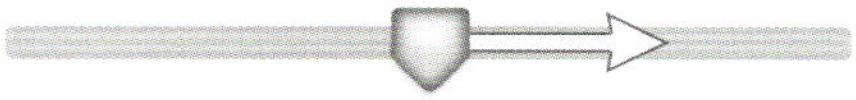

Réglette contrôlant l'exposition (voir rabat A)

Réglette contrôlant la densité des basses lumières (voir rabat A)

Déplacez alternativement les curseurs contrôlant surexposition et noircissement. Actionnez-les de plus en plus précautionneusement au fur et à mesure que votre image s'approche du rendu souhaité.

2e variante : surexposition + noircissement *via* le curseur Contraste

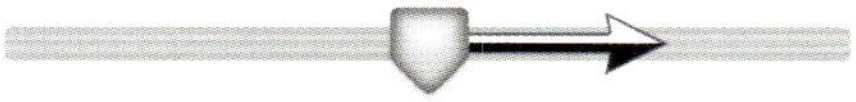

Réglette Contraste

Le curseur Contraste est d'emblée paramétré pour augmenter le contraste des extrêmes. Utilisez-le, en début de retouche, pour booster, facilement, le rendu d'une image particulièrement fade. Déplacez-le vers la droite pour forcer les noirs et les blancs. Attention cependant, car il surexpose et noircit en une seule action, sans permettre de doser la proportion de chaque sous-réglage.

Aussi stoppez le réglage avant même d'affirmer vos basses et hautes lumières, puis affinez le rendu avec les 2 curseurs dédiés cités ci-dessus. De plus, si, au cours de votre retouche, l'image vous semble excessivement surexposée ou noircie, pensez au curseur Contraste qui parasite peut-être votre rendu.

Cette photo de feuilles de fougère en développement, photographiées sous un ciel couvert, ne présente ni noir ni blanc, pour un rendu fade et peu dynamique… En combinant surexposition et noircissement, j'améliore nettement cette image.

Niveaux

Contraste des extrêmes à l'aide des Niveaux

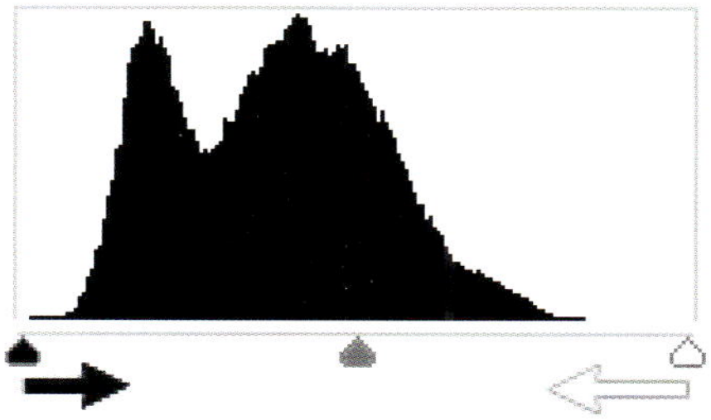

Surexposez l'image en déplaçant le curseur Blanc vers la gauche et noircissez-la en déplaçant le Noir vers la droite. N'hésitez pas à avancer les curseurs jusqu'au graphique de l'histogramme, voire même au-delà pour ce qui est du curseur Noir !

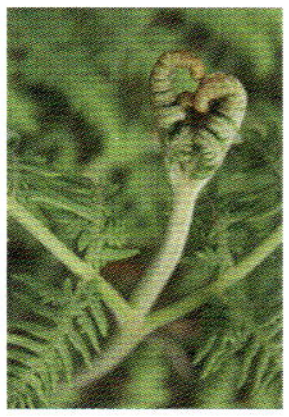

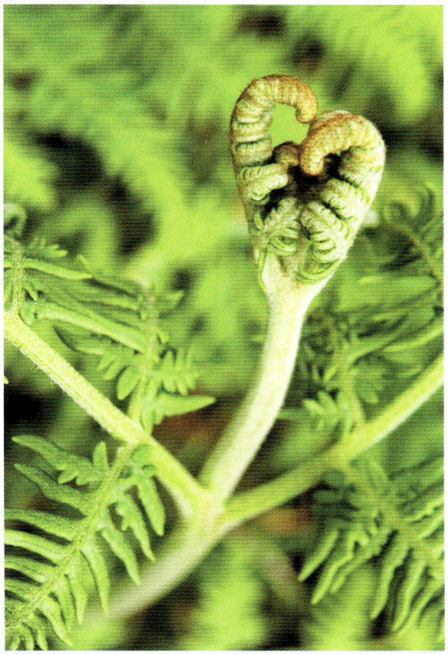

Courbe

1re variante : contraste des extrêmes nuancé

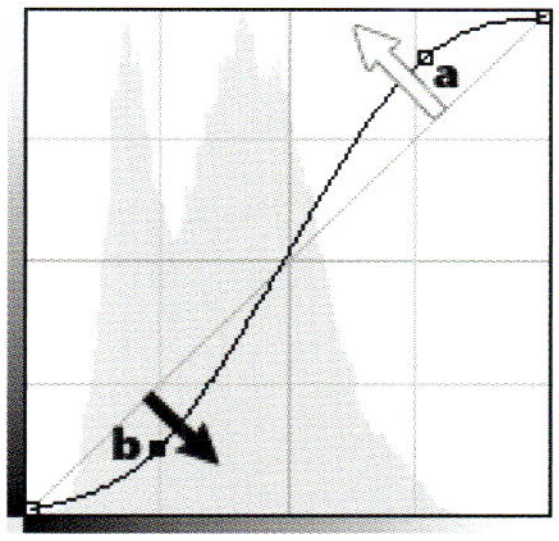

Générez une courbe en S en bombant la partie droite du tracé tout en creusant sa partie gauche : créez un point tout à droite de la courbe (a) et tirez légèrement vers le haut pour surexposer, puis créez un point (b) tout à gauche et tirez doucement vers le bas pour noircir. Modulez ensuite le rendu en faisant varier la position des points sur la courbe.

Tirez vers le haut ou le bas pour éloigner le point de l'axe et forcer le réglage tout en restant dans la même gamme de tons. Déplacez les points créés vers l'intérieur de la courbe pour élargir au contraire la gamme de tons concernée.

2e variante : contraste des extrêmes prononcé

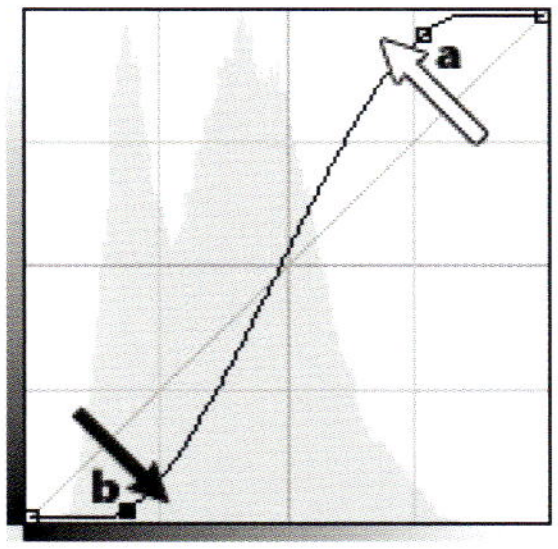

« Écrasez » la courbe sur les bords du cadre pour des réglages plus prononcés et plus localisés. Le noircissement intense génère par endroits des zones bouchées tandis que la surexposition violente rend les hautes lumières plus tranchées.

Vers un contraste nuancé

Pour un contraste encore plus maîtrisé et un dosage plus précis des densités de l'image, ajoutez au cocktail précédent (contraste des extrêmes) une bonne gestion des tons intermédiaires !

Associez les réglages complémentaires

Précédemment, nous choisissions entre 2 réglages « allant dans le même sens » (par exemple, éclaircir, soit en surexposant, soit en altérant les tons moyens). Cependant, dans la pratique, ces options peuvent s'avérer tout à fait complémentaires. Combinez-les !

- Pour un éclaircissement dosé et optimal, combinez surexposition et augmentation de luminosité.
- Pour une densité plus maîtrisée, associez noircissement et diminution de luminosité.

Combinez les réglages opposés

Pour bénéficier d'une accentuation du contraste, associez un surplus de lumière avec un gain en densité. Nous avons étudié, en page précédente, la combinaison surexposition + noircissement, qui génère un contraste extrême. Pour plus de nuances, envisagez d'autres associations :

- surexposition + densification des tons moyens ;
- éclaircissement des tons intermédiaires + noircissement.

Dosez votre cocktail de retouche !

Par la suite, vous irez encore plus loin en associant 3 réglages qui altèrent des gammes de tons différentes (par exemple, surexposition + augmentation de luminosité + noircissement). Ces combinaisons sont détaillées dans le chapitre suivant.

Application

Voyons quelles mises en œuvre permettent d'obtenir ces différents contrastes nuancés.

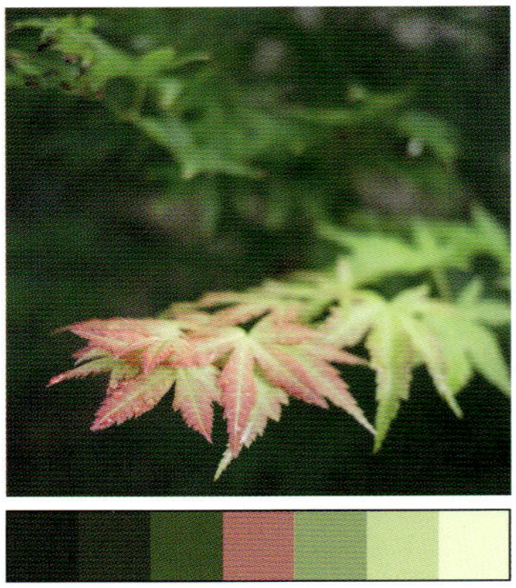

Basses lumières ternes — *Intermédiaires peu dynamiques* — *Hautes lumières peu lumineuses*

Photo brute

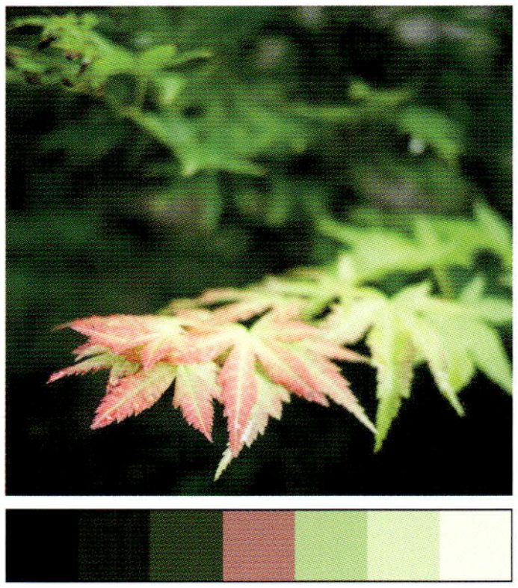

Noir OK — *Intermédiaires fades et mal gérés* ✗ — *Blanc OK*

Contraste des extrêmes
(Surexposition + Noircissement)

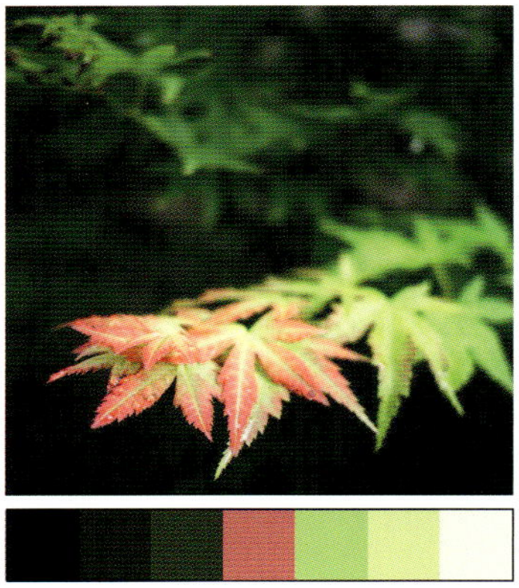

Noir OK — *Interm. mettant bien en valeur le sujet* ✓ — *Blanc OK*

Contraste nuancé
(Surexposition + Diminution de la luminosité)

Une telle photo de nature demande à être retravaillée selon un contraste assez subtil. Un contraste des extrêmes (surexposition + noircissement comme en page précédente) génère ici un rendu un peu agressif. De plus, la surexposition affecte trop le feuillage qui apparaît alors clair et peu coloré. En choisissant d'assombrir l'image autrement et de remplacer le réglage de noircissement par un assombrissement plus global, je densifie la photo mais de façon plus homogène. Le réglage affecte alors arrière-plan et feuilles. Celles-ci bénéficient d'une bien meilleure mise en valeur !

Réglettes

1re variante : assombrissement des tons moyens + surexposition

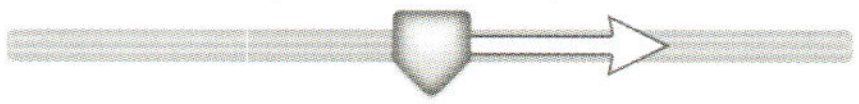

Réglette contrôlant l'exposition (voir rabat A)

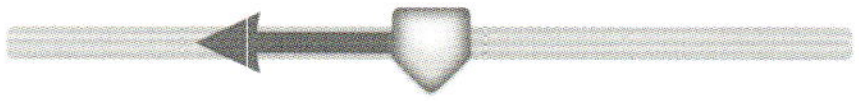

Réglette contrôlant la densité des tons moyens (voir rabat A)

Appliquez un rendu lumineux et contrasté en déplaçant les 2 curseurs présentés de manière adéquate, et ajustez leur position jusqu'à obtenir le bon dosage pour chacun des réglages.

2e variante : éclaircissement des tons moyens + noircissement

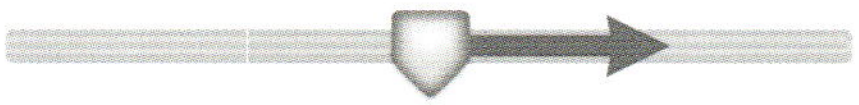

Réglette contrôlant la densité des tons moyens (voir rabat A)

Réglette contrôlant la densité des basses lumières (voir rabat A)

Privilégiez cette option pour optimiser une image déjà bien claire et sensible à la surexposition (ciel aux nuages clairs, par exemple) et la contraster sans brûler les hautes lumières. Déplacez les 2 curseurs dédiés de manière adéquate, et ajustez leur position jusqu'à obtenir le bon dosage de chacun des réglages.

Niveaux

Pour aller dans le sens d'une accentuation du contraste, grâce au réglage des Niveaux, il suffit de déplacer 2 curseurs en sens contraire. Notez qu'en les rapprochant, vous contrastez l'image.

1re variante : assombrissement des tons moyens + surexposition

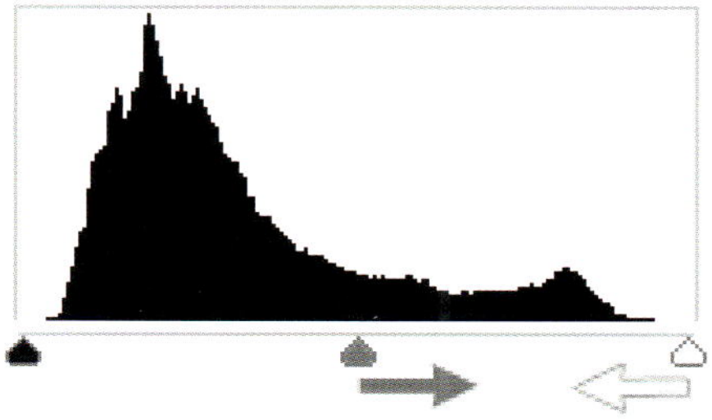

Appliquez un rendu lumineux et contrasté en déplaçant le curseur Blanc vers la gauche pour surexposer et le curseur Gris vers la droite pour obscurcir.

2e variante : éclaircissement des tons moyens + noircissement

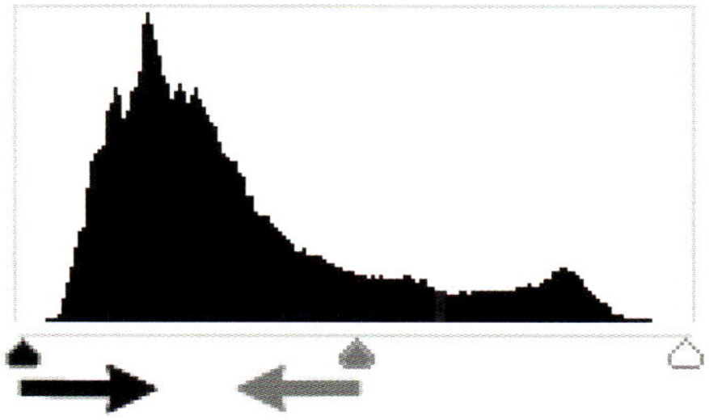

Cette combinaison est idéale pour contraster une image montrant un risque de surexposition excessive. Déplacez le curseur Noir vers la droite pour noircir et le curseur Gris vers la gauche pour éclaircir.

Courbe

1re variante : assombrissement des tons moyens + surexposition

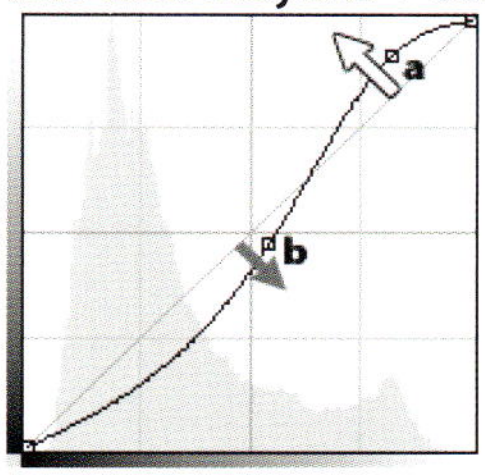

Pour combiner diminution de luminosité et surexposition, générez une courbe en S décalée vers la droite (« corps » plus volumineux que la « tête »). Tirez vers le haut l'extrémité droite de la courbe (a) afin de surexposer subtilement la photo. Ramenez ensuite le milieu de la courbe vers le bas (b) pour densifier les tons intermédiaires. Contrairement à la courbe présentée p. 65, je fais passer le tracé sous l'axe, ici, pour un assombrissement effectif et un contraste plus fort.

2e variante : éclaircissement des tons moyens + noircissement

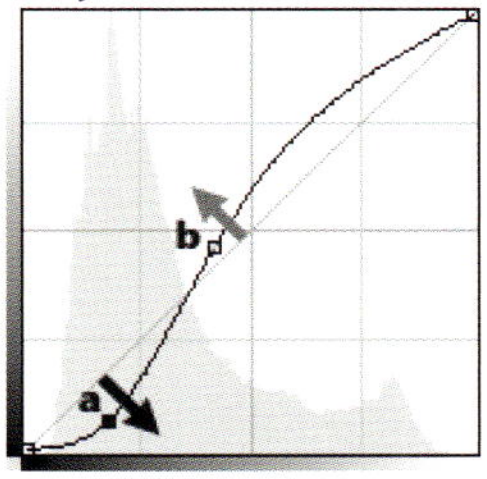

Pour combiner éclaircissement des tons moyens et noircissement, générez une courbe en S décalée vers la gauche (« tête » plus volumineuse que le « corps »). Pour cela, tirez vers le bas l'extrémité gauche de la courbe (a) pour noircir et ramenez ensuite le milieu de la courbe vers le haut (b) pour éclaircir les tons intermédiaires. Contrairement à la courbe présentée p. 71, je fais passer le tracé au-dessus de l'axe, ici, pour un éclaircissement effectif et un contraste plus fort.

En pratique

- Expérimentez certaines de ces retouches plus complexes associant réglage des intermédiaires et des extrêmes. N'hésitez pas à jouer sur les 2 extrêmes en plus des tons moyens, dès à présent, si vous vous sentez à l'aise pour optimiser vos images.
- Observez les photos de la page 27 et cherchez à deviner quelles retouches ont été effectuées pour obtenir ces variantes. Les réponses sont : 1. « Grisement » des noirs (retouche non présentée dans l'ouvrage). 2. Augmentation de la luminosité. 3. Contraste des extrêmes très prononcé. 4. Augmentation de la luminosité des intermédiaires plutôt clairs, avec la courbe. 5. Noircissement. 6. Noircissement et assombrissement des tons moyens.

Atelier

Étapes de retouche d'une image

Voici les différentes étapes de retouche qui me mènent d'une version brute extrêmement fade à une photo définitive assez bluffante par son contraste et ses couleurs porteuses. Ce post-traitement a été effectué exclusivement à l'aide des réglettes contrôlant l'exposition, le noircissement et la luminosité des tons moyens sous Aperture.

« Ma démarche de retouche par tâtonnement et ajustements comprend en réalité bien plus d'étapes que les 5 présentées ici, car chacun des curseurs mis en jeu (ou points sur la courbe) est manipulé 2 ou 3 fois minimum avant que le rendu soit parfaitement convaincant. »

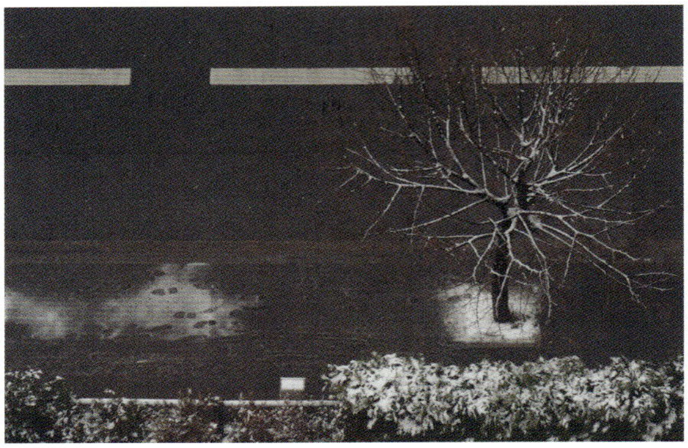

1. Photo brute

La prise de vue est réalisée à travers une fenêtre, alors qu'il neige d'où un contraste vraiment réduit et une image assez « brouillardeuse ».

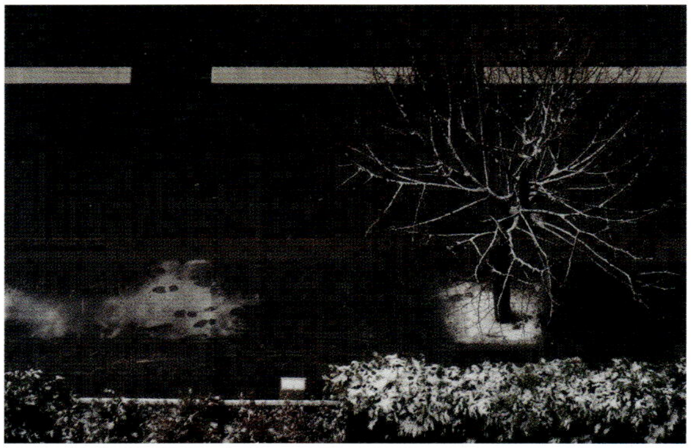

2. Noircissement

Le plus frappant, pour moi, dans un premier temps, c'est le manque de noir, sur la photo brute. Je me tourne donc d'emblée vers un noircissement de la scène, qui me permet de dramatiser l'ambiance et de faire se détacher les branches recouvertes de neige sur un fond plus sombre. J'arrête le réglage avant, évidemment, que le bitume ne devienne complètement noir mais n'hésite pas à obscurcir la photo de façon marquée car je sais que l'éclaircissement que je vais envisager par la suite redonnera clarté et dynamique à la photo.

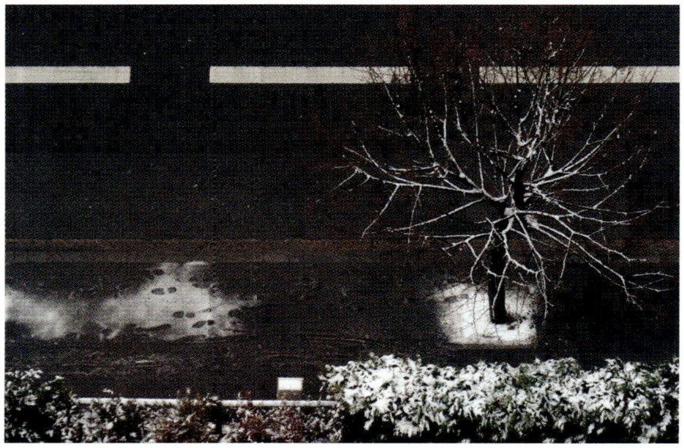

3. Surexposition

Bien que la neige montre une tonalité assez claire (elle est gris pâle), j'envisage une surexposition pour rendre plus marquées, tout de même, ces hautes lumières, et éclaircir globalement la photo. Je n'hésite pas à aller jusqu'au blanc pour rendre la neige bien lumineuse tout en prenant garde de ne pas la surexposer excessivement sur des surfaces importantes. Ce rendu est déjà assez bon ; je vais toutefois essayer de l'affiner par un équilibrage des densités intermédiaires.

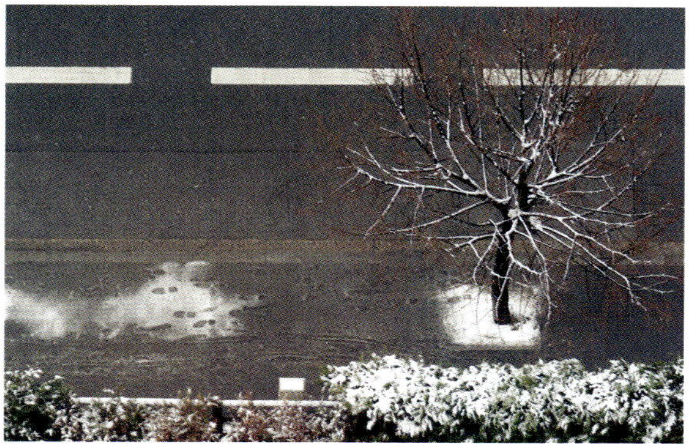

4. Éclaircissement des tons moyens

Un assombrissement pourrait sembler logique, pour une bonne mise en valeur de la neige (contraste local mettant en valeur un sujet clair). Cependant, l'arrière-plan est déjà très sombre suite à mon noircissement et je risquerais de plomber la photo par cette retouche. Je décide donc, au contraire, de retrouver davantage de détails dans ce décor porteur (traces de pas et de poussette, rendu granuleux de la route...). En éclaircissant, dans ce but, les tonalités intermédiaires, je fais également mieux ressortir le tronc et les branches de l'arbre : ils apparaissent comme dessinés au crayon noir sur un fond en demi-teinte (contraste local mettant en valeur un sujet sombre).

5. Noircissement complémentaire et version définitive

Afin que le rendu du bitume ne devienne pas trop fade suite au réglage précédent, j'effectue un léger noircissement qui génère, à mon sens, un juste équilibre entre densité et détails, ainsi qu'un contraste optimal de l'image.

Cette photo définitive est porteuse par sa dynamique. Le noir du tronc et des branches côtoie directement le blanc de la neige, dans le cadre d'un contraste local intense. D'autres éléments clairs (neige et marquage au sol) ponctuent le fond plutôt dense de l'asphalte, générant une image harmonieuse. Enfin, là où l'on s'attendrait à bénéficier d'une vision très monochrome dans laquelle la couleur ne fait qu'apparaître timidement, l'optimisation du contraste a révélé des teintes étonnantes et qui contrastent entre elles (roux sur bleu, en particulier, voir le chapitre « Perception des couleurs »).

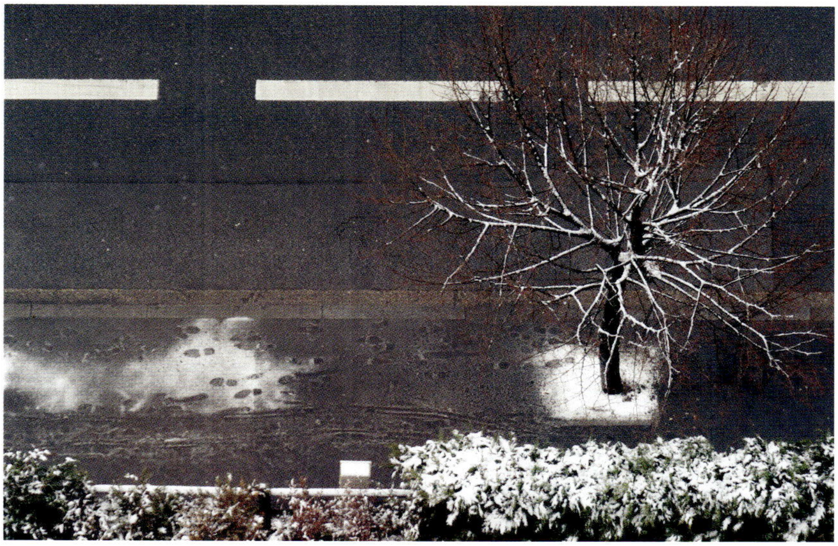

Lors de vos propres retouches, cherchez toujours à repérer quels éléments voient leur rendu le plus altéré par vos réglages et à mettre en valeur les composantes essentielles de l'image en les faisant contraster entre elles ou sur leur environnement. N'hésitez pas à revenir plusieurs fois sur le même réglage pour accentuer ou au contraire modérer la retouche effectuée, pour un rendu toujours plus maîtrisé !

Si vous ne parvenez pas à générer le rendu souhaité, pensez à changer de logiciel et, si possible d'outil de retouche (réglettes, niveaux, courbe), avant de décréter que vous aviez vu trop grand. Exploitez la complémentarité éventuelle des logiciels et outils pour parvenir à vos fins.

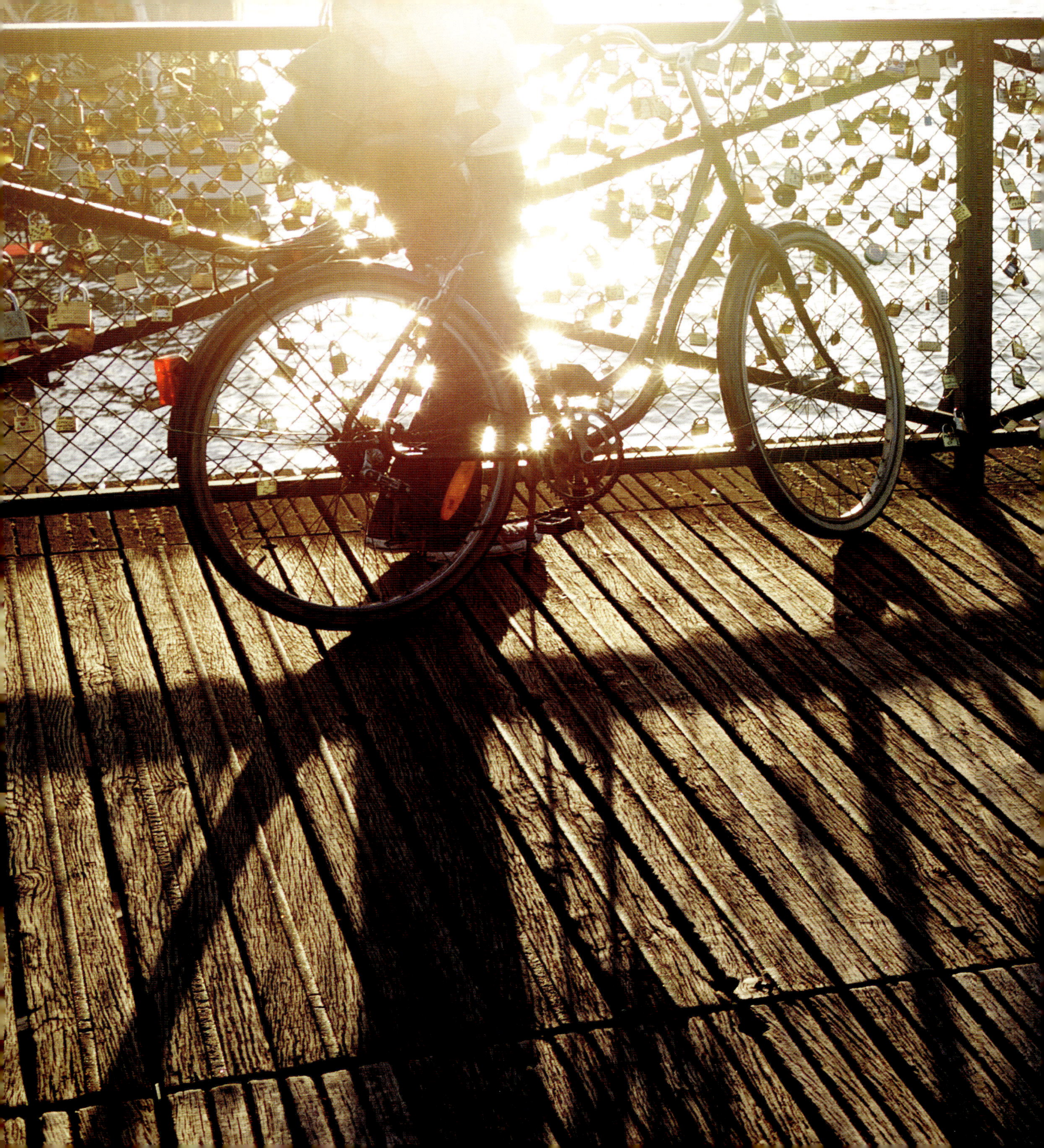

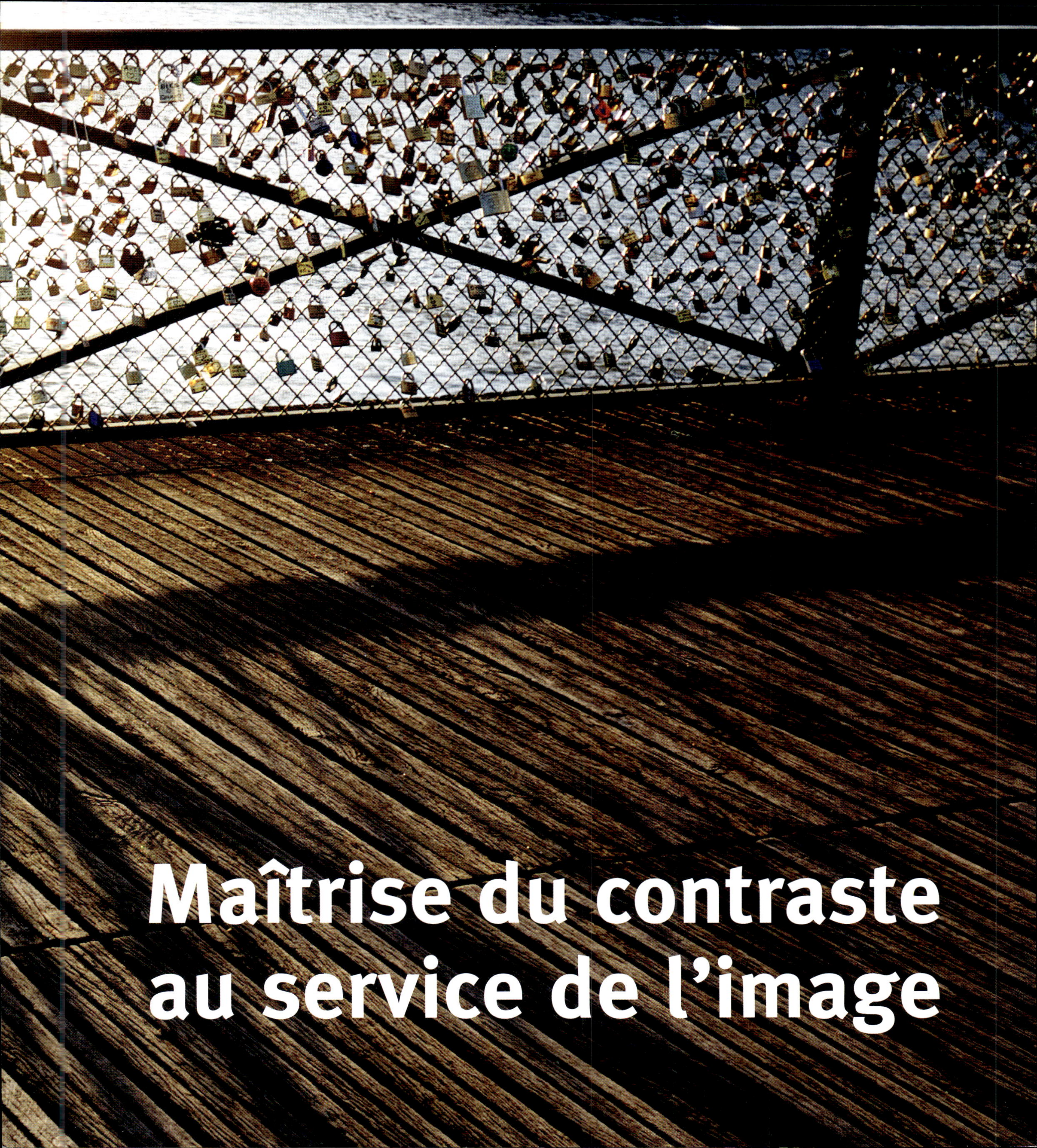

Maîtrise du contraste au service de l'image

Renforcez matière et textures

◀ Associer plusieurs réglages finement dosés permet d'aller plus loin dans la maîtrise du rendu de nos images. Les contre-jour, comme des ciels nuageux, les portraits et tant d'autres sujets sont l'occasion de redécouvrir, chaque fois, le contraste d'une nouvelle manière. Sur la double page précédente, de l'éblouissement à l'ombre, je fais se côtoyer lumière et obscurité dans le cadre d'un traitement toutefois subtil et maîtrisé.

Formidable catalyseur de volume, le contraste donne du relief. Exploitez-le pour que vos photos crèvent l'écran ! Une accentuation adaptée du contraste peut vous aider à révéler le potentiel en 3D de vos images grises et plates et leur donnera un meilleur rendu matière, les rendant parfois presque « tactiles ».

Images concernées

Nombre de scènes qui nous semblaient pleines de relief, de matière, de textures à la prise de vue (vieilles portes, coques de bateau rongées, étendues de pelouse, peaux burinées, feuilles mortes, tissus, vieux planchers, gouttes d'eau constellant un objet, etc.) s'avèrent, sur nos images, comme voilées de gris. Le fichier brut est fade, constitué de densités proches générant un rendu peu dynamique et peu contrasté. Sélectionnez des images au rendu homogène, si possible sans basses ni hautes lumières marquées au départ. Ce post-traitement est fait pour elles !

Lors de vos prises de vue de matières, évitez d'inclure le ciel (sauf si un ciel blanc ne vous semble pas pénalisant) ou tout élément qui risquerait de devenir trop clair ou trop sombre une fois un fort contraste appliqué.

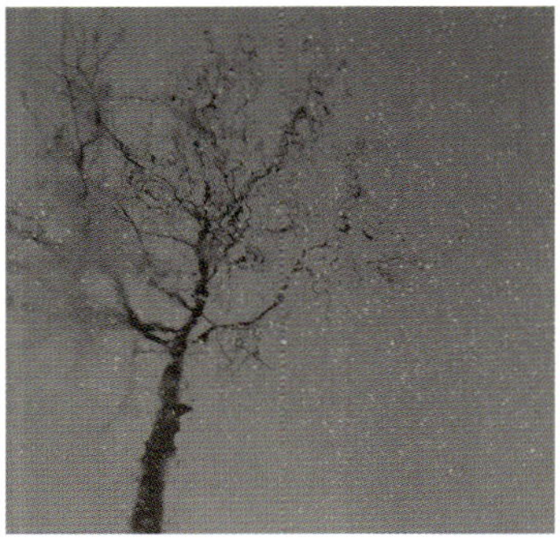

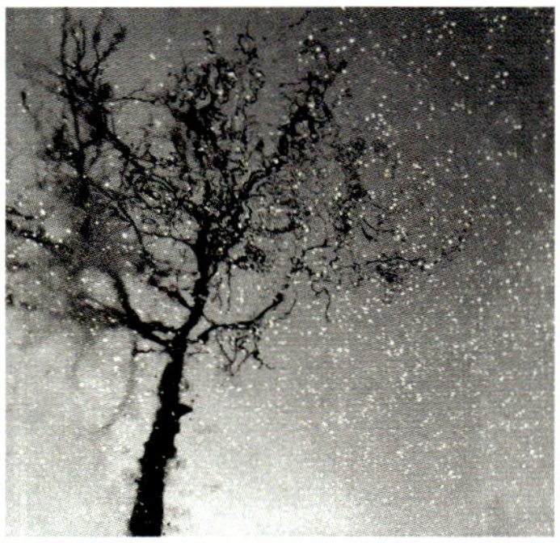

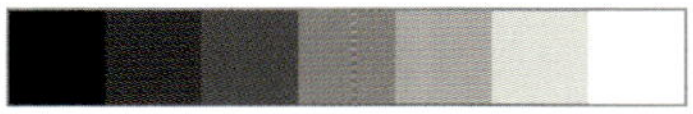

Savoir quel rendu on peut obtenir après retouche est une invitation à capter de telles images, qui demandent vraiment à être révélées. Le post-traitement surexposition + noircissement fait apparaître cette vision – sous-jacente au déclenchement – d'un reflet d'arbre sur le sol détrempé. L'image définitive n'est naturellement presque composée que de niveaux de gris.

Rendu recherché

Pour faire ressortir la matière et jouer avec le volume du sujet, il faut augmenter la dynamique visuelle de l'image en forçant les zones d'ombres et en surlignant les éléments éclairés. On recherche un rendu « punchy » montrant un sujet surligné de noir et des hautes lumières qui illuminent l'image.

Problématique de retouche et application

Il s'agit d'exploiter le contraste des extrêmes (voir p. 76-77) afin de gagner en matière et en volume. Surexposez la photo au maximum tout en évitant de créer des zones brûlées. Noircissez fortement… même un peu au-delà de ce qui vous semble raisonnable !

« Les descriptifs de mise en œuvre sont structurés par étapes, pour plus de clarté. Notez toutefois que l'ordre de retouche importe peu et alternez les réglages de manière à parvenir à un résultat justement dosé. »

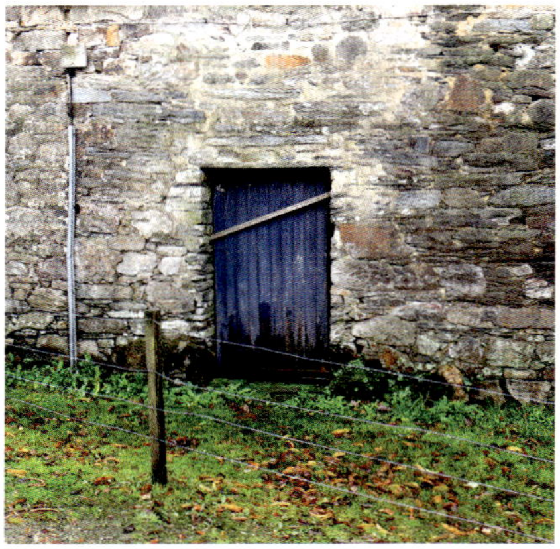

Cette scène de village a été captée sous un ciel couvert, ce qui la rendait très terne au départ. J'ai dû, ici, être mesurée avec la surexposition pour ne pas « cramer » la partie haute, aux joints plus clairs entre les pierres, ce qui génère un rendu un peu sombre et assez dramatique. Le noircissement donne un aspect « bande dessinée » à la photo retouchée : il semble tracer le contour de la porte au feutre noir.

Réglettes

Étape 1 : première accentuation du contraste

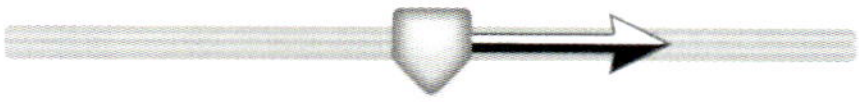

Réglette Contraste

Les réglettes unitaires n'étant probablement pas assez longues pour aboutir à une retouche suffisamment prononcée (vous risquez de parvenir en bout de réglette sans que le rendu ne soit optimal), commencez par intensifier le contraste à l'aide du curseur du même nom. Déplacez-le vers la droite tant que le réglage n'engendre pas de surexposition excessive.

Étape 1 bis : surexposition

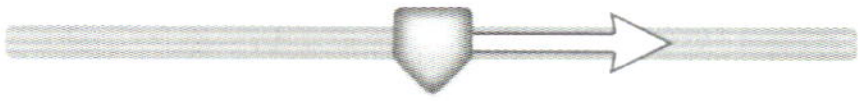

Réglette contrôlant l'exposition (voir rabat A)

Si vous avez poussé le curseur Contraste au maximum, complétez l'éclaircissement de l'image grâce au curseur d'exposition. Déplacez-le vers la droite jusqu'à parvenir à la limite de la surexposition excessive.

Étape 2 : noircissement

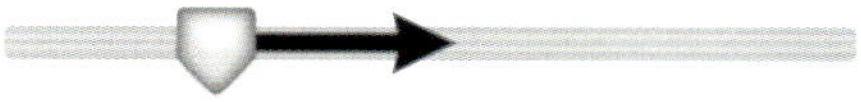

Réglette contrôlant la densité des basses lumières (voir rabat A)

Enfin, déplacez le curseur de noircissement pour retrouver une densité marquée et surligner de noir votre image. N'hésitez pas à aller jusqu'au bout de la réglette avant de revenir en arrière si le rendu vous semble outrancier.

Affinez la position de chacun des curseurs.

Il m'a fallu appliquer un intense contraste des extrêmes afin de révéler l'intérêt de cette porte de garage rouillée. Les zones claires du panneau ne me semblant pas présenter de détails importants à garder, j'ai opté, ici, pour une surexposition excessive de cette zone (qui devient blanche et unie après traitement). Ce choix me permet d'aller plus loin dans l'accentuation du contraste de la surface métallique, le véritable sujet de l'image.

Niveaux

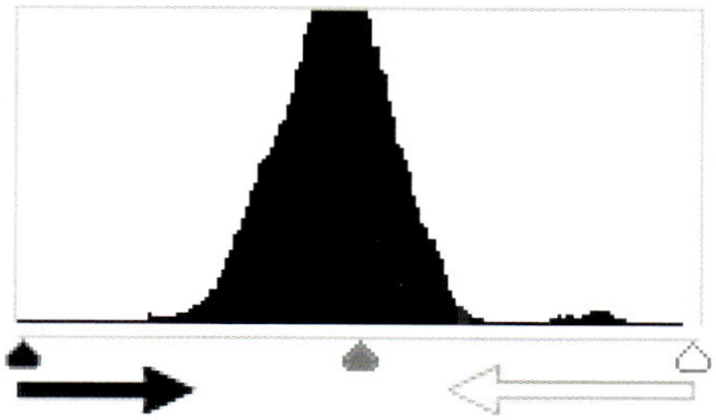

Étape 1 : surexposition

Déplacez le curseur Blanc vers la gauche jusqu'à un rendu à la limite de la surexposition excessive. Il est normal que la photo semble s'affadir en s'éclaircissant.

Étape 2 : noircissement

Déplacez le curseur Noir vers la droite pour retrouver une densité marquée et surligner votre image de basses lumières franches. Allez un peu au-delà du réglage raisonnable, pour revenir ensuite très légèrement en arrière, au juste dosage.

Affinez la position de chacun des curseurs.

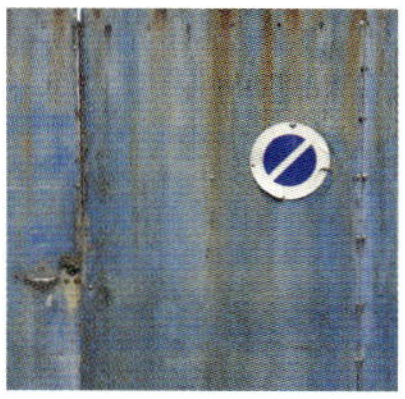

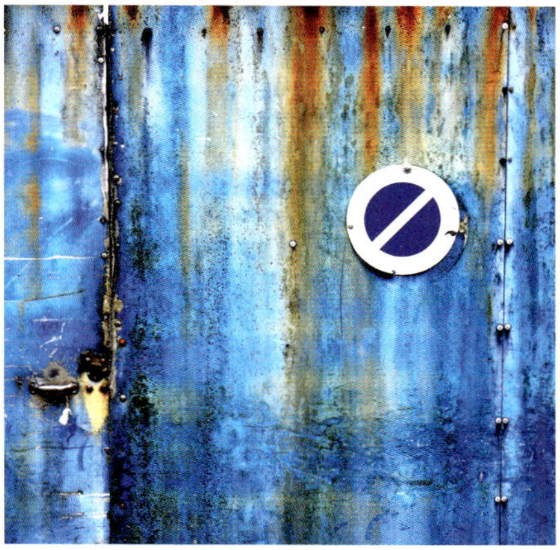

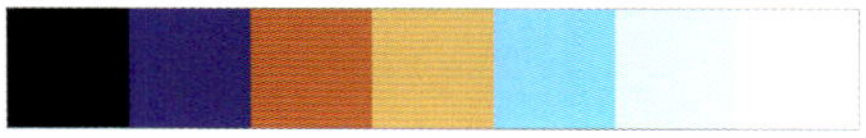

Courbe

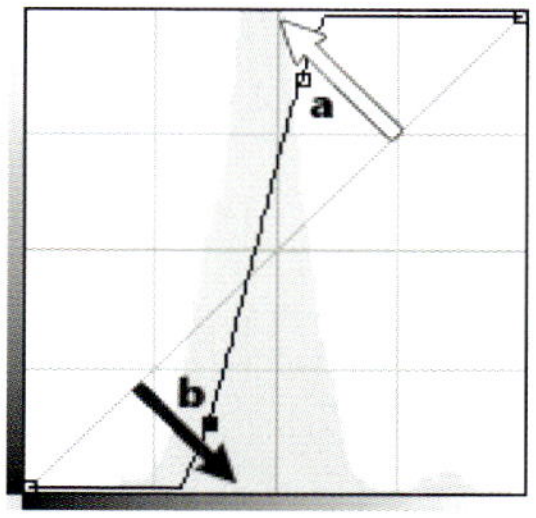

Afin d'appliquer un contraste prononcé, nous allons chercher à redresser la courbe, de manière à rendre son tracé plus vertical. Accentuez franchement, de plus, les extrêmes en faisant s'écraser la courbe, en haut et en bas, sur le bord de la fenêtre de réglage.

Étape 1 : surexposition

Bombez modérément la partie droite de la courbe : créez un point à sa droite (a) et tirez doucement vers le haut pour appliquer une première surexposition peu marquée.

Étape 2 : noircissement

Creusez ensuite sa partie gauche : créez un point à sa gauche (b) et tirez vers le bas. Forcez le réglage jusqu'à obtenir une densité marquée et surligner votre image de basses lumières franches. Les hautes lumières continuent à s'accentuer alors que le tracé se redresse.

Affinez la position de chacun des points.

Exploitez la combinaison

Surexposition + Noircissement

pour renforcer matière et textures !

Révélez vos contre-jour !

Certains contre-jour ne présentent pas le contraste escompté… Même si l'exposition est correcte, le rendu, altéré par l'éblouissement, manque de noir, ce qui produit une photo bien fade.

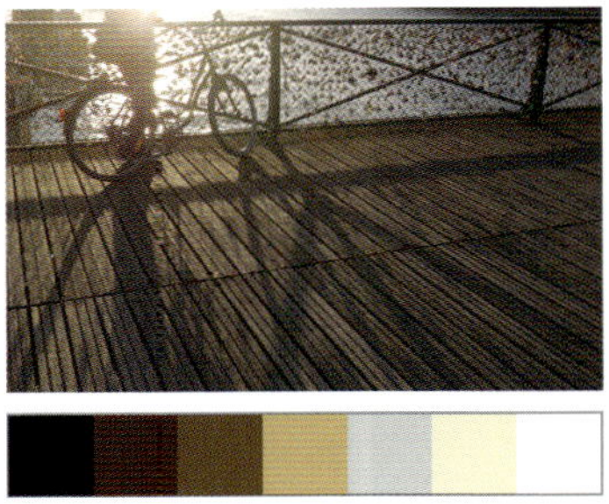

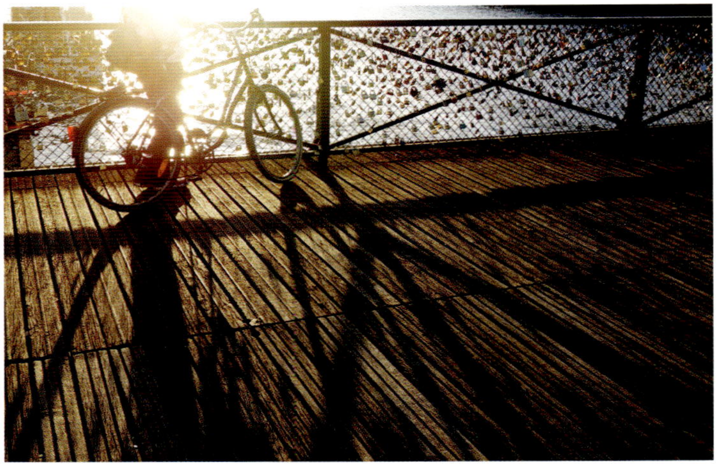

Le soleil rasant au-dessus de la Seine place ce cycliste en contre-jour… L'orientation lumineuse me permet d'exploiter au maximum la forme du vélo et de jouer avec le graphisme de la balustrade (présence réelle et ombre). Le noircissement densifie ici vélo, balustrade et ombres tandis que l'augmentation de la luminosité garantit une bonne lisibilité de l'ensemble grâce à des demi-teintes lumineuses, notamment les lattes du pont.

Images concernées

Des contre-jour, bien sûr ! L'éblouissement provoqué par la présence d'une source lumineuse dans le cadre (soleil, lampe, fenêtre traversée par un rayon lumineux…) génère naturellement des images très variées : rendu assez sombre si l'appareil a été extrêmement ébloui ou fade et clair lorsque la source lumineuse est partiellement masquée. Une éventuelle correction d'exposition, à la prise de vue, peut, de plus, encore creuser ces écarts de rendu. Si la photo présente rayons, flares (« bulles » lumineuses et/ou colorées) ou éléments secondaires assez blancs, pas d'inquiétude ! Ces caractéristiques donnent encore plus de magie à l'image.

Ce sujet végétal semble surligné de lumière tandis que le soleil traversant les feuillages constitue un fond extrêmement esthétique et dynamique. Le post-traitement booste le contraste et les couleurs de l'image en supprimant le voile généré par l'éblouissement et en avivant les teintes.

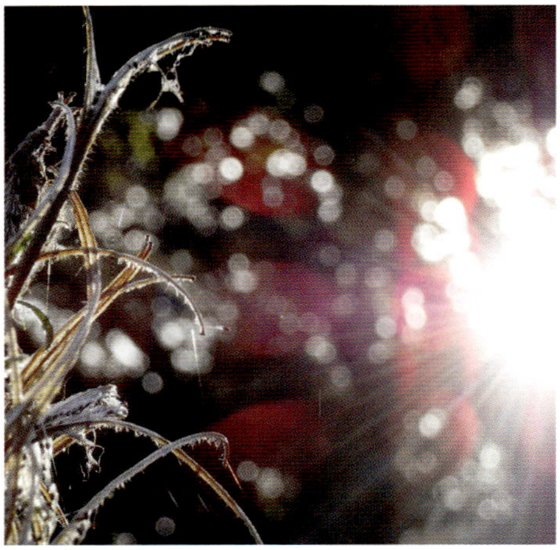

Rendu recherché

Nous cherchons, tout en conservant une présence lumineuse forte, à surligner l'image de tonalités plus sombres. Celles-ci mettront en valeur, par contraste, les zones éclairées et augmenteront l'impact des silhouettes et ombres créées par le contre-jour.

Problématique de retouche et application

Ici, *a priori,* nul besoin de surexposer au traitement car le contre-jour génère des hautes lumières marquées. En revanche, l'association d'un noircissement et d'une augmentation de luminosité améliore le contraste local et fait se détacher ombres, silhouettes et sujets sombres sur un fond plus clair, pour une meilleure lisibilité. Dosez l'intensité de chaque réglage selon le rendu de départ.

Réglettes

Étape 1 : noircissement des ombres et silhouettes

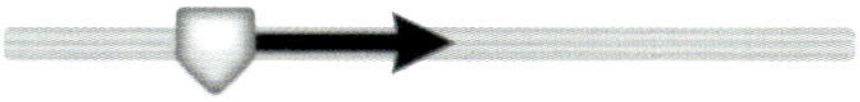

Réglette contrôlant la densité des basses lumières (voir rabat A)

Actionnez le curseur de noircissement afin de densifier l'image. N'hésitez pas à forcer ce réglage pour retrouver de vrais noirs ! La retouche suivante, jouant sur la luminosité, diminuera, de plus, légèrement son impact.

Étape 2 : éclaircissement du décor

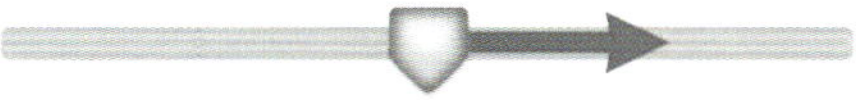

Réglette contrôlant la densité des tons moyens (voir rabat A)

Déplacez ensuite le curseur de luminosité vers la droite pour une meilleure présence lumineuse. Cela vous conduira à blanchir un peu les hautes lumières, ce qui n'est pas trop gênant si vous restez mesuré dans votre retouche.

Affinez la position de chacun des curseurs pour un contraste local optimal au niveau du sujet et une bonne luminosité du décor.

Exploitez la combinaison

Noircissement
+ Augmentation
de la luminosité

pour révéler
vos contre-jour !

Le soleil surgissant par la fenêtre, en fin d'après-midi, crée un violent contre-jour qui transfigure la scène, mais voile l'image de gris. L'optimisation du contraste m'a permis de retrouver de vrais noirs qui renforcent l'ambiance lumineuse de la photo.

Niveaux

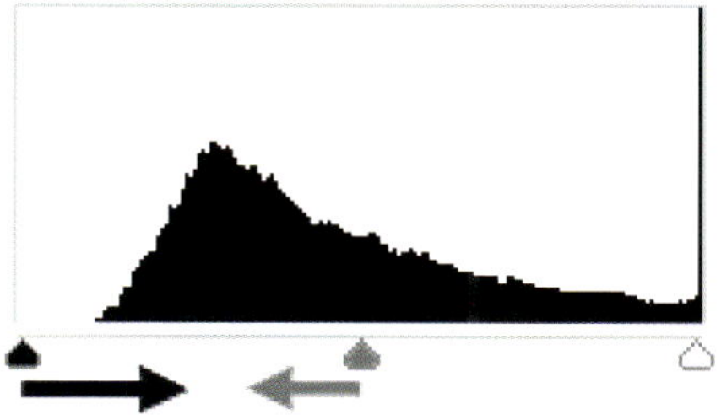

Étape 1 : noircissement des ombres et silhouettes

Déplacez le curseur Noir vers la droite pour densifier l'image. N'hésitez pas à forcer ce réglage pour retrouver de vrais noirs ! La retouche suivante, jouant sur la luminosité, diminuera, de plus, légèrement son impact.

Étape 2 : éclaircissement du décor

Déplacez le curseur Gris vers la gauche pour éclaircir les tonalités intermédiaires et redonner un rendu vraiment bien lumineux à l'image. Les hautes lumières seront alors un peu plus blanches, ce qui n'est pas trop gênant si vous restez mesuré dans votre retouche.

Affinez la position de chacun des curseurs pour un contraste local optimal au niveau du sujet et une bonne luminosité du décor.

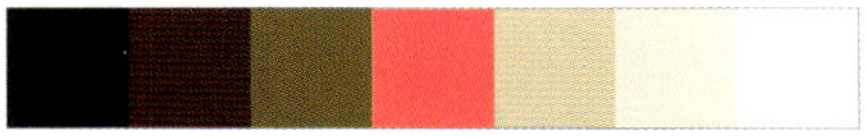

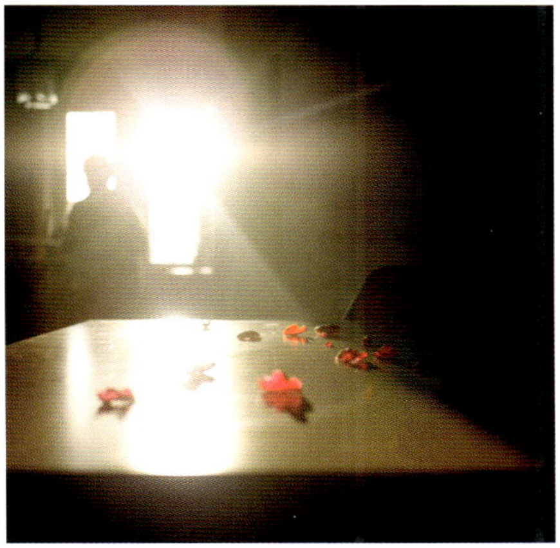

Courbe

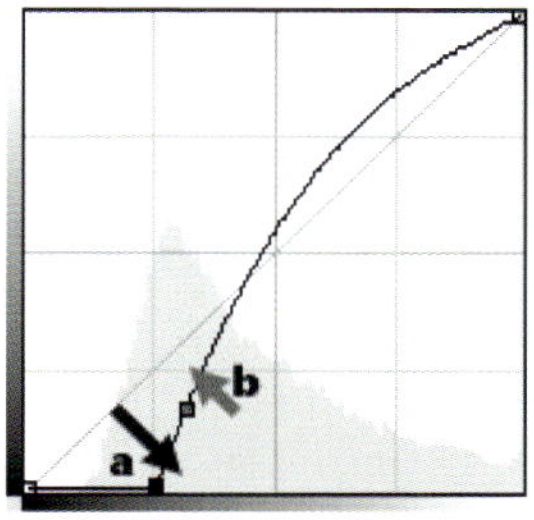

Étape 1 : noircissement des ombres et silhouettes

Creusez la partie gauche de la courbe : créez un point à gauche (a) et tirez vers le bas jusqu'à écraser le tracé contre le bord du cadre. N'hésitez pas à forcer ce réglage pour retrouver de vrais noirs ! La retouche suivante atténuera légèrement son impact.

Étape 2 : éclaircissement du décor

Bombez la courbe en créant un point à côté du premier (b). Tirez-le doucement vers le haut pour éclaircir les tonalités intermédiaires et illuminer l'image. Cela vous conduira à blanchir un peu les hautes lumières, ce qui n'est pas trop gênant si votre retouche reste mesurée. Soyez précis car les positions très rapprochées des 2 points sur la courbe rendent la retouche plus délicate : le moindre déplacement de l'un ou l'autre affecte énormément le rendu. S'il vous semble trop difficile à doser ainsi, décalez légèrement le point b vers la droite.

Affinez la position de chacun des points pour un contraste local optimal au niveau du sujet et une bonne luminosité du décor.

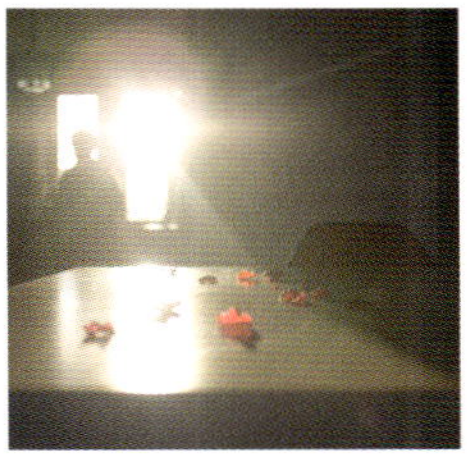

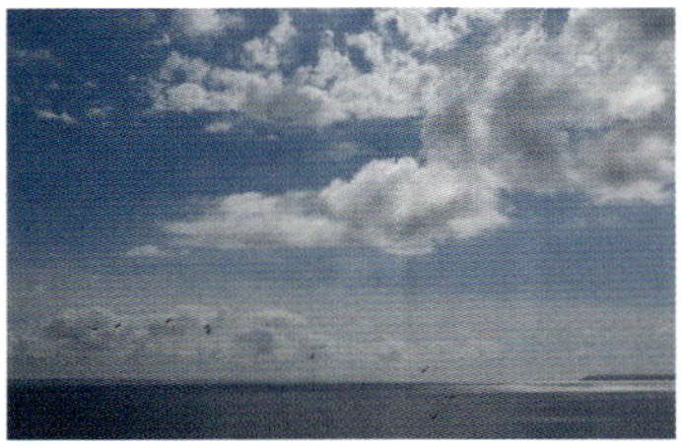

Dramatisez vos ciels nuageux

Les photos de ciels sont souvent décevantes et ne rendent pas toujours hommage à leur formidable sujet. Voyons comment éviter les ciels plats et fades, et générer des rendus à la fois naturels et contrastés.

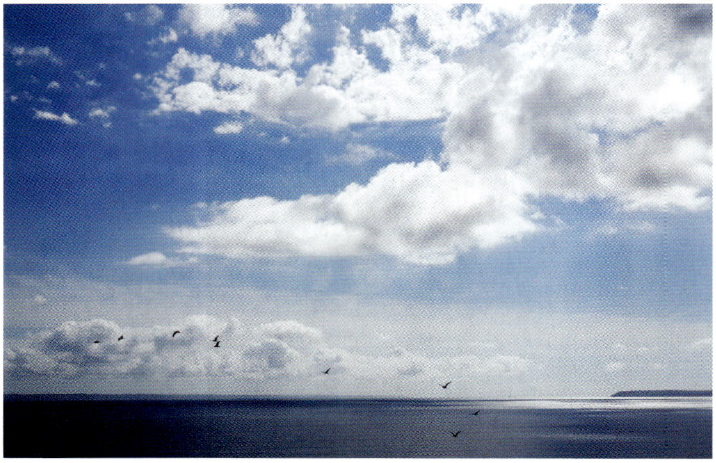

Combien de fois vous êtes-vous trouvé désappointé devant la photo de ce qui était un magnifique ciel bleu agrémenté de nuages ? Nos fichiers numériques ne les mettent que bien rarement en valeur ! Ici, l'accentuation du contraste permet aux oiseaux de se détacher sur un fond plus clair tout en côtoyant un ciel plus réaliste, finalement, que ce que nous montre la photo brute.

Images concernées

Choisissez des images qui ont pour véritable sujet le ciel et dans lesquelles celui-ci occupe une place prépondérante (au moins 2/3 de l'image). En effet, le décor, susceptible d'être obscurci au traitement, ne doit pas contenir d'élément essentiel (sauf silhouette lisible se détachant sur le ciel). Les ciels d'orage sont ceux qui donnent les résultats les plus surprenants mais testez également ce rendu sur des ciels bleus agrémentés de nuages. Pour qu'il soit possible de révéler la matière du ciel, celui-ci ne doit pas avoir été « brûlé » à la prise de vue. En revanche, certains ciels gris clairs peu engageants verront leur potentiel se révéler après une bonne retouche : n'hésitez pas à vous lancer de vrais défis !

Rendu recherché

Voici ce que l'on cherche à obtenir, pour rendre l'image plus porteuse.

- Par beau temps, un ciel plus bleu avec des nuages plus blancs mais qui ne montrent pas de zone « cramée ». Attention, les nuages éclairés en contre-jour surexposent extrêmement facilement !
- Pour les ciels d'orage, des nuages d'un gris bien dense mais pas complètement noirs, ce qui ne semblerait pas du tout naturel, et se détachant sur un ciel plus clair.

Problématique de retouche et application

Lors d'une balade dans les Monts d'Arrée, ce nuage placé au-dessus de la chapelle, au loin, sous un ciel d'orage assez porteur, a attiré mon regard. Dès la prise de vue, j'ai eu en tête de plonger le premier plan dans l'ombre, c'est pourquoi j'ai sous-exposé de -1 IL sur le boîtier afin de capter un ciel déjà bien dense. La dynamique de l'image est cependant, au départ, trop faible à mon goût ! L'accentuation du contraste permet à la photo de gagner en relief, en matière, en présence lumineuse et en couleur. ▶

Il s'agit de contraster suffisamment la photo pour booster le rendu du ciel et en faire la vedette de l'image, tout en évitant la surexposition ou le noircissement excessifs de certaines zones.

Ainsi, surexposez l'image, si elle le nécessite, afin d'obtenir un rendu bien lumineux, tout en veillant à stopper le réglage dès qu'une zone du ciel semble percée de blanc uni.

Puis, pour densifier le ciel et générer une atmosphère plus dramatique et un rendu plus porteur, préférez un assombrissement des tons moyens à un noircissement. En effet, ce dernier risquerait de créer des taches noires disgracieuses sur certaines zones nuageuses tandis que d'autres, plus claires, verraient leur rendu peu amélioré par la retouche. Une bonne optimisation des tons moyens vous permettra, au contraire, d'obscurcir le ciel de façon plus homogène sans pour autant « salir les nuages ».

Réglettes

Étape 1 : surexposition

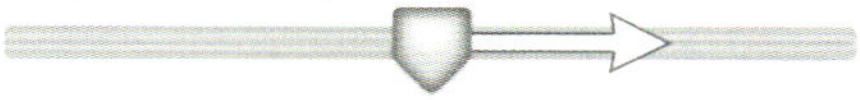

Réglette contrôlant l'exposition (voir rabat A)

Déplacez le curseur d'exposition vers la droite, afin de surexposer l'image. Stoppez le réglage avant surexposition excessive.

Étape 2 : assombrissement du ciel

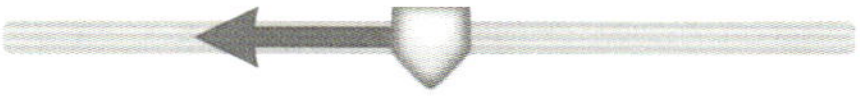

Réglette contrôlant la densité des tons moyens (voir rabat A)

Déplacez le curseur commandant le degré de luminosité de l'image vers la gauche pour obscurcir le ciel. Pour certaines photos, même un curseur en position extrême sur la réglette ne générera pas un rendu suffisamment dense. Validez les réglages pour réinitialiser la position des réglettes et pouvoir appliquer une nouvelle retouche ou combinez les effets de différents outils pour parvenir au rendu souhaité (réglettes et courbe, par exemple, dans les logiciels de développement d'images).

Affinez la position de chacun des curseurs.

Niveaux

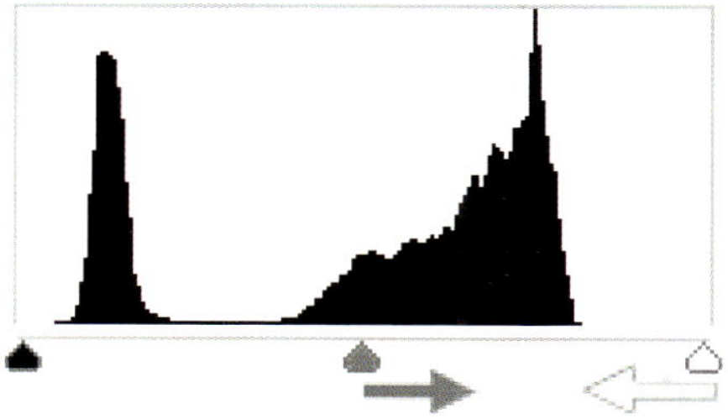

Étape 1 : surexposition

Déplacez le curseur Blanc vers la gauche pour surexposer l'image. Stoppez le réglage avant surexposition excessive.

Étape 2 : assombrissement du ciel

Déplacez le curseur Gris vers la droite pour obscurcir le ciel. Stoppez avant que le noir n'envahisse trop le ciel ou les nuages.

Affinez la position de chacun des curseurs.

Exploitez la combinaison
Surexposition +
Diminution de la luminosité
pour dramatiser vos ciels nuageux !

Courbe

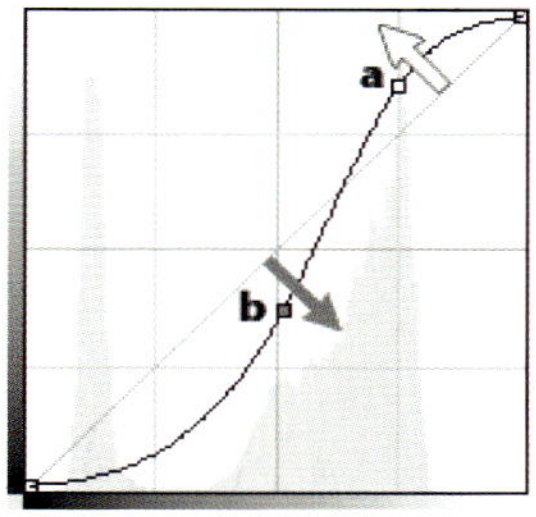

Étape 1 : surexposition

Bombez la partie droite de la courbe : créez un point tout à droite (a) et tirez-le modérément vers le haut (n'allez pas jusqu'au blanc car l'inflexion que prendra le tracé par la suite vous obligerait à revenir en arrière).

Étape 2 : assombrissement du ciel

Creusez ensuite le centre de la courbe. Pour cela, créez un point au centre du tracé (b) et tirez vers le bas pour densifier le ciel. Plus vous tirerez fort et/ou décalerez le point vers la droite, et plus l'obscurcissement sera intense et le contraste généré prononcé.

Adaptez la forme du tracé de manière à dramatiser l'ambiance de l'image sans, toutefois, que le noir n'envahisse trop le ciel ou les nuages.

Affinez la position de chacun des points sur la courbe.

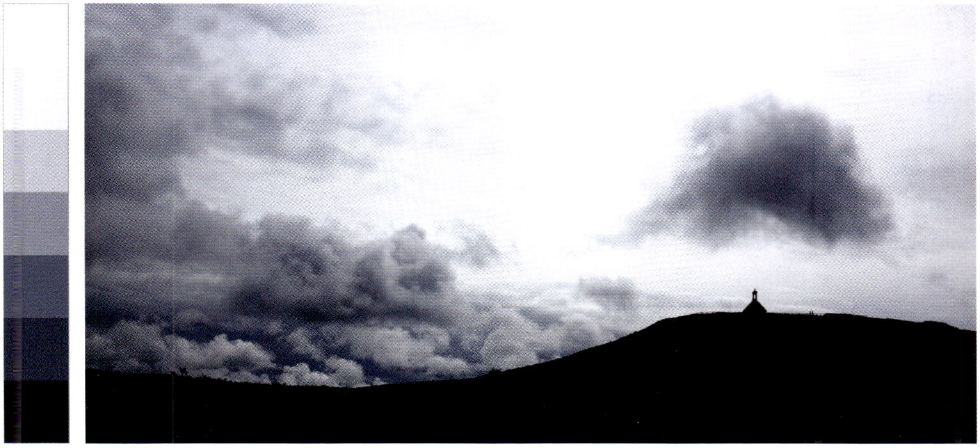

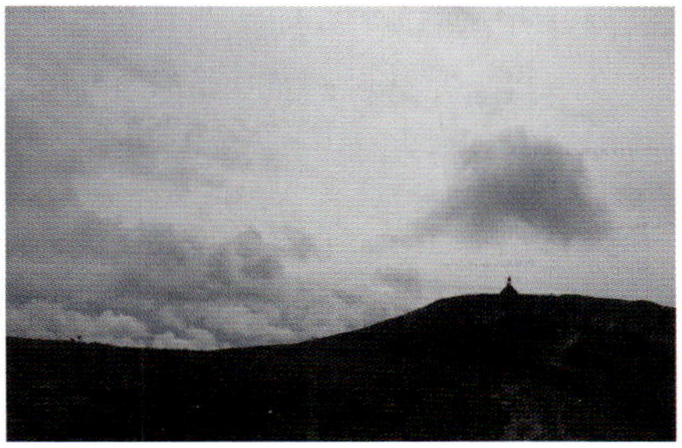

« *Envisagez, la plupart du temps, de compléter l'optimisation du contraste par une bonne gestion des couleurs afin que le modèle ne risque pas de montrer, notamment, un visage trop rouge, ou même orangé, en lumière artificielle (conversion en noir et blanc, désaturation mesurée, ajustement des teintes, etc., voir chapitre 7).* »

Sublimez vos portraits

En portrait, il est essentiel de savoir bien composer ses images mais aussi de les retravailler à bon escient. Et, pour cela, nul besoin de trafiquer les visages de vos modèles sous Photoshop ! Une bonne gestion de la lumière et des couleurs suffira à révéler leur charme naturel.

Images concernées

J'évoque un rendu de portrait assez classique qui convient bien aux images prises dans des conditions de lumière plutôt douces (luminosité homogène). Il ne s'agit donc ni d'intensifier un éventuel jeu de lumière (ombres formées sur le visage en lumière crue, vues en lumière rasante ou prise de vue en fort contre-jour) ni même d'amplifier certains défauts de la peau (images très contrastées exploitant rides et peaux burinées) mais de rechercher une mise en valeur lumineuse du visage.

J'ai débouché ce portrait saisi en semi contre-jour afin de retrouver plus de lumière sur le visage. Il m'a fallu être réservée, ici, sur le contraste, à cause du manteau sombre qui aurait trop perdu en détail si j'avais forcé davantage les basses lumières, et en raison de la zone éclairée à droite du visage que je me devais d'éviter de surexposer. Ainsi, le contraste, sur le visage, est assez doux, ce qui sied parfaitement à l'expression rayonnante du modèle.

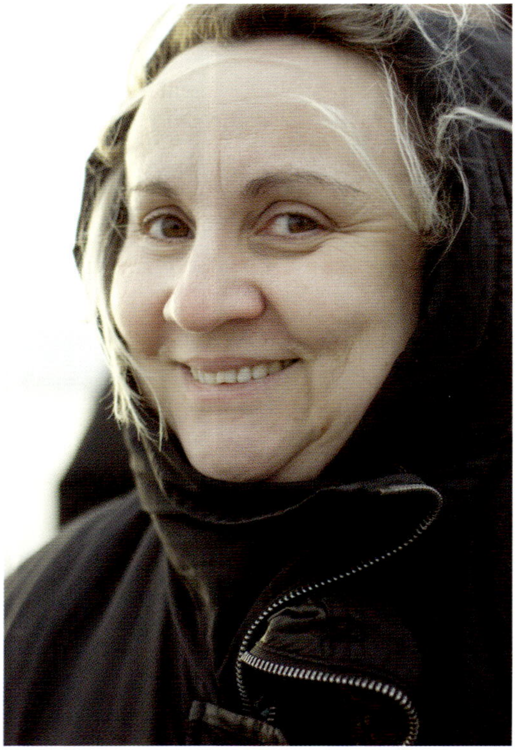

Rendu recherché

L'idée consiste à renforcer l'impact du regard – composante essentielle du visage – tout en plaçant en retrait grain de peau, rides naissantes et petits défauts cutanés. Un rendu clair, lumineux, contrasté, est alors l'idéal et convient à tous les métissages.

Si vous souhaitez aller plus loin dans l'éclaircissement du portrait, envisagez un rendu High key (voir p. 94).

Problématique de retouche et application

Pour un contraste optimal, adaptez le rendu à la fois des hautes lumières, des tons intermédiaires et des basses lumières.

- Surexposez la photo pour montrer une peau assez claire, lumineuse.
- Noircissez, ensuite, le portrait pour « maquiller » subtilement le modèle. Il s'agit de noircir cils et pupilles tout en préservant la couleur et le rendu en demi-teinte de l'iris.
- Enfin, augmentez la luminosité pour éclairer davantage le visage et adoucir le modelé de la peau.

Le contraste ne doit pas être trop tranché entre les tons sombres et moyens... Si l'image montre des « pâtés noirs » sur les yeux ou les cheveux, diminuez noircissement et luminosité. Afin de trouver le juste équilibre, revenez maintes fois sur les curseurs.

« *Je vous encourage vivement, ici, à utiliser la courbe ; ses particularités seront un vrai plus pour ce type de retouche. Attention, ce post-traitement à 3 points est assez délicat. Entraînez-vous auparavant sur des traitements plus simples et sur d'autres sujets.* »

Réglettes

Étape 1 : surexposition

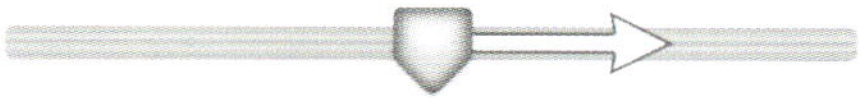

Réglette contrôlant l'exposition (voir rabat A)

Déplacez le curseur d'exposition vers la droite tout en surveillant le rendu des zones les plus éclairées de la peau, des cheveux et de la cornée (blanc de l'œil) afin d'éviter toute surexposition excessive.

Étape 2 : noircissement des yeux

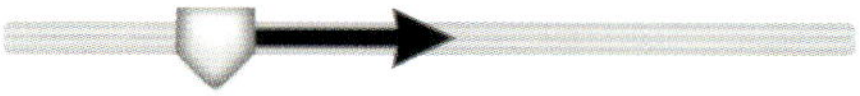

Réglette contrôlant la densité des basses lumières (voir rabat A)

Actionnez le curseur de noircissement jusqu'à densifier suffisamment les cils du modèle, sauf si cela entraîne la formation de zones noires disgracieuses (vêtements, cheveux, iris de l'œil).

Étape 3 : éclaircissement complémentaire du visage

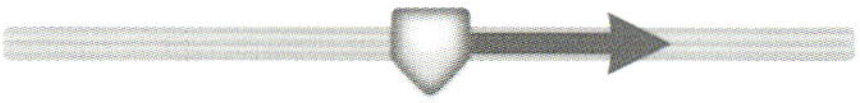

Réglette contrôlant la densité des tons moyens (voir rabat A)

Déplacez le curseur dédié aux tonalités intermédiaires vers la droite afin de donner au visage un rendu plus lumineux.

Affinez la position de chacun des curseurs.

Exploitez la combinaison

Surexposition + Noircissement + Augmentation de la luminosité

pour sublimer vos portraits !

Niveaux

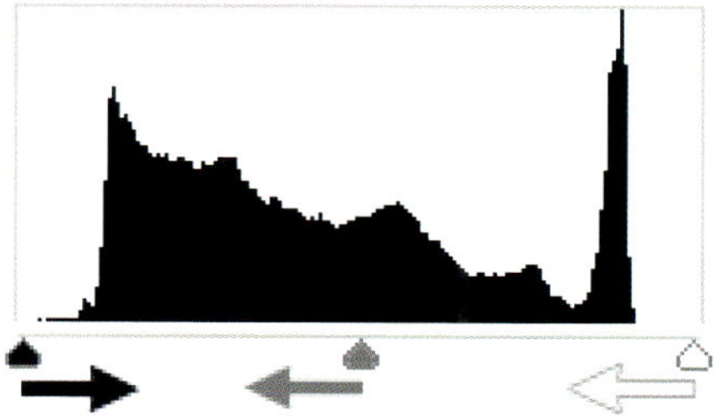

Étape 1 : surexposition

Déplacez le curseur Blanc vers la gauche tout en surveillant le rendu des zones les plus éclairées de la peau, des cheveux et de la cornée (blanc de l'œil) afin d'éviter toute surexposition excessive.

Étape 2 : noircissement des yeux

Déplacez le curseur Noir vers la droite pour densifier les cils, sauf si cela entraîne la formation de zones noires disgracieuses (vêtements, cheveux, iris de l'œil).

Étape 3 : éclaircissement complémentaire du visage

Déplacez le curseur Gris vers la gauche pour un visage plus lumineux.

Affinez la position de chacun des curseurs.

Courbe

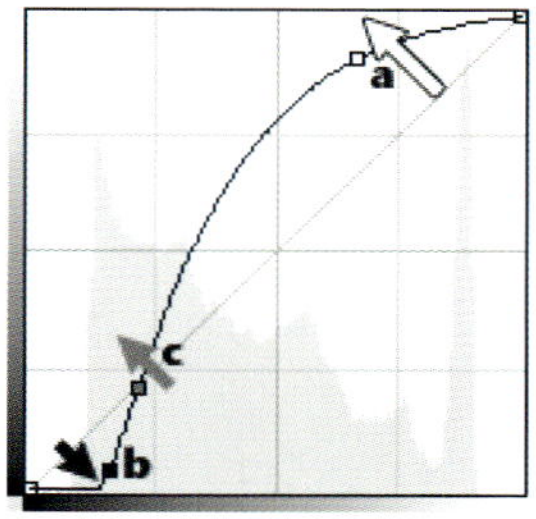

Étape 1 : surexposition

Bombez légèrement la partie droite de la courbe : créez un point à droite du tracé (a) et tirez vers le haut pour éclaircir doucement l'image, sans aller aux limites de la surexposition.

Étape 2 : noircissement des yeux

Creusez ensuite la gauche de la courbe : créez un point tout à gauche (b) et tirez vers le bas jusqu'à densifier suffisamment les cils du modèle, sauf si cela entraîne la formation de zones noires disgracieuses (vêtements, cheveux, iris de l'œil).

Étape 3 : éclaircissement complémentaire du visage

Modifiez l'inflexion de la courbe en soulevant davantage le centre du tracé : créez un point au « centre gauche » de la courbe (c) puis tirez doucement vers le haut pour un rendu plus lumineux.

Affinez la position des points.

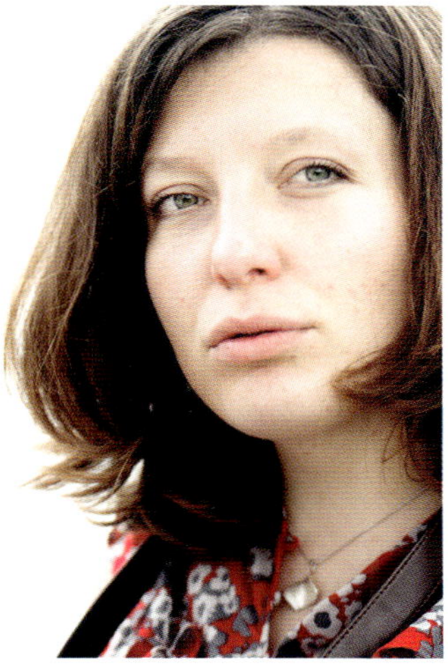

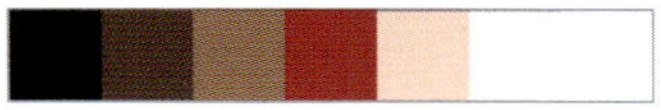

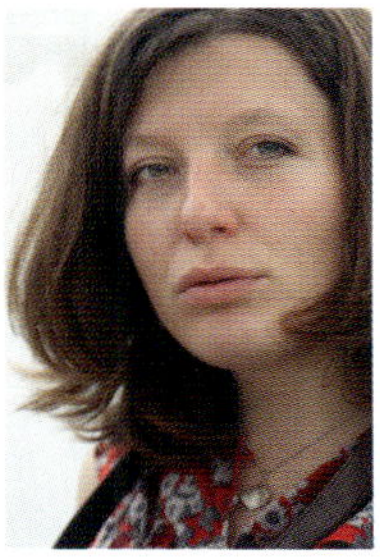

Comme le montre cet avant/après, une bonne optimisation du contraste et des couleurs (désaturation mesurée) donne davantage de force au regard, tout en mettant en retrait imperfections et rougeur de la peau. Le rendu très clair qui envahit jusque l'arrière-plan est assez proche d'un High key.

Dramatisez vos ambiances : l'effet Low key

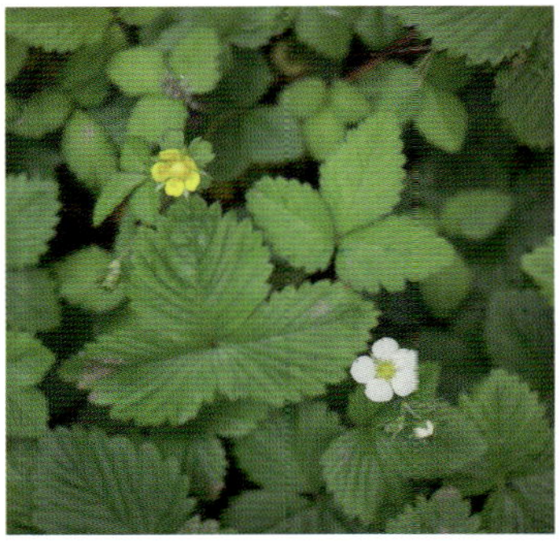

Cette photo ne semble a priori pas présenter les caractéristiques requises pour un effet Low key (pas de sous-exposition ni d'ambiance sombre au départ) mais fait se détacher des sujets clairs sur un fond un peu plus dense (et sans parasites clairs). En plus d'obscurcir l'image à l'aide des réglages présentés ici, j'ai désaturé le vert des feuilles (voir p. 116) pour un rendu davantage en demi-teinte. L'image définitive montre un rendu tranché séparant nettement les hautes lumières blanches et jaunes d'un camaïeu de kaki allant des tons intermédiaires plutôt sombres jusqu'au noir.

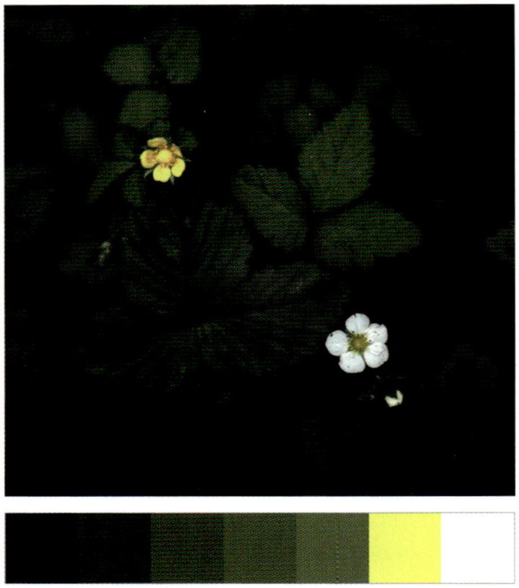

Pour des images plus dramatiques et plus sombres, pensez au Low key ! Il s'agit d'un rendu dominé par les noirs et les tons sombres et dont surgissent quelques éléments clairs.

Images concernées

Il est conseillé de préméditer ce rendu et de sous-exposer vos images dès la prise de vue à l'aide d'une correction d'exposition. Cependant, le Low key peut également métamorphoser des photos plus classiques, présentant un sujet clair sur fond sombre ou caractérisées par un éclairage en clair-obscur (sujet éclairé sur arrière-plan dans l'ombre).

Pour que l'image finale soit convaincante, la photo doit contenir des zones claires bien réparties dans le cadre et qui attireront le regard une fois l'arrière-plan obscurci. Attention, elle ne doit pas présenter d'éléments clairs parasites qui verraient leur impact accentué par la retouche. En revanche, d'éventuels sujets disgracieux plutôt sombres pourront disparaître comme par magie au traitement !

Rendu recherché

Le Low key correspond à un contraste tranché dominé par les basses lumières. Il se caractérise par des noirs bien denses et très présents, des tons moyens sombres, majoritaires dans la photo, et seulement quelques touches de hautes lumières semblant surgir de l'ombre. Ces dernières peuvent, selon les goûts, être bien exposées (vrai blanc) ou légèrement grisées, pour une ambiance encore plus dramatique.

Cette scène saisie sous un éclairage électrique présentait à l'origine un rendu très disgracieux. Cependant, la position des mains et la composition me semblaient valoir le coup que l'on s'y attarde. J'ai, dès la prise de vue, envisagé un rendu Low key, et appliqué une correction d'exposition à -2 IL qui a assombri l'image. Le post-traitement complémentaire (conversion en noir et blanc et retouche présentée ici) a généré un rendu plus épuré, plus esthétique mais aussi plus mystérieux que je ne l'imaginais ! ▶

Problématique de retouche et application

Il s'agit d'obscurcir l'image à la fois en la noircissant et en assombrissant ses tons moyens.

Gardez en tête que le noircissement joue énormément sur les basses lumières mais légèrement, seulement, sur les intermédiaires, alors qu'une diminution de la luminosité produit l'effet inverse. Utilisez cela pour doser précisément le degré d'assombrissement de votre image :

- pour préserver davantage de nuances intermédiaires, privilégiez le noircissement ;
- à l'inverse, pour plonger presque entièrement la photo dans le noir sans conserver demi-teintes ni nuances, diminuez franchement la luminosité.

Réglettes

Étape 1 : noircissement

Réglette contrôlant la densité des basses lumières (voir rabat A)

Actionnez le curseur de noircissement pour densifier les basses lumières de l'image. Laissez le noir envahir la photo !

Étape 2 : assombrissement

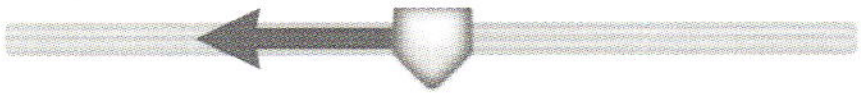

Réglette contrôlant la densité des tons moyens (voir rabat A)

Déplacez le curseur dédié aux tons moyens vers la gauche pour obscurcir la photo.

Étape 3 : éventuelle correction de l'exposition

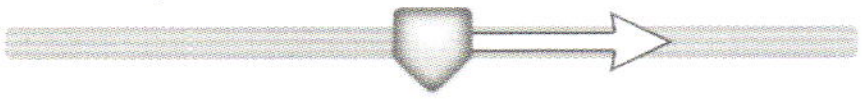

Réglette contrôlant l'exposition (voir rabat A)

Si votre sujet principal clair semble avoir trop grisé à votre goût, déplacez légèrement le curseur d'exposition vers la droite pour reconner aux hautes lumières la clarté souhaitée.

Affinez la position de chacun des curseurs.

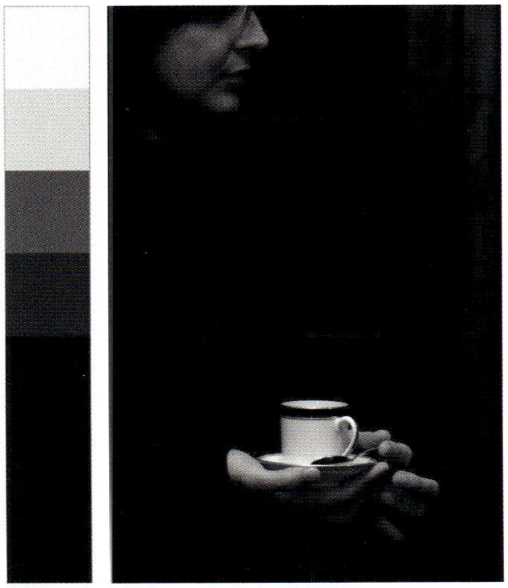

Niveaux

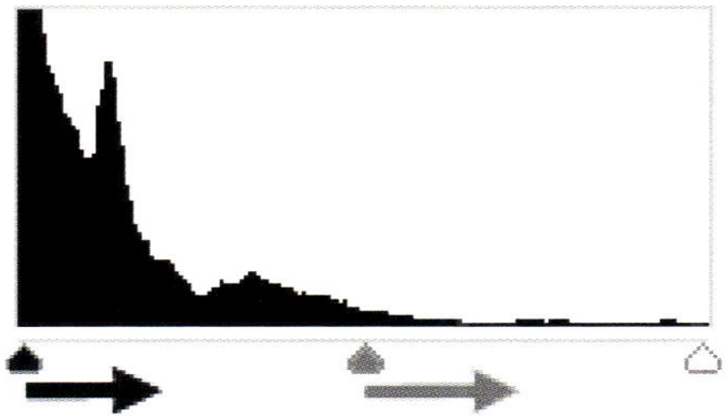

Étape 1 : noircissement

Déplacez le curseur Noir vers la droite jusqu'à noircir franchement les basses lumières de l'image.

Étape 2 : assombrissement

Le déplacement du curseur Noir a entraîné le curseur Gris… Accentuez l'effet en glissant le curseur Gris vers la droite afin d'obscurcir davantage les tons moyens. Ici, les 2 flèches ne s'orientent pas face à face car les 2 réglages vont dans le même sens (assombrissement de la photo).

Étape 3 : éventuelle correction de l'exposition

Si votre sujet principal clair semble avoir trop grisé, déplacez légèrement le curseur Blanc vers la gauche pour redonner aux hautes lumières la clarté souhaitée.

Affinez la position de chacun des curseurs.

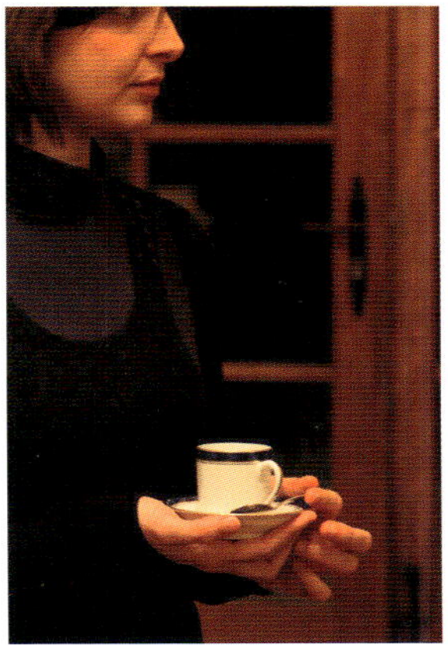

Courbe

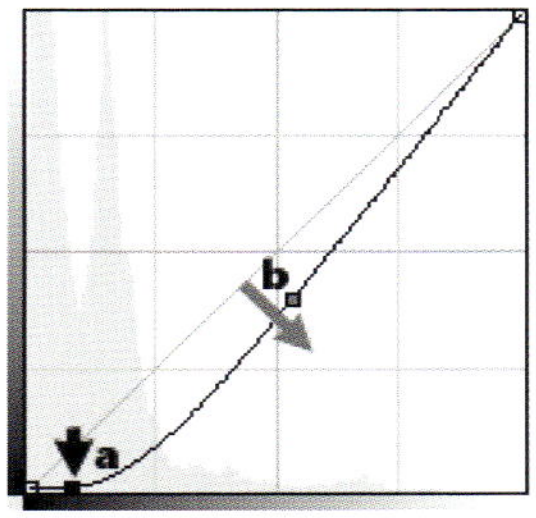

Étape 1 : noircissement

Creusez la courbe : créez un point à sa gauche (a) puis tirez vers le bas jusqu'à écraser le tracé sur le cadre de réglage, pour noircir. Par la suite, décalez ce point vers la droite pour accentuer l'effet, si nécessaire. Stoppez si le sujet adopte un rendu trop charbonneux.

Étape 2 : assombrissement

Si besoin, creusez ensuite encore davantage le tracé pour assombrir votre sujet de façon plus homogène : créez un point au milieu de la courbe (b) et tirez vers le bas.

Étape 3 : éventuelle correction de l'exposition

Si votre sujet principal clair semble avoir trop grisé, bombez doucement la partie droite de la courbe à l'aide d'un 3e point (réglage non apparent sur la capture). Attention ! Accentuer l'inflexion de la courbe intensifie les réglages antérieurs ! Si besoin, rapprochez légèrement les points de l'axe.

Affinez la position de chacun des points.

Exploitez la combinaison

Noircissement + Diminution de la luminosité

pour dramatiser vos images en Low key !

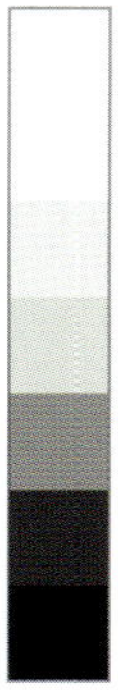

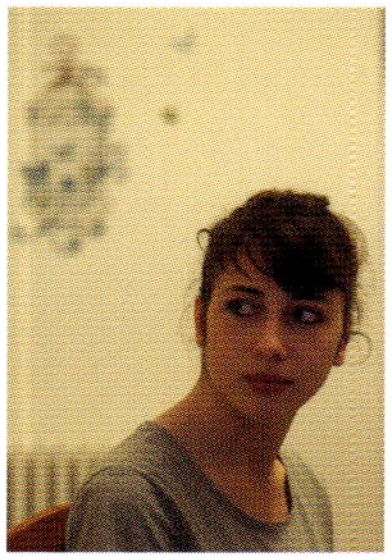

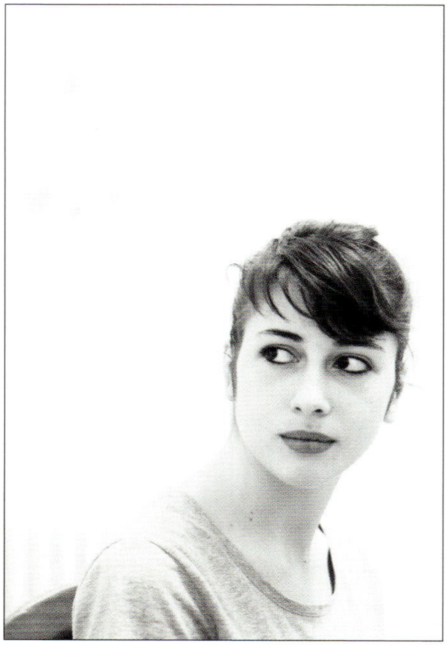

Illuminez vos images façon High key

Temps couvert, ciel gris ou blanc, images extrêmement claires et fades ? Votre sujet se trouve-t-il devant un arrière-plan plus clair que lui ? Alors, osez le rendu High key ! Il s'agit d'une sorte d'effet studio, grandeur nature. La surexposition excessive, souvent décriée par les photographes, peut aussi vous aider à simplifier certaines images et à mettre en valeur vos sujets se détachant sur fond clair. La luminosité intense ainsi que la prédominance de l'uni génèrent des photos particulièrement zen.

Ce portrait spontané réalisé dans des conditions mêlant lumières naturelle et électrique avait bien besoin d'une optimisation. La conversion en noir et blanc évacue le jaune des ampoules et le rouge de la peau, focalisant notre attention sur le visage de la jeune fille. Le traitement High key génère un contraste tranché qui fait se détacher yeux, lèvres et cheveux en sombre sur clair.

Images concernées

Les photos prises par temps de brouillard ou de neige sont naturellement adaptées à ce rendu. Ce traitement est, de plus, préconisé pour les portraits ; la démarche de retouche se rapproche, en effet, de celle présentée page 90.

Attention, sur l'image finale, c'est l'arrière-plan qui doit être surexposé et non le sujet ! Évitez donc les sujets trop clairs ou éclairés, pour ce rendu.

« *Pensez à surexposer vos images dès la prise de vue à l'aide de la fonction correction d'exposition de l'appareil (+1 à +2 IL).* »

Rendu recherché

Le High key est un contraste tranché dominé par les hautes lumières, caractérisé par un vrai blanc uni ou du gris très clair, qui envahit l'image : il occupe souvent plus de 50 % du cadre... L'essentiel des autres densités correspond à du gris très clair, relevé d'une touche de couleur ou de noir. Les tons moyens sont quasi absents de la photo finale. Du fait de l'éclaircissement de la photo, les couleurs sont souvent douces et pastel. Testez aussi le noir et blanc qui sublimera l'effet.

Problématique de retouche et application

La démarche consiste tout d'abord à surexposer l'image pour l'inonder de blanc. Deuxième étape : retrouvez, si besoin, de vrais noirs, mais qui ne seront présents que par touches. Enfin, la qualité du rendu final se joue sur le juste dosage des densités intermédiaires, que l'on éclaircit pour les amener vers des tons plus clairs. La subtilité d'une retouche *via* la courbe est particulièrement indiquée, pour ce rendu.

Exploitez la combinaison

Surexposition + Noircissement + Augmentation de la luminosité

pour illuminer vos images façon High key !

Ce paysage saisi sous la neige est extrêmement fade au départ. La photo ne présente ni blanc ni noir et semble presque constituée d'un gris laiteux uniforme. Le rendu High key va permettre, ici, de retranscrire la blancheur de l'ambiance neigeuse tout en donnant un meilleur impact à l'image, via un point fort, l'arbre, qui se détache nettement. ▶

Réglettes

Étape 1 : surexposition

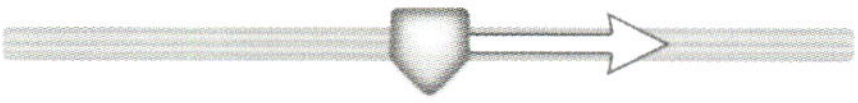

Réglette contrôlant l'exposition (voir rabat A)

Déplacez le curseur d'exposition vers la droite jusqu'à blanchir énormément l'arrière-plan. Ne stoppez que quand le sujet commence à être « dévoré par le blanc ».

Étape 1 bis : augmentation du contraste (facultative)

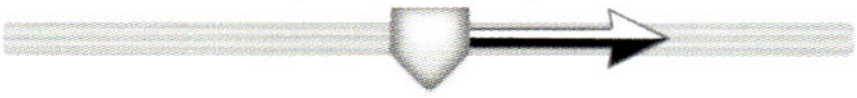

Réglette Contraste

Si la réglette d'exposition ne suffit pas pour surexposer l'arrière-plan, déplacez le curseur Contraste vers la droite. Stoppez avant que le sujet ne perde trop en détail.

Étape 2 : noircissement du sujet

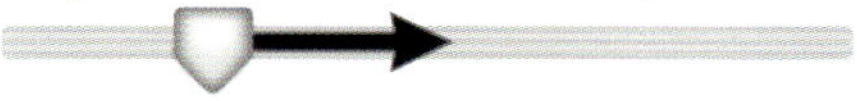

Réglette contrôlant la densité des basses lumières (voir rabat A)

Si le sujet est fade, déplacez le curseur de noircissement jusqu'à ce qu'il redevienne suffisamment dense, selon le rendu souhaité (d'un noir pur ou gris foncé).

Étape 3 : dosage de la luminosité de l'image

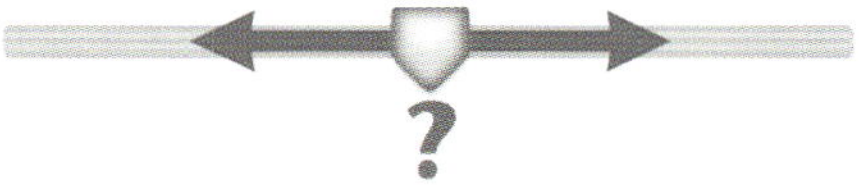

Réglette contrôlant la densité des tons intermédiaires (voir rabat A)

Actionnez, enfin, le curseur de luminosité pour affiner votre rendu. Si, malgré les réglages précédents, le sujet reste gris et que son rendu ne vous convient pas, déplacez le curseur vers la gauche jusqu'à le densifier suffisamment. Le plus souvent, cependant, le sujet est déjà bien marqué et ce curseur, actionné vers la droite, permet d'éclaircir l'arrière-plan jusqu'au gris clair.

Affinez la position de chacun des curseurs.

Niveaux

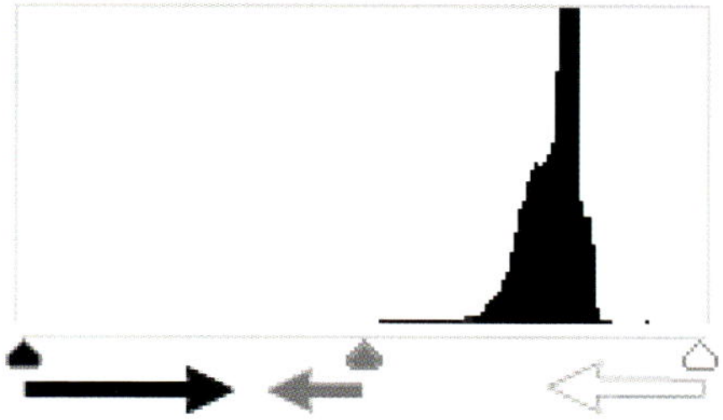

Étape 1 : surexposition

Déplacez le curseur Blanc vers la gauche, en « mordant franchement dans l'histogramme ». Ne stoppez que quand le sujet commence à être « dévoré par le blanc ».

Étape 2 : noircissement du sujet

Le sujet s'est sans doute affadi. Déplacez le curseur Noir vers la droite pour le densifier, comme souhaité (noir pur ou gris foncé). Les curseurs Noir et Gris peuvent se trouver très proches… N'hésitez pas à reculer un peu l'un pour avancer l'autre.

Étape 3 : augmentation de la luminosité de l'image

Affinez votre rendu grâce au curseur Gris ! Déplacez-le vers la gauche pour éclaircir encore le décor et l'estomper… Si le sujet redevient fade et gris, décalez le curseur Noir vers la droite jusqu'à lui redonner un bon impact. Ajustez la position des curseurs pour trouver la meilleure combinaison.

Courbe

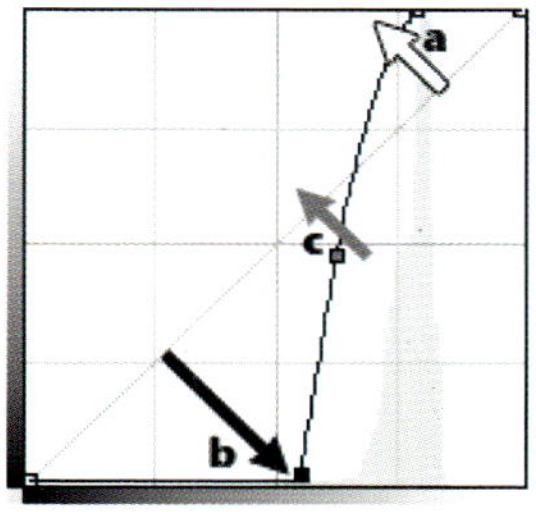

Étape 1 : surexposition

Bombez la courbe en créant un point tout à droite du tracé (a) et en tirant vers le haut. Restez mesuré car l'inflexion de la courbe va accentuer la surexposition par la suite.

Étape 2 : noircissement du sujet

Le sujet s'est sans doute affadi suite au réglage précédent. Creusez donc à présent le bas de la courbe : créez un point à gauche du tracé (b) et tirez vers le bas jusqu'à obtenir la densité souhaitée sur le sujet. Si celui-ci semble « dévoré par le blanc », revenez en arrière sur le réglage précédent en abaissant le point a.

Étape 3 : augmentation de la luminosité de l'image

Si besoin, éclaircissez encore l'arrière-plan en bombant le centre de la courbe. Pour cela, créez un point au tiers droit du tracé (c) et tirez doucement vers le haut. Cherchez à estomper l'arrière-plan pour mieux faire ressortir le sujet. Déplacez finement le point sur la courbe (verticalement et horizontalement) jusqu'à trouver le rendu idéal.

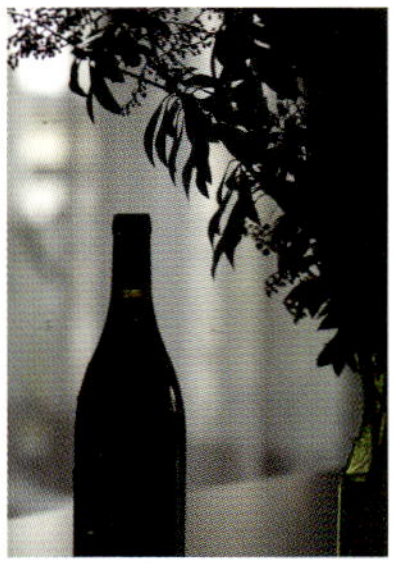

Testez le rendu « photocopie »

Le moins que l'on puisse dire, c'est que ce rendu en noir et blanc extrêmement contrasté ne convient pas à toutes les images ! Peut-être vous ouvrira-t-il cependant quelques portes créatives et vous donnera-t-il envie d'aller encore plus loin dans l'optimisation du contraste ?

Images concernées

Photographiez des sujets sombres sur fond clair ; ils seront métamorphosés par le contraste intense. Faites se détacher vos silhouettes sur les murs et sols clairs, les ciels lumineux, etc. C'est la lisibilité du sujet, une fois le contraste extrême appliqué, qui fera la qualité de votre image. Méfiez-vous, entre autre, des ombres portées se confondant avec lui, et des superpositions de plans, à la prise de vue.

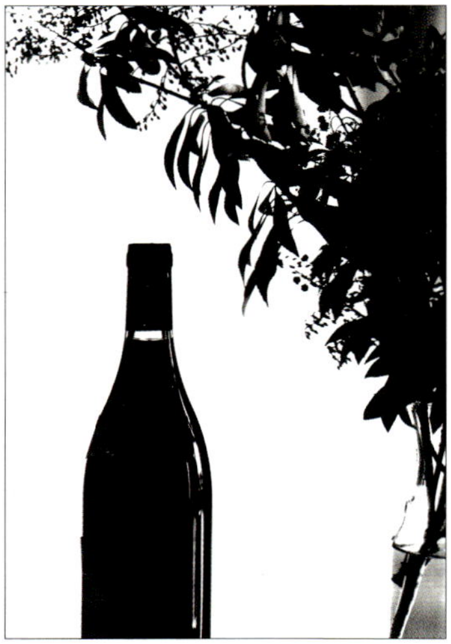

Malgré un arrière-plan aux tonalités pas spécialement claires au départ, j'ai pu contraster facilement cette photo, grâce à la prise de vue en contre-jour et aux silhouettes particulièrement lisibles et évocatrices. La brillance de la bouteille (traits blancs sur la silhouette noire) donne du relief à l'image.

Rendu recherché

L'image finale n'est quasi constituée que d'aplats de noir et de blanc. Seules les hautes et basses lumières sont conservées (ou presque). Les composantes plutôt sombres des tons moyens sont changées en noir et leurs composantes claires en blanc. Nuancez toutefois ce rendu photocopie, en conservant quelques demi-teintes. Les meilleures photos finales sont celles qui montrent de beaux aplats et non des zones pointillistes. Évitez donc, si possible, les sujet ou arrière-plan trop texturés.

Problématique de retouche et application

Après avoir désaturé la photo, nous allons appliquer un contraste des extrêmes… extrême afin qu'il ne reste quasiment que du noir et du blanc. Selon que la photo vous semble, au départ, trop claire ou trop sombre, commencez soit par le noircissement, soit par la surexposition. Le dosage entre les 2 réglages détermine la qualité du rendu final. Ainsi, plus que jamais lors de cette retouche, alternez des réglages de faible amplitude et n'hésitez pas à revenir en arrière, si besoin, jusqu'à obtenir le rendu contrasté le plus adapté à l'image.

Pour bénéficier d'un rendu suffisamment nuancé (le sujet peut apparaître « pixellisé » si le contraste avec l'arrière-plan est vraiment intense), conservez, la plupart du temps, quelques touches de tons intermédiaires, dont vous pourrez affiner la densité à l'aide du réglage dédié.

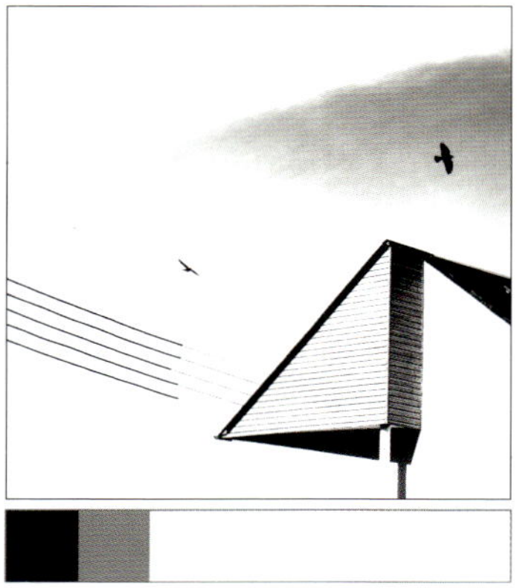

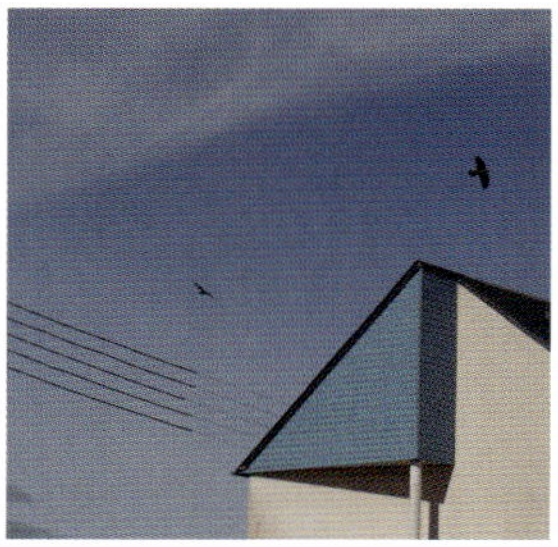

Un contraste extrême, en noir et blanc, produit ici un résultat étonnant ! Pour ne pas rendre l'image trop simpliste, j'ai souhaité conserver, en plus du blanc et du noir francs, une zone de gris dans le ciel, qui évoque un nuage « en négatif ».

Exploitez la combinaison

Surexposition + Noircissement extrêmes

pour tester le rendu « photocopie » !

Réglettes

Étape 1 : première augmentation du contraste

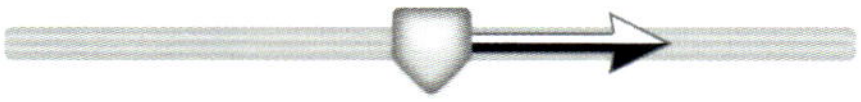

Réglette Contraste

Déplacez tout d'abord le curseur Contraste au maximum vers la droite.

Étape 1 bis : surexposition

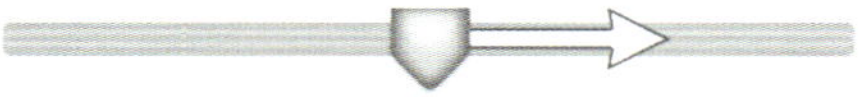

Réglette contrôlant l'exposition (voir rabat A)

Actionnez le curseur d'exposition. Ne stoppez le réglage que si votre sujet perd des détails importants ou si les éléments sombres s'affadissent excessivement.

Étape 2 : noircissement

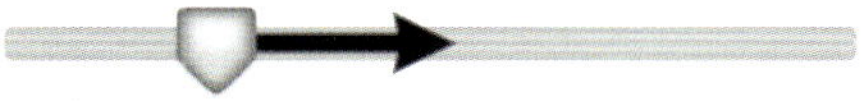

Réglette contrôlant la densité des basses lumières (voir rabat A)

Actionnez le curseur de noircissement. Ne stoppez le réglage que si le fond blanc s'altère de zones sombres parasites.

Étape 3 : dosage de la densité des tons moyens (facultatif)

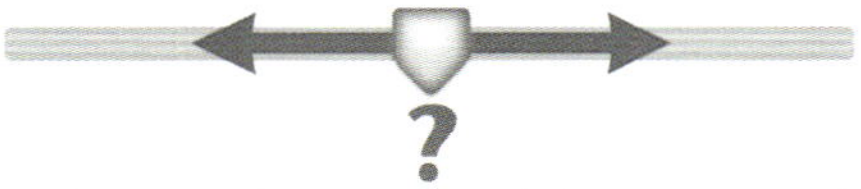

Réglette contrôlant la densité des tons intermédiaires (voir rabat A)

Déplacez le curseur de luminosité dans un sens puis dans l'autre pour juger des effets produits. Quel réglage appuie votre rendu (sujet ou fond encore plus noir ou plus blanc) ? Choisissez toujours la perte de détail, la création d'aplats unis et non l'inverse.

Affinez la position des curseurs.

Niveaux

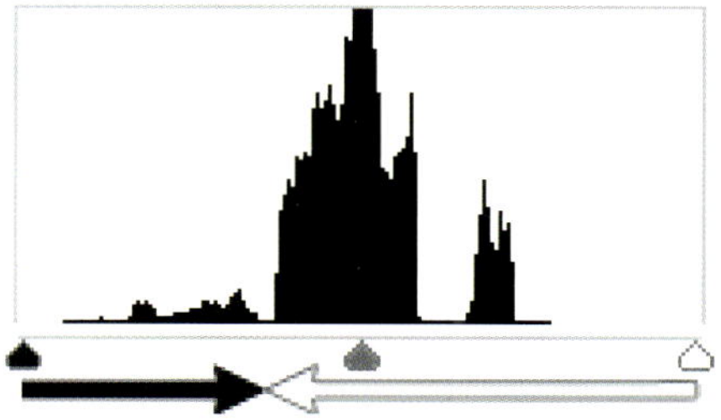

Appliquer un vrai rendu photocopie revient à confondre les 3 curseurs. Déplacez les curseurs Blanc et Noir de manière à les rapprocher extrêmement voire les faire se superposer. La position finale du groupe de curseurs détermine le rendu appliqué. Dosez bien surexposition et noircissement pour contrôler l'effet ! Déplacer l'ensemble de curseurs étant impossible, tâtonnez en actionnant successivement chacun d'entre eux.

Étape 1 : surexposition

Déplacez le curseur Blanc vers la gauche jusqu'à remplacer hautes lumières et tons intermédiaires clairs par du blanc. Stoppez le réglage quand votre sujet commence à devenir gris (et non plus noir).

Étape 2 : noircissement

Déplacez le curseur Noir vers la droite jusqu'à remplacer basses lumières et tons intermédiaires assez sombres par du noir. Stoppez le réglage si l'un des éléments montre un rendu noirci gênant pour la lisibilité de l'image.

Affinez la position des curseurs Noir et Blanc et trouvez la meilleure combinaison.

Étape 3 : dosage de la densité des tons moyens (facultatif)

Si les curseurs ne sont pas confondus, déplacez éventuellement le curseur Gris vers la droite ou la gauche pour influer sur la densité des tons moyens préservés.

Affinez la position de chacun des curseurs.

Courbe

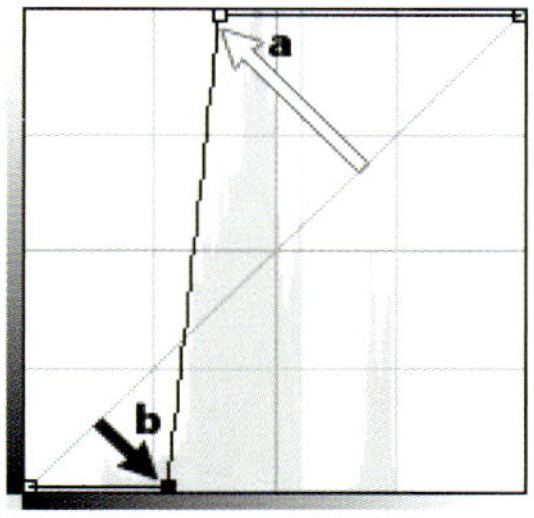

La courbe caractéristique de ce rendu tranché forme une ligne quasi verticale ! Le tracé se trouve à gauche de la fenêtre de réglage si c'est le blanc qui domine et sur la droite pour un noir écrasant.

Étape 1 : surexposition

Bombez la courbe grâce à un point créé sur la droite (a) et plaquant le tracé sur le bord haut du cadre, jusqu'à remplacer hautes lumières et tons intermédiaires plutôt clairs par du blanc. Décalez-le progressivement vers la gauche et stoppez le réglage quand votre sujet ou fond sombre commence à devenir gris (et non plus noir).

Étape 2 : noircissement

Creusez le bas du tracé grâce à un point créé sur la gauche (b) et écrasant la courbe sur le bord bas du cadre, jusqu'à remplacer basses lumières et tons intermédiaires assez sombres par du noir. Stoppez le réglage si le fond s'altère de taches noires ou grises.

Affinez la position des points.

Étape 3 : dosage de la densité des tons moyens (facultatif)

Si le tracé n'est pas parfaitement vertical, créez un point au centre de la courbe et tirez légèrement soit vers le haut, soit vers le bas (réglage non apparent sur la capture). Attention, la courbe peut avoir tendance à « sauter » si vous tentez de lui donner un « tracé impossible ».

Affinez la position de chacun des points.

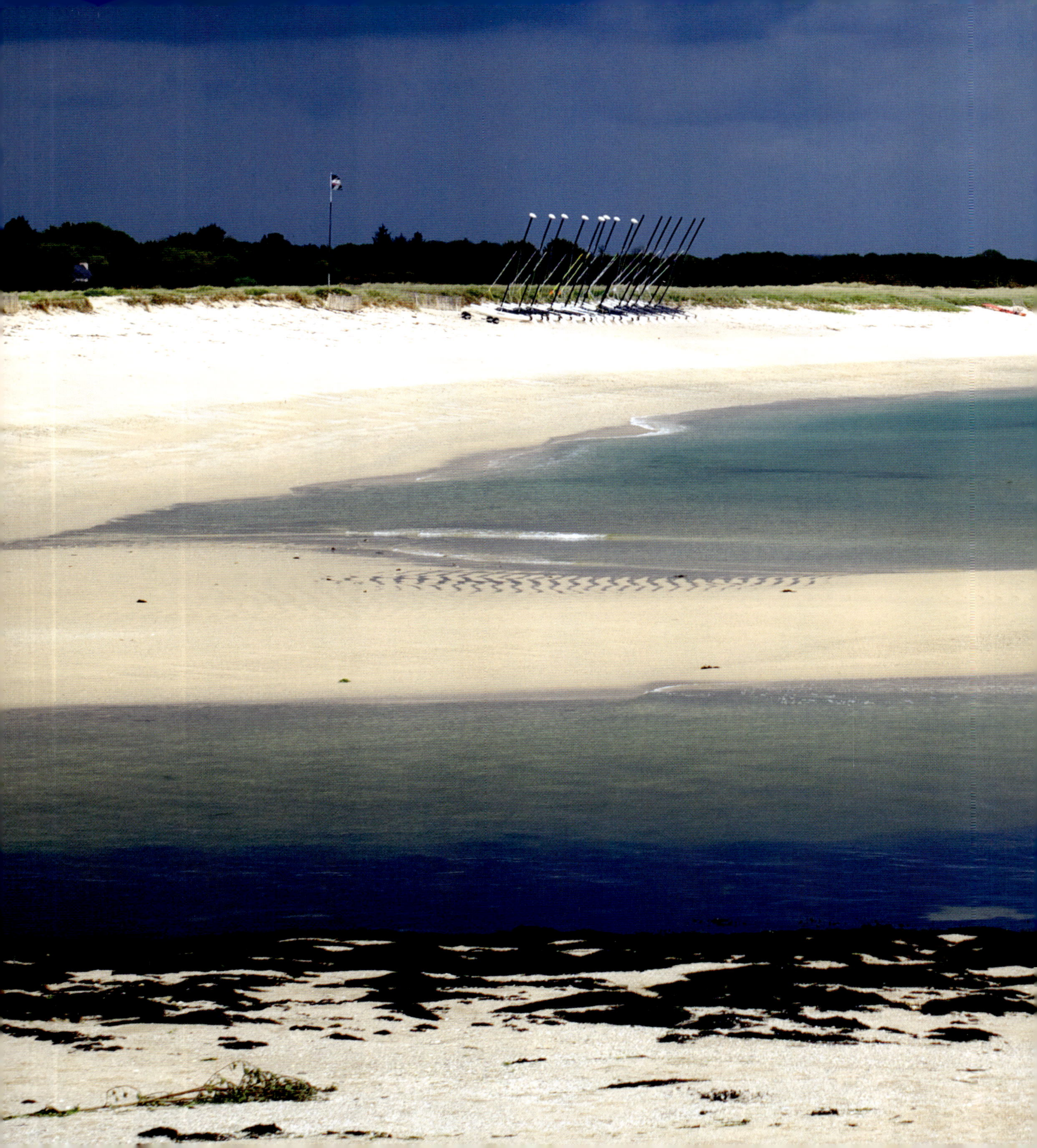

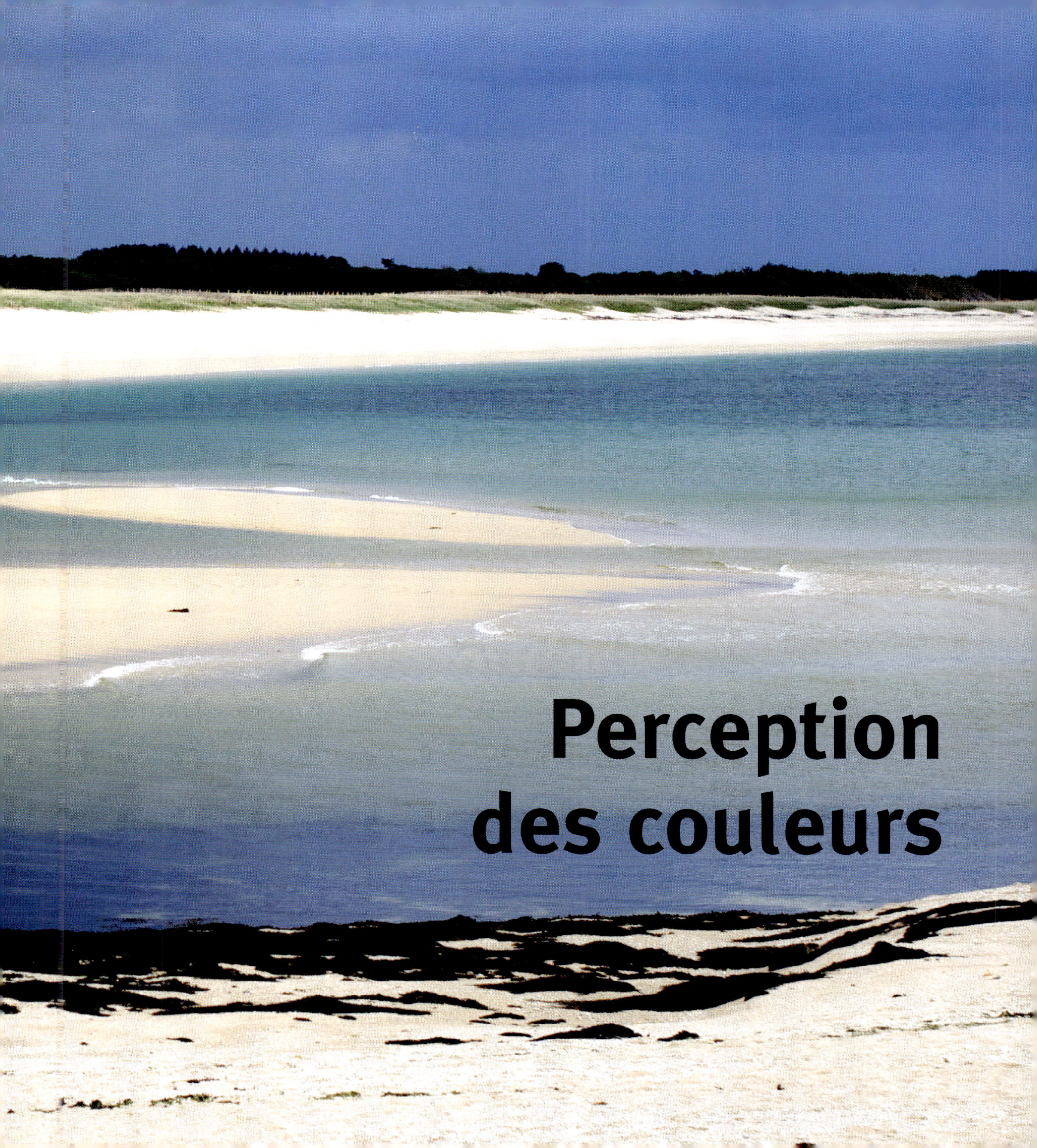

Perception des couleurs

Des couleurs sur nos images...

Être capable de percevoir quelle présence a une couleur, dans notre environnement et sur nos images, peut influencer de beaucoup notre démarche de prise de vue et de retouche. Car, de notre maîtrise de la couleur dépend la qualité finale de nos photos !
Nous en jouons, en prise de vue, lorsque nous captons un panneau rouge et blanc sur fond de ciel bleu, ou immortalisons une scène de nuit, sous l'éclairage blafard et verdâtre d'un néon urbain. Alors, n'oublions pas, au traitement, de défendre là aussi nos couleurs, et d'affirmer notre démarche de prise de vue !
Voyons tout d'abord pourquoi le rendu des couleurs est aussi important pour l'impact d'une photographie et quels sont les différents paramètres que nous allons pouvoir altérer, modeler à la retouche pour la dompter davantage.

Couleur et lecture d'image

Les couleurs fortes participent au sens de lecture et guident notre regard dans l'image. Par conséquent, notre ressenti devant une photo (si elle nous impressionne, nous émeut, nous plaît...) dépend, entre autre, de la manière dont sont disposées et dosées les couleurs.

Si les teintes marquantes se trouvent sur le sujet, ou sur un arrière-plan qui le met en valeur, bingo ! La retouche peut, en outre, nous permettre de donner encore plus de présence à ces couleurs fortes. Quand, au contraire, la couleur est localisée sur des éléments parasites que nous aimerions voir plus discrets, il nous faut alors réfléchir à l'atténuer, si possible, voire la faire disparaître (par une conversion en noir et blanc de l'ensemble de la photo, par exemple).

Ainsi, de la même façon que pour les densités d'une image, ne jugez pas les couleurs de façon neutre, « objective », comme le ferait une machine, mais évaluez-les selon la manière dont elles mettent en valeur votre sujet et servent votre photo.

La couleur peut être votre meilleure alliée comme l'élément perturbateur qui ruinera votre image ! D'où l'intérêt d'étudier plus attentivement quel est son rôle dans chacune de nos photos afin de la modeler avec pertinence.

Luminosité, saturation et teinte : les paramètres de la couleur

Une couleur se différencie de ses voisines grâce à 3 caractéristiques, dont une au moins, vous est déjà familière.

- Sa luminosité (ou densité) détermine si elle est claire ou foncée. Cette densité, nous l'évoquons depuis le début de l'ouvrage ! Ainsi, vous savez déjà changer la luminosité d'une couleur en éclaircissant ou en obscurcissant la photo, tout simplement.
- Sa saturation détermine si elle est vive ou « grise ». Moins une couleur est saturée et plus elle semble mélangée à du gris.
- Sa teinte correspond à sa longueur d'onde. Celle-ci détermine si la couleur est plutôt jaune, verte, bleue, rouge, etc.

◀ *La couleur peut rendre nos images fouillies comme constituer le liant dont dépend leur harmonie. Ici, le yin yang bleu/sable fait toute la richesse de cette composition, au sujet digne d'une carte postale. Une simple optimisation du contraste a suffi à révéler tout le potentiel de ce « lagon breton ».*

Couleur variant en luminosité

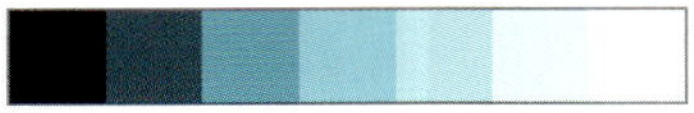

Plus foncée *Plus claire*

Pour obtenir une échelle colorée qui varie en luminosité, il m'a suffi d'incruster une couleur dans la palette en niveaux de gris telle que présentée p. 28. Plus la couleur est lumineuse et plus elle est claire, se rapprochant du blanc. Plus la couleur est dense, au contraire, et plus elle se rapproche du noir.

Couleur variant en saturation

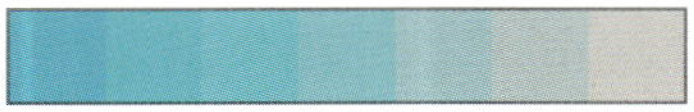

Plus vive *Plus grise*

Lorsqu'une couleur varie en saturation, elle passe d'une teinte vive à une teinte terne, et vice versa. Ici, la luminosité ne change pas, c'est bien la « quantité de couleur » qui évolue. Le gris qui termine la palette semble plus clair que le turquoise à l'extrême gauche, et pourtant la luminosité n'a pas changé. C'est l'impact visuel fort de la couleur saturée qui produit cet effet d'optique !

Couleur variant en teinte

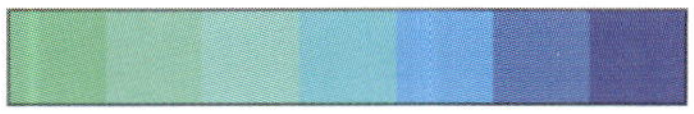

Plus verte *Plus bleue*

Observons une couleur qui évolue en teinte. Je pars de la même couleur, au centre (turquoise), mais, cette fois-ci, elle ne devient ni plus claire ni plus sombre en s'altérant (elle garde la même densité) mais plus verte (vers la gauche) ou plus bleue (vers la droite).

« Sont développées dans ce chapitre : la luminosité d'une couleur p. 104, sa saturation p. 106 et sa teinte p. 108. »

Influence de la lumière ambiante sur la couleur

Les couleurs de notre environnement ne sont pas aussi fixes et immuables qu'on le croit. Elles sont au contraire changeantes, selon la luminosité ambiante.

Tout objet, tout élément du décor, est d'une couleur donnée, caractérisée par une teinte, une luminosité et une saturation. Choisirez-vous ce tee-shirt bleu roi, d'une couleur outremer plutôt sombre et pas trop vive, ou bien cette version saumonée, à la teinte entre l'orange et le rose, assez claire mais saturée ? Sachez cependant que le vêtement choisi pourra prendre un aspect bien différent, sous d'autres conditions lumineuses que celle de votre cabine d'essayage !

- **Influence sur la luminosité.** Selon l'intensité de l'éclairage (naturel ou artificiel) ambiant, un sujet potentiel change d'aspect. Dans une quasi pénombre, il devient bien sûr plus sombre (partie gauche de la première palette), tandis que sous une lumière vive, il apparaît plus clair (partie droite de cette même palette). Quand vous le photographiez dans une ambiance lumineuse contrastée, il peut réellement paraître noir s'il se trouve dans une zone d'ombre, ou blanc (excessivement surexposé), au contraire, s'il se trouve fortement éclairé.
- **Influence sur la saturation.** Ce qui fait que le sujet apparaît naturellement plus ou moins saturé, c'est le contraste créé par la lumière ambiante. Un jour gris de novembre, la luminosité peut être assez forte, en extérieur, mais elle est répartie de façon très homogène car le ciel agit comme un réflecteur. Dans ces conditions, les couleurs apparaissent assez ternes, grises. En revanche, lors d'une journée ensoleillée, en plein mois de juin, l'ambiance lumineuse est faite de zones éclairées surlignées de zones d'ombre. Le contraste est plus fort, du fait de cette luminosité très tranchée, et les couleurs sont souvent plus pures et plus vives. Leur saturation est plus forte.
- **Influence sur la teinte.** La teinte peut varier car la lumière n'a pas toujours la même couleur. Nous le constatons facilement sous les éclairages électriques imposant leur dominante jaune à tout l'environnement, ou lorsque le néon d'une enseigne projette sa couleur sur les sujets alentour. Mais la lumière du jour évolue également en teinte tout au long de la journée et influence celle de nos sujets. Cette thématique sera développée p. 112-113.

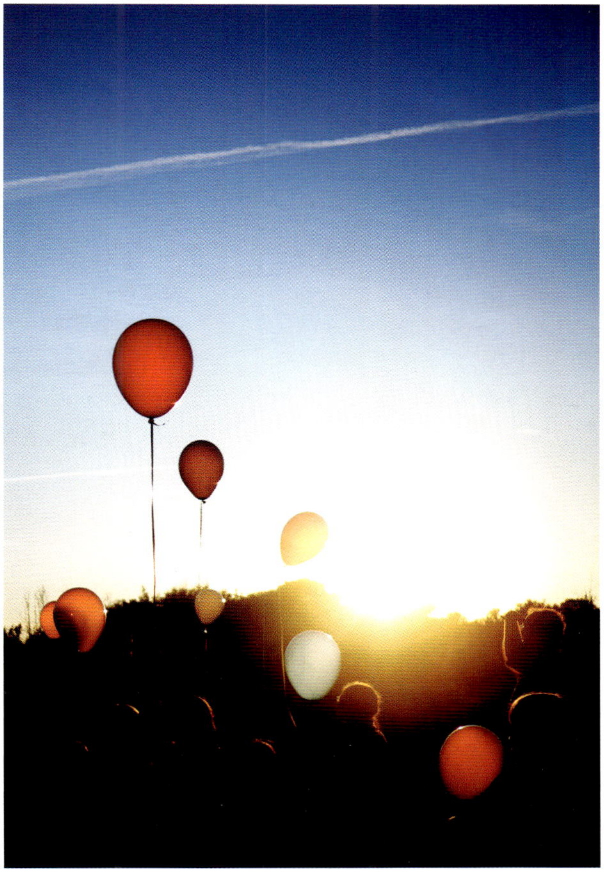

Cette photo montre des ballons rouges et orange, contrastant en teinte sur le ciel bleu. Ce dernier s'avère loin d'être uni ; il est affecté par un dégradé en luminosité, saturation et teinte (le dégradé est tout à fait naturel !). En effet, le ciel est plus clair à l'horizon et plus sombre en haut de l'image (luminosité) ; il est plus terne à l'horizon et, au contraire, très vif dans ses parties hautes (saturation). Enfin, le soleil couchant tend à colorer de jaune le bas du ciel tandis qu'il reste bien bleu par ailleurs (teinte).

En pratique

- Observez la couleur de quelques objets (photographiez éventuellement les sujets correspondants) à divers moments de la journée, sous différentes lumières. Discernez-vous leurs variations de luminosité, de saturation et de teinte ?
- Affichez un simple carré de couleur dans l'un de vos logiciels de retouche. Variez d'abord sa luminosité à l'aide des réglages que vous connaissez. Remarquez-vous comme nos logiciels ont parfois tendance à altérer la teinte quand on ne recherche qu'un changement de densité ?! Changez sa saturation, et enfin, variez sa teinte avec la Balance des blancs (curseur bleu/jaune et/ou vert/magenta).

Atelier

Variantes en teinte, luminosité et saturation

Cette image montre un reflet de fenêtres se confondant avec un ciel orageux que traverse un gros oiseau noir, le tout dans une ambiance assez « coucher de soleil ». Observons comment l'impact de la photo évolue selon le traitement couleur appliqué.

« *Chacune de ces retouches a été effectuée sur l'ensemble de l'image, à l'aide des logiciels présentés dans l'ouvrage. Vous pourrez vous-même appliquer, par la suite, ces rendus à certaines de vos photos.* »

Observation fine des variantes de rendu

Afin de mieux comprendre ce qui caractérise ces rendus, demandez-vous, devant chacune de ces photos :

- quel ordre de priorité d'impact pouvez-vous donner aux 3 composantes essentielles : fenêtres, oiseau et nuage clair ? Lequel attire votre œil en premier puis en second, sur telle ou telle variante ?
- comment vous pourriez caractériser l'atmosphère générée, sur chaque image.

Selon le traitement colorimétrique, l'attractivité de certaines zones de la photo change du tout au tout. Le nuage orangé, en particulier, perd en impact au fur et à mesure que l'on désature la photo. De plus, le rendu de la partie haute de l'image affecte l'intérêt que l'on a pour l'oiseau. Un ciel trop sombre empêche sa silhouette de bien se détacher, mais, surtout, un ciel plus bleu dirige notre regard vers l'oiseau plutôt que vers les fenêtres.

Parmi ces variantes de traitement, certaines génèrent une attractivité assez équilibrée des 3 sujets principaux (par exemple, la 2e version avec nuage orangé, oiseau ressortant sur ciel bleu et

Photo simplement optimisée

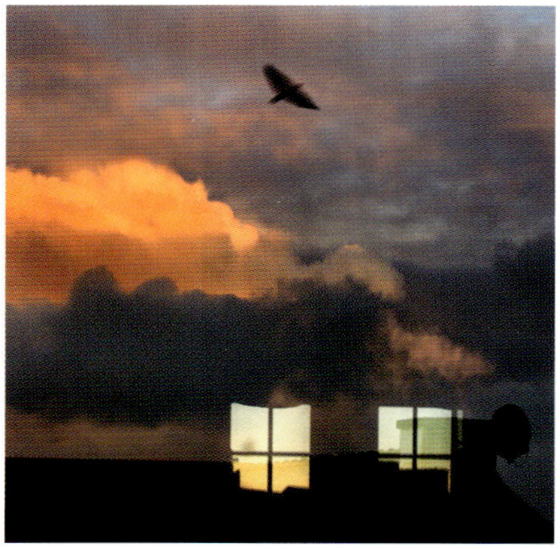

Couleurs naturelles

Ambiance plus froide

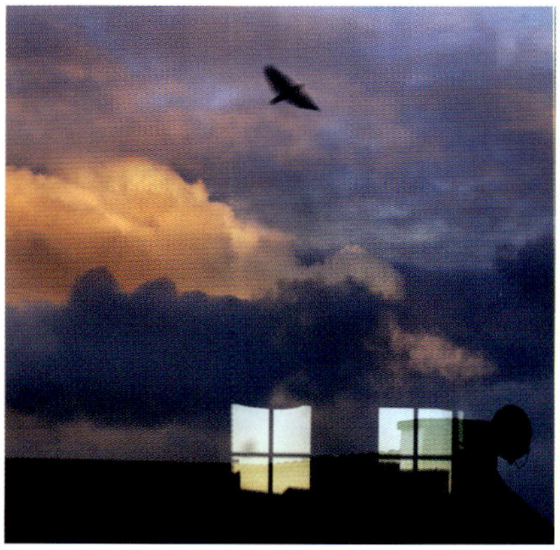

Variation de teinte : Balance des blancs à dominante bleutée

Ambiance plus sombre

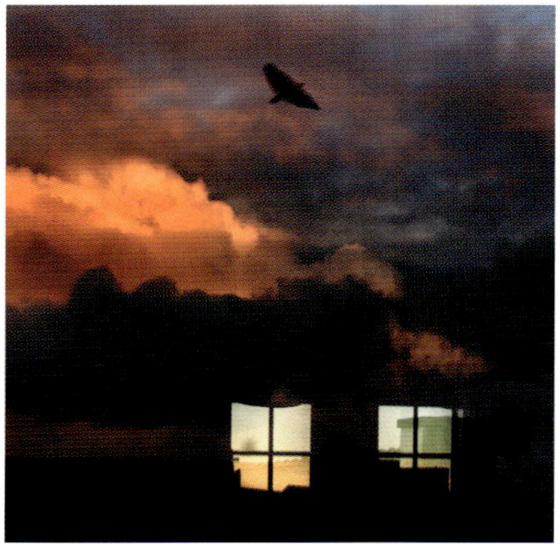

Variation de luminosité : assombrissement de la photo

fenêtres surgissant en clair sur fond sombre) tandis que d'autres influencent davantage le sens de lecture en mettant en retrait ou en avant l'un ou l'autre élément de l'image.

De plus, en ce qui concerne l'ambiance, des variations de teinte (balance des blancs) me permettent de passer d'un rendu chaleureux (voire un peu kitsch) très typé « coucher de soleil » à des atmosphères beaucoup plus dramatiques, plus orageuses, plus froides.

Un choix difficile

Il n'est pas évident de jeter son dévolu sur l'une ou l'autre variante, tant chacune des atmosphères est particulière et peut valoir le coup d'être mise en avant…

Avant de retravailler les couleurs de cette photo, la version de départ, aux teintes naturelles, me semblait tout à fait qualitative. Cependant, avoir modelé les teintes et testé différents rendus me conduit à préférer, à présent, les versions plus subtiles, dans lesquelles les couleurs jouent leur rôle sans pour autant sembler outrancières. Elles laissent ainsi plus de place à la matière fascinante des nuages et à l'ambiance orageuse.

Je choisirais donc finalement la version « Ambiance en demi-teintes » pour son intensité dramatique, pas même altérée par un bout de ciel bleu. Pourquoi ne pas réaliser quelques autres variantes proches de celle-ci pour affiner ma retouche et mon choix de rendu ?

Les réglages dédiés à la couleur offrent de nombreuses opportunités de rendu, tout en nuances. Chacun d'entre eux nécessite un dosage précis. Par la suite, combiner leurs effets élargira encore votre palette, pour des ambiances sur mesure !

« Ce que j'appelle "désaturation mesurée" consiste à diminuer la saturation des couleurs sans aller, toutefois, jusqu'au noir et blanc. J'évite, en revanche, l'expression "désaturation partielle". Celle-ci évoque généralement un traitement différencié visant à ne conserver que le sujet en couleur, l'environnement étant converti en pur monochrome. »

Ambiance en demi-teintes

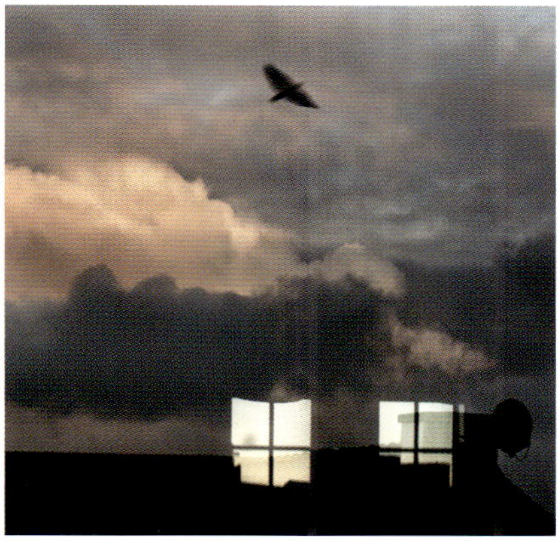

Variation de saturation : « désaturation mesurée » générant des couleurs pastel et/ou en demi-teintes

Ambiance froide en demi-teintes

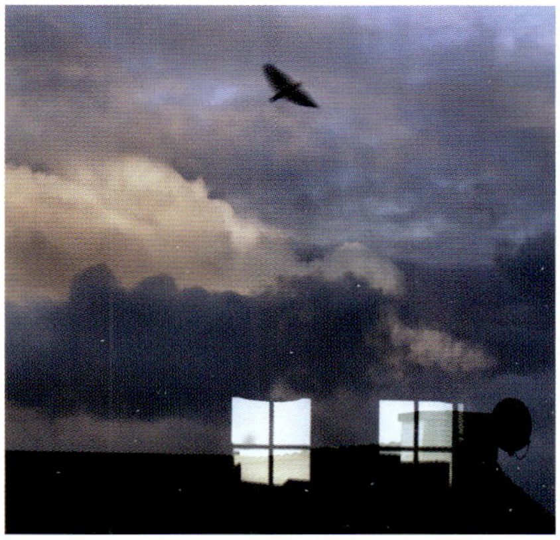

Variation de teinte et de saturation : Balance des blancs à dominante bleutée et désaturation mesurée générant des couleurs pastel et/ou en demi-teintes

Ambiance monochrome

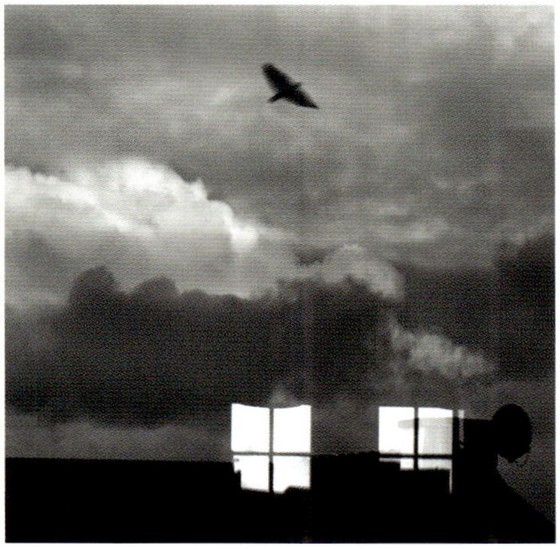

Variation de saturation : désaturation complète correspondant à une conversion en noir et blanc

Ambiance « gris orage » ou « sépia bleuté »

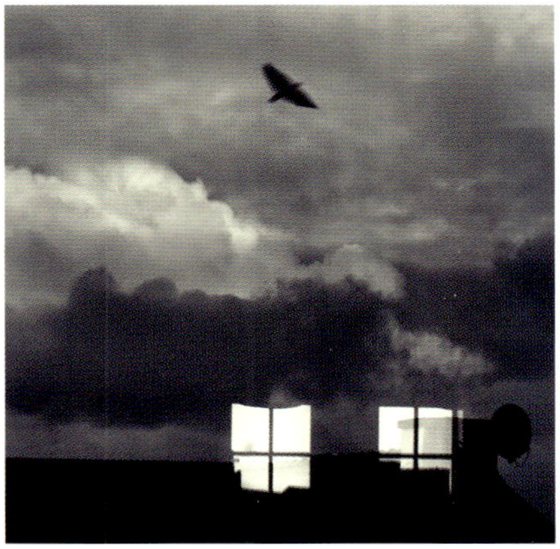

Variation de saturation et de teinte : désaturation complète et colorisation dans des teintes bleues et jaune clair (Balance des couleurs différenciée)

Impact d'une couleur : la luminosité

La saturation est souvent citée comme facteur contrôlant l'impact d'une couleur. La luminosité a, elle aussi, cependant, son rôle à jouer ! Voyons comment celle-ci influence la présence d'un sujet dans l'image.

Variations de luminosité sur une image

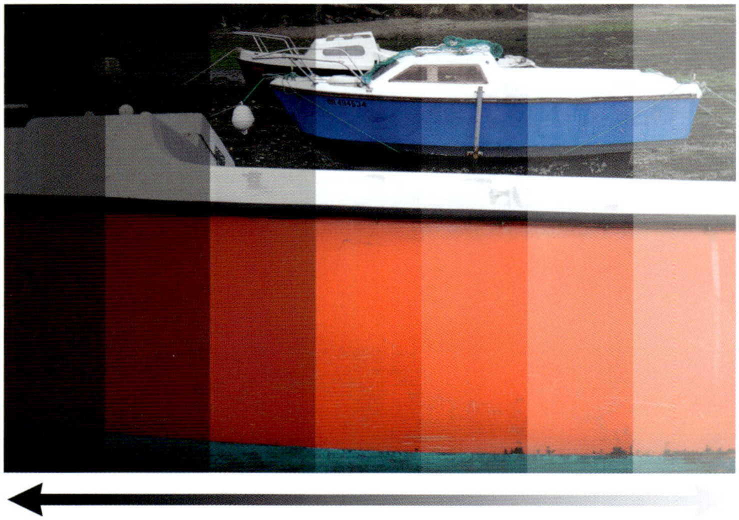

Plus sombre *Plus claire*

Ici, la saturation des couleurs ne change pas, et pourtant leur impact évolue selon la luminosité de la photo. Observez le rendu de l'image, dans les bandes situées aux extrémités droite et gauche. Une couleur d'une densité extrême n'a pas un bon impact ! Trop sombres ou trop claires, les couleurs ne sont pas jolies. Elles ont, en revanche, une présence optimale lorsque leur luminosité est intermédiaire (ici, au milieu de la photo).

La luminosité d'une couleur

Faisons varier la luminosité d'une couleur. Plus claire, elle paraît mélangée à du blanc tandis que, plus sombre, elle semble mêlée à du noir. Dans les deux cas, ce mélange d'une teinte marquante avec un ton neutre (noir ou blanc) a tendance à atténuer son impact, à rendre la couleur moins présente. Finalement, c'est donc dans les tonalités intermédiaires que les couleurs tirent leur épingle du jeu car, alors, elles sont pures et ne semblent additionnées ni de noir, ni de blanc. Voilà qui sera très intéressant à garder en tête lors de vos prochaines optimisations du contraste !

Retenez cependant que, d'une teinte à l'autre, la luminosité que l'on pourrait qualifier d'optimale pour l'impact couleur peut varier. Ainsi, le jaune et ses tons proches (vert chartreuse, orangé...) nécessitent une luminosité assez forte pour un bon impact couleur, sous peine de virer au jaune sale, kaki, ou brun. À l'inverse, les bleu roi, violet, indigo, rouge peuvent gagner en intensité ou, en tout cas, conserver une bonne présence colorée avec un rendu un peu plus dense. Là encore, votre œil sera seul juge !

Retouche : la luminosité au service de la couleur

Ainsi, il est intéressant d'envisager la retouche de la luminosité d'une photo (voir chapitres précédents) non seulement comme une manière d'améliorer l'image au niveau de ses densités mais aussi comme un moyen d'accentuer son impact coloré !

La mise en œuvre est toute simple. Puisqu'une densité intermédiaire donne à une couleur son meilleur impact, envisagez d'altérer la luminosité de l'image de manière à éloigner des extrêmes les couleurs qui vous intéressent (celles du sujet, généralement) pour les rapprocher, au contraire, des tons moyens.

- Si la couleur dont vous souhaitez améliorer l'impact vous semble sombre, optez plutôt pour un traitement qui éclaircit la photo (surexposition ou augmentation de la luminosité selon les cas, voir respectivement p. 64 et 66).
- Si, à l'inverse, la couleur à « booster » apparaît claire et pastel, optez pour un traitement qui assombrit la photo (diminution de la luminosité, voir p. 72).

Ainsi, par exemple, lorsque je vous engage à diminuer la luminosité de vos photos de ciel (voir p. 88), c'est pour vous pousser à renforcer leur matière mais aussi leur couleur ! Le ciel, en devenant plus dense, apparaît souvent également plus bleu.

Notez bien que, lorsque je parle ici de variation de luminosité, j'évoque un réglage qui ne s'effectue que « dans un seul sens » : *soit* éclaircissement, *soit* assombrissement.

Voyons, en page suivante, ce qu'une combinaison de retouches opposées visant à booster le contraste d'une image a comme conséquence sur l'impact de nos couleurs.

Photo brute

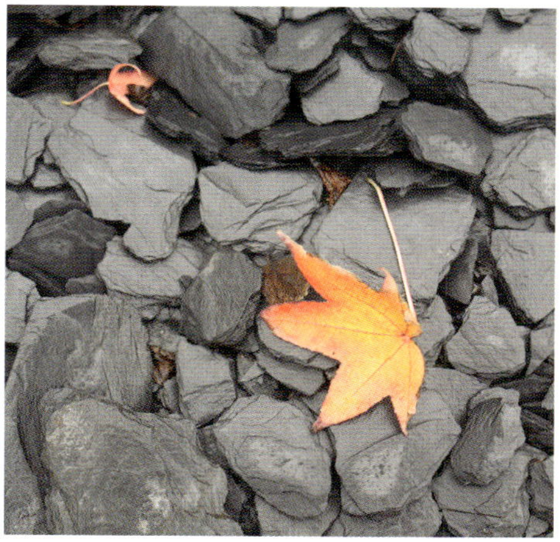

La photo brute, bien qu'ayant pour sujet une feuille morte assez colorée, me semble un peu fade. Je lui ai appliqué d'une part une optimisation du contraste (voir page suivante) et d'autre part une diminution de la luminosité. La première option avive légèrement les couleurs de l'image, mais donne, surtout, un meilleur rendu à l'arrière-plan constitué de morceaux d'ardoises, gris et texturés. La seconde, en rapprochant la luminosité de la feuille des tonalités intermédiaires, donne un bien meilleur impact au sujet (comme si l'on enlevait du blanc pour ne garder que la couleur elle-même) ; notre regard est moins attiré par les ardoises mais au contraire, aspiré par cette feuille d'automne à la teinte marquante, au rendu saturé et à la luminosité justement dosée.

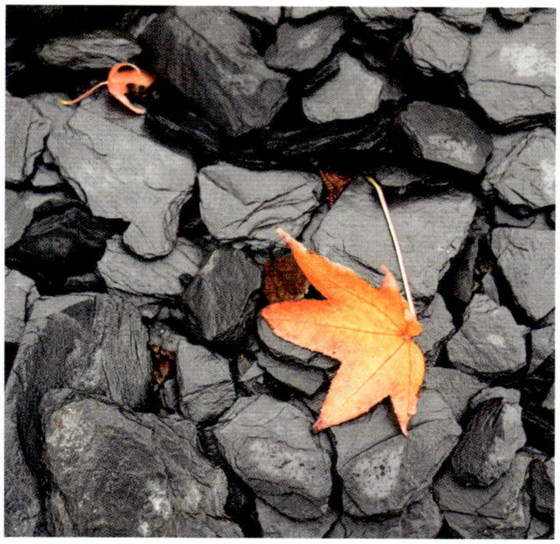

Optimisation du contraste

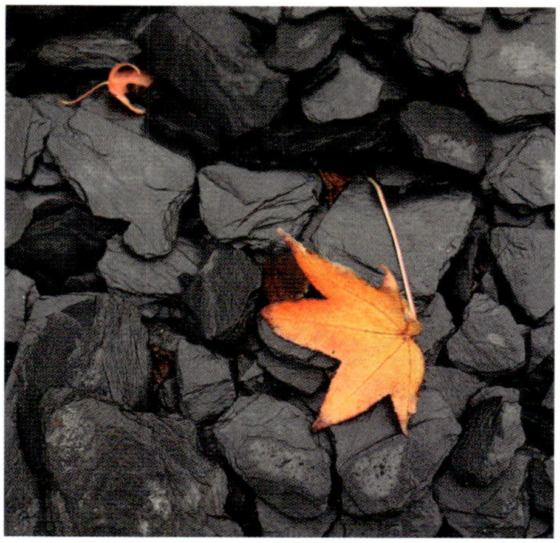

Diminution de la luminosité

En pratique

- Visionnez certaines de vos images, brutes ou retouchées. Quelles sont les zones de la photo où les couleurs semblent les plus présentes, les plus vives ? Ces zones se trouvent-elles sur le sujet ? Sur un autre élément ? À l'arrière-plan ? Les éléments colorés sont-ils un plus pour l'image ou plutôt une gêne ?
- Sur certaines de vos photos couleur, jouez avec le réglage de luminosité (assombrissement ou éclaircissement des tons intermédiaires) et observez comment les couleurs évoluent lorsque vous déplacez le curseur dans un sens ou dans l'autre. Certaines couleurs sont-elles mises en avant par un rendu plus sombre et d'autres par un rendu plus clair ? Quel réglage vous semble idéal pour mettre en valeur les couleurs de chacune de vos images ?

Impact d'une couleur : la saturation

Variations de saturation sur une image

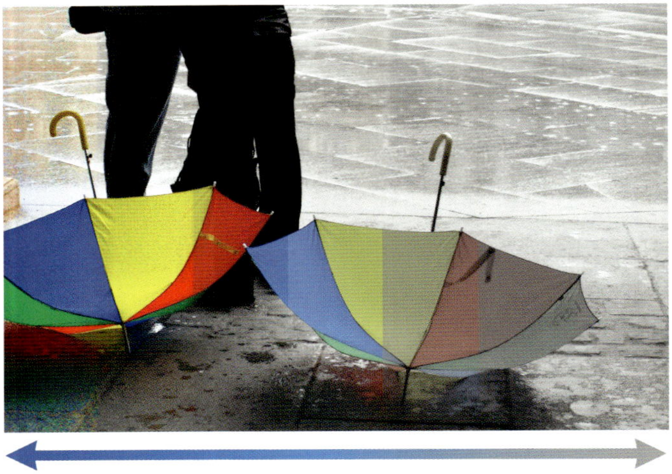

Cette fois, je module la saturation, sur une même photo. Celle-ci passe ainsi de colorée (à gauche) à grise (à droite). Observons l'image de gauche à droite. En augmentant trop fortement la saturation d'une photo (sursaturation), on fait apparaître des couleurs même aux endroits où il ne devrait pas y en avoir (sol, sur la partie gauche, le long du cadre). En diminuant progressivement la saturation en deçà de la normale, les couleurs deviennent plus ternes (elles apparaissent pastel si elles sont claires et comme un « gris coloré » si elles sont sombres) jusqu'à se changer en gris neutre (photo désaturée, en noir et blanc).

Et qu'en est-il du contraste alors ? Vous avez sans doute remarqué lors de vos manipulations précédentes qu'augmenter le contraste d'une image altérait ses couleurs et jouait, notamment, sur sa saturation.

Contraste et saturation

Lorsque vous augmentez le contraste d'une photo (réglage « dans les deux sens » : association d'un éclaircissement *et* d'un assombrissement), deux effets se combinent.

- D'une part, comme en page précédente, si l'un des réglages est plus marqué que l'autre, la luminosité de certaines couleurs peut se trouver modifiée, d'où une variation d'impact. Par exemple, si vous éclaircissez plus que vous n'assombrissez, vous améliorez naturellement le rendu d'une couleur auparavant trop sombre sur la photo brute, et *vice versa*.
- D'autre part, quand on augmente le contraste d'une image, c'est comme si le voile gris qui l'altérait disparaissait soudain : les couleurs apparaissent plus saturées. Elles sont plus vives et plus pures (la palette de la p. 100 montre bien qu'une couleur moins grise est une couleur plus saturée).

Question de vocabulaire

Comme luminosité et saturation interagissent souvent pour contrôler l'impact d'une couleur, il n'est pas toujours facile de distinguer l'action de chacun de ces paramètres.

En effet, une couleur semble parfois devenir plus claire ou plus foncée alors qu'on la désature (comme sur la palette saturation de la p. 100). De plus, quand la luminosité d'une couleur s'approche d'une densité intermédiaire, la couleur semble plus vive. Il est facile d'y perdre son latin !

Dans la pratique, ces confusions possibles ne sont pas très gênantes, car ce n'est pas le vocabulaire qui importe mais bien le rendu de votre photo.

Le schéma ci-contre vous aidera à mieux repérer comment luminosité et saturation interagissent pour accentuer ou mettre en retrait les couleurs de votre image.

LUMINOSITÉ →

COULEUR	Claire	De densité moyenne	Sombre
Saturée	Pastel	Vive	En demi-teinte
Classique	Fade	Couleur de départ	Dense
Modérément désaturée	Presque grise	En demi-teinte	« Gris coloré »

SATURATION ↕

Comme en témoigne ce tableau combinant les effets de la luminosité et de la saturation sur le rendu des couleurs, l'impact le plus fort d'une couleur est obtenu lorsqu'elle est saturée, et de densité moyenne. La combinaison saturation + forte luminosité génère des couleurs pastel. Assombrir ou désaturer modérément une couleur assez vive conduit à lui donner un rendu plus nuancé, en demi-teinte et à la changer en « gris coloré ».

Retouche : le contraste au service de la couleur

Ainsi, l'optimisation du contraste a pour « effet secondaire » de saturer les couleurs. Mais alors, vaut-il mieux exploiter cette propriété pour obtenir une photo plus colorée, ou plutôt passer par une augmentation directe de la saturation *via* un outil de réglage dédié ?

Les différentes variantes d'une même image, présentées ci-dessous, témoignent de l'écart de rendu découlant d'une optimisation du contraste et d'une saturation directe. La saturation a tendance à inonder uniformément l'image de couleurs, ce qui n'a pas vraiment pour résultat de dynamiser son rendu ! À l'inverse, lorsque l'on joue sur le contraste, la retouche s'avère plus « différenciée ». Le caractère avivé des couleurs se mêle à des densités plus tranchées qui génèrent un impact meilleur. Certaines zones deviennent alors plus vives et sont mises en avant tandis que d'autres voient leur rendu préservé et restent plus neutres (en particulier les zones les plus sombres et claires… question de luminosité !). Selon le rendu souhaité et la photo concernée, associer une saturation à une optimisation du contraste peut être une bonne option pour concilier dynamique d'image et intensité des couleurs.

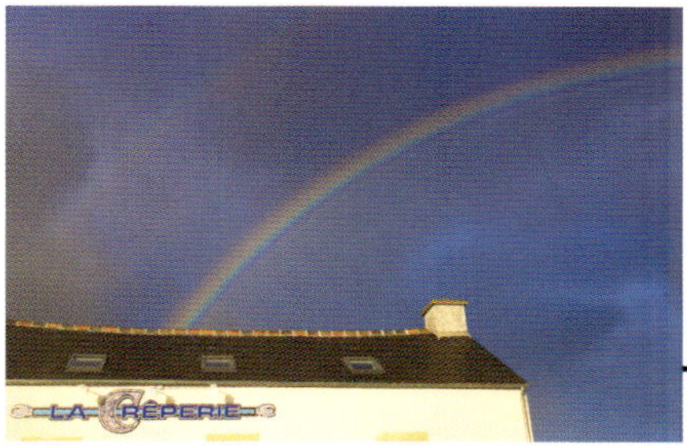

Saturation des couleurs

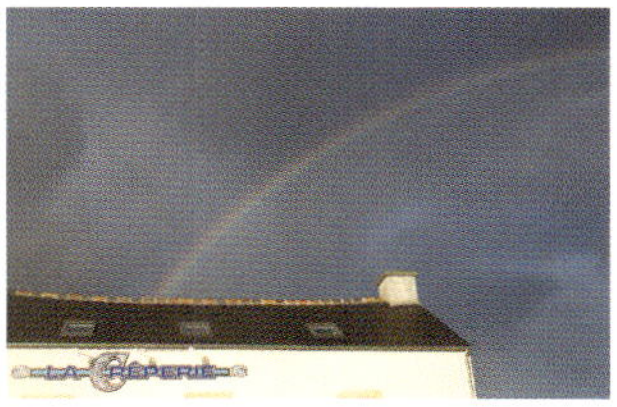

Photo brute

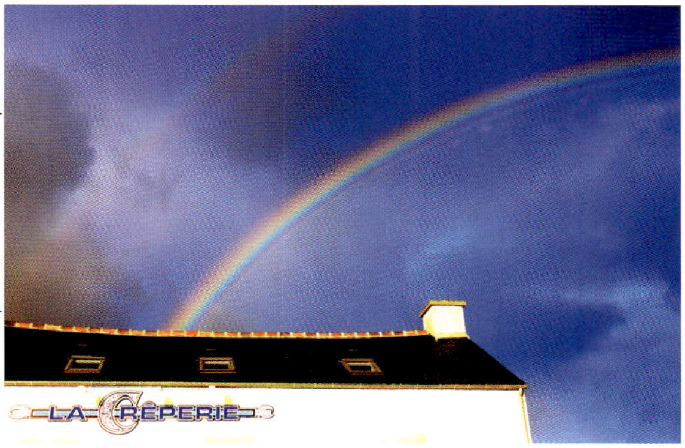

Optimisation du contraste suivie d'une saturation

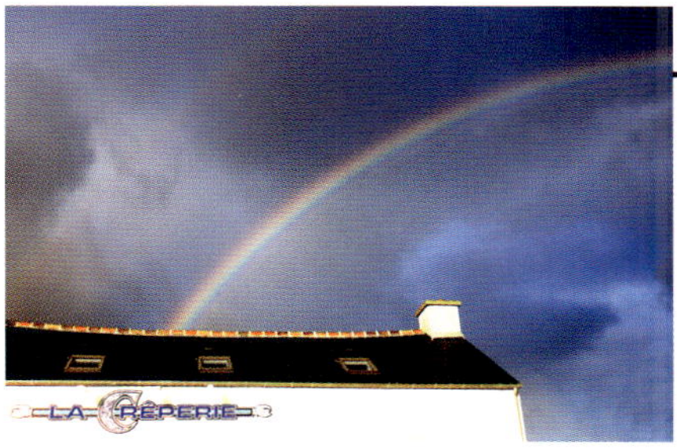

Optimisation du contraste

En pratique

Convertissez quelques photos en noir et blanc en déplaçant le curseur Saturation vers la gauche. Comment évolue l'impact des images ? Quels éléments apparaissent alors plus visibles ou au contraire moins présents ? Passez plusieurs fois de la version couleur à la version monochrome afin de vous en faire une idée plus précise. Testez aussi une sursaturation ! Décidez, finalement, si la couleur apporte quelque chose à l'image concernée et si celle-ci est bien gérée ou si, au contraire, il faudrait envisager de la retravailler ou de la faire disparaître par une conversion noir et blanc.

Teinte et impact relatif d'une couleur

Alors que luminosité et saturation contrôlent l'intensité d'une couleur, les teintes vont nous permettre de jouer avec l'harmonie ou l'opposition entre couleurs, et de les faire davantage interagir entre elles.

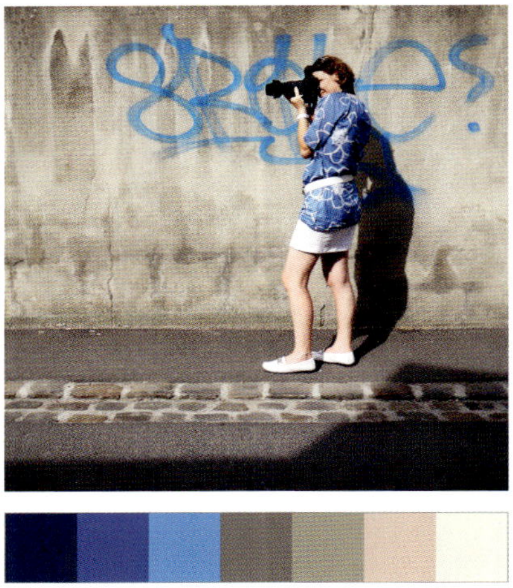

Sur cette photo, la similitude entre les tonalités bleues du vêtement et du graffiti étonne, interpelle et donne une cohésion visuelle à ma composition. Cet effet caméléon lie le sujet au décor.

Impact absolu et relatif

La teinte elle-même (ce que l'on appelle classiquement « la couleur » d'un élément) joue un rôle dans l'impact que peut avoir un sujet.

Tout d'abord, les couleurs chaudes sont généralement plus attractives que les couleurs froides, quel que soit le contexte dans lequel elles sont présentées. N'hésitez donc pas à abuser des rouge, orange, rose de différentes nuances !

Cependant, c'est essentiellement la manière dont un sujet coloré interagit avec son environnement qui le rend visuellement fort ou au contraire le place en retrait. Ainsi, le rouge est aussi une couleur intense parce qu'il se place souvent en opposition avec le vert de la végétation, le bleu du ciel et même les tons neutres de la pierre et du sable !

Comme pour les densités (voir p. 30), c'est donc, sans aucun doute, le contraste entre les couleurs, leur impact relatif dépendant des autres teintes côtoyées, qui détermine l'intensité visuelle qu'elles peuvent avoir dans nos images. Développons cet aspect en étudiant quelques modèles d'interactions colorées.

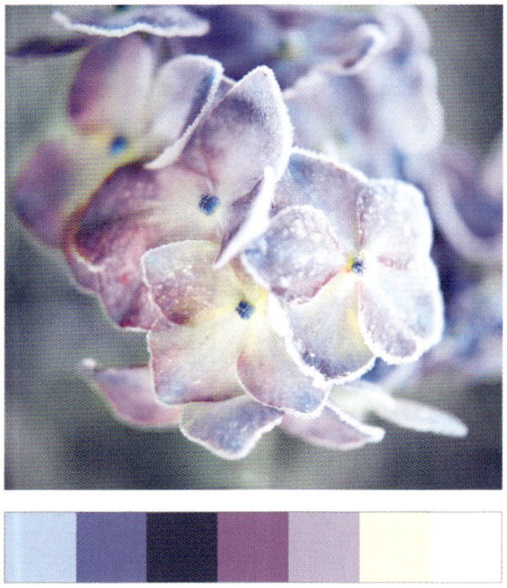

Cette image véhicule une grande harmonie, avec son camaïeu dans les tons bleu-violet, alliant douceur et couleur. Les dégradés subtils donnent du volume au sujet sans que celui-ci paraisse pour autant bariolé.

Cohérence de teintes

Pour faire un lien entre différentes composantes de votre image, rien de tel qu'un rappel de teintes ! Recherchez, dans votre environnement, plusieurs éléments qui apparaissent approximativement « de la même couleur » (teinte mais aussi luminosité et saturation sensiblement identiques).

Ces cohérences de couleurs vous permettront d'améliorer la cohésion visuelle des photos.

Harmonie ou camaïeu

Ici, c'est encore la ressemblance qui domine, même si elle est nuancée par des variations en teinte, luminosité et/ou saturation. Quand vous saisissez un ensemble de végétaux, dans la nature, par exemple, vous associez différentes tonalités de vert, émeraude, vert tendre ou tirant vers le jaune, plus ou moins vives et/ou lumineuses. La couleur évolue alors sans heurt au sein de l'image, formant de multiples dégradés.

Se limiter ainsi à une palette de tons proches génère des images apaisantes, harmonieuses, et agréables à l'œil.

Contraste chromatique

Des couleurs tranchées, opposées, produisent des photos fortes visuellement, à l'impact décuplé. Plus les couleurs sont éloignées entre elles sur le fameux cercle chromatique, plus on s'éloigne du camaïeu pour produire un contraste intense. Les teintes complémentaires constituent le summum du clash coloré : exploitez les duos rouge/vert, bleu/orange ou jaune/violet !

Une photo jouant sur ces oppositions apparaîtra plus agressive mais aussi plus « tape-à-l'œil » dans le bon sens du terme : rien de tel pour faire ressortir un sujet coloré que de le présenter sur un arrière-plan à la teinte tranchée !

Dans un degré moindre, associer une couleur à l'impact visuel fort (saturée, de luminosité idéale) à d'autres éléments ternes et peu colorés constitue une autre forme de contraste que l'on peut exploiter pour faire ressortir un sujet.

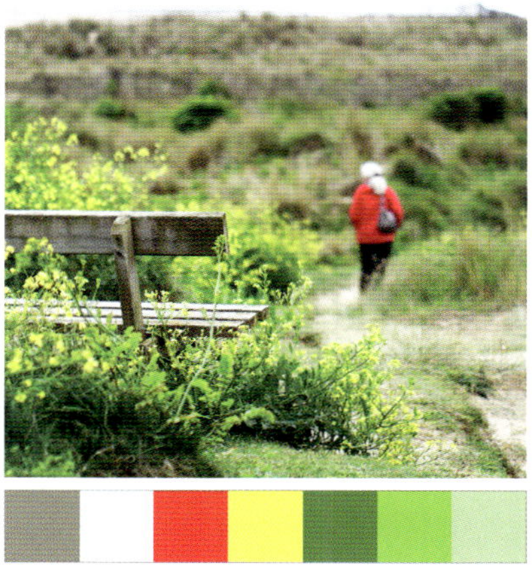

Ici, c'est le contraste violent entre vêtement rouge et environnement vert qui saute aux yeux. Les teintes complémentaires génèrent un clash coloré intense visuellement ! Remarquez cependant que le vert n'est pas uni : il forme un camaïeu harmonieux allant du jaune au vert sombre qui, associé au flou de profondeur de champ, rend la photo plus subtile et plus agréable à l'œil.

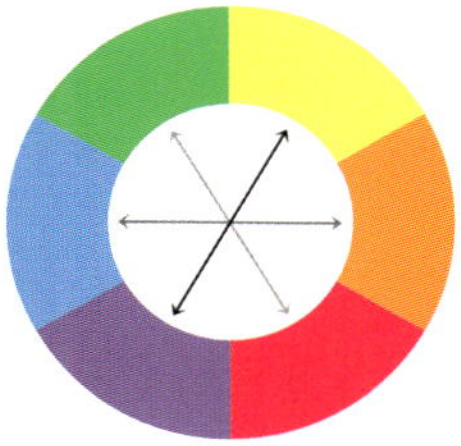

Sur le « cercle chromatique », les couleurs qui se répondent face à face sont considérées comme complémentaires : couples vert/rouge, jaune/violet, et bleu/orange. Dans vos photos, exploitez ces oppositions en toute liberté et de façon nuancée : associez aussi le bleu avec du jaune ou du rouge, le vert avec du orange ou du violet et ainsi de suite !

À la prise de vue mais aussi à la retouche

La prise de conscience de l'importance des interactions entre couleurs dans une scène et, *a fortiori,* dans une image constitue une grande aide, en prise de vue, pour composer des photos fortes, tantôt contrastées, tantôt harmonieuses.

Elle est également essentielle pour la mise en œuvre de nos retouches qui pourront, elles aussi, être réalisées en allant dans le sens de l'harmonie ou encore du contraste. Comme vous pouvez le constater dans les exemples donnés au fil des pages, ces différentes approches peuvent se concilier pour des images riches et tout à la fois apaisantes et dynamiques.

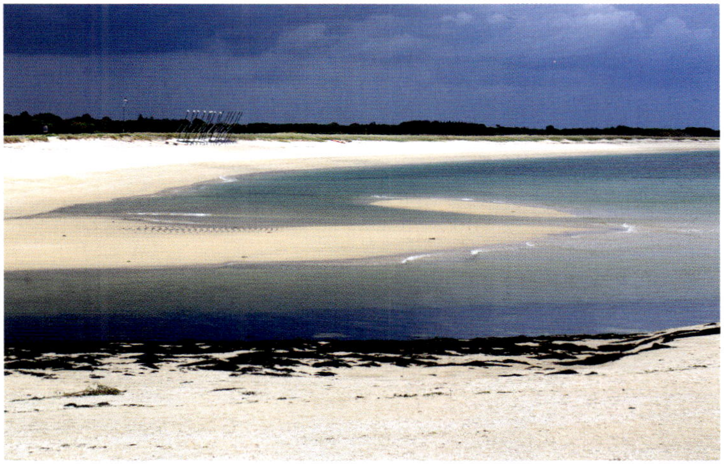

Étonnamment, cette image, qui me semblait assez simple lorsque je l'ai prise, combine les trois types d'associations de couleurs possibles. Le rappel entre ciel et mer crée une cohérence, le camaïeu de bleus de l'eau, allant du turquoise à l'outremer, amène une harmonie, tandis que le contraste, ici entre une couleur très présente (le bleu) et des zones neutres (sable), dynamise et structure l'ensemble. Les spirales de sable et d'eau semblent s'enrouler l'une dans l'autre, au centre de l'image...

En pratique

Choisissez une couleur sur laquelle cibler vos prises de vue. Par la suite, réalisez différents types d'images contenant cette teinte : cohérence de couleur en associant au moins deux sujets de même teinte, camaïeu en déclinant votre couleur en différentes nuances, dans une même photo, et bien évidemment en contraste en l'associant à d'autres couleurs fortes au rendu opposé (attention, les couleurs doivent se toucher entre elles pour un impact optimal : déplacez-vous dans l'espace pour rapprocher vos sujets colorés).

Caractériser les couleurs pour mieux les retravailler

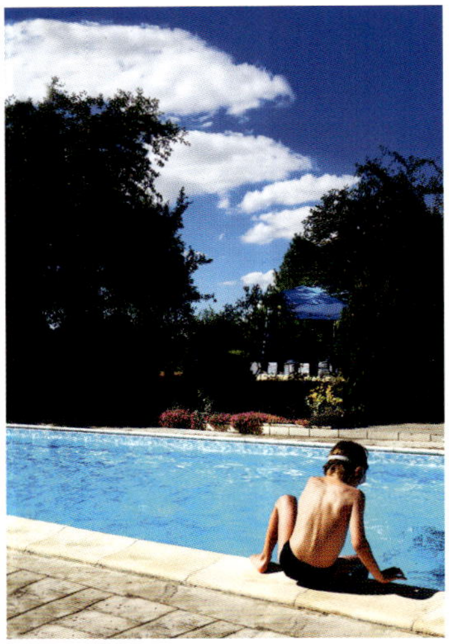

Aiguiser notre perception des couleurs constitue un vrai atout pour la retouche. Cependant, les logiciels que nous utilisons n'ont pas exactement la même perception des couleurs que nous et la manière dont ils regroupent les teintes en « gammes » peut parfois être assez trompeuse. Étudions rapidement cette structuration particulière des couleurs afin de mieux la comprendre.

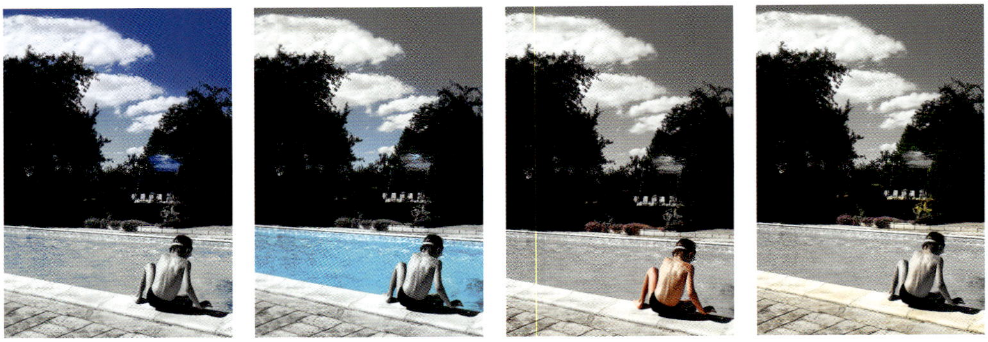

Cette photo nous semble dominée par le bleu, que nous identifions naturellement dans le ciel et l'eau de la piscine. Votre logiciel de retouche distingue, lui, dans ce que vous considérez comme du bleu, deux couleurs différentes. Comparez ciel et eau de la piscine. Alors que le premier est majoritairement composé de bleu, la seconde est d'une couleur plus turquoise, que l'on appelle « cyan ». Le ciel montre un dégradé : cyan à l'horizon, sa teinte glisse vers le bleu, en haut de la photo. Les autres gammes surgissent par touches pour un léger contraste en teinte. La peau bronzée de l'enfant est rouge, les fleurs, à l'arrière-plan mêlent rouge et magenta. Enfin, une plante franchement jaune égaye le fond de l'image tandis qu'une dominante juste jaunâtre teinte les dalles entourant la piscine.

« La division en 6 gammes est la plus classique mais d'autres systèmes existent aussi. Darktable distingue 7 gammes de teintes, et Lightroom 8. »

6 gammes à distinguer

Nos logiciels de retouche distinguent habituellement 6 couleurs. Comme il existe une infinité de teintes, chacune d'entre elles regroupe, en réalité, différentes nuances plus ou moins proches.

Ainsi, pour un logiciel, les Jaunes s'échelonnent bien au-delà de ce qui nous apparaît franchement jaune, voire même entre jaune citron et poussin. Ceux-ci vont, en effet, du vert vif à l'orangé assez marqué. Une photo qui vous paraît très verte peut donc être presque intégralement constituée de jaune au sens logiciel !

Soyez sans crainte : réaliser une « désaturation test » de l'une ou l'autre gamme de teintes de votre image (voir p. 120-121) vous aidera à savoir à quels endroits telle ou telle couleur est présente et à caractériser la teinte de vos sujets.

Retenez aussi qu'un sujet, même uni, n'est pas toujours constitué d'une seule gamme de teintes ! Pour retravailler sa couleur, vous devrez parfois agir sur deux gammes qui se suivent (par exemple, sur le rouge et le jaune si votre sujet est orange).

Les gammes de teintes logicielles

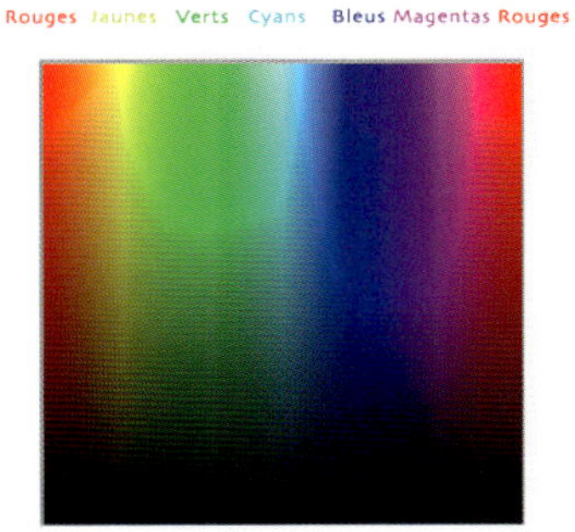

Voici les gammes de couleurs que la plupart des logiciels distinguent.

- **Rouges.** Du carmin au vermillon, cette gamme ne réserve pas trop de surprises. Apprenez simplement à repérer quand votre sujet n'est pas rouge mais plutôt rose fuchsia car alors, sa teinte sera considérée comme du magenta (voir fin de liste).
- **Jaunes.** Très présente dans nos images, cette gamme englobe des tonalités que nous ne considérons pas forcément comme du jaune, notamment des verts, même assez francs. Le jaune correspond donc à des teintes allant de l'orangé au vert tendre.
- **Verts.** Cette gamme de teintes est finalement peu présente dans nos images et semble se restreindre à un vert moyen assez sombre. Les verts plus clairs sont déportés dans les Jaunes. De plus, dès que le vert apparaît légèrement bleuté, il appartient aux Cyans (voir ci-dessous).
- **Cyans.** Certaines teintes, perçues comme « bleues », font partie de la gamme des Cyans. Il s'agit des tonalités relativement turquoise, « bleu piscine », voire bleu ciel.
- **Bleus.** Ainsi, seuls des tons de bleu vraiment francs sont considérés comme tels par nos logiciels. Pensez bleu Klein voire outremer. La plupart des bleus perçus sont en réalité constitués d'un mélange entre cyan et vrai bleu.
- **Magentas.** Le magenta, qui correspond au rose vif, est assez rare, tout comme le vert. Cette gamme est caractérisée par des dominantes rose violacé : fuchsia ou rose bonbon. Dès que l'on s'éloigne trop du rose-violet, on retombe facilement sur le rouge (voir début de liste).

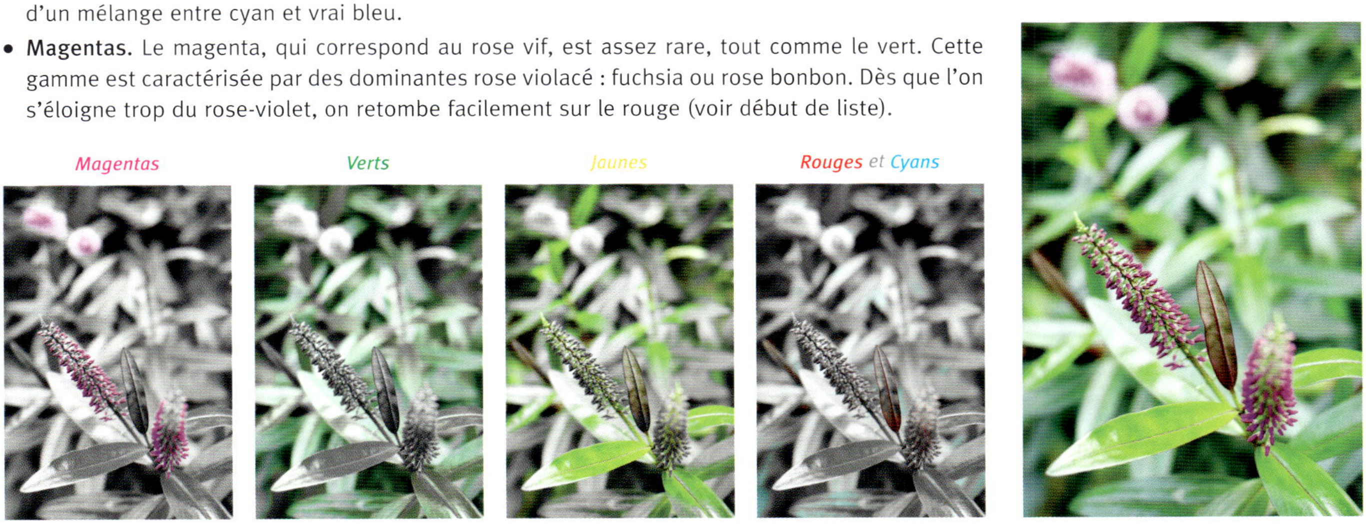

Cette photo, qui apparaît d'emblée rose et verte, est composée des différentes gammes de tons (sauf le bleu), plus ou moins représentées. Sans surprise, les fleurs sont bel et bien magenta. Les feuillages, en revanche, sont composés à la fois de vert, de jaune et de quelques touches de cyan. Enfin, certaines parties de la plante sont également bordées de rouge sombre.

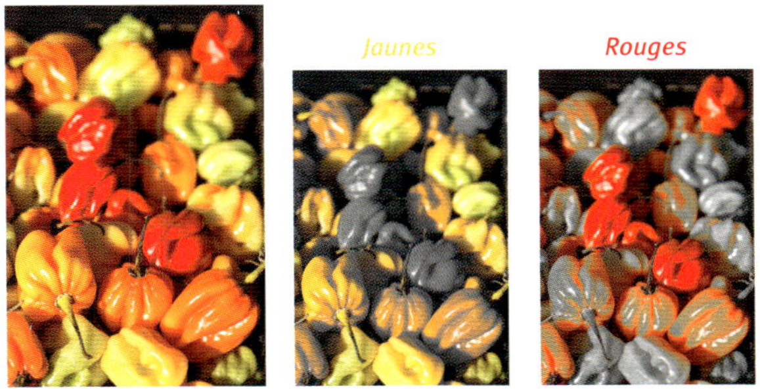

Cette vue en camaïeu est constituée de rouges et de jaunes qui se juxtaposent plus qu'ils ne se mélangent, comme le mettent en avant les versions désaturées partiellement. Ainsi, les poivrons qui apparaissent orange sont, en réalité, jaunes sur leurs parties claires et/ou éclairées et plutôt rouges dans les ombres. Ce n'est que dans les transitions entre zones claires et zones sombres qu'un mélange s'effectue entre jaune et orange.

Variations de teinte : la température de couleur

Comme la luminosité et la saturation, la teinte d'une couleur n'est pas fixe et varie selon les conditions de prise de vue. En effet, la température de la source lumineuse en présence se caractérise par une dominante colorée qui altère le rendu de nos sujets : c'est la température de couleur.

Variations de teinte sur une image

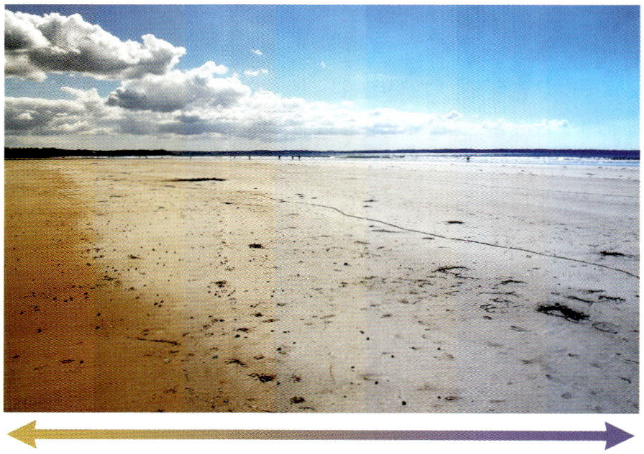

Plus jaune *Plus bleu*

J'ai artificiellement projeté, sur cette image, différentes heures du jour. À gauche, les tonalités chaleureuses évoquent une zone éclairée ou saisie en fin de journée, tandis qu'à droite, les dominantes rappellent une zone d'ombre ou une prise de vue à la tombée de la nuit. Le sable, de couleur assez neutre, révèle particulièrement les variations de température de couleur tandis que le ciel, déjà coloré, montre une teinte presque constante.

En lumière naturelle

La lumière naturelle que nous recevons du soleil n'est pas immuablement indexée sur le blanc « lumière du jour ». À midi, elle est blanche mais, au fur et à mesure que l'on s'éloigne du milieu de journée, elle prend une teinte plus dorée (lumière du matin et du soir), puis devient bleue (aube et crépuscule) avant de laisser place à la nuit. Un sujet, photographié à l'une ou l'autre heure de la journée, apparaît teinté par la lumière ambiante.

Dominantes électriques

La lumière électrique montre, elle aussi, des dominantes de couleur : jaune orangé pour nos ampoules classiques (incandescentes), blanc bleuté ou vert pour d'autres éclairages... Lampes, projecteurs et enseignes colorés peuvent, de plus, projeter une grande variété de teintes sur notre environnement !

Le réglage de balance des blancs WB

Sur nos appareils comme sur nos logiciels, le réglage de la balance des blancs nous permet de corriger ou d'accentuer les dominantes, voire de les créer de toutes pièces. Il est abrégé WB (« white balance », en anglais).

La couleur de l'éclairage change tout au long de la journée. Au lever de soleil, les tonalités sont très orangées (a). Vers 10 h, les nuages conservent une teinte légèrement jaune (b). À 14 h (midi au soleil), nous bénéficions d'une lumière blanche pure et sans dominante (c). Dès lors que le soleil commence à décliner, l'éclairage ambiant se teinte à nouveau de jaune et d'orangé jusqu'à devenir presque rouge (éclairage rasant lors du coucher de soleil, d). Entre chien et loup, au crépuscule, c'est le bleu qui domine, générant des ambiances froides dont surgissent quelques touches chaleureuses provenant de nos éclairages domestiques (e). Enfin, de nuit, les éclairages de nos villes peuvent être de teintes variées, selon qu'ils sont à incandescence, au sodium, au mercure ou au néon (f et g).

a

b

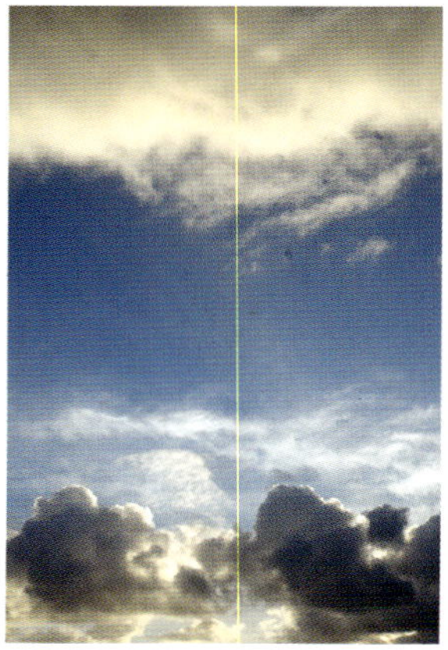

c

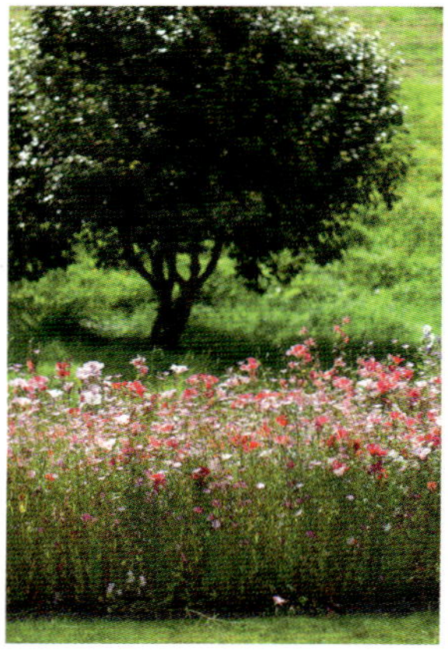

« Que le dosage se fasse en partie dès la prise de vue ou totalement à la retouche, vous verrez que je ne prône pas la balance des blancs parfaite (aucune dominante) ! Celle-ci a en effet tendance à générer des ambiances "hôpital", à la lumière blanche manquant terriblement de chaleur et de personnalité. L'enjeu consiste donc, pour nous, à trouver le réglage permettant de conserver une part de la dominante sans que celle-ci ne dévore les autres couleurs. »

Le réglage WB Auto de nos appareils vise à limiter les dominantes. Voilà qui est bien utile pour mettre en valeur la couleur intrinsèque d'un sujet, mais s'avère parfois fâcheux quand l'appareil annihile complètement la belle couleur d'ambiance que vous souhaitiez saisir, notamment de nuit ! N'hésitez donc pas à moduler ce réglage, dès la prise de vue, pour obtenir la colorimétrie escomptée, même si cela vous conduit à régler votre boîtier en mode « ensoleillé », à minuit !

Cependant, au format RAW, vous n'avez pas besoin de régler la balance des blancs à la prise de vue car celle-ci sera ajustée lors du développement RAW.

Mélange de teintes...

La température de couleur correspond donc à la teinte de l'éclairage ambiant, qui se mêle à la couleur de notre sujet pour l'altérer. Un élément rouge, capté sous une lumière dorée au soleil couchant, verra ainsi sa couleur additionnée de jaune ; le sujet apparaîtra vermillon voire orangé. Si vous photographiez, en revanche, ce même élément rouge entre chien et loup, la luminosité ambiante bleutée le teintera de bleu, le montrant carmin voire violacé.

Cependant, ce sont les éléments neutres et clairs du décor qui sont le plus vite altérés par la dominante de l'éclairage. Ainsi, le trottoir gris clair devient plus vite orangé ou bleuté que le panneau indicateur rouge. Ceci va nous être très utile pour influencer l'ambiance chromatique de nos images, dans le cadre d'une retouche globale, sans pour autant dénaturer la couleur de nos sujets !

Enfin, l'alternative cohérence/harmonie/contraste présentée p. 108 est toujours valable ici, bien sûr. Rapprocherez-vous les teintes de l'environnement de celles du sujet, à l'aide de la balance des blancs, pour rendre la photo plus harmonieuse ? Ou creuserez-vous plutôt l'écart pour générer un contraste plus fort ? Tel un metteur en scène de spectacle qui choisit quels projecteurs privilégier pour mettre en valeur telle ou telle scène, vous pourrez subtilement choisir votre éclairage, et cela, même en lumière naturelle !

En pratique

- Testez plusieurs réglages de balance des blancs, sur votre appareil (bouton ou menu WB) : Lumière du jour, Nuageux, Tungstène, Néon... Observez la manière dont l'ambiance de l'image évolue selon le réglage !
- Visionnez certaines de vos images et tentez de repérer leurs dominantes subtiles : jaunâtre, orangée, bleutée, etc.

d

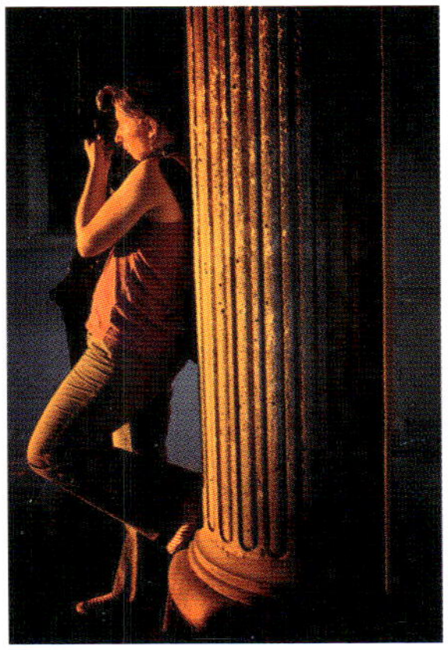

e

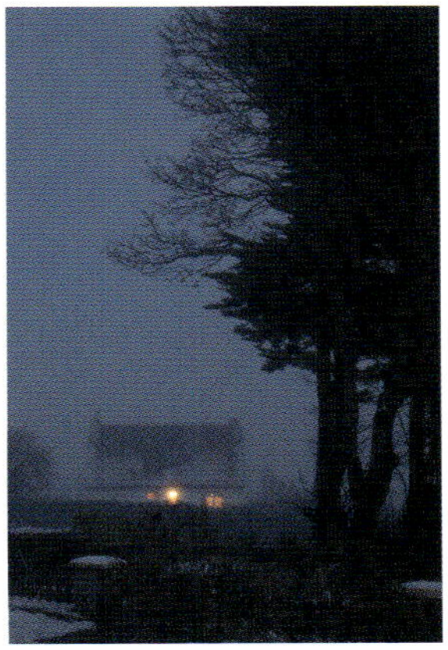

f

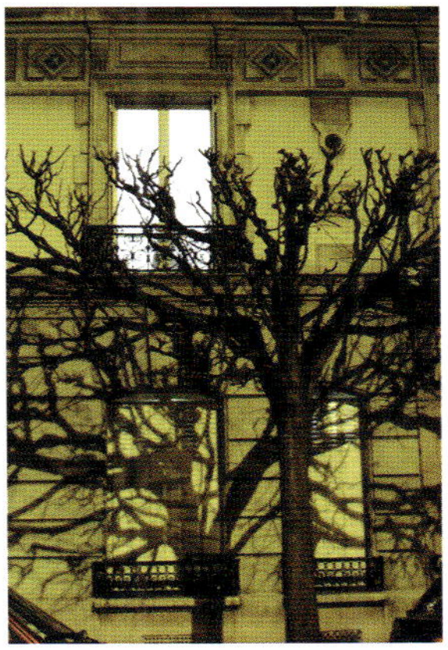

g

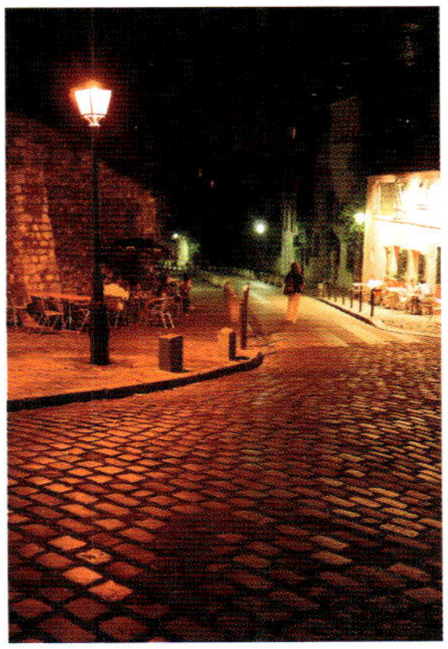

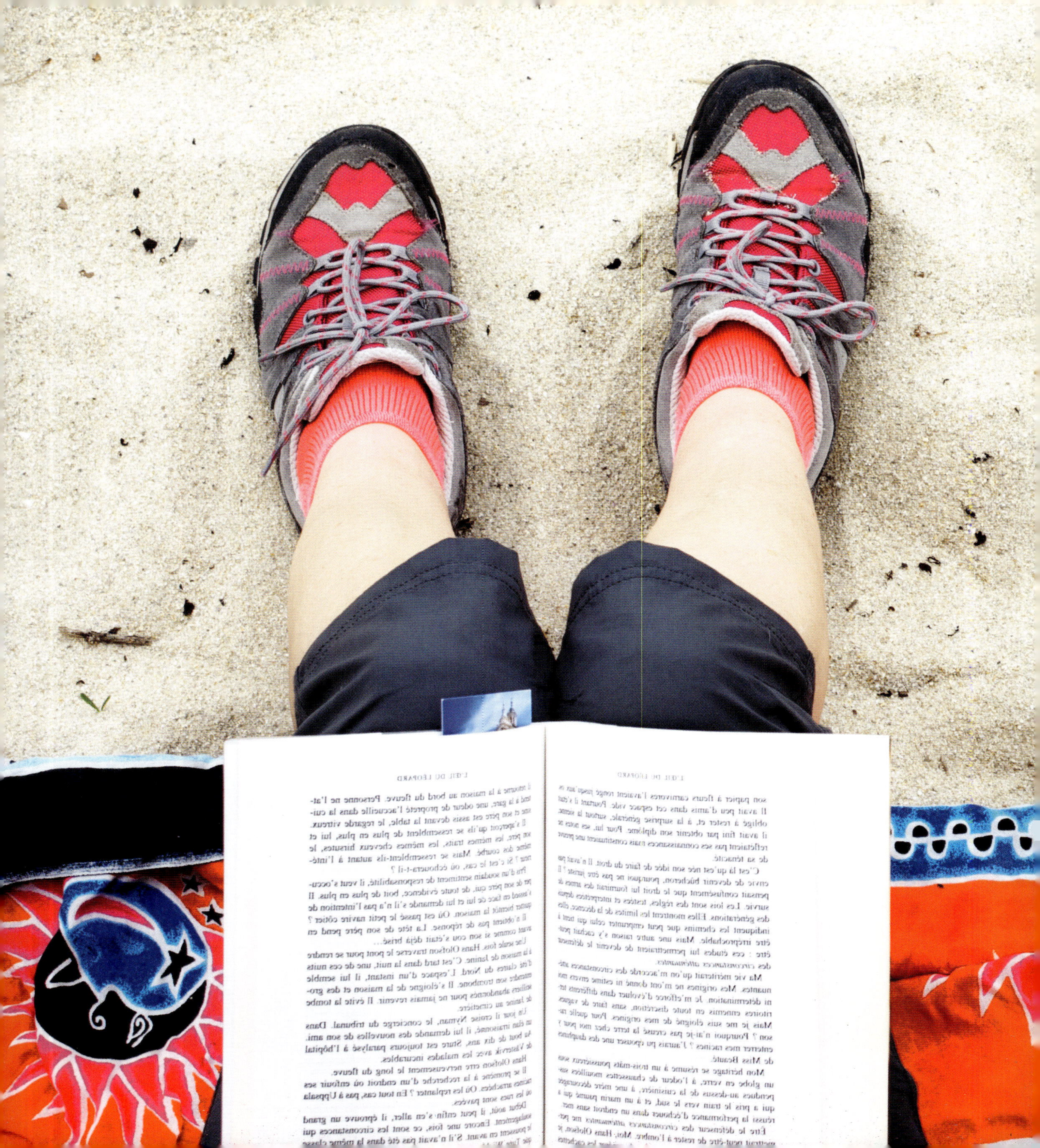

Retouche des couleurs par gammes de teintes

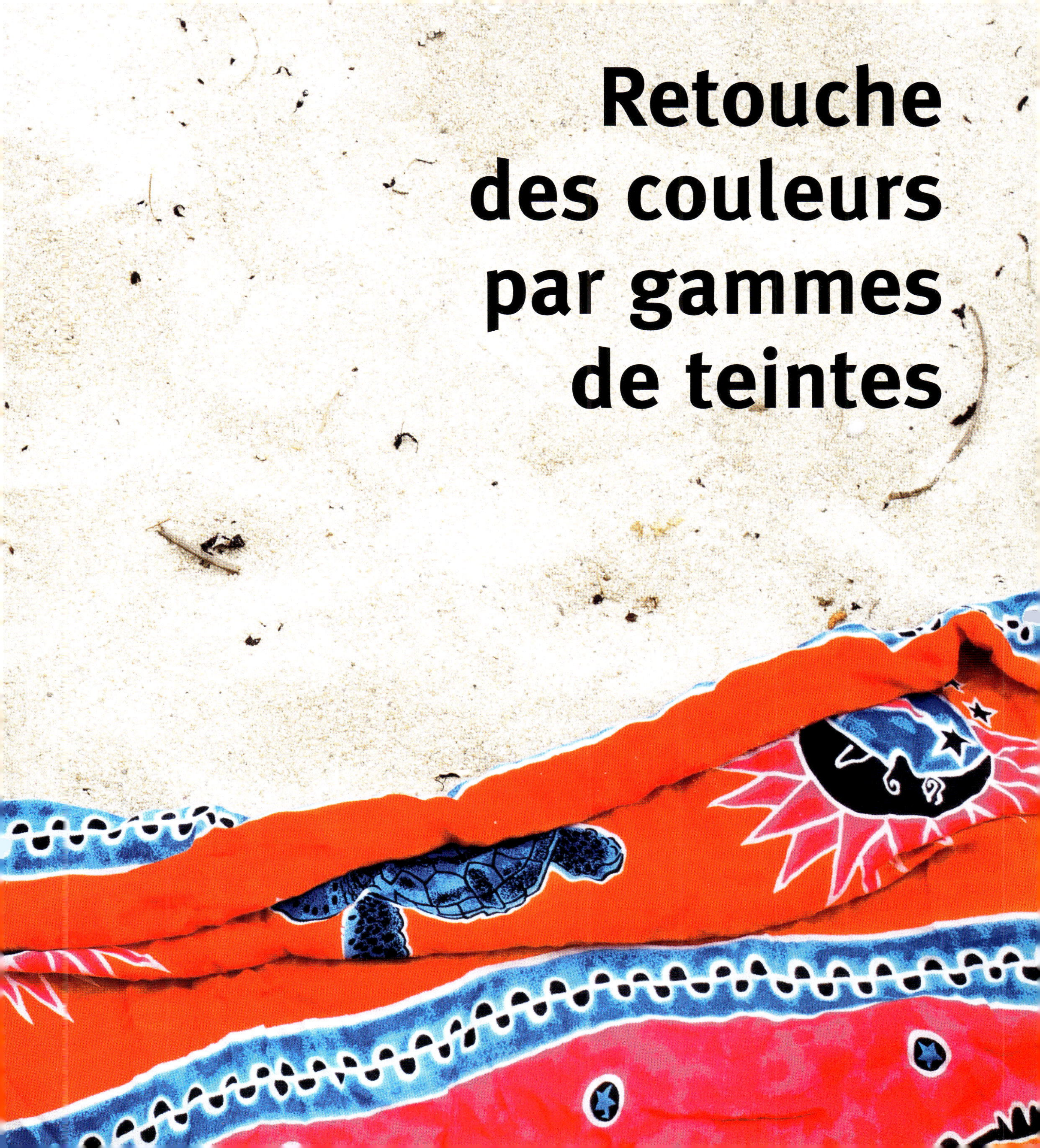

◀ *Des couleurs vives, des tons clairs et neutres, quelques touches de noir… La photo de la page précédente montre une belle panoplie de couleurs, avec des variations en saturation, en luminosité et en teinte. En découle un fort contraste, entre teintes vives et tons neutres, couleurs sombres et couleurs claires, et entre le rose, le bleu, le orange. J'ai accentué ces différences à la retouche pour un contraste coloré encore plus marquant.*

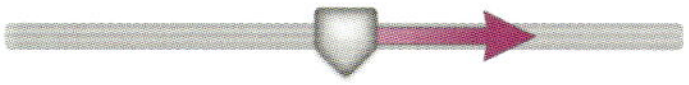

Sursaturation

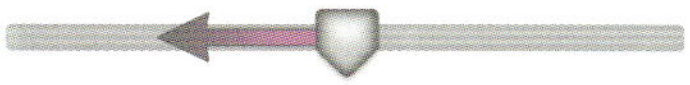

Désaturation

« *Adaptez votre démarche au logiciel utilisé : contraster sous Snapseed, par exemple, conduit à atténuer les couleurs plutôt qu'à les saturer… Une sursaturation y sera donc plus fréquente que sur d'autres plateformes.* »

Doser la saturation

Voyons maintenant comment modeler les couleurs avec nos logiciels. Comme les outils de retouche de la couleur diffèrent selon le traitement envisagé, je vais vous les présenter au fur et à mesure, en association avec la mise en œuvre pratique correspondante. Commençons par le réglage de la saturation, que l'on trouve sur toutes les plateformes, même les plus grand public.

La réglette Saturation

L'outil se présente sous la forme d'une réglette classique, appelée « Saturation ». Le curseur, par défaut au centre de la réglette, peut être déplacé :

- vers la droite pour aviver les couleurs ;
- vers la gauche pour les « griser » ;
- à l'extrême gauche pour une conversion monochrome totale.

N'oubliez pas, néanmoins, qu'une optimisation du contraste est la plus appropriée pour aviver les teintes de l'image sans pour autant l'inonder de couleurs (voir p. 107), aussi privilégiez-la et restez mesuré avec la sursaturation ! Comme vous le verrez dans les pages suivantes, les outils dédiés au réglage de la saturation sont surtout utiles pour aller vers des couleurs plus subtiles ou réaliser une conversion monochrome de l'image.

Accès à l'outil

- Dans **PicMonkey** et **BeFunky**, la réglette Saturation se trouve dans Colors.
- Affichez les modules Améliorer dans **Aperture**, Réglages de base dans **Lightroom**, Exposition dans **RawTherapee** et Contraste luminance saturation de l'onglet Réglage de base de **Darktable**, pour accéder à la réglette Saturation.
- Sous **Photoshop**, passez par le menu Image>Réglages>Teinte/Saturation ou cliquez sur l'icône ◐ située en bas de la palette de Calques (par défaut, à droite de l'écran) puis sur Teinte/Saturation (méthode à privilégier si plusieurs réglages successifs). Actionnez la réglette Saturation alors que le menu déroulant est sur « Global ». Passez par le menu Couleurs>Teinte saturation, dans **Gimp**, ou Réglages>Teinte & saturation dans **Pixlr**, puis actionnez la réglette Saturation.

Couleurs vives, demi-teintes et noir et blanc

Nous recourons souvent à la réglette Saturation soit pour sursaturer les couleurs (parfois maladroitement), soit pour convertir l'image en noir et blanc. Or, c'est oublier toutes les nuances à notre portée grâce à des réglages plus subtils ! C'est à vous de choisir, parmi une infinité de rendus, celui qui sied le mieux à votre photo.

Pour commencer, suivez l'une de ces 4 tendances :

- avivez les couleurs par une légère sursaturation, de manière à booster le rendu de l'image. Attention à ce que les zones neutres ne semblent pas soudain chargées en couleur et à ne pas faire perdre du relief à vos sujets ;

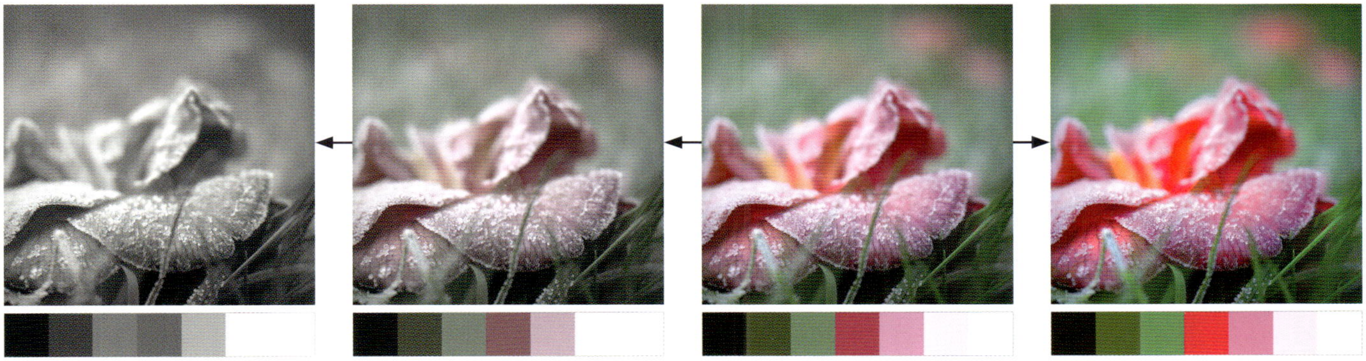

Désaturation totale — Désaturation mesurée — Photo brute — Sursaturation

Différents réglages de saturation sont appliqués à cette image. Observez comme sa couleur et son relief évoluent de manière antagoniste ! Au fur et à mesure que je place les couleurs en retrait, la fleur gagne en volume et les cristaux de givre en présence. Le monochrome nous fait cependant perdre l'opposition de teintes rose/vert, riche et dynamique… Lorsque la saturation augmente, le sujet gagne en attractivité colorée, mais devient plus plat : l'impact des couleurs « dévore » le contraste en densité.

- atténuez les couleurs grâce à une désaturation mesurée, pour une légère mise en retrait des teintes, qui peuvent s'être avivées lors de votre optimisation du contraste ;
- bridez nettement les couleurs et offrez un rendu davantage en demi-teintes à vos images *via* une désaturation prononcée mais non totale. Le résultat évoque parfois un noir et blanc « colorisé » ;
- convertissez l'image en noir et blanc par une désaturation complète. La photo se compose alors uniquement de blanc, de gris et de noir.

Interaction entre contraste et saturation

Le réglage de saturation interagit avec l'optimisation de la luminosité et du contraste, pour produire un rendu unique. Une image en demi-teintes ayant fait l'objet d'une désaturation mesurée, notamment, montrera un rendu :

- plutôt pastel avec un traitement doux et lumineux (voir p. 103) ;
- dramatique (fait de gris colorés) avec un traitement sombre et contrasté (voir p. 156) !

« Lors de vos retouches, veillez à trouver le juste équilibre entre mise en valeur des matières (contraste en densité) et impact coloré (gestion des couleurs) ! »

La réglette Vibrance (ou Éclat)

Certains logiciels proposent une réglette Vibrance ou Éclat, qui agit, elle aussi, sur la vivacité des couleurs mais de manière plus différenciée.

- Augmenter la vibrance (curseur glissé vers la droite) permet d'aviver en priorité les couleurs les plus ternes de la photo brute, notamment les couleurs froides. Les tons plus vifs, plus chauds, plus rouges, voient leur rendu peu évoluer.
- Diminuer la vibrance (curseur glissé vers la gauche) est peu courant et peu intéressant : la différenciation entre teintes conduit alors à un résultat décevant. Ce réglage ne permet pas, en outre, de convertir la photo en noir et blanc.

« Utilisez, en priorité, le réglage de vibrance pour saturer légèrement des photos intégrant l'humain et préserver la peau des rougeurs, ou booster des images aux couleurs chaudes déjà bien vives. »

En pratique

- Sur quelques images, comparez l'effet d'une avancée des curseurs Saturation et Vibrance pour mieux comprendre la spécificité de ces réglages. Combinez l'effet des curseurs pour obtenir une saturation justement dosée des couleurs de vos photos.
- Actionnez le curseur Saturation vers la gauche pour appliquer différents rendus, de moins en moins vifs, à votre photo. Observez comment son impact évolue.

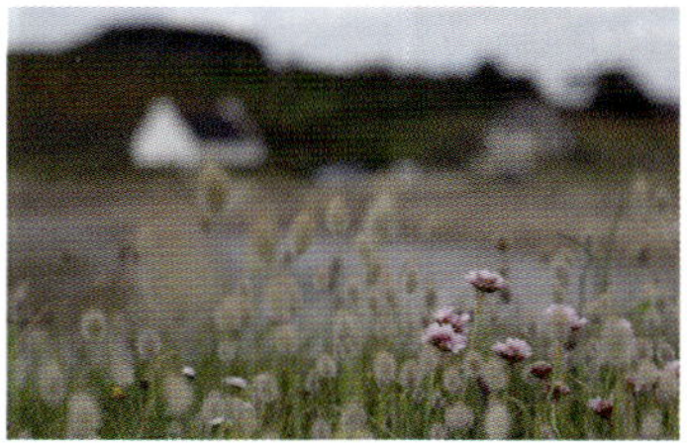

Outil Teinte Saturation Luminosité

La réglette Vibrance propose donc un réglage différencié de la saturation. Or, cette fonction automatisée ne permet pas de choisir quelles couleurs privilégier ou mettre en retrait. D'autres outils offrent, eux, la possibilité de régler la saturation, la luminosité et la teinte, couleur par couleur !

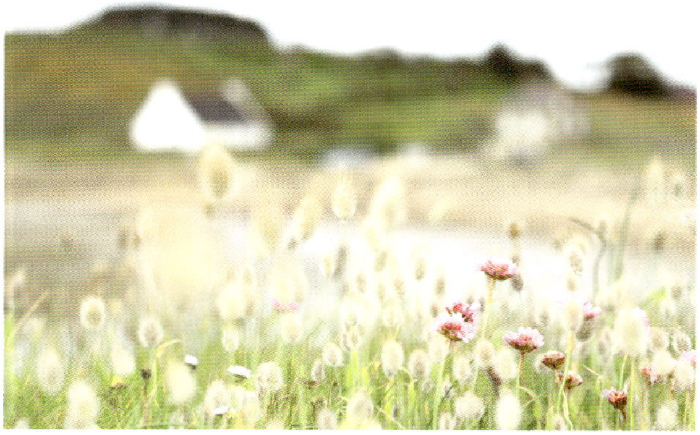

Ici, j'ai accompagné mon contraste lumineux aux tons sombres presque absents d'une retouche différenciée par teintes visant à réchauffer les couleurs de l'image et à améliorer l'impact des fleurs roses au premier plan. J'ai assombri et sursaturé le magenta à cet effet.

Pourquoi retoucher sélectivement les couleurs ?

Pour maîtriser davantage le rendu de vos images !

- Un élément parasite coloré attire le regard ? S'il est seul dans sa gamme, désaturer légèrement celle-ci atténuera ce défaut ; altérer sa teinte l'aidera, sinon, à se fondre dans le décor.
- L'un de vos sujets principaux se trouve dans une zone d'ombre ? Nul doute qu'une légère saturation ou augmentation de luminosité de sa gamme de teintes lui profitera !
- Le sujet ne ressort pas assez bien dans votre composition ? Atténuer modérément les teintes du décor tout en préservant celles du sujet principal améliorera la lisibilité de l'image.

Avertissements

Appliquer un réglage opposé prononcé à deux gammes de teintes proches ou à des couleurs se côtoyant dans l'image (par exemple, jaune et vert sur un feuillage) peut créer des défauts. Si des démarcations apparaissent, atténuez les réglages afin que les gammes se « fondent bien les unes dans les autres ». Retouchez plutôt les gammes qui se suivent « dans le même sens ».

Aller jusqu'à une complète désaturation de certaines gammes de teintes est généralement maladroit. Le rendu produit s'avère souvent artificiel, et la couleur, admettons bleue, que vous croyez cantonnée au tee-shirt de votre modèle peut fort bien se retrouver à des endroits inattendus (bitume sur lequel il est assis…) ! Ainsi, désaturer toute la photo sauf le bleu générerait non seulement une ambiance étrange et un modèle livide (le rouge ayant disparu de son visage) mais accentuerait aussi la présence des « bleus parasites » disséminés ailleurs que sur son vêtement… La « désaturation partielle », qui consiste à montrer un sujet en couleur sur un décor en noir et blanc, nécessite, de plus, de détourer celui-ci dans l'image (procédé non abordé dans cet ouvrage).

*« Attention, **Lightroom** génère rapidement des démarcations entre gammes de teintes (sans doute à cause de leur nombre plus important). Sous ce logiciel encore plus qu'avec les autres, agissez presque toujours sur 2 ou 3 gammes successives, par exemple Orange et Rouge pour améliorer les tons chair, Bleu et Pourpre pour un sujet violacé, etc. »*

Accès au réglage

- Ce réglage n'est généralement pas disponible dans **les logiciels simples à réglettes**.
- Affichez le module Couleur sous **Aperture**. Ouvrez le module TSL/Couleur/NB dans **Lightroom** et cliquez sur « Couleur ». Dans **Darktable**, ajoutez Zones de couleurs *via* « Plus de modules », en bas à droite ; celui-ci apparaîtra dans l'onglet Couleur. Dans le module Ajustement Lab de l'onglet Exposition, sous **RawTherapee**, cliquez sur la petite flèche associée au bouton LT pour

un réglage de Luminosité, CT pour une variation de Saturation, ou encore TT pour une altération de la Teinte, puis sur « Points de contrôle minima/maxima ».

- Sous **Photoshop**, passez par Image>Réglages>Teinte/Saturation ou cliquez sur ◐, en bas de la palette de Calques, puis sur Teinte/Saturation. **Pixlr** ne propose pas ce réglage.

Aspect de l'outil dans les logiciels

- **Photoshop** propose des réglettes dédiées au réglage de la teinte, la saturation et la luminosité des couleurs. Un menu déroulant (par défaut, sur Global) permet de sélectionner une gamme de teintes et de lui appliquer une retouche en actionnant l'un des curseurs.
- Dans **Lightroom** et **Aperture**, les gammes de teintes sont matérialisées par des rectangles colorés, associés aux mêmes réglettes que précédemment. Sélectionnez une gamme par un clic puis actionnez l'un des curseurs pour faire varier teinte, saturation ou luminosité (Luminance dans Lightroom) de la couleur correspondante.
- Dans **Darktable**, des onglets surmontant la zone de réglage permettent de choisir entre retouche de la luminosité (appelée « Clarté »), de la saturation ou de la teinte. Les gammes de teintes s'échelonnent de gauche à droite sur le tracé et correspondent aux points marqués sur la courbe (cercles blancs). Sélectionnez le point se trouvant dans une case dont la couleur correspond à la gamme à retravailler puis, pour forcer l'effet (augmentation de la clarté, de la saturation), tirez le point vers le haut et pour l'atténuer (assombrissement ou désaturation), tirez-le vers le bas. Pour les variations de teintes, il suffit de suivre les couleurs présentes derrière la courbe (voir capture p. 123).

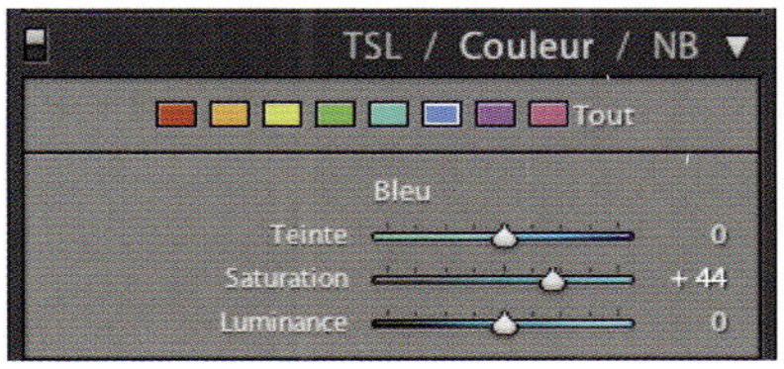

Outil « Teinte Saturation Luminosité » de Lightroom

- Dans **RawTherapee**, les boutons LT, CT et TT correspondent respectivement au réglage de la luminosité, la saturation et la teinte. Suivez les consignes en page de gauche pour afficher la zone de réglage adéquate. Les gammes de teintes correspondent aux lignes verticales colorées échelonnées de gauche à droite du cadre. Saisir un point vert à l'intersection entre l'une de ces lignes verticales et la ligne noire revient à sélectionner une gamme. Tirez vers le haut pour forcer l'effet (augmentation de la clarté, de la saturation) ; tirez vers le bas pour l'atténuer (assombrissement ou désaturation).

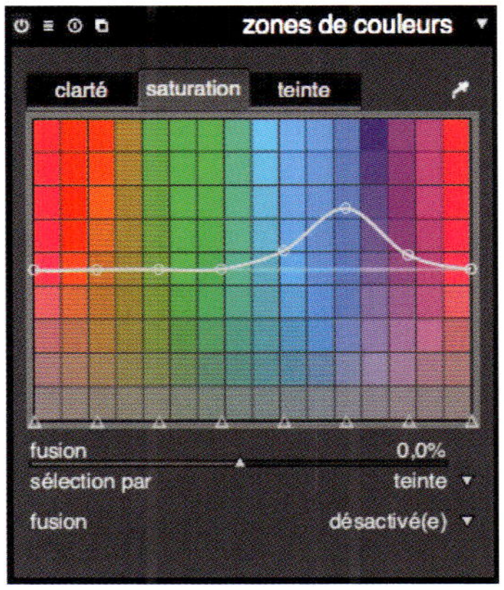

Outil « Teinte Saturation Luminosité » de Darktable

Notez que, selon le logiciel, vous serez amené :

- soit à choisir la gamme de teintes à retravailler avant d'actionner les curseurs associés (dans Photoshop, Lightroom, Aperture...). Cette approche facilite l'interaction entre différents réglages ;
- soit à opter d'abord pour un type de retouche (variation de luminosité, saturation ou teinte) pour, ensuite, retravailler l'une ou l'autre gamme de teintes (dans RawTherapee, Darktable...). Cette approche amène une réflexion plus globale sur l'un des réglages.

*« Attention, **Gimp** intègre ce réglage de Teinte Luminosité Saturation mais produit des résultats déconcertants dès lors que l'on tente d'appliquer une retouche légèrement différenciée. Préférez les autres logiciels cités. »*

« Le réglage différencié des couleurs par gammes de teintes adopte un look très changeant d'un logiciel à l'autre. Dans les captures suivantes, je sursature chaque fois les Bleus, dans chacun des logiciels cités. »

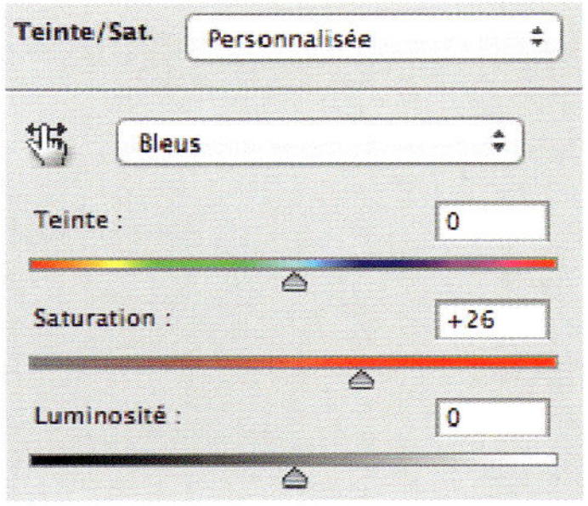

Outil « Teinte Saturation Luminosité » de Photoshop

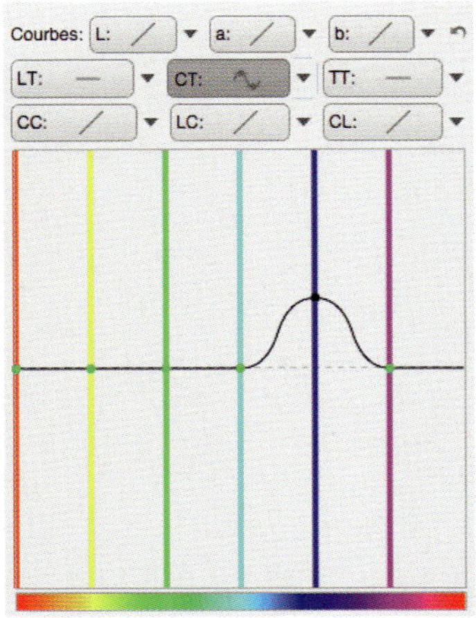

Outil « Teinte Saturation Luminosité » de RawTherapee

*« Dans **RawTherapee** ou **Darktable**, affichez d'emblée le réglage de saturation (voir instructions en page précédente) avant de suivre le descriptif ci-contre. »*

Maîtriser la saturation, couleur par couleur

À présent que nous comprenons mieux le fonctionnement de l'outil, voyons comment l'utiliser pour retravailler la saturation de nos images de manière différenciée.

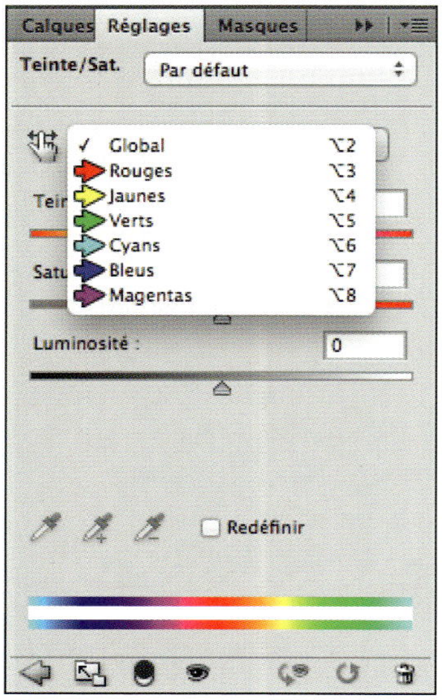

Voici la fenêtre de réglages, sous son affichage par défaut, de Photoshop. Cliquer sur Global ouvre le menu déroulant qui vous permet de choisir la gamme de teintes à retravailler. Attention, sélectionner une teinte ne change pas le rendu de la réglette Saturation, qui reste rouge.

Choisir une gamme de teintes

La fenêtre de réglages, quelle qu'elle soit, affiche une « zone de choix » parmi les gammes de couleurs existantes :

- sous **Photoshop**, elle se présente sous la forme d'un menu déroulant contenant « Global » ainsi que le nom des différentes gammes de teintes décrites p. 111 ;
- dans **Lightroom** et **Aperture**, il s'agit de différentes « zones colorées » rectangulaires correspondant aux gammes de couleurs (6, voire plus) ;
- dans **RawTherapee** et **Darktable**, les différentes gammes de teintes sont échelonnées le long du graphique. Là aussi, c'est la couleur elle-même qui permet de repérer la gamme de teintes.

Pour tester ce réglage, optez pour une couleur suffisamment présente dans votre photo et évitez le vert et le magenta, généralement moins répandus dans nos images.

« Certaines plateformes (Darktable, Aperture, Photoshop...) proposent également une pipette de sélection de teinte. Cliquez sur l'icône pipette puis sur la couleur à retravailler sur l'image, avant d'actionner les réglettes. »

Enfin, certains logiciels autorisent une personnalisation des gammes. Pour plus de facilité, procédez à cet ajustement une fois un premier réglage effectué : choisissez une gamme approximative, appliquez un réglage (par exemple, une désaturation mesurée), puis personnalisez la gamme pour que la retouche produise exactement l'effet recherché.

- Dans **Photoshop**, un large curseur gris positionné sur une double bande dégradée en bas de la fenêtre, dès lors qu'une gamme est sélectionnée, permet de décider quelles couleurs vont être concernées par le réglage : décalage de la gamme grâce à un déplacement du curseur, élargissement ou restriction de celle-ci *via* son agrandissement ou son rétrécissement.
- Dans **Darktable**, les petits triangles disposés en bas de la zone de réglage permettent de décaler les gammes, pour une sélection de teintes personnalisée. De plus, comme il est possible de soulever ou d'abaisser la courbe à n'importe quel endroit, vous pouvez vraiment adapter votre retouche couleur aux besoins de l'image.
- Dans **RawTherapee**, chaque « barre de couleur » peut être déplacée vers la droite ou vers la gauche, pour la définition d'une gamme personnalisée. La barre change d'ailleurs de couleur au fur et à mesure de son décalage, ce qui vous aide à repérer les nuances de couleurs affectées par le réglage. De plus, les « poignées » (jaune et bleue), qui apparaissent lorsque vous survolez un point vert de réglage contrôlent l'étendue de la gamme et permettent de l'élargir ou de la restreindre. Enfin, cliquer sur la courbe à n'importe quel endroit revient à créer une gamme de teintes personnalisée. Modelez ainsi le tracé à votre guise.

- Dans **Aperture**, le curseur Gamme permet de restreindre la gamme de teintes concernée par le réglage (curseur vers la gauche) ou au contraire de l'élargir (curseur vers la droite).

Modifier la saturation d'une image, couleur par couleur

Une fois la gamme de teintes sélectionnée, il s'agit, pour appliquer une retouche :

- soit d'actionner le curseur Saturation selon le rendu souhaité : vers la gauche pour atténuer les teintes de la gamme ou vers la droite pour les aviver ;
- soit de tirer sur le tracé pour altérer le rendu : vers le bas pour désaturer et vers le haut pour booster les couleurs de la gamme.

En sélectionnant successivement chacune des gammes de teintes qui composent votre image pour en adapter la saturation, vous pouvez personnaliser la vivacité de ses couleurs comme bon vous semble.

Les variations sélectives de Teinte et de Luminosité sont développées en pages suivantes.

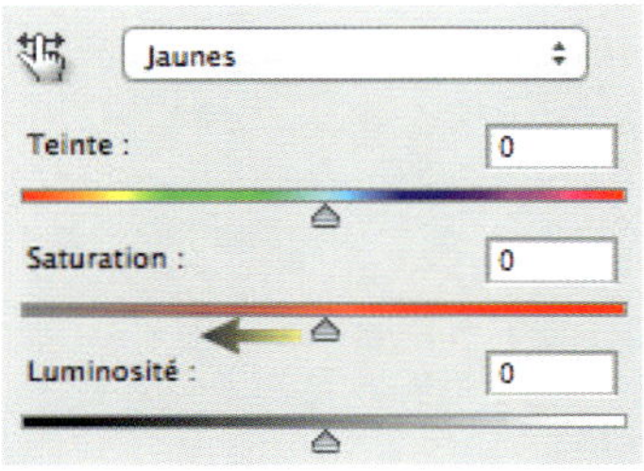

Désaturation des Jaunes, sous Photoshop

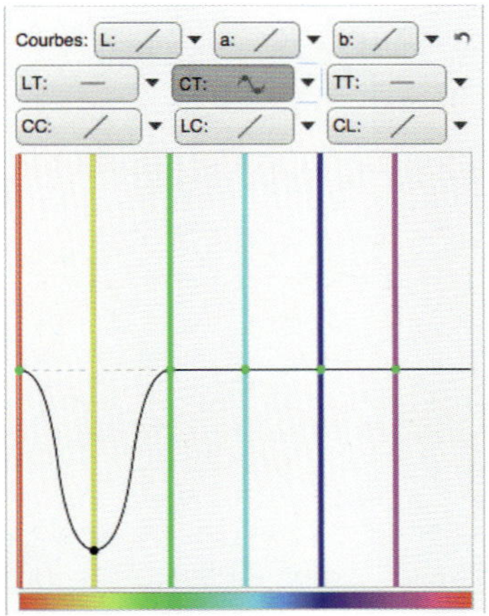

Désaturation des Jaunes, sous RawTherapee

Cette photo du reflet d'un ciel nuageux dans une carrosserie constellée de gouttes offre une belle matière. Cependant, la luminosité de fin d'après-midi teinte de jaune le bitume, qui montre alors un rendu pisseux peu avenant ! En désaturant uniquement le jaune, sans toutefois aller jusqu'au noir et blanc, je donne au sol une teinte plus neutre, qui distrait moins le regard du bleu azur.

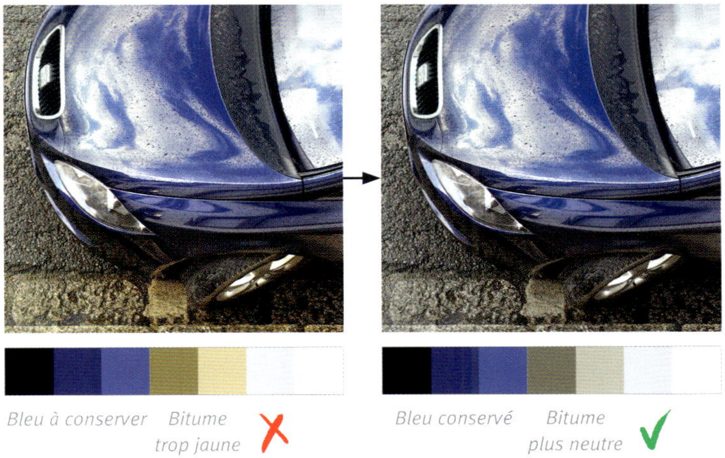

Bleu à conserver *Bitume trop jaune*

Photo simplement contrastée, sans retouche couleur

Bleu conservé *Bitume plus neutre*

Désaturation sélective du jaune

« Analysez le rendu de vos images en désaturant totalement, successivement, ses différentes gammes de teintes ! Procédez des gammes qui vous semblent les plus représentées en allant vers les moins présentes puis les quasi absentes. Repérez, ainsi comment les couleurs se répartissent dans la photo. »

En pratique

- Testez une simple variation de saturation sélective sur une gamme de teintes bien présente dans l'image à retravailler.
- Sur l'une de vos photos, réalisez de très légères variations de saturation de l'une ou l'autre gamme de teintes, selon ce qui vous semble adapté pour mettre en valeur votre sujet. Comparez l'image retravaillée à la version précédente. Vous constaterez sans doute que les ajustements, même subtils, influent de façon notable sur le rendu de vos images.

« Les retouches présentées ne peuvent vous permettre de moduler la couleur que d'éléments déjà colorés au départ. Ils sont sans effet sur des sujets noirs, blancs ou gris neutre. »

Variations de teintes

Jouer individuellement sur la saturation de chacune des gammes de couleurs ouvre déjà d'intéressantes perspectives. En associant, à cette première opportunité de réglage, des variations de teintes, nous pouvons aller encore plus loin dans la maîtrise du rendu couleur de nos images !

Curseur vers la gauche ou tracé tiré vers le bas — *Couleur de départ* — *Curseur vers la droite ou tracé tiré vers le haut*

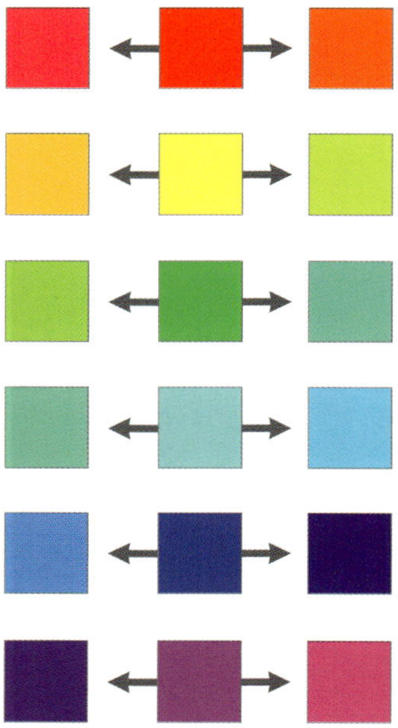

Altérer les couleurs ?

L'idée de modifier les couleurs des éléments de nos photos peut sembler étonnante, voire choquante… Allons-nous trafiquer nos images pour rendre rouge vif, par exemple, ce manteau bleu terne, et booster ainsi aisément l'impact d'une image ?! Dans la réalité, il ne s'agit pas vraiment de cela : changer la couleur de nos sujets ne serait d'une part pas très intéressant ni très glorieux et, d'autre part, pas si évident techniquement, pour un rendu naturel et crédible.

L'enjeu consiste donc à n'altérer que de très peu une teinte pour, le plus souvent, corriger finement le rendu d'une composante de l'image. Le ciel, par exemple, a tendance à devenir plus turquoise qu'azur lorsqu'on lui applique un fort contraste. Agir de manière ciblée sur les gammes des Bleus et des Cyans vise alors à retrouver la tonalité d'origine du ciel photographié, pour un rendu plus naturel. De même, si votre modèle a le visage rendu cramoisi par les conditions de prise de vue ou votre précédente accentuation du contraste, pousser la gamme des Rouges légèrement vers l'orangé vous permet de rapprocher l'écarlate davantage du rose chair.

En outre, il peut arriver que votre appareil ne reproduise pas fidèlement les couleurs de certains sujets. Si votre coquelicot apparaît rouge framboise, amenez la gamme des Rouges très légèrement vers l'orangé ! De même, votre pull violet n'a pas de raison d'apparaître bleu roi, sous prétexte que votre appareil a produit cette couleur plutôt que celle d'origine. Basculez donc subtilement la gamme des Bleus vers le violet.

Correction sélective de la teinte, couleur par couleur

Pour corriger la teinte d'un sujet de façon ciblée, sélectionnez une gamme de teintes (voir page précédente), puis selon le mode de fonctionnement de votre logiciel :

- actionnez le curseur Teinte en observant le dégradé de couleur présent sur la réglette de manière à effectuer le réglage dans le bon sens ;
- ou tirez sur le tracé, vers le haut ou vers le bas pour altérer le rendu. Observez la manière dont les teintes évoluent verticalement, sur Darktable, pour effectuer le réglage dans le bon sens. Dans RawTherapee, testez le réglage par un aller et retour haut/bas pour repérer dans quel sens la teinte évolue. La ligne horizontale associée au point de réglage change de couleur au fur et à mesure que vous altérez la teinte.

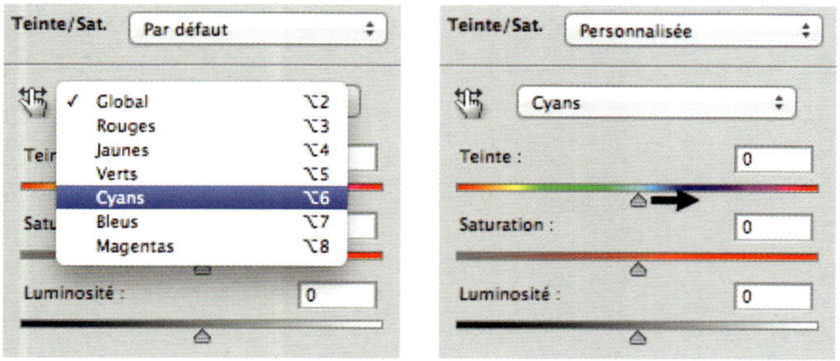

Dans Photoshop, je sélectionne la gamme des Cyans puis je déplace le curseur Teinte vers la droite pour rendre les cyans plus bleus.

Démarche de retouche et application

1. **Choix d'une gamme de teintes.** Repérez-vous un problème de couleur sur l'un des sujets (fleurs jaunes verdâtres, ciel trop cyan, briques d'un rouge trop franc…) ?
   Déterminez quelle(s) gamme(s) de tons intervien(nen)t dans ces sujets. Attention, en particulier, aux duos colorés parfois associés : jaune et vert, bleu et cyan, rouge et magenta. Selon votre logiciel, affichez, si nécessaire, la courbe de teinte.
2. **Correction de la teinte.** Vers quelle teinte faut-il amener la ou les gammes concernées pour en corriger la couleur ? Rapprochez par exemple le jaune de l'orangé pour supprimer sa dominante verte ; poussez le cyan vers le bleu afin de donner un rendu plus naturel au ciel ; rendez le rouge plus orangé pour qu'il retrouve sa teinte brique.
3. **Conseils de réglage.** Pour obtenir un rendu adapté et maîtriser votre gestion différenciée des couleurs, suivez la plupart du temps ces quelques règles :
   – rapprochez le rendu des gammes qui constituent le sujet pour harmoniser ses teintes (par exemple, rapprochez le bleu du cyan, et le cyan du bleu) ;
   – ou encore retouchez ses différentes gammes « dans le même sens » (décalage de la teinte de chaque gamme vers la même dominante) pour corriger sa couleur ;
   – mais évitez de creuser les écarts de rendu au sein d'un même sujet (basculer les Bleus d'un ciel vers le violacé tout en rendant les Cyans encore plus turquoise est déconseillé !) ;
   – méfiez-vous des teintes que l'on retrouve en divers endroits de l'image et considérez toujours la photo dans son ensemble ;
   – enfin, n'allez pas au-delà d'une très légère altération des teintes et ne vous risquez pas à changer la couleur de vos sujets.

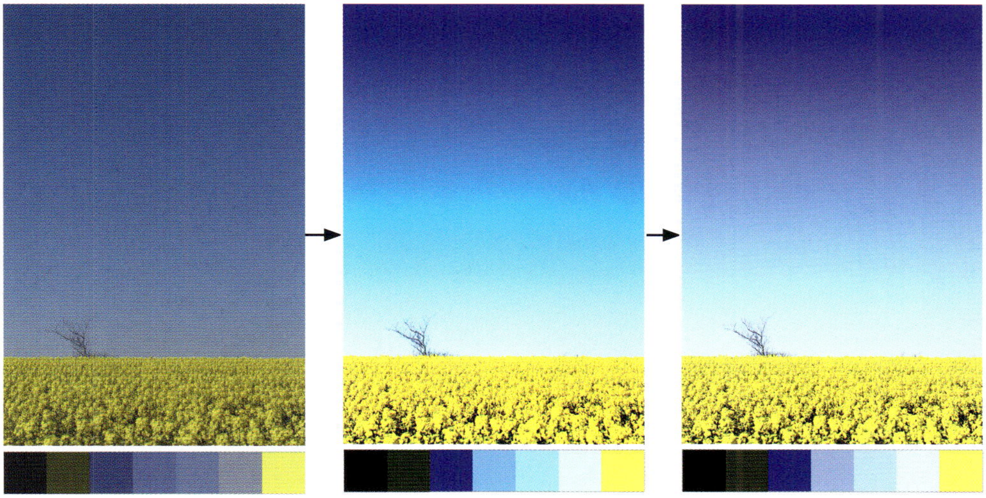

Teintes bleu roi et turquoise non naturelles pour un ciel

Teintes bleues naturelles pour un ciel

Photo brute

Photo extrêmement contrastée

Correction de teinte du bleu et du cyan

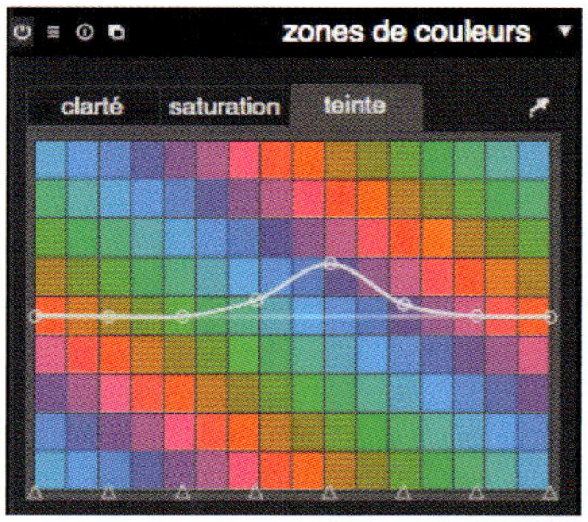

Dans Darktable, je clique sur l'onglet Teinte pour afficher le tracé adéquat. La zone de réglage montre des couleurs évoluant en dégradé, de haut en bas. Je saisis le point des Cyans puis tire vers le haut pour le rapprocher du violet et rendre la gamme plus bleue.

Pour donner du relief à ce paysage, je contraste énormément la photo (je force même le trait, ici, pour rendre les effets plus apparents) à l'aide des réglages présentés au début de l'ouvrage. En résulte une image plus vive, plus lumineuse, plus contrastée, mais au rendu du ciel bien peu naturel ! L'accentuation du contraste a exagéré son dégradé naturel et saturé les bleus et cyans en des tons tranchés qui vont du bleu roi au turquoise… Pour corriger cela, je peux amener le cyan vers le bleu (amélioration du ciel, à l'horizon) en déplaçant le curseur Teinte associé à la gamme des Cyans vers la droite ou en créant un pic sur le tracé Teinte au niveau du Cyan (méthode appliquée, ici). Le rendu redevient plus homogène, agréable à l'œil, et plus authentique.

En pratique

- Choisissez une photo colorée et « lâchez-vous un peu » : testez quelques changements de couleur osés le temps d'apprivoiser l'outil !
- Utilisez à présent le réglage de teinte plus sérieusement et modérément, pour une retouche définitive. Ayez à cœur de préserver l'authenticité de vos images. Dans le doute, préférez un réglage un peu en retrait à une altération trop prononcée.

Gestion de la luminosité par gammes de teintes

Étudions, enfin, le troisième réglage associé aux précédents et présent *via* un curseur ou une courbe spécifique : le réglage de luminosité, luminance, ou clarté.

« Encore une fois, ce réglage ne peut se substituer à une bonne optimisation du contraste, puisqu'il n'agit que sur les zones déjà colorées mais pas sur les gris, les blancs, les noirs ! »

Le réglage Luminosité, Luminance ou Clarté

Votre logiciel vous donne la possibilité, *via* ce réglage, de moduler la densité des zones colorées, une gamme à la fois, en suivant la répartition des couleurs dans l'image. Vous pourrez ainsi affiner votre optimisation du contraste en augmentant la luminosité d'une zone colorée se trouvant dans l'ombre ou en récupérant une meilleure densité sur un sujet coloré un peu clair.

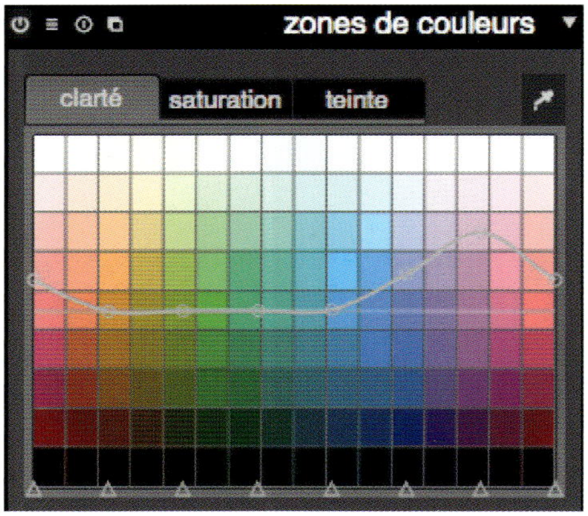

Dans Darktable, j'affiche le réglage de luminosité via *l'onglet Clarté. La zone de réglage montre des couleurs devenant plus claires en haut, et plus sombres en bas. J'augmente la luminosité du Magenta en tirant vers le haut le point dédié à cette gamme.*

Pensez, évidemment, à moduler la luminosité d'une couleur pour la rapprocher de la densité intermédiaire qui lui donne son rendu optimal (voir p. 104) ! Diminuez la luminosité des couleurs trop claires et augmentez la luminosité des teintes qui apparaissent trop sombres, selon la manière dont vous souhaitez adapter leur impact. Prenez garde néanmoins à ne pas trop « casser » le contraste par ces retouches. De très légères variations associées, sur les différentes gammes, peuvent améliorer nettement le rendu de vos photos.

Pour adapter la luminosité d'une couleur de l'image, sélectionnez une gamme de teintes, puis :

- actionnez le curseur Luminosité ou Luminance vers la gauche pour assombrir ou vers la droite pour éclaircir ;
- ou tirez sur le tracé adéquat, vers le bas pour assombrir ou vers le haut pour éclaircir.

Influence de la luminosité sur la saturation

Rendre une couleur plus lumineuse revient à la transformer progressivement en blanc tandis que l'assombrir l'amène au contraire vers le noir (voir p. 100). En s'approchant du gris clair ou du gris foncé, la couleur concernée change en luminosité, c'est vrai, mais aussi en saturation ! Une teinte dont vous modifiez la luminosité a ainsi tendance à s'affadir, se griser.

Pensez donc à associer, aux variations de luminosité que vous appliquerez, un ajustement de la saturation pour rendre vos couleurs plus claires ou plus foncées tout en conservant des tons francs et vifs. Tout comme pour l'optimisation du contraste, n'hésitez pas à procéder par tâtonnement en alternant les réglages !

Cette altération de la saturation inhérente au réglage de luminosité peut, j'en suis sûre, vous donner de nouvelles idées pour désaturer subtilement vos images et maîtriser à 100 % les demi-teintes que vous allez obtenir ! Et si, plutôt que de modeler directement la saturation, vous faisiez varier la luminosité de chaque gamme de teintes, afin de « griser » certaines couleurs de la façon qui vous semble la plus pertinente ? Vous désaturerez ainsi sélectivement votre image, toujours de façon mesurée pour un rendu en demi-teintes, tout en contrôlant la clarté de chacune des couleurs subtiles de la photo.

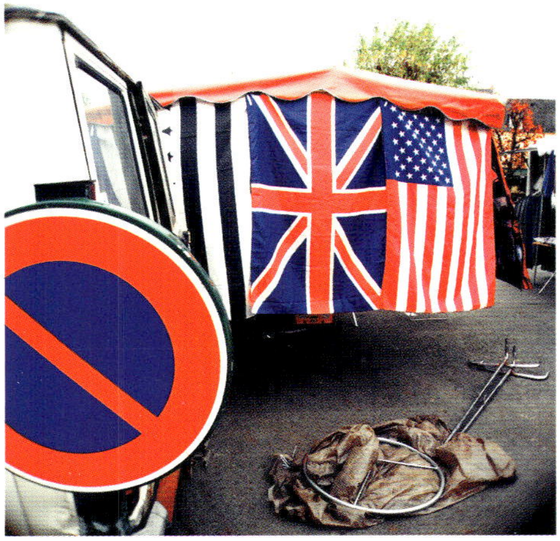

Assombrissement des Bleus
et éclaircissement des Rouges

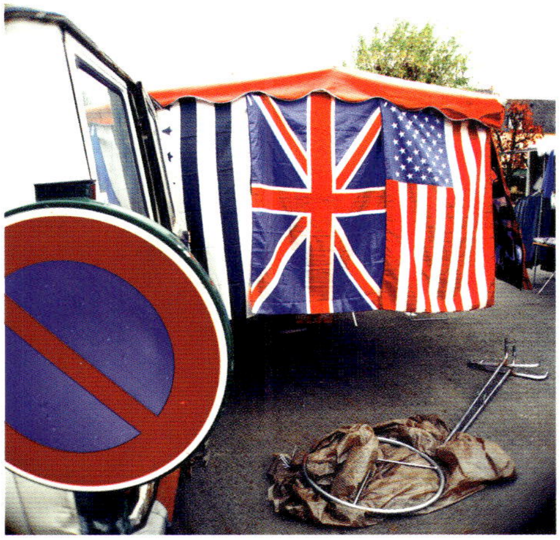

Éclaircissement des Bleus
et assombrissement des Rouges

Voici deux interprétations différentes d'une même image, réalisées uniquement en variant la luminosité des Rouges et des Bleus via le réglage Teinte Saturation Luminosité (je sursature également les couleurs correspondantes afin de conserver leur vivacité). Dans les deux cas, j'essaie de faire contraster davantage les couleurs en présence en associant un assombrissement et un éclaircissement sur des gammes distinctes. À gauche, j'assombris les Bleus tout en éclaircissant les Rouges, pour un rendu assez fidèle aux couleurs d'origine mais qui souligne les teintes tranchées par un contraste fort. À droite, au contraire, j'éclaircis les Bleus tout en assombrissant les Rouges, ce qui rapproche les deux teintes de leur luminosité idéale pour l'impact couleur. Le rendu apparaît moins contrasté mais plus « flashy ».

Enfin, si vous allez chaque fois jusqu'à une désaturation totale de chaque gamme, en jouant à la fois avec la luminosité et la saturation, vous obtiendrez une conversion en noir et blanc tout à fait personnalisée ! Nous y reviendrons p. 128.

Démarche de retouche et application

1. **Choix d'une gamme de teintes.** L'un des sujets de votre image vous paraît-il trop dense, trop vif, son rendu trop agressif ? L'une de ses couleurs semble-t-elle pâlotte plutôt que de bénéficier de la densité intermédiaire qui la mettrait idéalement en valeur ? Votre sujet apparaît-il jaune sale ?! Déterminez chaque fois quelle(s) gamme(s) de tons intervien(nen)t dans ces sujets. Attention aux duos colorés parfois associés ! Si nécessaire dans votre logiciel, affichez la courbe de luminosité.
2. **Modulation de la luminosité.** Faites varier la luminosité des gammes de teintes à retravailler, notamment dans le but de rapprocher leur rendu d'une densité moyenne idéale pour l'impact de vos couleurs. Éclaircissez les teintes trop agressives, selon le rendu souhaité. Densifiez légèrement les couleurs pastel. Donnez davantage de luminosité aux jaunes un peu ternes ! Suivez les conseils de réglage par gammes de teintes développés p. 123, toujours valables ici.
3. **Rectification de la saturation.** Les réglages précédents ont amélioré la luminosité de vos couleurs mais peuvent les avoir grisées, affadies. Associez-y, si besoin, une légère sursaturation (voir p. 116), pour un rendu optimal.

En pratique

Sur une photo brute suffisamment colorée, tentez de moduler le contraste de l'image rien qu'en jouant avec la fonction luminosité (et éventuellement saturation) du réglage différencié par gammes de teintes. Vous comprendrez ainsi mieux quelles adaptations du rendu sont possibles *via* ce réglage et quelles retouches ne peuvent être appliquées que *via* une « vraie » retouche de la luminosité et du contraste, telle que présentée dans le chapitre 4.

Variantes chromatiques

Afin de mieux illustrer les opportunités offertes par la gestion différenciée des couleurs, j'applique ici différents traitements de teinte, saturation et/ou luminosité à une même image. La photographie choisie fait écho à celle de l'atelier de la p. 74, ce qui vous permettra de mieux repérer quelles différences on peut constater entre optimisation du contraste et gestion par teinte, mais également quels en sont les points communs, puisque ce réglage nous permet entre autres de modifier la luminosité de l'image, couleur par couleur !

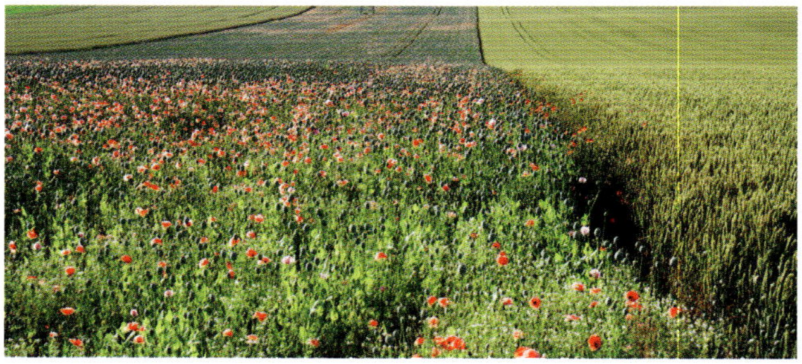

Photo simplement contrastée

Débutons par une brève analyse chromatique de l'image. D'emblée, je devine que ce que nous identifions comme du vert fait plutôt partie de la gamme des Jaunes. Je pense la retravailler particulièrement, ainsi que celle des Rouges, pour les pavots (à moins qu'il n'y ait aussi du magenta ?!).

Afin d'en avoir le cœur net, je désature successivement chacune des teintes présentes dans la photo de manière à repérer en quelle proportion on les retrouve et à quel endroit elles se placent (voir p. 110). Je constate alors que la photo contient, en effet, énormément de jaune, mais également du vert à l'arrière du champ, ainsi que du rouge pour les pavots. Du magenta apparaît par touches sur quelques pétales, et le cyan est présent mais de façon presque imperceptible.

Je décide d'atténuer l'impact de la verdure pour faire mieux ressortir le rouge des corolles. Je ne souhaite pas cependant aller jusqu'à un rendu en désaturation partielle qui montrerait des fleurs colorées sur un environnement monochrome.

Voici tout d'abord 3 variantes de l'image, obtenues en modulant uniquement le rendu de la gamme des Jaunes ; les 2 dernières ont été réalisées en jouant sur d'autres gammes.

« Afin de ne pas vous présenter les variantes colorimétriques de cette photo en trop petit format, je prélève ici une portion de l'image pour réaliser les comparatifs de rendu ci-contre.
Les variantes, réalisées sous Photoshop, sont accompagnées de captures montrant le fonctionnement "à curseurs". »

En prenant toutes les précautions nécessaires pour préserver l'authenticité de vos images, n'hésitez pas à moduler l'ambiance qu'elles dégagent et à différencier l'impact des différentes zones qui la composent grâce à ce réglage Teinte Saturation Luminosité.
Ce réglage est très puissant puisqu'il vous permet de faire évoluer le rendu de zones restreintes de la photo... De légères variations suffisent ainsi souvent à obtenir un rendu marquant.

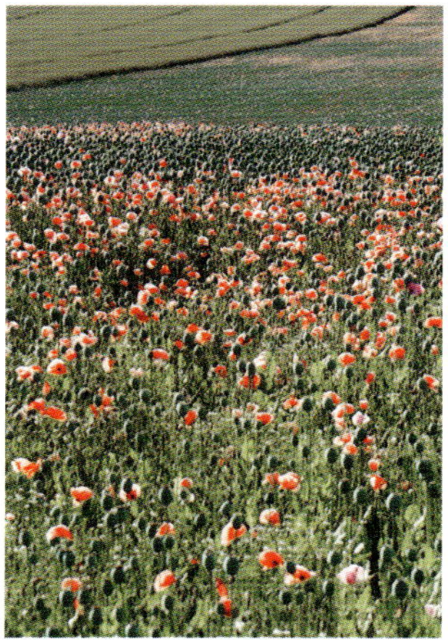

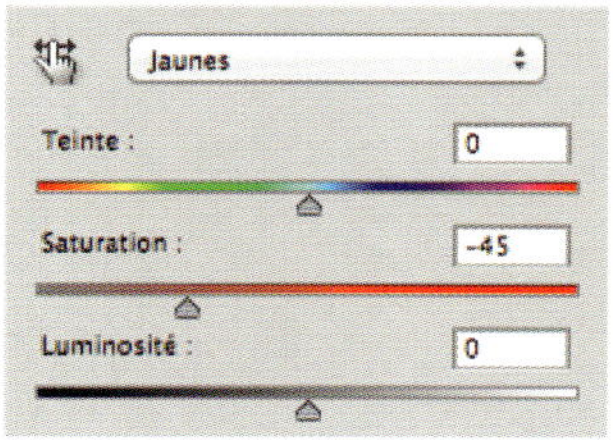

Désaturation mesurée des Jaunes

Ici, je désature modérément les Jaunes. Le rendu obtenu joue moins sur un contraste fort entre les teintes vertes et rouges mais correspond à une version plus subtile, davantage en demi-teintes, de la photo. Le rouge est ainsi mis en avant sur un fond plus neutre. L'image paraît légèrement plus sombre bien que nous n'ayons pas modifié sa luminosité.

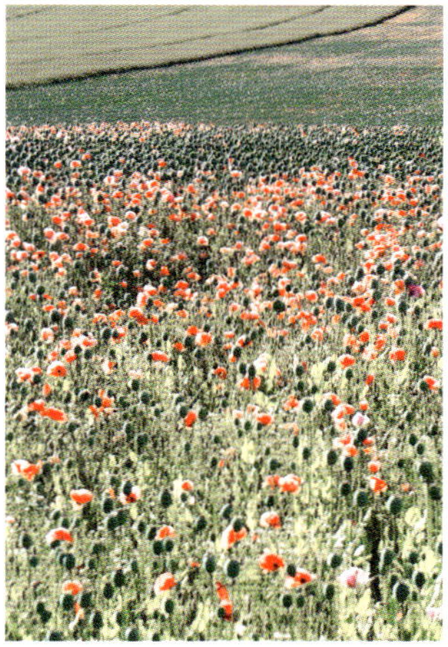

Altération complexe des Jaunes : éclaircissement, sursaturation et jaunissement de cette gamme

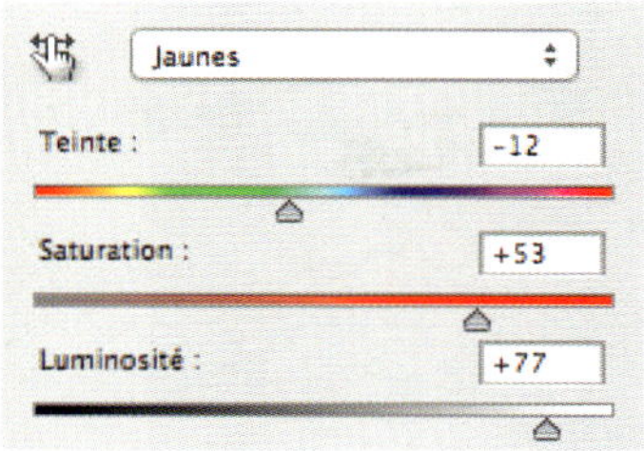

Je complexifie la démarche en maniant les 3 curseurs en présence, toujours en me limitant à la gamme des Jaunes. Recherchant un rendu plus lumineux et plus chaleureux j'augmente tout d'abord leur luminosité ; en s'éclaircissant, la couleur s'affadit. Pour conserver une image suffisamment colorée et personnaliser les tons dans le cadre d'une ambiance encore plus champêtre, j'augmente alors la saturation des Jaunes, puis j'altère leur teinte en m'éloignant du vert pour me rapprocher d'un vrai « jaune paille ».

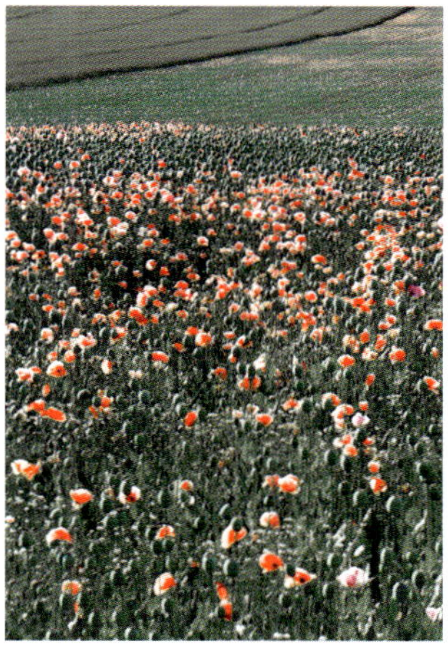

Altération dramatique des Jaunes : assombrissement, désaturation mesurée et verdissement de cette gamme

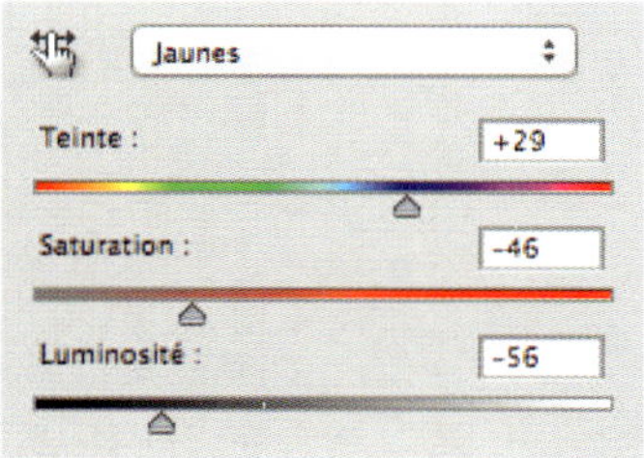

Enfin, je peux également aller à l'opposé de la démarche précédente en recherchant un rendu plus sombre et plus vert de la gamme des Jaunes. Après avoir sélectionné cette dernière, j'ai successivement diminué sa luminosité et sa saturation, puis amené sa teinte vers le vert voire le cyan. Attention, le rendu plus vert de la photo ne doit pas vous faire perdre de vue que nous n'avons modifié que les Jaunes de l'image.

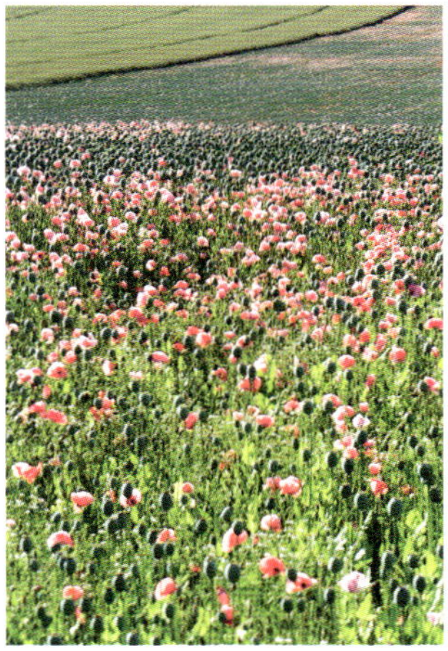

Correction de la teinte des pavots

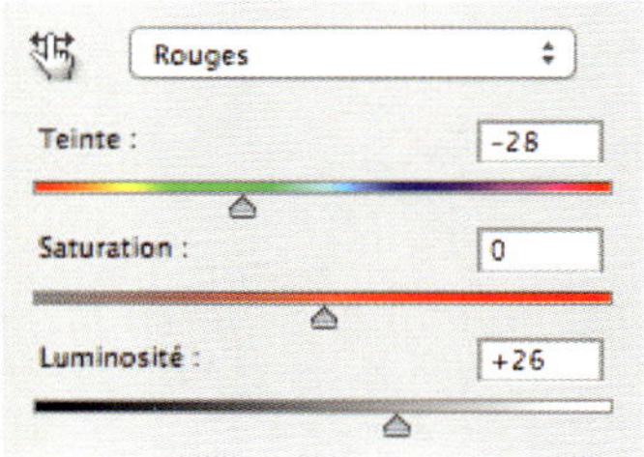

Ce champ étant constitué de pavots, roses naturellement et non de coquelicots, je souhaite retravailler la gamme des Rouges afin de retrouver une teinte des corolles plus proche de la réalité. J'altère donc la teinte des Rouges en déplaçant le curseur vers la gauche pour les rosir et j'augmente leur luminosité afin d'obtenir une teinte plus réaliste, un rose moins vif mais plus « translucide ».

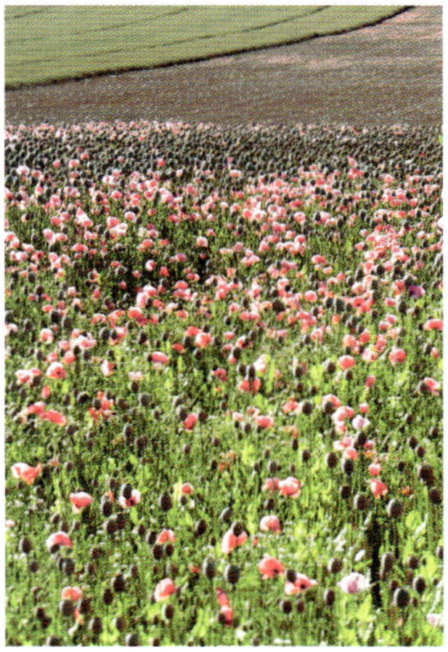

Rougissement des Verts

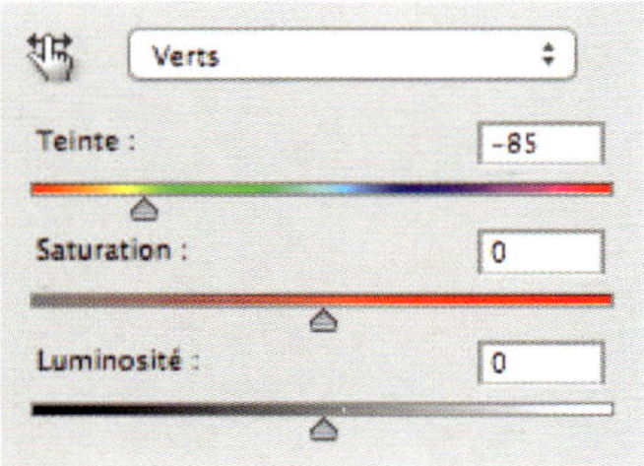

Ici, je conserve ce rendu aux pavots plus roses et lui associe une retouche de la gamme des Verts. Jusque là, le rendu de l'arrière du champ tranchait avec le reste de la photo ; il apparaissait davantage bleu-vert à cause des « têtes » de pavot contenant les graines. Je décide, cette fois, de rapprocher les Verts du jaune et même au-delà, vers le rouge ; le champ semble ainsi couvert de fleurs même à l'arrière-plan. Avec l'altération des Verts, l'image, devenant plus rouge, prend un aspect « vintage ».

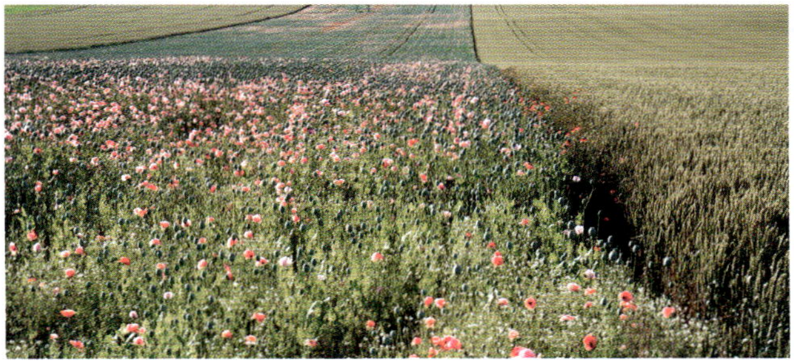

Photo définitive

Sur cette version définitive, j'ai associé différents réglages couleurs afin d'obtenir un rendu à la fois contrasté et coloré mais à l'ambiance plus subtile et peut-être plus « automnale » que la photo dans ses teintes d'origine.
Gamme des Jaunes : diminution de la luminosité + désaturation mesurée + correction de la teinte vers le jaune orangé.
Gamme des Rouges : correction de la teinte vers le rose + augmentation de la luminosité.
Gamme des Verts : correction de la teinte vers le cyan, le bleu.

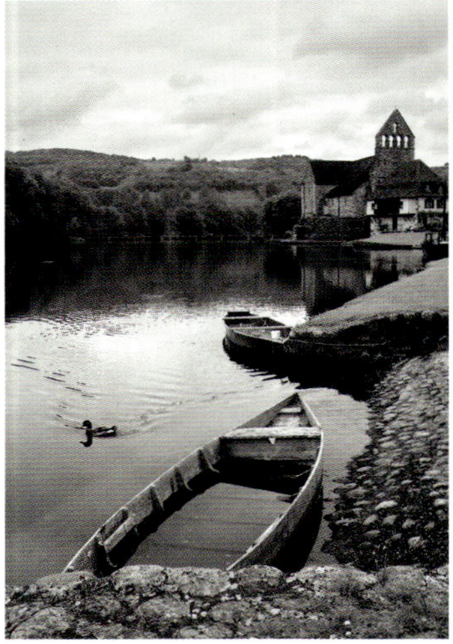

Le passage en noir et blanc concentre ici, comme souvent, le regard sur les formes, les lignes, les textures et la lumière de la scène. Une gestion subtile des gris m'a permis de déboucher l'arrière-plan (cyan et vert), de donner davantage de présence au monument, au sol en galets et aux feuilles (rouges) et de booster la luminosité de l'image (éclaircissement des Jaunes).

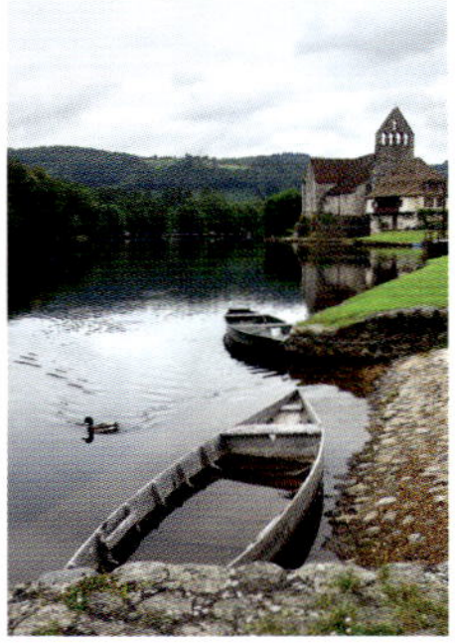

La conversion en noir et blanc

Étudions à présent comment convertir une image en noir et blanc. Il existe différentes méthodes permettant de personnaliser plus ou moins le contraste de votre photo dès sa conversion monochrome. Quel que soit le type de conversion effectué, l'optimisation du contraste (chapitres 3 à 5) reste un complément essentiel à cette étape.

Intérêt du monochrome

En supprimant les différences de teintes, le noir et blanc :

- rend plus apparentes les variations en densité et constitue une formidable mise en valeur de nos images à forte présence lumineuse ;
- accentue le graphisme de nos photos (lignes, formes...) et les effets de matière ;
- élimine les éventuelles dominantes dues à l'éclairage ;
- donne une connotation artistique et intemporelle aux images ;
- permet que nos photos couleur découlent d'un vrai choix.

Utiliser le curseur Saturation

Le curseur Saturation, présenté p. 116, est l'outil de base de conversion en noir et blanc. Les logiciels présentent aussi parfois une fonction « Convertir en niveaux de gris » (dans Photoshop ou Gimp, utilisez Image>Mode>Niveaux de gris).

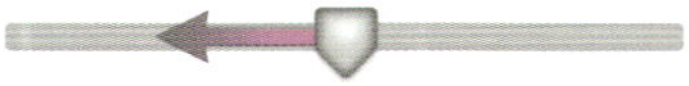

Glisser le curseur à gauche élimine les couleurs de l'image.

Cette désaturation basique est souvent dénigrée. Personnellement, j'y trouve un bel avantage : avec cette méthode, vous êtes sûr de ne pas créer de défauts sur la photo par un traitement sélectif qui peut s'avérer maladroit ! Une simple désaturation effectuée par ce biais est particulièrement adaptée aux photos peu colorées ; cela tombe bien, ce sont celles que nous allons le plus naturellement convertir en noir et blanc !

Une bonne optimisation de contraste sur votre photo simplement désaturée vous donnera, dans 99 % des cas, un résultat plus que satisfaisant.

« Réaliser cette conversion noir et blanc en deux temps permet de travailler sur une image entièrement en noir et blanc plutôt que conciliant zones monochromes et sujets colorés. Cette manipulation vous aidera à comprendre comment contrôler une conversion monochrome. Les réglages présentés en page suivante vous permettront par la suite, un passage plus rapide et plus aisé de vos photos en noir et blanc. »

Utiliser le réglage Teinte Saturation Luminosité

Autre méthode : pourquoi ne pas utiliser le réglage différencié par gammes que vous connaissez déjà (voir p. 118 à 125) pour maîtriser votre conversion en noir et blanc ?

Si vous vous contentez de désaturer successivement chaque gamme de teintes, vous obtiendrez exactement le même résultat qu'avec le curseur simple Saturation présenté ci-dessus. L'enjeu consiste ici à associer une variation de luminosité différenciée par gammes de teintes à cette désaturation afin de pouvoir choisir le rendu du gris dans lequel sera convertie chacune des couleurs de l'image.

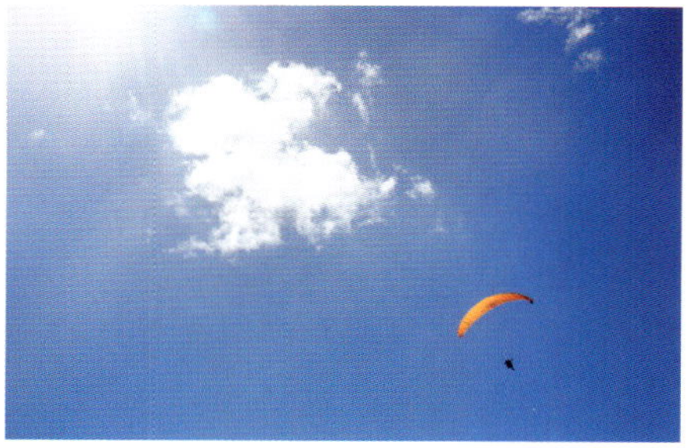

Version couleur

Imaginons que je veuille réaliser une version monochrome de cette image riche en couleurs, dont l'impact de départ découle du contraste de teintes entre l'arrière-plan et le sujet…

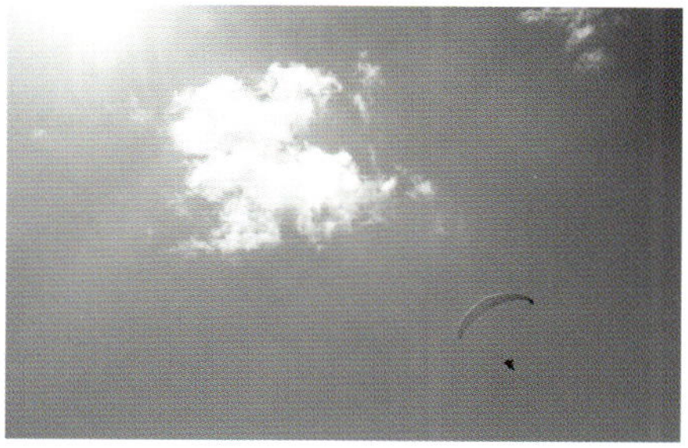

Conversion classique : désaturation globale

Dès lors que je désature l'image, je transforme toutes les teintes en gris. Or, ici, le ciel et le parapente sont, au départ, de couleurs bien différentes mais de même densité ; le bleu et le orange sont donc changés, par une désaturation simple, en un même gris : le sujet devient presque invisible…

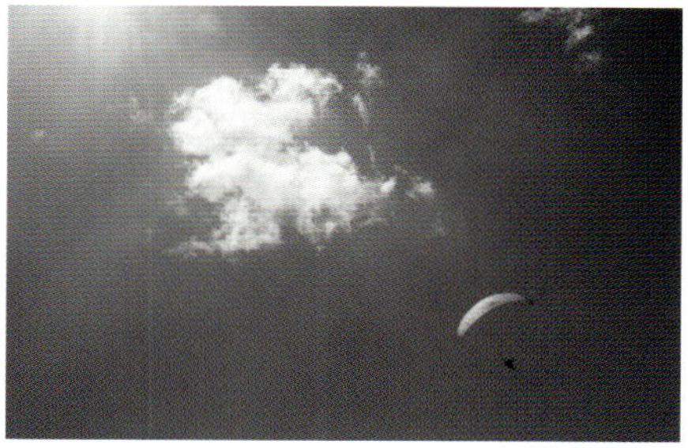

Conversion personnalisée : dosage du gris, couleur par couleur

Je passe donc par une gestion différenciée des couleurs, pour mon traitement monochrome. Afin que le nuage blanc se détache nettement sur le ciel, je diminue la luminosité du gris correspondant aux Cyans et aux Bleus (densification du ciel). Pour que le parapente orange ressorte bien sur le fond de ciel, j'augmente la luminosité du gris correspondant aux Jaunes et aux Rouges. Les Verts et Magentas sont désaturés « par précaution » mais je ne joue pas sur leur densité car leur présence est négligeable dans la photo. L'image obtenue est lisible et contrastée !

1. **Observation préalable de l'image.** Étudiez la disposition de ses couleurs – il n'est pas si facile de s'en souvenir une fois l'image convertie – et réfléchissez aux réglages à envisager.
2. **Désaturation des différentes gammes.** Sélectionnez successivement l'ensemble des gammes de teintes que distingue votre logiciel, et désaturez-les totalement. Vous pouvez procéder dans l'ordre du menu déroulant et de manière assez mécanique (aucun choix esthétique n'est à effectuer ici). Observez systématiquement quelle zone de l'image est convertie en monochrome afin d'étudier la répartition des gammes de teintes, dans la photo.

« *Attention, dans les logiciels de développement d'images, actionner le curseur Saturation ne constitue pas un moyen simple d'effectuer cette manipulation ! En effet, une désaturation par ce biais "désactiverait" en quelque sorte le réglage de couleur, rendant impossible les variations de luminosité présentées par la suite.* »

3. **Personnalisation des densités de gris.** Sélectionnez de nouveau les gammes de teintes en commençant par celles qui colorent votre sujet ou vous paraissent prépondérantes dans l'image. Utilisez le réglage de luminosité pour convertir la couleur correspondante en un gris clair ou foncé. Si vous hésitez sur la densité du gris à obtenir, procédez à un aller-retour de curseur ou de point sur la courbe afin d'observer comment l'image évolue… puis faites votre choix !

Retenez que les Jaunes gagnent, le plus souvent, à être éclaircis, tandis que les Bleus seront plutôt assombris (ou laissés tels quels). Sur vos photos de proches ou passants, éclaircissez les Rouges afin de garantir un rendu lumineux de la peau. Faites contraster les éléments entre eux, en éclaircissant un sujet présenté sur fond sombre ou *vice versa*.

Restez cependant mesuré avec cette retouche (risque de démarcations et de moutonnement). N'hésitez pas à revenir sur les réglages essentiels (alternez, par exemple, la retouche des Jaunes et des Rouges, sur une photo aux couleurs chaudes) pour doser subtilement le rendu de votre photo.

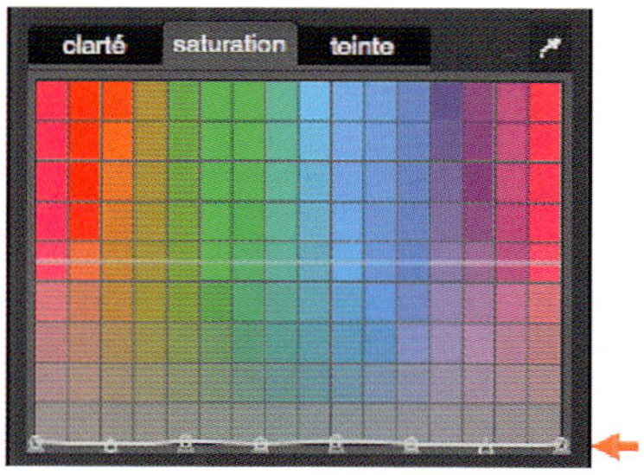

Sous l'onglet Saturation de Darktable, glissement du tracé en bas du cadre pour désaturer l'ensemble des gammes.

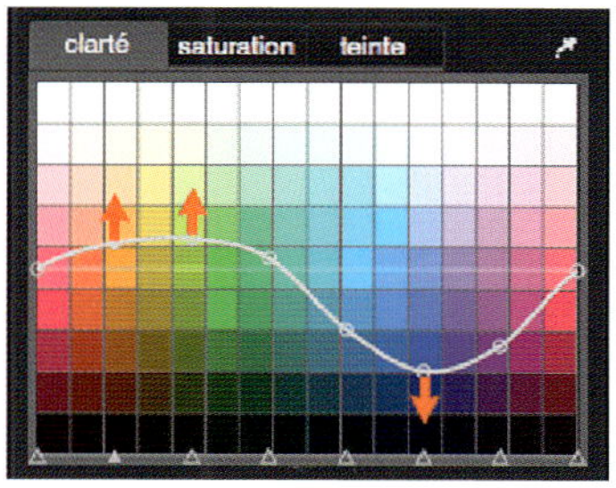

Sous l'onglet Clarté, modulation de la courbe pour éclaircir le gris correspondant à l'orangé (parapente) et assombrir celui associé aux Bleus (ciel).

En pratique

Appliquez différentes conversions monochromes à une même image pour explorer les variations de rendu possible. Quelle répartition des gris sert le mieux votre photo ?

La fonction « Noir et blanc » des logiciels

De nombreuses interfaces possèdent une fonction dédiée au noir et blanc. Le logiciel y effectue d'emblée la désaturation de chacune des gammes de teintes de l'image afin qu'il ne nous reste plus qu'à moduler la luminosité des gris correspondants. Avant d'activer ce réglage, n'oubliez pas d'observer attentivement la photo de manière à définir une première intention de retouche ! Constatez quelle est la répartition des couleurs dans l'image, quelles gammes de teintes colorent votre sujet ainsi que les différentes zones de l'arrière-plan. Savez-vous déjà si vous pensez plutôt faire se détacher le sujet en clair sur sombre ou en sombre sur clair ?

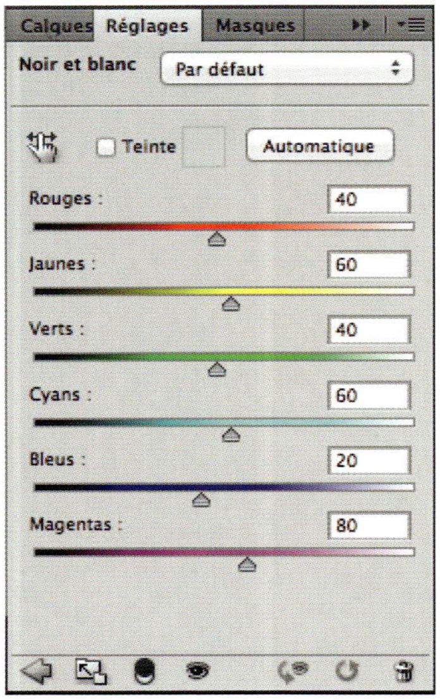

Photoshop propose une conversion en noir et blanc à 6 curseurs, correspondant aux gammes de teintes classiques. Il applique des valeurs par défaut pour chaque curseur (40 / 60 / 40 / 60 / 20 / 80), que vous pouvez modifier à l'envi.

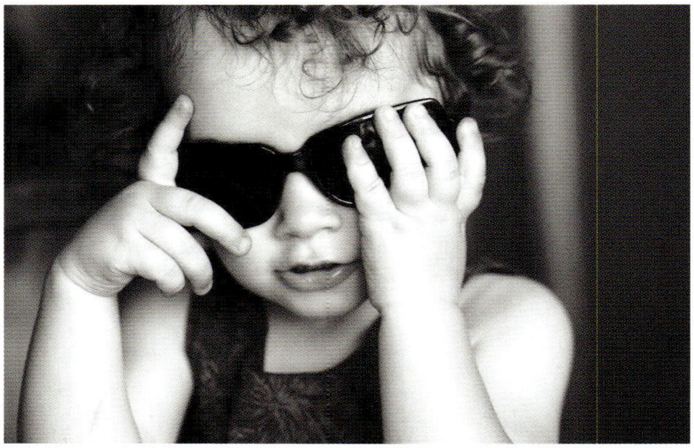

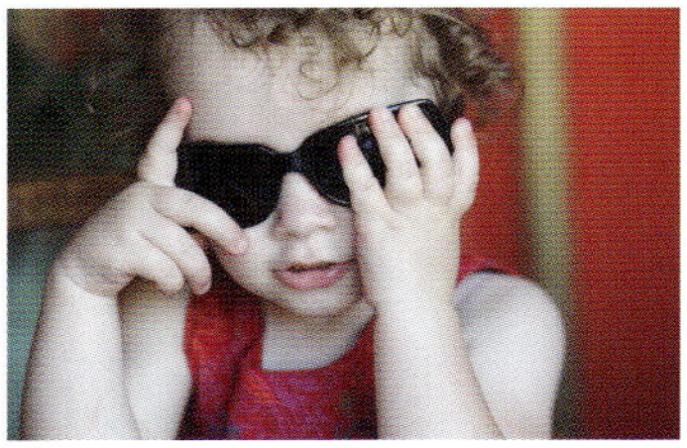

Le monochrome constitue une merveilleuse mise en valeur de l'humain : il souligne mieux que la couleur les regards et gestes de nos modèles. Ici, le noir et blanc est bien sûr tout indiqué pour ce portrait aux lunettes noires. Il le rend aussi moins enfantin, plus « classe ».

Accès au réglage

- Ce réglage n'est généralement pas disponible dans **les logiciels simples à réglettes**.
- Dans **Aperture**, affichez le module Noir et blanc. Dans **Lightroom**, ouvrez le module TSL/Couleur/NB et cliquez sur « NB ». Dans **RawTherapee**, onglet Couleur, module Noir et blanc, cochez Activé pour convertir la photo en monochrome, avant d'actionner les curseurs. **Darktable** n'intègre pas de réglage de ce type.
- Sous **Photoshop**, passez par le menu Image>Réglages>Noir et blanc ou cliquez sur l'icône ◐ située en bas de la palette de Calques (par défaut, à droite de l'écran) puis sur Noir et blanc (méthode à privilégier si plusieurs réglages successifs). Sous **Gimp**, dans le menu Couleurs, sélectionnez Composants>Mixeur de canaux et cochez Monochrome. Cette conversion personnalisée n'est pas présente dans **Pixlr**.

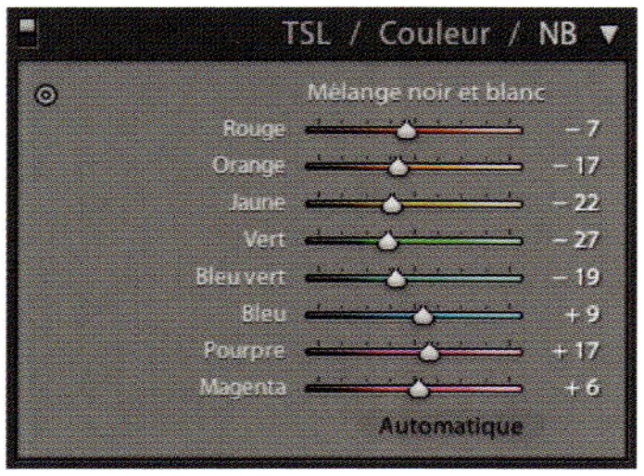

Lightroom propose une conversion en noir et blanc à 8 curseurs. Il applique des valeurs par défaut pour chaque curseur (-7 / -17 / -22 / -27 / -19 / +9 / +17 / +6), que vous pouvez faire évoluer comme vous le souhaitez.

Le monochrome par gammes de teintes

L'outil de conversion de Photoshop et Lightroom vous semblera particulièrement intuitif à utiliser, car son fonctionnement découle directement de celui du réglage Teinte Saturation Luminosité que nous venons d'étudier.

Nous y retrouvons nos gammes de teintes classiques (6 dans Photoshop et 8 dans Lightroom), avec autant de curseurs permettant de varier, tout simplement, leur luminosité.

L'affichage de l'outil Noir et blanc provoque la désaturation automatique de toutes les gammes de teintes. Ne reste plus qu'à choisir quelle sera la densité du gris associé à chacune d'entre elles.

Commencez plutôt par actionner les curseurs qui contrôlent le rendu de votre sujet, puis intéressez-vous davantage aux densités présentes à l'arrière-plan. Affinez toujours le réglage en tâtonnant avec les curseurs.

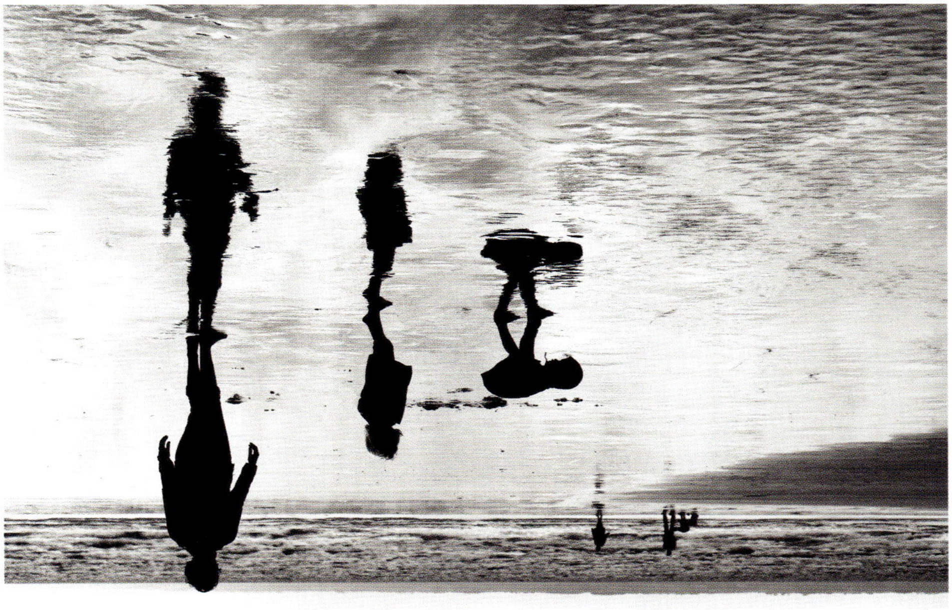

Quoi de mieux pour une photo tout en ombres et lumières qu'un bon traitement en noir et blanc ? La conversion monochrome a été, comme d'habitude, accompagnée d'une accentuation du contraste adaptée.

Les curseurs Rouge/Vert/Bleu

Un autre fonctionnement existe, ne mettant en jeu que 3 curseurs appelés Rouge, Vert et Bleu. Cette fois, chacun des curseurs agit sur plusieurs des gammes de teintes évoquées.

- Le curseur Rouge altère la gamme des Magentas, Rouges, et Jaunes.
- Le curseur Vert module les Jaunes, Verts, et Cyans.
- Le curseur Bleu agit sur les Cyans, Bleus, et Magentas.

Comme vous pouvez le constater, certaines gammes sont communes à plusieurs réglettes. Cela signifie que l'on peut actionner l'un ou l'autre curseur pour modeler la gamme concernée voire exploiter leur complémentarité.

N'oubliez pas que ce réglage n'est là que pour établir une tendance, qui sera affinée ou accentuée par votre optimisation du contraste.

« *Attention, ces outils de conversion monochrome sont très sensibles ! Actionnez-les avec précaution. Un réglage trop prononcé peut créer des défauts (risque de démarcations et moutonnements) : ne décalez les curseurs que de façon millimétrique.* »

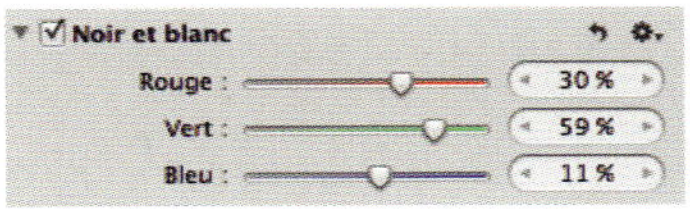

Le logiciel Aperture, par exemple, présente une conversion en noir et blanc à 3 curseurs. Il applique des valeurs par défaut pour chaque curseur (30 / 59 / 11), que vous pouvez ensuite moduler à votre guise.

En pratique

Sur une photo montrant plusieurs couleurs vives (par exemple, vêtement rose, pelouse verte et ciel bleu), testez, pour le plaisir de l'expérimentation, différentes conversions en noir et blanc complexes. Essayez entre autres d'assombrir le jaune et le vert tout en éclaircissant les Bleus, Cyans, Magentas et Rouges. Enregistrez cette version puis faites le contraire. Réalisez d'autres combinaisons pour apprivoiser l'outil.

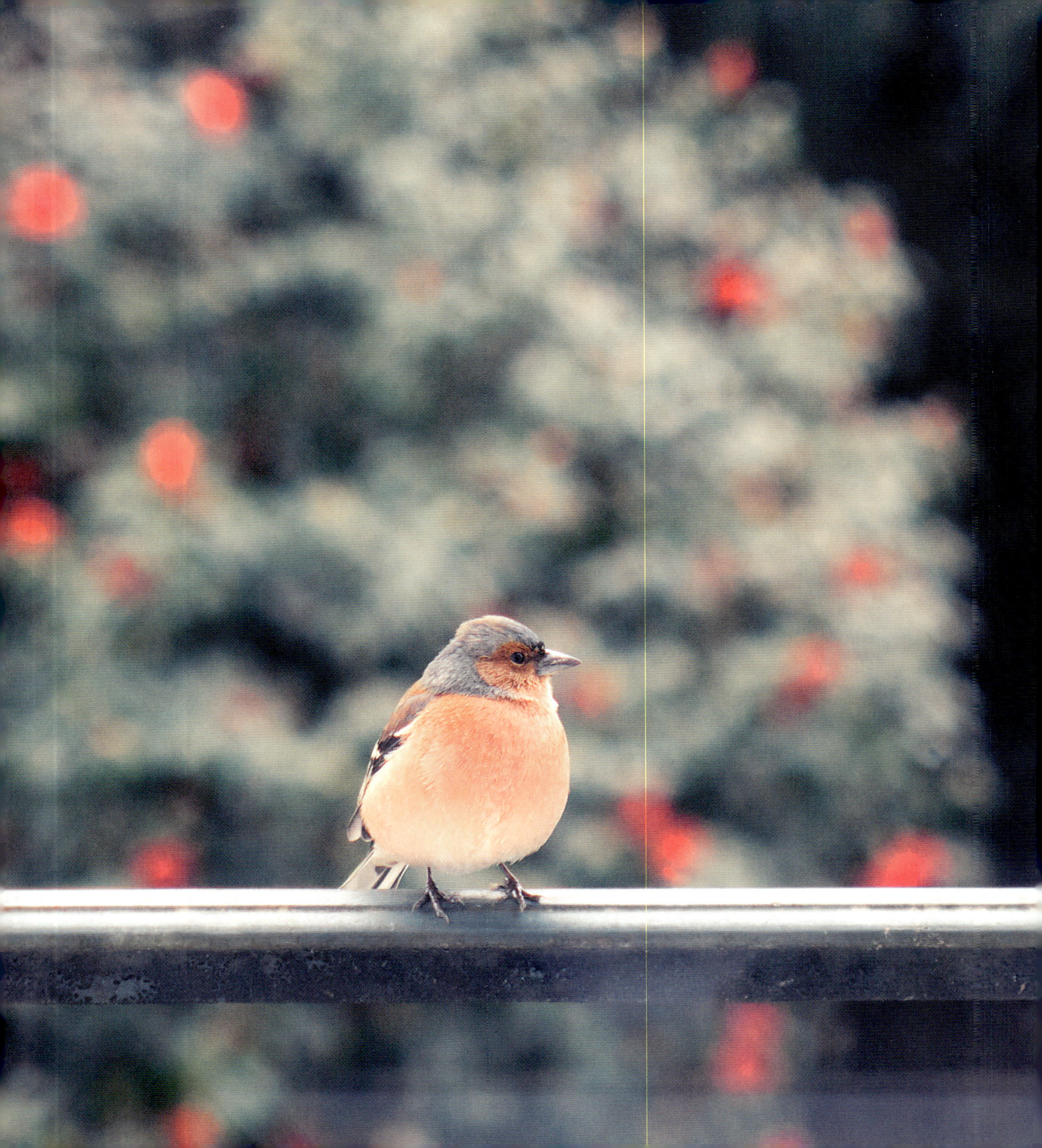

Retouche de la couleur d'ambiance

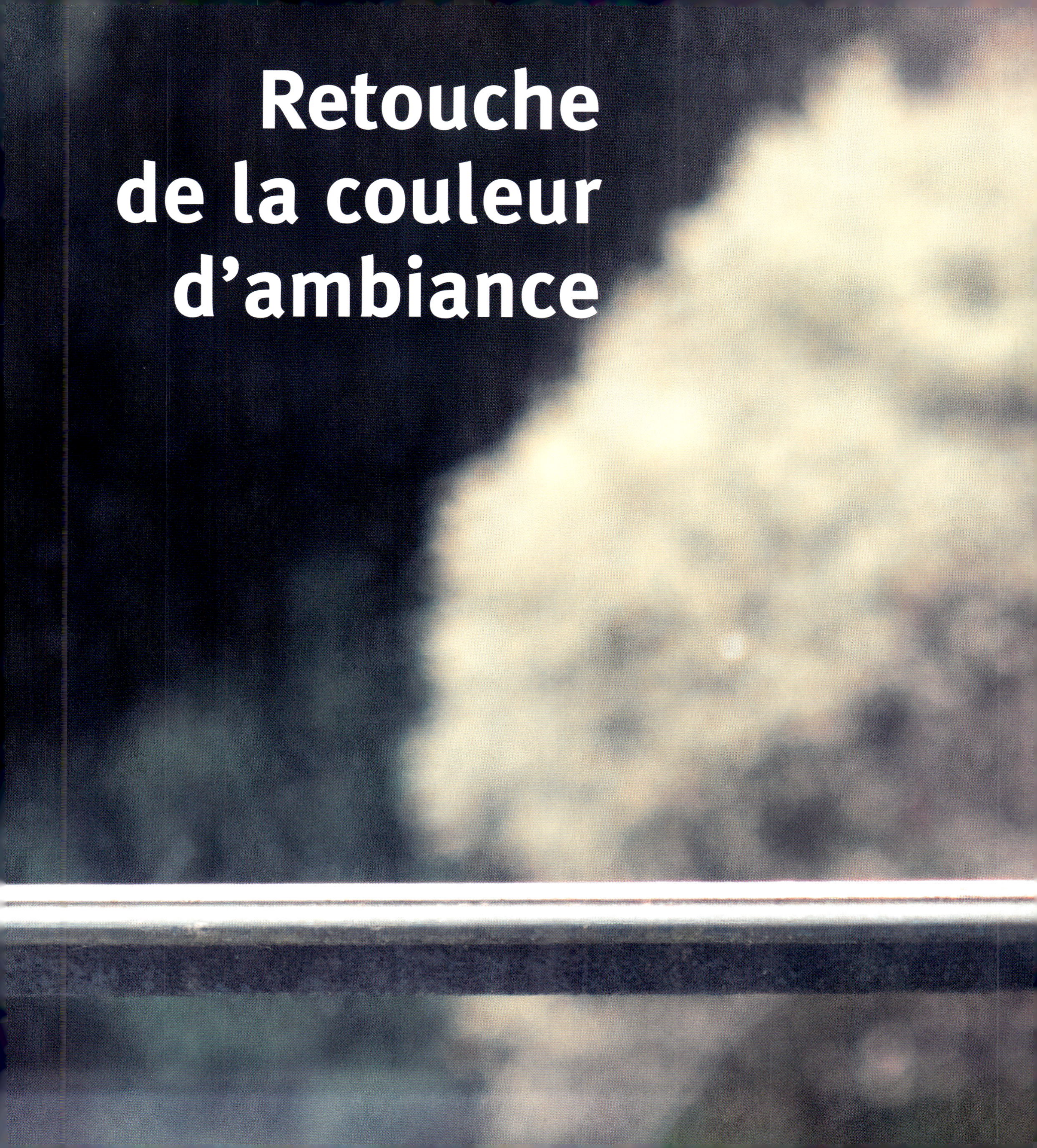

En page précédente, cette vue de pinson s'éloigne de la photo animalière classique par de nombreux aspects : prise de vue à travers une vitre et agrémentée de reflets (ils donnent, selon moi, encore un peu plus de douceur à la scène...), présence de l'élément non naturel qu'est la balustrade, recadrage en 16 x 9, saisie de l'oiseau en contexte plus qu'en gros plan... Pour m'éloigner encore davantage du documentaire, je retravaille également la couleur d'ambiance de l'image, avec un traitement croisé subtil qui rend son atmosphère plus nostalgique et son rendu plus original.

Les couleurs de la photo brute sont, à mon sens, tout à fait décevantes ; je les trouve blafardes et peu enclines à retransmettre la magie de l'instant. En effet, la balance des blancs automatique de l'appareil a « cassé » la couleur d'ambiance. Retravailler ce paramètre au traitement produit une photo plus colorée et plus attrayante. À gauche, j'ai poussé la dominante davantage vers le bleu et le magenta afin d'installer une atmosphère plus mystérieuse, féerique. À droite, j'ai fait évoluer les couleurs, à l'inverse, vers le jaune, pour accentuer la présence de la flamme et rendre la scène plus chaleureuse.

La balance des blancs

Intéressons-nous désormais à la « couleur d'ambiance », et non à celle des sujets de l'image. L'éclairage naturel ou artificiel, loin d'être neutre à la prise de vue, se caractérise en effet souvent par une dominante colorée (voir la « température de couleur » p. 112). Or, cette « couleur de la lumière » teinte nos photos, qui apparaissent alors tantôt jaune orangé, tantôt bleutées ou encore verdâtres... Voyons comment agir sur ces dominantes et surtout... pourquoi !

L'enjeu : corriger, accentuer ou créer une dominante

Le réglage de Balance des blancs de nos boîtiers (WB) a pour but d'informer l'appareil des conditions lumineuses dans lesquelles nous nous trouvons (temps ensoleillé, nuageux, éclairage incandescent, tungstène, néon, etc.) afin qu'il corrige et supprime la dominante correspondante. On appelle ce réglage la « balance des blancs » car on l'utilise, le plus souvent, pour mimer un éclairage neutre, « lumière du jour », sans dominante colorée (la correction permet que le blanc ne soit pas teinté).

Au traitement, des curseurs bicolores nous permettent de rendre la photo plus bleue, plus jaune, plus rouge, etc. Par le jeu des couleurs complémentaires (voir p. 109), « plus bleu » signifie aussi « moins jaune orangé », et « plus rouge » engendre des tons moins verts ! Ainsi, le premier objectif de cette manipulation peut être, là encore, la correction d'une dominante. On améliore, par exemple, un portrait saisi à la lumière électrique et teinté de jaune, en éloignant le curseur du jaune pour le rapprocher du bleu, afin de supprimer la dominante disgracieuse.

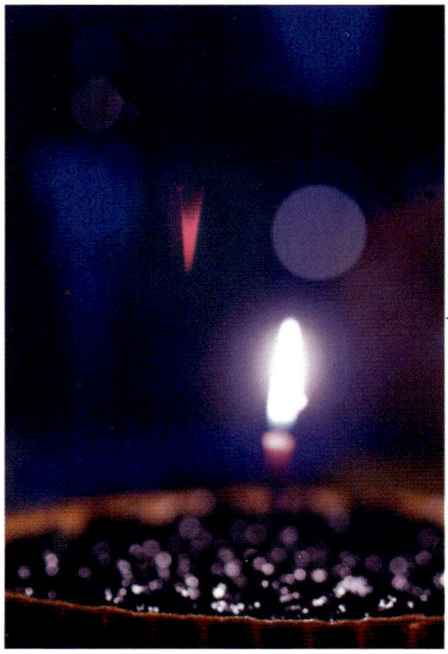

Dominante plus bleue

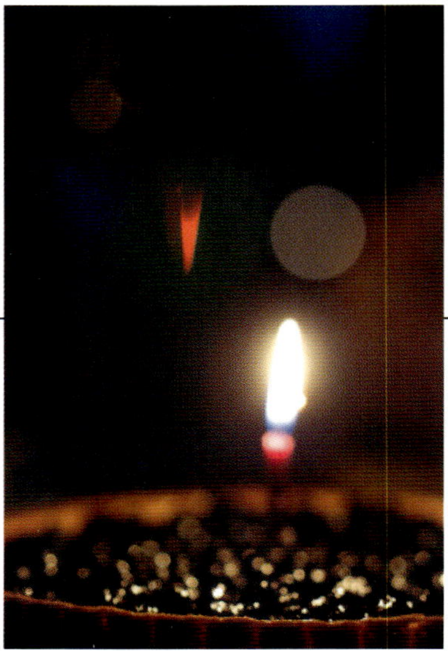

Photo brute

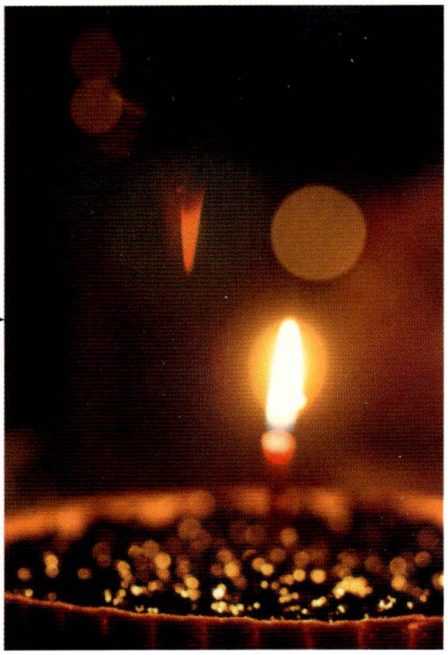

Dominante plus jaune

Or, des utilisations plus créatives de cet outil sont également possibles. En effet, les dominantes constituent un outil formidable pour installer une atmosphère particulière. La neutralité parfaite étant souvent à la fois peu réaliste et peu porteuse, je vous propose d'exploiter la balance des blancs de manière subjective et originale. Il s'agit de conserver certaines dominantes mais aussi de les accentuer voire même de les créer de toutes pièces ! Lorsque votre œil sera suffisamment aiguisé, vous remarquerez davantage les « couleurs d'ambiance » qui teintent naturellement vos photos. Si celles-ci vous plaisent et semblent servir vos images, pourquoi ne pas les renforcer plutôt que de les corriger ? Vous pourrez ainsi, par exemple, appuyer la tonalité verdâtre de l'éclairage au néon d'une vue de parking souterrain en amenant la balance des blancs encore plus vers le vert, pour assumer et souligner l'effet de départ.

Enfin, même quand l'image ne vous semble pas montrer naturellement de dominante ou si celle existante ne vous plaît pas vraiment, pourquoi ne pas carrément oser une nouvelle ambiance ?! Appliquez alors un traitement subtil qui colorera légèrement votre photo et la rendra tantôt plus chaleureuse, tantôt plus froide, plus dramatique (voir p. 136-137).

Accès au réglage

- Dans **les logiciels simples à réglettes**, cherchez une réglette allant du bleu au jaune, accompagnée éventuellement d'une réglette allant du vert au rose. Une troisième réglette est même parfois présente, allant du cyan au rouge.
- Dans **Aperture**, affichez le module Balance des blancs. Ce même module se trouve dans l'onglet Couleur de **RawTherapee** et dans l'onglet Exposition de **Darktable**. Sous **Lightroom**, ouvrez le module Réglages de base pour trouver les réglettes.
- Dans **Pixlr**, suivez Réglages>ColorBalance pour régler la balance des blancs. Pour utiliser la fonction de **Photoshop** et **Gimp**, consultez la page suivante.

« *Vous trouverez un réglage de balance des blancs à une seule réglette (nommée "Température"), dans **PicMonkey** et **BeFunky** (bouton Colors). Ce dernier propose également une version à 3 réglettes : c'est la fonction Color mixer.* »

Les curseurs de Balance des blancs

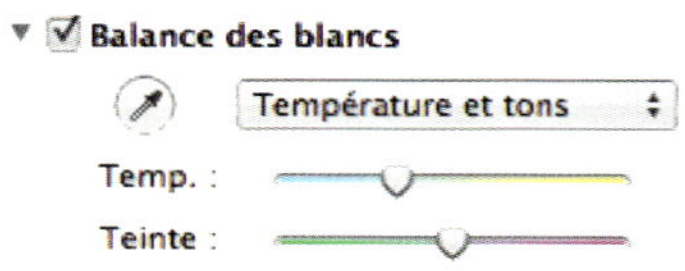

Le réglage de base de la balance des blancs est composé :

- d'un curseur Température qui va du bleu au jaune. Celui-ci est toujours présent ; il contrôle le caractère froid ou chaleureux de l'éclairage ;
- d'un curseur Teinte qui va du vert au magenta, parfois associé au premier. Il permet de personnaliser davantage la dominante et de jouer plus subtilement sur la couleur en rougissant ou en verdissant la photo ;
- parfois d'un troisième curseur complémentaire aux précédents et allant du cyan au rouge. Celui-ci sera davantage traité p. 140.

En pratique

Suivez les différentes approches citées, pour l'utilisation de la balance des blancs. Cherchez, tout d'abord, des photos présentant des dominantes que vous considérez comme parasites et entraînez-vous à les corriger parfaitement. Par la suite, essayez au contraire de les accentuer pour adopter un point de vue moins neutre. Enfin, faites abstraction de l'éclairage de départ pour imaginer comment vous souhaiteriez vous-même « éclairer la scène ».

Altération et création de dominantes

Le réglage de balance des blancs altère peu les tons sombres et influence essentiellement le rendu des tons intermédiaires et clairs. Il affecte cependant l'ensemble de l'image, ainsi n'appliquez pas une teinte jaune sur une photo de ciel si vous ne souhaitez pas que les nuages soient atteints par cette dominante ! Pour une gestion plus fine de la répartition de la couleur d'ambiance sur l'image, consultez les pages suivantes. Je vous présente ici quelques exemples de cas pour lesquels le réglage de balance des blancs vous sera très utile et vous décris, pour chacun, la retouche à effectuer.

Corrigez une dominante jaune

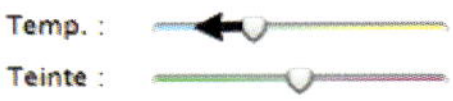

Si votre photo vous semble trop jaune, décalez lentement le curseur Température vers le bleu. Stoppez le réglage avant que les zones neutres de la photo (qui doivent apparaître blanches ou grises) ne deviennent bleutées. Selon les cas, conservez une très légère teinte jaune, pour une photo tout de même chaleureuse, ou cherchez une tonalité parfaitement neutre, pour une ambiance plus froide.

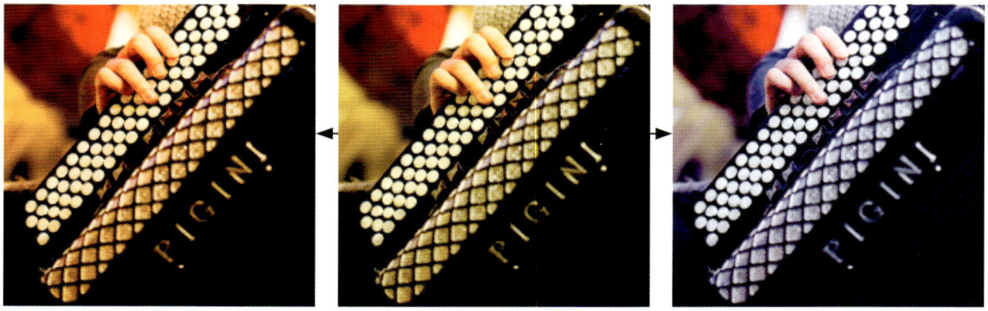

Balance des blancs plus jaune et plus magenta ✓ | Photo brute, verdâtre ✗ | Balance des blancs plus bleue et plus magenta ✓

Cette vue présente une tonalité « jaune verdâtre » (au centre). Le fort contraste appliqué accentue sans doute cette dominante… À gauche, je bascule la balance des blancs un peu plus vers le jaune, mais surtout vers le magenta (correction de la teinte verdâtre), ce qui génère une image chaleureuse, orangée façon éclairage de scène. À droite, je corrige la dominante jaune en « mordant franchement dans le bleu » tout en m'approchant du magenta, pour suggérer une ambiance nocturne, un concert improvisé sur le trottoir.

Rendez votre image plus féérique

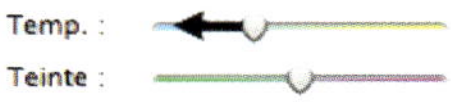

Pour amener votre photo au pays des songes, décalez le curseur Température franchement vers le bleu, jusqu'à colorer la photo avec cette dominante. Attention à préserver des zones claires dans l'image (blanches ou bleu clair) afin de ne pas gorger la photo de couleur ! Augmentez l'exposition ou accentuez le contraste après coup, si nécessaire pour retrouver suffisamment de hautes lumières. Déplacez éventuellement le curseur Teinte vers le magenta pour une tonalité plus indigo, ou rapprochez-le du vert pour une dominante turquoise.

Pour rendre la photo de cet iris plus rêveuse et plus colorée, j'ai basculé la balance des blancs très légèrement vers le bleu. Ce réglage améliore le contraste local au niveau du sujet (iris jaune sur eau bleue). Le jaune, très saturé, ne se trouve pas affecté par le léger bleuissement. Ce premier réglage ayant tendance à verdir la végétation, je rapproche aussi le curseur Teinte du magenta ce qui me permet de redonner aux feuillages leur couleur vert-jaune naturelle. ▶

Réchauffez une photo prise à l'ombre

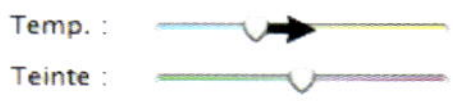

Le jaune est une couleur chaleureuse. Ainsi, si vos photos prises à l'ombre sont fades et blafardes, actionnez le curseur Température vers le jaune. Même une retouche très subtile peut faire la différence ! Utilisez éventuellement le curseur Teinte pour personnaliser la dominante. Pensez, de plus, à appliquer de légères dominantes jaunes et magenta pour améliorer vos ambiances automnales.

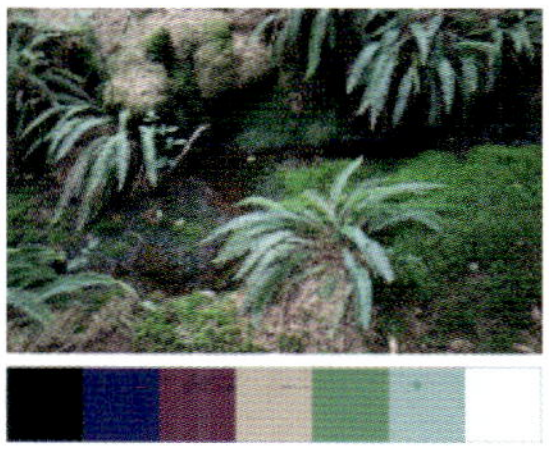

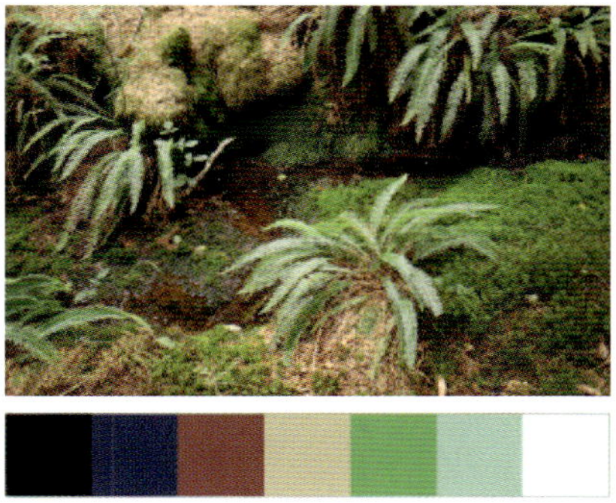

Cette photo à l'ambiance luxuriante montre un rendu glacial et blafard dû à une prise de vue sous le couvert des arbres. J'ai amené la balance des blancs vers le jaune afin de retrouver des teintes plus agréables et chaleureuses. En comparant un à un les échantillons colorés composant la palette, vous pouvez constater qu'hormis le noir, chaque teinte est additionnée de jaune.

Dramatisez l'ambiance !

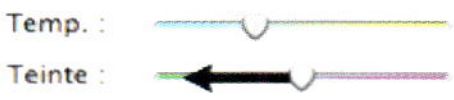

Le vert, comme le contraste fort, a une connotation dramatique, peut-être parce qu'il rappelle l'éclairage au néon des parkings et de certains réverbères… Pour donner à votre image une ambiance plus mystérieuse, façon thriller (voir p. 164), amenez le curseur Teinte franchement vers le vert. Attention, tout de même à conserver suffisamment de zones claires dans l'image (blanches ou vert clair) afin de ne pas la surcharger de couleur. Augmentez éventuellement l'exposition ou accentuez le contraste après coup si nécessaire.

Améliorez le contraste local

Comme ces réglages de dominante agissent sur l'ensemble de l'image, ils peuvent avoir tendance à uniformiser son rendu… Pour éviter cela tout en jouant avec la colorimétrie de la photo, observez les teintes intrinsèques des sujets et optez pour une couleur complémentaire, afin de générer un contraste local coloré porteur. Par exemple, un sujet rouge sera peu altéré par un traitement dramatique à la dominante verte qui teintera, en revanche, les éléments plus neutres. Cette zone sujet, préservée de la dominante, limitera l'effet « surcharge de couleur ».

Ainsi, pour booster le contraste coloré d'une photo au sujet bleu, appliquez une dominante jaune à l'aide du curseur Température. Pour mettre en valeur un sujet jaune, actionnez-le vers le bleu ! Pour un sujet rouge, rose ou orangé, appliquez une dominante verte et pour un sujet vert, appliquez une dominante plutôt magenta, ou orangée, chaque fois grâce au curseur Teinte.

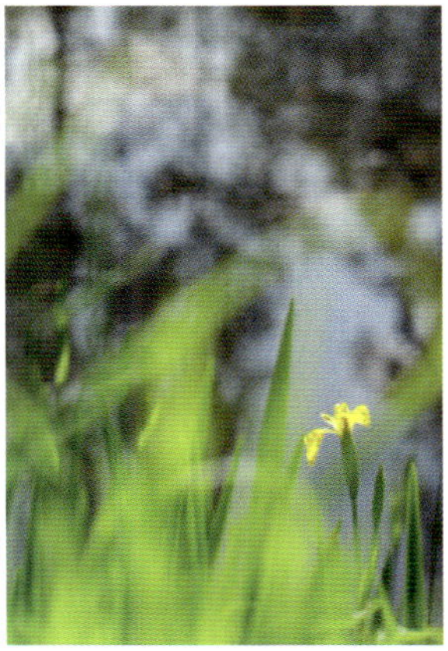

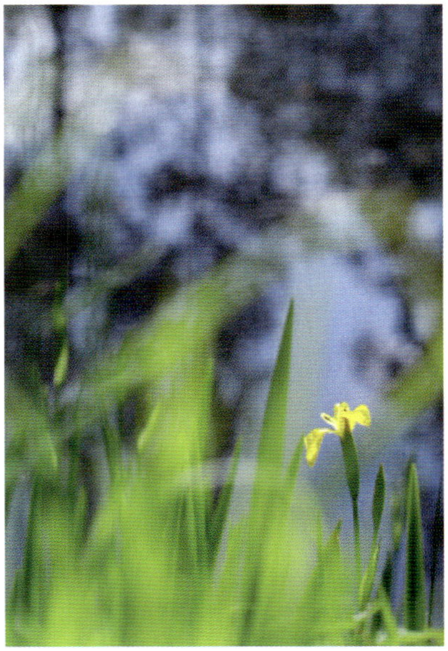

En pratique

Testez différentes dominantes sur une même image afin d'observer comment les teintes de départ se modifient, ainsi que l'atmosphère de la scène photographiée. Cherchez à définir quel rendu vous semble le mieux convenir à la photo.

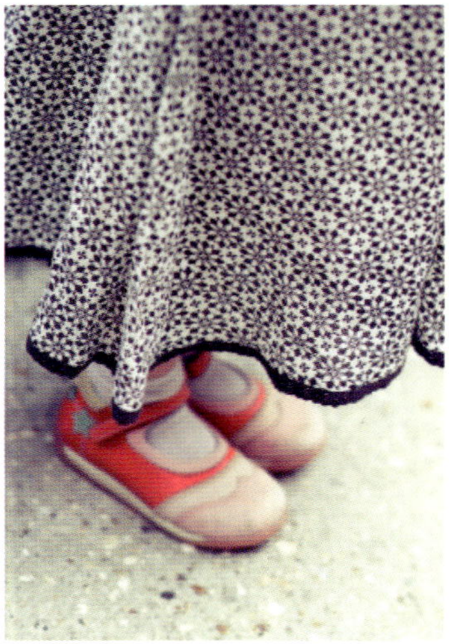

Malgré le rouge des souliers de la fillette, les couleurs sont tristes et ternes, l'image ayant été réalisée vers 20 h, à l'ombre. Pour plus de peps et d'originalité, j'ai appliqué à cette photo une balance des couleurs différenciée. La version finale montre ainsi des basses lumières violacées et des hautes lumières jaunies, qui évoquent un peu une photo ancienne.

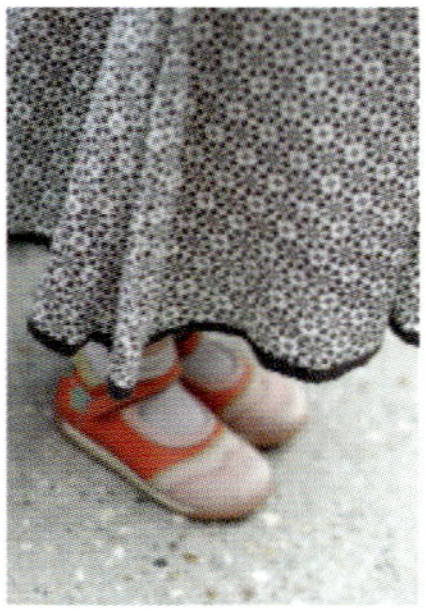

La balance des couleurs

Une autre fonction de certains logiciels, proche de la balance des blancs, nous donne l'opportunité de travailler sur « l'éclairage de la scène », de façon encore plus personnelle, plus riche, plus créative, le réglage pouvant s'appliquer de manière différenciée. C'est la balance des couleurs.

Quelle différenciation, cette fois ?

Rappelez-vous. Lorsque vous optimisez le contraste, vos réglages s'appliquent par gammes de densités, ce qui vous permet d'agir tantôt sur les basses lumières, les tons moyens ou les tons clairs. Eh bien, il en est de même pour la balance des couleurs. Celle-ci correspond, en quelque sorte, à une balance des blancs qui s'applique de façon différenciée selon la luminosité du sujet. La balance des couleurs nous offre ainsi la possibilité de modeler différemment la couleur d'ambiance dans les zones sombres, les zones de densité moyenne et les zones claires !

Les retouches de balance des couleurs s'appliquant indépendamment des teintes de l'image, elles agissent même sur les zones neutres et peuvent constituer une bonne mise en valeur pour des photos fades et pauvres en couleurs. D'ailleurs, contrairement à ce que l'on pourrait penser, ce n'est pas sur les images les plus bigarrées que ce réglage est le plus intéressant à appliquer. Utilisez-le au contraire pour améliorer les photos peu colorées que vous ne souhaitez pas convertir en noir et blanc !

« Pour les retouches par gammes de teintes via *l'outil Teinte Saturation Luminosité, présentées au chapitre 7, le changement de rendu s'applique* selon la couleur *d'origine du sujet (les éléments rouges voient leur rendu altéré, par exemple). Les retouches de balance des couleurs qui montrent, elles, une différenciation tons clairs/tons moyens/tons foncés, produisent des rendus différents cette fois* selon la densité *des zones de l'image (les éléments sombres voient leur couleur évoluer, par exemple). »*

Contraste coloré et effets vintage

Nous avons vu précédemment (voir p. 112) que les sujets saisis à l'ombre montrent souvent des tonalités assez froides, tandis que les aires éclairées bénéficient généralement d'une dominante chaleureuse. Bleu dans les zones sombres et jaune dans les zones claires ? Voilà justement le genre d'effet que nous pouvons appliquer ou accentuer à l'aide de la balance des couleurs !

Ce traitement chromatique constitue une nouvelle manière de booster le contraste de nos images. Au début de votre lecture, foncer les zones déjà sombres et éclaircir encore davantage les sujets clairs vous permettait de creuser l'écart entre zones de la photo, en altérant ses densités. Or, ici, verdir, par exemple, les zones sombres de l'image tout en rougissant ses tons intermédiaires ou clairs vous offre une nouvelle opportunité d'accentuation du contraste, en jouant cette fois avec des teintes… qui contrastent entre elles !

Exploiter la balance des couleurs différenciée peut également être l'occasion de mimer certains procédés argentiques, comme le traitement croisé (voir p. 14). Cette manipulation produit en effet des photos elles aussi fortement contrastées et montrant une différenciation colorée : zones sombres et intermédiaires plus bleues ou plus rouges que la normale, et hautes lumières assez jaunes et tranchant avec l'ensemble. De plus, les anciens tirages, qui ne vieillissent pas toujours très bien, montrent souvent des zones sombres rouges ou pourpres et peuvent, eux aussi, inspirer nos retouches. Pour imiter ces rendus (voir p. 160-163), oubliez donc les filtres d'Instagram et consœurs et offrez des couleurs intemporelles à vos images en mode « sur mesure » !

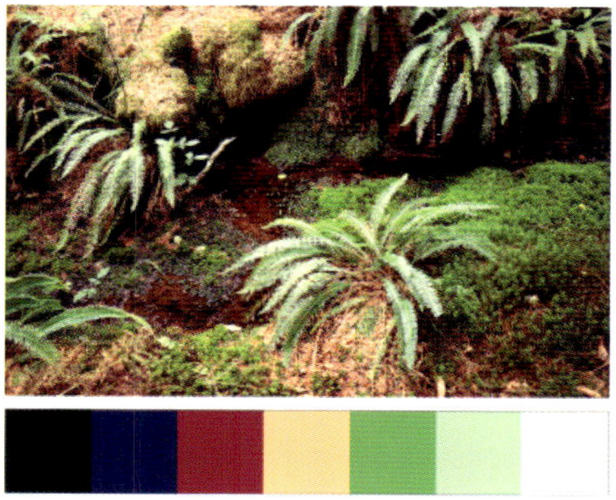

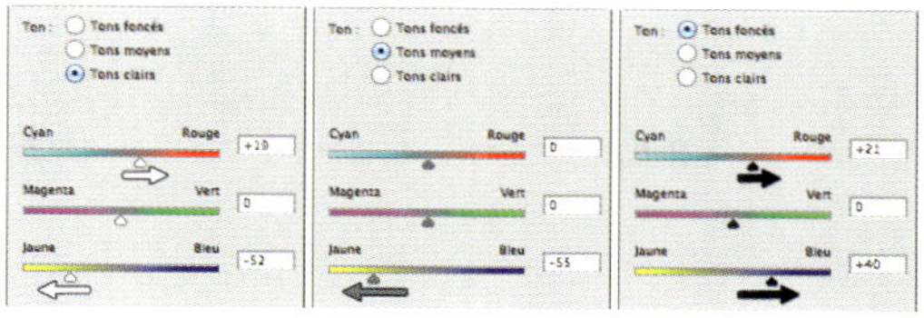

Contrairement à la version de la page précédente, j'ai, ici, différencié l'application des dominantes selon les gammes de densités. Des tons clairs plus orangés donnent un rendu plus chaleureux aux parties éclairées des fougères. J'ai également jauni les tons moyens. Enfin, des tons sombres violacés font contraster les ombres avec le reste de la photo. L'image apparaît alors à la fois plus contrastée, plus colorée et plus chaleureuse.

« Peintres et aquarellistes exploitent, souvent, eux aussi, un duo de complémentaires pour appuyer leur contraste en densité d'une opposition de teintes. Il est fréquent qu'ils appliquent les ombres en bleu outremer afin d'obtenir un tableau à la fois plus coloré et plus contrasté. »

Pour faire bénéficier vos images d'un traitement croisé, opposez généralement des couleurs plutôt froides dans les ombres à des teintes chaleureuses dans les hautes lumières, comme suit :

- tons sombres aux teintes proches d'un bleu violacé, mais pouvant aller du vert au pourpre ;
- tons clairs proches du jaune : teinte entre le vert anis et l'orangé.

La mise en œuvre de ces retouches est présentée tout au long du chapitre.

Le bon rendu couleur pour votre image

Votre choix de rendu dépendra à la fois des couleurs de la photo de départ et de votre intention de retouche. La connotation expressive des couleurs (voir p. 17) a toujours son importance ici : associez donc et faites interagir les teintes, pour un « effet émotionnel » plus subtil. Comme souvent, il s'agit de trouver la combinaison effet visuel/expression qui convient le mieux à votre image :

- observez comment les couleurs de la photo évoluent lorsque vous appliquez l'une ou l'autre dominante. Quelles associations de teintes vous semblent les plus esthétiques, les plus porteuses ? Comment l'image apparaît-elle la plus dynamique, ou harmonieuse ?
- améliorez le contraste local grâce à une teinte d'ambiance complémentaire à celle du sujet ou optez pour l'harmonie en mariant la dominante avec la couleur du sujet ;
- déterminez à quelle(s) gamme(s) de tons appliquer la ou les dominantes définies. Telle zone de l'image doit-elle être affectée par la dominante ou au contraire en être préservée ?
- utilisez l'expressivité des couleurs pour rendre vos images plus fortes et les plonger dans une toute nouvelle atmosphère : vintage, voir p. 160, dramatique, voir p. 156, etc.

Les dominantes des « traitements croisés »

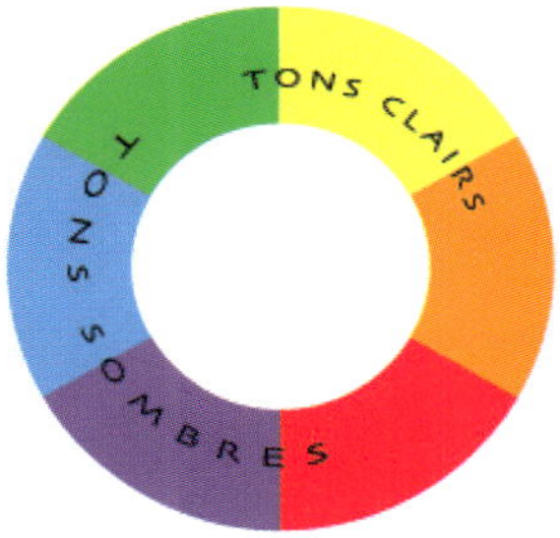

En argentique, un développement croisé pouvait donner des résultats assez variables, selon la combinaison pellicule/révélateur. Le modèle colorimétrique à suivre, en numérique, pour être fidèle à cet effet, est donc plutôt flou, assez libre.

En pratique

Étudiez rapidement les préréglages intégrés à votre appareil ou les filtres chromatiques proposés par les applications smartphone ou encore par PicMonkey ou BeFunky (cliquez sur l'icône « baguette magique » pour afficher la liste d'effets). Essayez de repérer quels virages chromatiques ils produisent. L'ensemble de la photo change-t-elle de dominante ? Comment sont teintées les hautes et les basses lumières ? Aiguisez votre œil et repérez les types de rendu qui vous plaisent.

Les réglettes de balance des couleurs

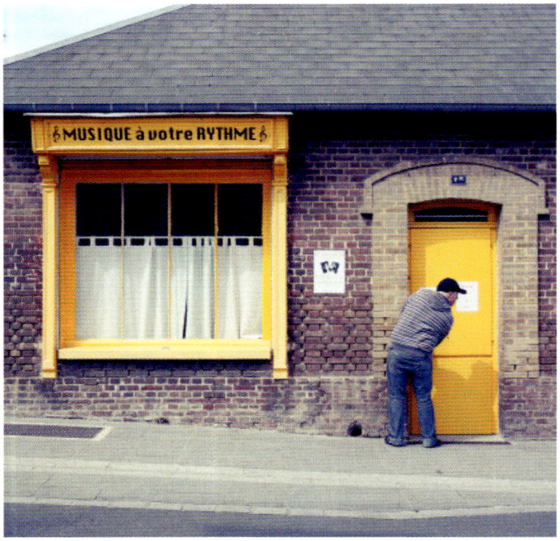

C'est bien sûr la couleur vive des ouvrants de ce bâtiment qui m'a donné envie de déclencher, ainsi que la présence de l'homme à la casquette. Pour booster le rendu chromatique de l'image, j'ai amené la couleur d'ambiance vers le violacé, teinte complémentaire au jaune. Le contraste coloré est ainsi décuplé !

Le réglage de Balance des couleurs peut prendre, lui aussi, un aspect très différent selon le logiciel utilisé. Dans Photoshop, Gimp et Darktable, notamment, il se fait *via* des curseurs actionnés sur des réglettes.

Accès aux réglettes

- Ce réglage n'est pas disponible dans **les logiciels simples à réglettes**.
- Dans **Darktable**, ajoutez Balance couleur *via* « Plus de modules », en bas à droite ; le module apparaît dans l'onglet Couleur. Le fonctionnement particulier de cet outil est explicité ci-contre. **Lightroom** n'intègre pas ce réglage. **Aperture** et **RawTherapee** ne proposent pas ce réglage à curseurs mais permettent de créer des effets similaires grâce aux courbes Rouge Vert Bleu (voir p. 142).
- Sous **Photoshop**, passez par le menu Image>Réglages>Balance des couleurs ou cliquez sur l'icône ◐ située en bas de la palette de Calques (par défaut, à droite de l'écran) puis sur Balance des couleurs (méthode à privilégier si plusieurs réglages successifs). Sous **Gimp**, passez par Couleurs>Balance des couleurs. Vérifiez que la case « Aperçu » est cochée afin de voir les réglages s'appliquer en temps réel. Les effets étant moins subtils que ceux de Photoshop, soyez modéré lors de votre retouche. Dans **Pixlr**, utilisez les courbes Rouge Vert Bleu pour bénéficier de tels effets (voir p. 142).

La Balance des couleurs à curseurs

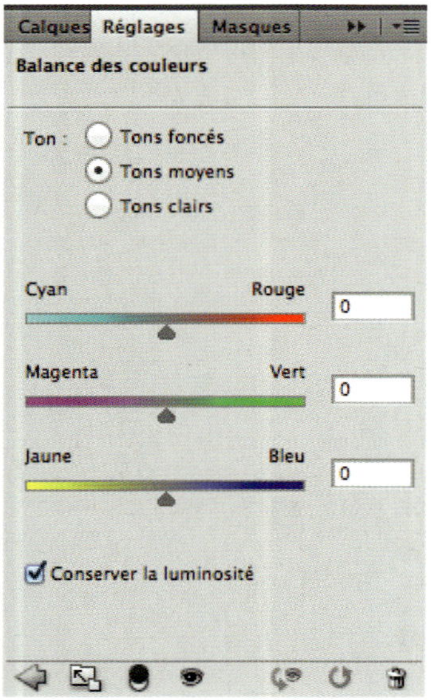

Les 2 réglettes classiques de la balance des blancs [Jaune/Bleu] et [Magenta/Vert] sont associées ici à une réglette complémentaire, [Cyan/Rouge], qui rend la retouche plus intuitive : obtenir une dominante rouge et non rose, ou aller vers un bleu turquoise plus qu'outremer est ainsi facilité.

« *En réalité, l'ensemble des nuances possible peut être réalisé avec les 2 réglettes de base (et même avec 2 réglettes quelles qu'elles soient parmi les 3 existantes), car l'un des curseurs, actionné dans un sens, produit le même effet qu'un déplacement combiné des 2 autres curseurs, en sens inverse. Ainsi, pour obtenir une nuance de rouge franc, par exemple, plutôt que d'actionner le premier curseur vers la droite, déplacez les 2 autres vers la gauche ! Des mouvements associés vers le magenta et le jaune, jusqu'à un même niveau de la réglette, produisent, de manière indirecte, une dominante rouge également. Gardez cette propriété en tête car, pour les retouches de balance des couleurs* via *les courbes Rouge Vert Bleu, ces équivalences chromatiques s'avèrent particulièrement utiles (voir p. 146).* »

Ce qui fait cependant la spécificité de ce réglage de balance des couleurs, c'est la différenciation par gammes de densités, matérialisée par le menu Tons foncés/Tons moyens/Tons clairs, en haut de la fenêtre, sous Photoshop et Gimp. Celle-ci vous permet d'altérer la balance des couleurs de votre image, de manière, par exemple, à rougir uniquement les tons sombres sans toucher au reste de la photo.

Les tons moyens (ou demi-teintes, dans Gimp), sélectionnés par défaut, permettent une utilisation similaire au réglage de Balance des blancs présenté précédemment. Actionnez les curseurs sans toucher au menu pour corriger, renforcer ou créer des dominantes colorées de façon assez homogène sur l'image.

Sélectionnez une autre gamme de densités pour varier l'effet. En cochant Tons foncés (ou Tons sombres), vous changerez la couleur des sujets les plus denses de l'image tout en préservant ses zones plus claires. À l'inverse, il est possible de « coloriser » les hautes lumières de la photo en cochant Tons clairs avant de jouer sur les réglettes.

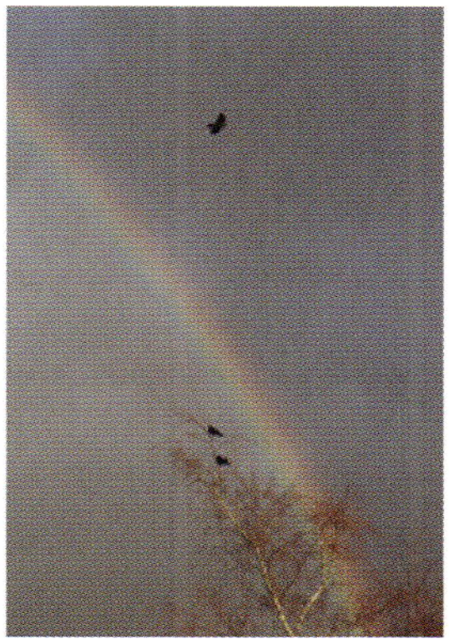

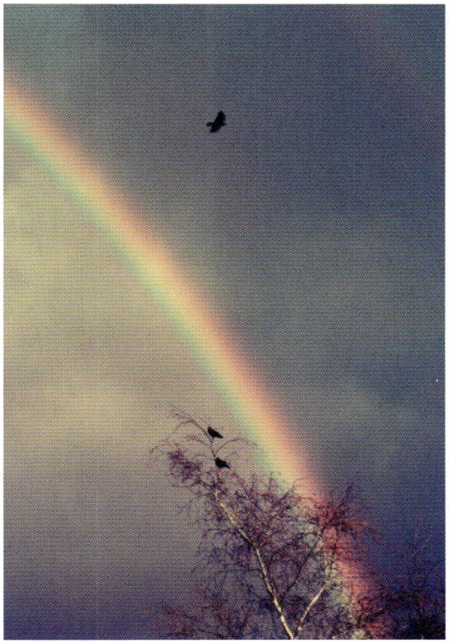

Les arcs-en-ciel sont des sujets porteurs, mais dont découlent souvent des images décevantes. Un traitement croisé associé à une légère optimisation en densité m'a permis de colorer l'image tout en la contrastant... La dynamique lumineuse naturelle de la photo est révélée par mon traitement.

Modulez successivement la teinte des Tons foncés, Tons moyens puis Tons clairs, pour des effets tout à fait étonnants ! Amener chacune de ces gammes vers une même couleur n'est pas très intéressant : jouez plutôt avec des dominantes différentes pour générer un contraste en teinte et décupler l'impact de l'image !

*« Dans **Darktable**, chacun des 3 groupes de réglettes est dédié à une gamme de densités : Lift aux tons sombres, Gamma aux tons moyens, et Gain aux tons clairs. Les réglettes appelées "Facteur" jouent sur la luminosité de chaque gamme (les 3 curseurs sont l'équivalent des réglages de noircissement, luminosité et exposition) tandis que les réglettes colorées Cyan/Rouge, Magenta/Vert, Jaune/Bleu contrôlent les dominantes de la balance des couleurs. Pour rendre les basses lumières plus sombres et plus bleues, par exemple, actionnez les curseurs du premier groupe (dédiés aux tons sombres) : curseur Facteur vers la gauche pour assombrir et Bleu vers la droite pour bleuir. »*

Curseurs de balance des couleurs et contraste

Vous remarquerez sans doute, lors de vos expérimentations, que l'application d'une dominante a souvent également un effet sur la densité de l'image. Or, selon la ou les dominantes appliquées et le logiciel utilisé, l'influence sur la luminosité et le contraste s'avère variable... Certaines plateformes (ou même les réglages sur certaines gammes uniquement !) conduisent ainsi à colorer le noir ou le blanc purs lorsque vous jouez sur les tons sombres ou clairs tandis que d'autres les laissent intacts. En bref, les gammes de densités sont paramétrées très différemment d'un logiciel à l'autre, ce qui conduit à des divergences importantes de rendu, pour un réglage qui semble similaire.

Observez donc bien les effets produits par les retouches appliquées et adaptez vos réglages, ainsi qu'éventuellement votre choix de logiciel, à vos préférences en termes de rendu.

*« Dans **Photoshop**, chaque couple de teintes comprend une dominante qui éclaircit en même temps qu'elle colore, et une autre qui assombrit. Ainsi, les dominantes rouge, verte et bleue (à droite des réglettes) assombrissent la photo, surtout si elles sont appliquées aux tons sombres, tandis que les dominantes cyan, magenta et jaune (à gauche des réglettes) l'éclaircissent, notamment quand elles sont affectées aux tons clairs. Un réglage qui consiste à appliquer des couleurs complémentaires aux basses et hautes lumières accentue donc le contraste, dans ce logiciel. »*

En pratique

- Testez ces réglages plutôt sur des photos brutes, certaines retouches de balance des couleurs pouvant contribuer à contraster l'image, et privilégiez les images peu colorées. Complétez, si besoin, le traitement, par une légère optimisation complémentaire du contraste et/ou une bonne gestion de la saturation.
- Appliquez des dominantes différenciées à vos images. Testez le couple Tons sombres bleus/Tons clairs jaune en actionnant simplement le curseur de la troisième réglette. Appliquez ensuite une variante proche en y associant les autres réglettes, par exemple Tons sombres violacés et Tons clairs orangés.

Les courbes Rouge Vert Bleu de balance des couleurs

Certaines plateformes, notamment la plupart des logiciels de développement d'images, permettent d'exploiter une balance des couleurs différenciée grâce aux courbes Rouge Vert Bleu.

« *Ces courbes ont un fonctionnement relativement similaire à la courbe de gestion du contraste présentée p. 54. Ainsi, si vous n'avez pas encore exploré les opportunités offertes par cet outil, je vous conseille de vous essayer à l'optimisation du contraste* via *la courbe (chapitres 4 et 5) avant d'étudier ces courbes Rouge, Vert, Bleu, peut-être plus complexes par leur multiplicité. Notez que l'expression "courbe RVB" est dédiée à la courbe en densité tandis que les courbes Rouge Vert Bleu présentées ici découlent de sa subdivision en 3 canaux distincts.* »

Pour mettre en valeur cette vue graphique d'un parking en travaux, une retouche via la balance des couleurs dans des tonalités vertes me semblait tout indiquée. Cette dominante, d'une part, appuie l'éclairage au néon et, d'autre part, booste l'impact des rayures rouges, de teinte complémentaire, des rubans de signalisation.

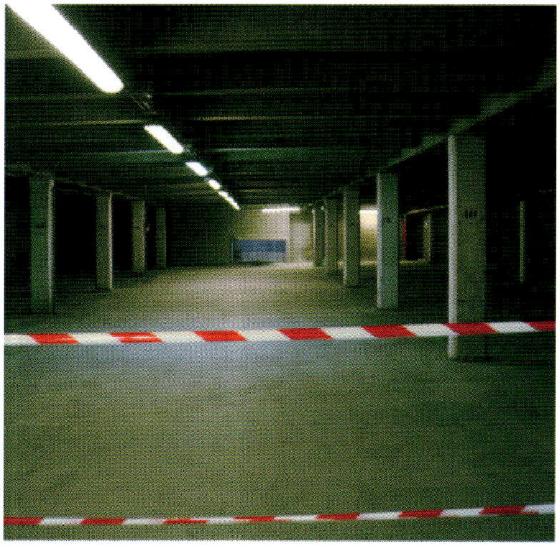

Accès au réglage

Les courbes Rouge Vert Bleu sont tantôt associées à la courbe RVB classique (naviguez entre elles *via* un menu déroulant), tantôt gérées à part. Photoshop et Gimp présentent, eux, à la fois un réglage de balance des couleurs *via* des curseurs et *via* les courbes.

- Ce réglage n'est généralement pas disponible dans **les logiciels simples à réglettes**.
- Dans **Aperture**, affichez Courbes puis sélectionnez Rouge, Vert ou Bleu *via* le menu déroulant réglé par défaut sur RVB. Dans **RawTherapee**, le réglage Courbes RVB, dans l'onglet Couleur, présente 3 boutons R, V et B dédiés respectivement aux courbes Rouge, Vert et Bleu. Cliquez sur la petite flèche située à droite de chaque bouton puis sur Personnalisé pour afficher la courbe correspondante. **Lightroom** et **Darktable** n'intègrent pas ce réglage.
- Sous **Photoshop**, passez par Image>Réglages>Courbes ou cliquez sur l'icône ◐ située en bas de la palette de Calques (par défaut à droite de l'écran) puis sur Courbes. Choisissez Rouge, Vert ou Bleu *via* le menu déroulant réglé par défaut sur RVB. La première option permet de choisir si bomber la courbe accentuera la couleur maître ou son opposée *via* le choix Lumière/Pigment, tandis que la seconde permet une retouche non destructive *via* les calques, avantageuse pour gérer différents réglages successifs.
Sous **Pixlr**, passez par Réglages>Courbes, puis choisissez Rouge, Vert ou Bleu *via* le menu déroulant réglé par défaut sur RVB. Sous **Gimp**, passez par Couleurs>Courbes, puis choisissez Rouge, Vert ou Bleu *via* le menu déroulant (par défaut, sur Valeur). Vérifiez que la case « Aperçu » est cochée. Dans ce logiciel, l'aperçu ne s'actualise que lorsque vous avez relâché la courbe et non en temps réel...

3 courbes « de couleurs »

Chacune des courbes de ce réglage correspond à l'un des curseurs présentés précédemment :

- la courbe Rouge contrôle le duo Cyan/Rouge ;
- la courbe Vert, le couple Magenta/Vert ;
- la courbe Bleu, l'alternative Jaune/Bleu.

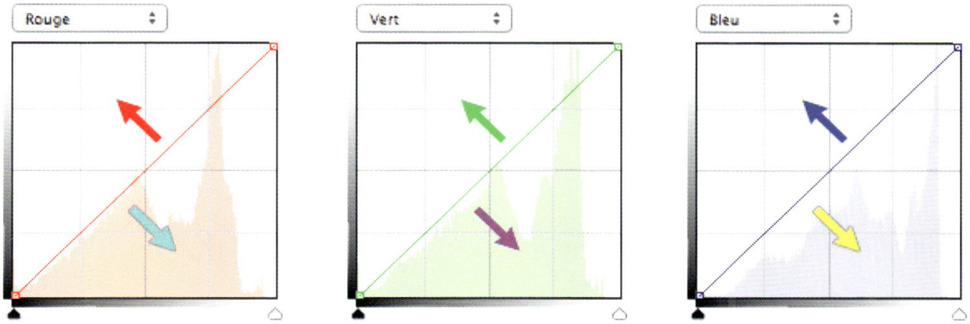

Le nom de la courbe correspond à la dominante que vous allez appliquer quand vous tirerez la courbe vers le haut. Ainsi :

- sur la courbe Rouge, créez un point et tirez vers le haut pour bomber le tracé et rougir la photo ; tirez vers le bas pour creuser la courbe et rendre l'image plus cyan ;
- sur la courbe Vert, créez un point et tirez vers le haut pour bomber le tracé et verdir l'image ; tirez vers le bas pour creuser le tracé et rendre la photo plus magenta ;
- sur la courbe Bleu, créez un point et tirez vers le haut pour bomber le tracé et rendre la photo plus bleue ; tirez vers le bas de manière à creuser la courbe et jaunir l'image.

J'avais pris soin, avant de déclencher, de désactiver la balance des blancs automatique qui annihilait la lumière orangée distillée par les réverbères et les phares, afin de conserver leurs tonalités chaleureuses. Cependant, la photo me semblait manquer un peu de dynamisme à cause du rendu « gorgé de orange ». Grâce à un réglage de balance des couleurs différenciée, j'ai amené les ombres vers le bleu violacé afin qu'elles contrastent mieux avec les éclairages chaleureux, dont j'ai préservé la dominante orangée. La photo gagne ainsi en impact visuel et en rêverie.

Courbes et gammes de densités

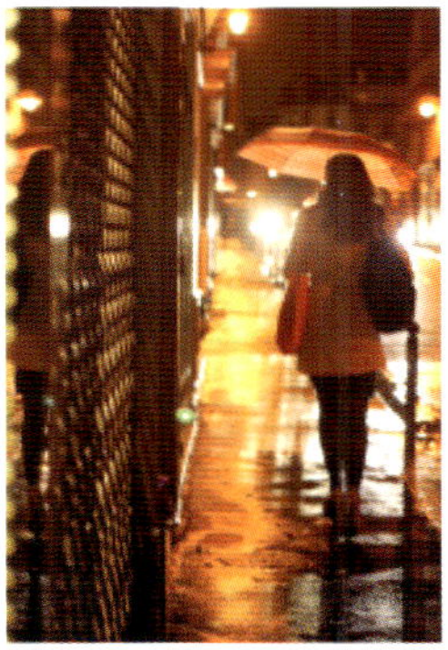

Et pour ce qui est des gammes de densités ? Eh bien, ce sont les propriétés des courbes elles-mêmes qui vont vous permettre d'influer sur la colorimétrie respectivement des tons clairs, des tons moyens, et des tons sombres. Comme précédemment (voir p. 55), la partie gauche d'une courbe correspond aux basses lumières tandis que sa partie droite modèle le rendu des hautes lumières. Au centre, nous avons les tons moyens.

Ainsi, si vous créez un point pile au centre de la courbe et suivez les indications ci-dessus, vous effectuez la même manipulation qu'avec les réglettes de la page précédente lorsque sont sélectionnés les « tons moyens » ou qu'en appliquant une simple balance des blancs.

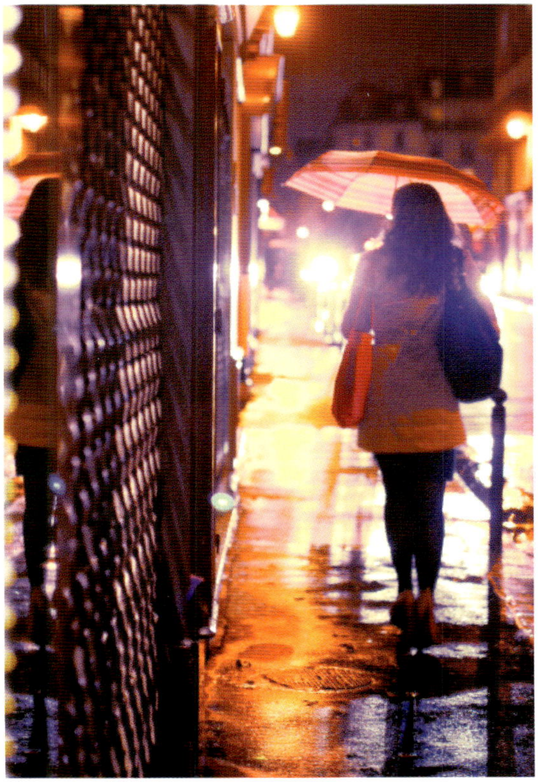

En pratique

Commencez à explorer les courbes Rouge Vert Bleu pour de simples traitements colorimétriques, façon « balance des blancs ». Expérimentez les variantes possibles en déplaçant un point sur une courbe ou en tirant avec une plus ou moins grande intensité.

Traitements chromatiques *via* les courbes

Voici les variantes et propriétés du réglage de balance des couleurs *via* les courbes que vous pouvez exploiter pour maîtriser finement le rendu couleur de vos images.

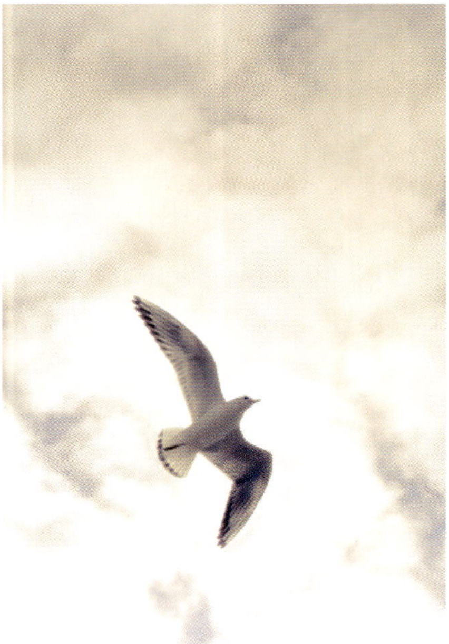

Une personnalisation de la couleur d'ambiance, via *les courbes, m'a permis de donner une connotation plus rêveuse à cette vue de mouette en vol. Les tonalités douces, vaguement rosées, évoquent une fin de journée sur la plage.*

Une ou plusieurs courbes à un point

Pour réaliser vos premières retouches *via* les courbes de couleurs :

- **choisissez l'une ou l'autre courbe selon la dominante que vous souhaitez appliquer.** Vous pensez rosir légèrement la photo ? Affichez la courbe Vert pour creuser son tracé. N'hésitez pas à modeler successivement les différentes courbes pour une dominante vraiment personnalisée ;
- **modifiez la position droite/gauche du point pour choisir quelle(s) gamme(s) de densités va (vont) voir ses (leurs) teintes altérées.** Souhaitez-vous limiter la retouche aux hautes lumières et colorer quasi exclusivement les tons clairs (point tout à droite du tracé) ou faire en sorte que la dominante s'applique dès les tons sombres (point à gauche) ?

« Vous remarquerez, lors de vos expérimentations que, comme dans le cadre de nos retouches en densité, un S inversé a pour effet de réduire le contraste tandis qu'un S classique l'accentue. J'y reviens en page suivante. »

Courbes à 2 points… voire plus

Ajouter un deuxième point sur la courbe mise en jeu peut vous permettre d'affiner énormément le réglage. Le nouveau point peut être simplement un « point d'ancrage » servant à maintenir la courbe sur son axe, ou un véritable point de réglage l'éloignant de celui-ci.

- **Associez donc 2 points sur une même courbe de manière à limiter la dominante à une partie du tracé.** Le premier point, tirant le tracé vers le haut ou le bas, sert à donner la tendance et à appliquer la dominante. Le second point ramène le tracé sur son axe du côté où vous ne souhaitez pas la voir s'appliquer. Par exemple, bombez la partie gauche du tracé Rouge de manière à rougir les tons sombres (1er point), puis ramenez la partie droite de la courbe sur son axe (2e point) pour neutraliser le rouge sur les hautes lumières.
- **Formez un tracé en S « normal » ou inversé afin de jouer sur le contraste entre teintes complémentaires.** Sur la courbe Vert, par exemple, un S classique (tracé creusé en partie gauche et bombé en partie droite) conduit à verdir les tons clairs tout en rosissant les tons sombres. Un S inversé (tracé bombé en partie gauche et creusé en partie droite) a pour effet de rosir les tons clairs tout en verdissant les tons sombres.
- **Créez, en théorie, autant de points que vous le voulez, sur chacune des 3 courbes,** de manière à modeler les tracés à votre convenance et à adapter la colorimétrie de la photo selon vos souhaits. Maintenez le tracé sur l'axe, par endroits, pour limiter la présence de la dominante, et faites-le passer en dessous ou au-dessus à d'autres, afin d'obtenir le rendu escompté sur les différentes gammes de l'image. En pratique, je vous conseille, encore une fois, de vous limiter le plus souvent à 2 voire 3 points maximum par courbe, surtout si vous agissez sur plusieurs d'entre elles.

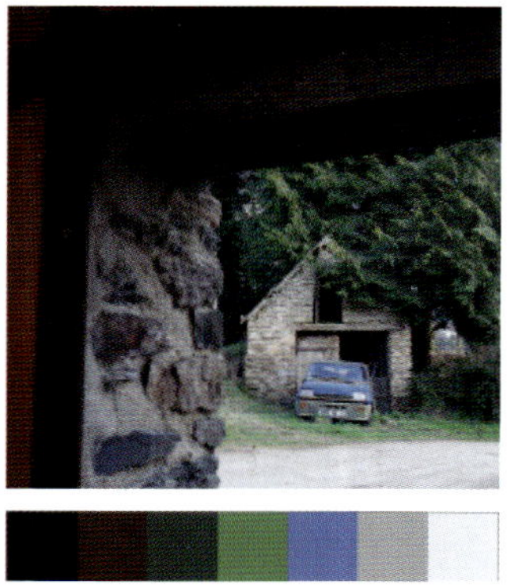

Photo brute

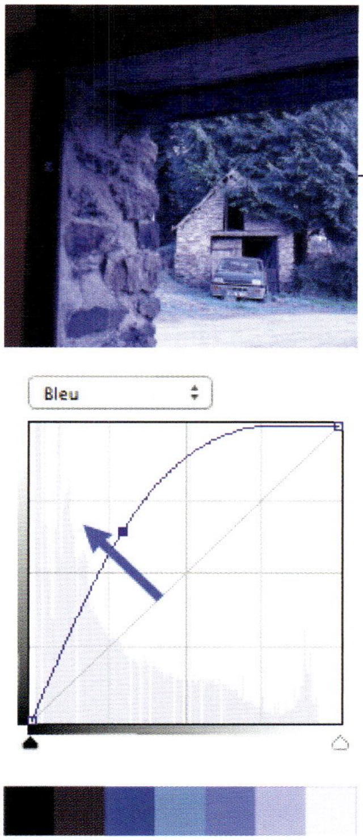

Bleuissement à l'aide de la courbe Bleu

Bomber la courbe Bleu en la saisissant par son centre me permet de bleuir la photo de façon assez uniforme. Toutes les couleurs sont additionnées de bleu. La voiture se perd dans la dominante.

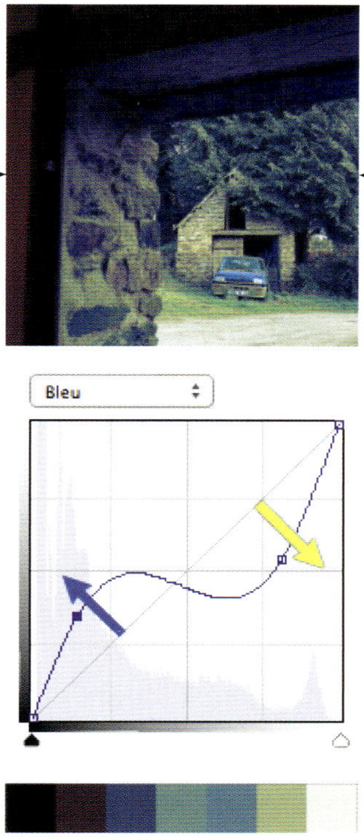

Traitement croisé à l'aide de la courbe Bleu

Ici, j'ai bombé la partie gauche de la courbe Bleu de manière à bleuir ses tons sombres, tout en creusant sa partie droite afin de jaunir ses tons clairs. Le contraste en teinte généré présente le véhicule bleu dans un décor mi-verdâtre (route et dépendance), mi-bleu nuit (sapins et poutre).

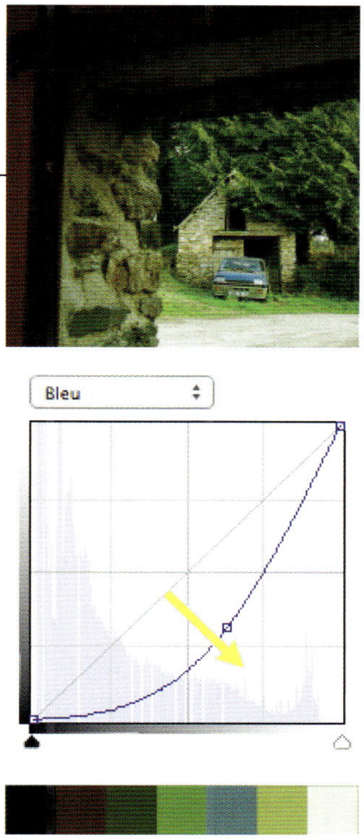

Jaunissement à l'aide de la courbe Bleu

Creuser la courbe Bleu en la saisissant par son centre me permet de jaunir la photo de façon assez uniforme. Toutes les couleurs sont additionnées de jaune. L'image paraît plus « vert tendre » suite à cette forte présence du jaune.

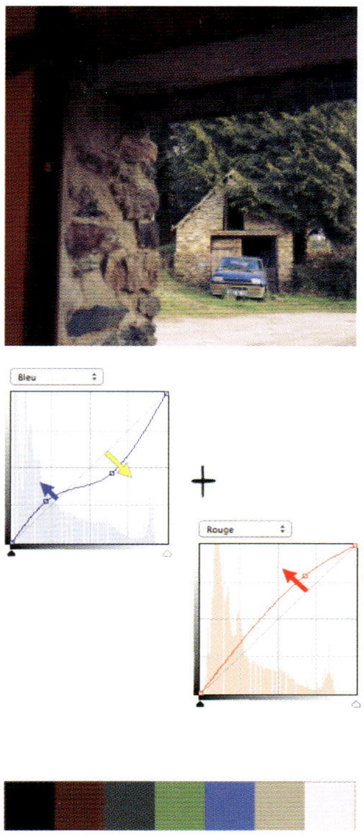

Virage chromatique réalisé à l'aide des courbes Bleu et Rouge

Cette version définitive au rendu « vintage » m'évoque une scène de film ou une carte postale un peu vieillotte. L'association d'un traitement croisé Bleu/Jaune assez subtil et d'une dominante rouge rappelle un tirage un peu passé. J'ai également saturé le bleu du véhicule pour qu'il conserve un rendu pur et peu altéré.

Contrôle des hautes lumières

Vérifiez systématiquement, avant de terminer votre retouche, que l'image montre toujours de vrais blancs (ou des tons clairs légèrement jaunes) et non un rendu surchargé de couleur avec des hautes lumières trop roses ou trop vertes au rendu artificiel ! Si ce n'est pas le cas, appliquez une dominante, sur la gamme des tons clairs, contraire à celle qui semble la teinter. Par exemple, si votre traitement rend les hautes lumières verdâtres et que cela altère l'impact de la photo :

- avec les courbes, affichez le canal Vert, au tracé sans doute « déformé » et créez un point à droite de la courbe pour ramener le tracé sur l'axe à ce niveau, voire un peu en dessous ;
- avec les réglettes, sélectionnez la gamme des tons clairs et amenez très légèrement le deuxième curseur vers le magenta (couleur complémentaire au vert).

Colorimétrie et contraste

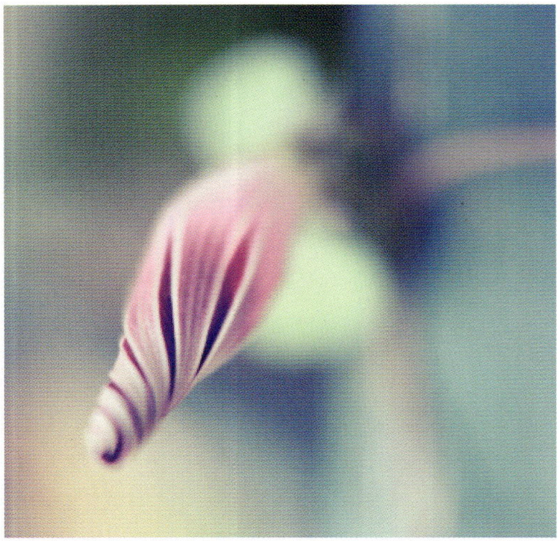

Les teintes de cette macro végétale étaient déjà très jolies par défaut. J'ai souhaité néanmoins les retravailler légèrement, tout en douceur, à l'aide d'un S inversé sur la courbe Bleu. L'atténuation du contraste et les dominantes Jaune/Bleu à l'application différenciée s'associent ainsi au flou de profondeur de champ pour générer une image encore plus douce et plus poétique.

Vous savez à présent modifier les « teintes d'ambiance » de vos images grâce aux courbes de couleur... Mais avez-vous remarqué à quel point ces réglages ont également comme « effets secondaires » tantôt une accentuation, tantôt une atténuation du contraste ?!

Courbes Rouge Vert Bleu et altération du contraste

On pourrait penser que les courbes Rouge Vert Bleu n'agissent que sur les couleurs et conduisent simplement à bleuir, jaunir, rougir, verdir, etc., nos images... En pratique, cependant, on constate que des variations de luminosité et de contraste existent pourtant bel et bien : ces courbes, même dédiées à un canal couleur de l'image, conservent certaines de leurs propriétés d'altération du contraste en densité. Les effets observés sont les mêmes que pour la courbe unique RVB, en version atténuée (divisée par 3, pourrait-on dire, puisqu'il y a 3 courbes).

- Tirer l'une des courbes vers le bas conduit à altérer la « couleur d'ambiance » mais aussi à assombrir légèrement la photo. Une altération vers le cyan, le magenta ou le jaune a donc souvent pour effet secondaire l'obtention d'une image plus sombre.
- Tirer l'une des courbes vers le haut provoque à l'inverse un léger éclaircissement de l'image. Ainsi, bleuissement, rougissement et verdissement sont souvent synonymes de gain de clarté. Méfiez-vous des surexpositions excessives, surtout si vous forcez le vert.
- Former un tracé en S, sur l'une des courbes de couleur, accentue le contraste de l'image.
- Former un S inversé, sur l'une des courbes de couleur, atténue le contraste de l'image.

Or, le réglage correspondant au traitement croisé Tons sombres bleus/Tons clairs jaunes, par exemple, puisqu'il nécessite de bomber la partie basse de la courbe Bleu (bleuissement des basses lumières) tout en creusant sa partie haute (jaunissement des hautes lumières), donne au tracé une forme de S inversé qui nous conduit à un contraste moindre... Ne peut-on pas, alors, bénéficier de ce rendu croisé sans atténuer le contraste, ou même en le boostant ?!

Réglages détournés de balance des couleurs

Eh bien si ! Faire le choix d'un contraste accentué ou atténué est possible, dans le cadre de ces réglages *via* les courbes ! Pour « inverser la tendance », il faut procéder de manière détournée.

Nous avons évoqué p. 140 que déplacer 2 curseurs de balance des couleurs dans le même sens donnait exactement le même résultat que pousser le curseur de la réglette non-utilisée précédemment, dans le sens contraire. Or, cette constatation est également valable avec les courbes ! Tirer

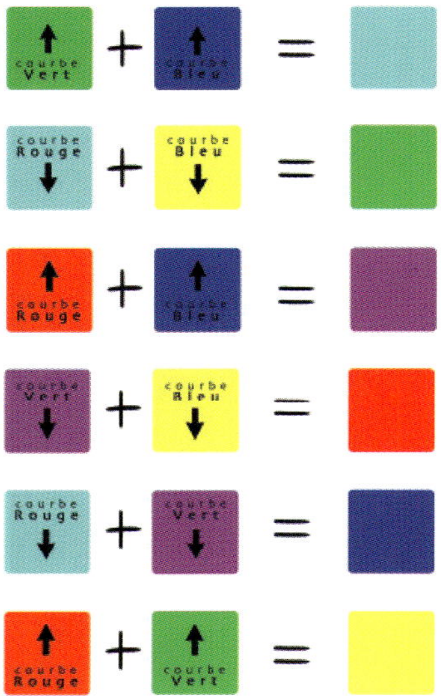

Ces « additions colorées » vous indiquent comment appliquer une dominante de manière détournée. Suivez le sens de la flèche et bombez ou creusez la courbe pour générer les dominantes qui, associées, vous donneront la colorimétrie adéquate. Par exemple, pour obtenir une dominante cyan (première ligne), associez une dominante verte obtenue en bombant le tracé Vert et une dominante bleue obtenue en bombant le tracé Bleu.

2 des courbes dans un sens (par exemple, vers le haut) ou tirer la troisième dans l'autre sens (par exemple, vers le bas) génère la même dominante (jaunissement, rougissement, etc.).

La même dominante, oui… Mais pas le même contraste ! Comme bomber une courbe éclaircit la photo tandis que la creuser a pour effet secondaire de l'assombrir, l'alternative présentée ci-dessus génère des photos colorées de façon similaire mais à la luminosité franchement différente.

Pour rougir une image, par exemple, nous pensons naturellement à utiliser la courbe Rouge. Or, tirer le tracé vers le haut pour rougir, conduit également à un éclaircissement de l'image. Ainsi, si je souhaite plutôt rougir la photo tout en l'assombrissant, mieux vaut procéder de manière détournée et tirer sur les 2 autres courbes, la Vert et la Bleu, en sens inverse, c'est-à-dire vers le bas. Le rendu obtenu sera alors beaucoup plus dramatique !

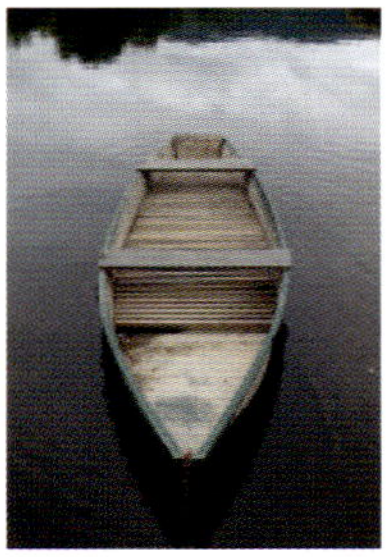

Photo brute

« *La décomposition du réglage en des mouvements sur 2 courbes permet aussi de doser la proportion des 2 dominantes qui vont s'additionner pour créer, par exemple, du rouge. Pour un rouge plutôt framboise, tirez davantage sur la courbe Vert (de manière à forcer le magenta) que sur la courbe Bleu ; pour un rouge davantage orangé, optez pour un réglage plus prononcé* via *la courbe Bleu (visant à appuyer le jaune) que* via *la courbe Vert.* »

Utilisez ce stratagème lorsque le S appliqué à la courbe altère le contraste de l'image de la mauvaise manière (rendu trop doux ou trop agressif) ! Annulez le réglage inadapté, puis appliquez un réglage inverse aux 2 autres courbes. Par exemple, si le S inversé de votre traitement Bleu/Jaune (*via* la courbe Bleu seule) casse trop le contraste de la scène, formez un S classique sur les 2 autres courbes (Vert et Rouge). Les dominantes résultantes seront similaires mais pour un tout autre contraste !

En pratique

Observez comment le contraste de vos images évolue au fur et à mesure que vous affinez vos traitements couleur. Testez la « balance des couleurs détournée » et comparez le rendu obtenu avec celui découlant du réglage équivalent mais ne mettant en jeu qu'une seule courbe. Réalisez ce comparatif à la fois pour l'application d'une dominante simple avec des courbes à un seul point, puis sur une balance différenciée et ses courbes en S.

Deux manières d'obtenir un traitement croisé Bleu/Jaune avec les courbes Rouge Vert Bleu et altérant différemment le contraste de la photo

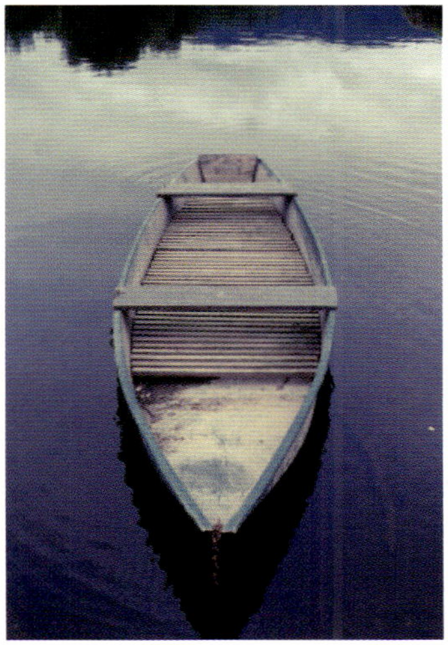

Rendu obtenu avec un S inversé, sur la courbe Bleu

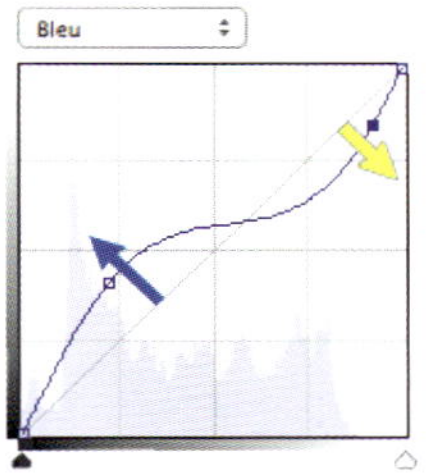

L'utilisation de la courbe la plus logique, la courbe Bleu, nous oblige à former un tracé en S inversé pour bleuir les tons sombres tout en jaunissant les tons clairs, ce qui génère une image très douce au contraste réduit. Cette version pourrait être améliorée par une légère optimisation du contraste complémentaire…

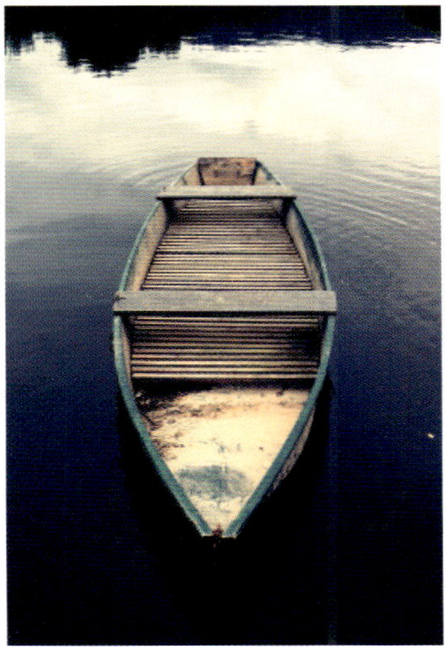

Rendu obtenu à l'aide d'un S classique, sur les 2 autres courbes : Rouge et Vert

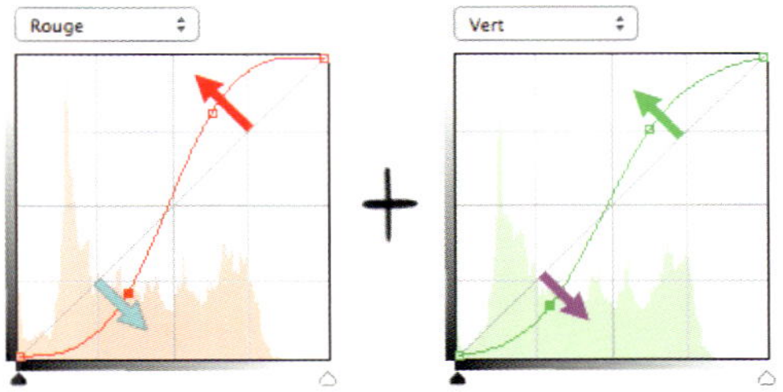

Procéder de façon détournée produit à peu près les mêmes dominantes que précédemment (basses lumières bleues et hautes lumières jaunes). La forte accentuation du contraste concomitante nous rapproche cependant davantage du rendu d'un traitement croisé. C'est en appliquant une forme en S classique aux courbes Rouge et Vert que j'ai obtenu ce résultat alternatif.

Une ambiance colorée... pas à pas

J'ai pris cette photo par la fenêtre embuée de la salle de bains, un matin vers 8 h 30. La buée texture la vue extérieure et adoucit le rendu, qui apparaît voilé. Or, lorsque j'essaie de contraster l'image, elle perd vite de son modelé et de sa magie... Je décide donc de la dynamiser par une balance des couleurs différenciée qui, je l'espère, peut lui donner du volume de même qu'un peu plus de couleurs !

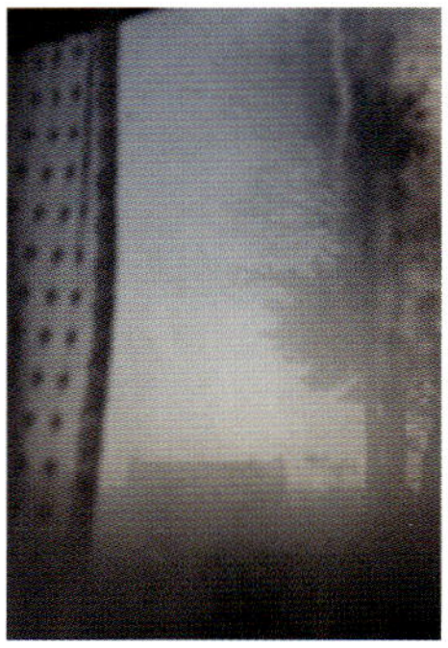

Photo brute

1. Intention de retouche

J'envisage un traitement croisé avec des hautes lumières jaunes pour une ambiance matinale, et des basses lumières bleues ou pourpres en guise de complémentaires et pour conserver le côté rêveur de l'image.

Comme le couple de dominantes sombres bleus/clairs jaunes *via* la courbe Bleu a tendance à atténuer le contraste de la photo, je prévois un réglage détourné qui devrait me permettre de dynamiser le contraste de la photo en même temps que ses couleurs.

2. Première tendance *via* les courbes Vert et Rouge

Pour « donner la tendance » (ombres bleues, tons clairs jaunes et contraste boosté), j'applique un premier traitement en formant – un peu à l'aveugle – un S assez plat sur les autres courbes que la Bleu : la Vert et la Rouge. L'image apparaît d'emblée plus mystérieuse et plus colorée.

Le contraste, que j'espère booster rien qu'avec la balance des couleurs, reste trop faible à mon goût, suite à ces S très plats. Pour forcer les hautes lumières, j'envisage de bomber davantage la partie droite des 2 courbes qui servent à ma retouche (augmentation détournée de l'exposition). Les tons clairs me semblent, pour le moment, trop verdâtres, aussi ai-je l'intention d'accentuer davantage le réglage *via* la courbe Rouge.

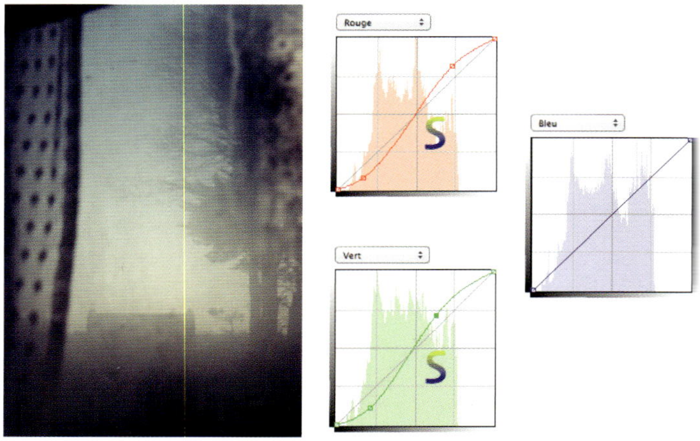

3. Accentuation de l'effet sur les tons clairs

Je saisis donc à nouveau les points existants, à droite des courbes Rouge et Vert, pour exagérer les réglages à ce niveau : il s'agit de davantage jaunir et éclaircir les tons clairs. En bombant davantage la courbe Rouge que la courbe Vert, j'aide les hautes lumières à s'éloigner du verdâtre pour aller davantage vers l'orangé voire le rouge (sur les captures, effectivement, le tracé Rouge s'écrase davantage sur le haut du cadre que le tracé Vert).

La couleur des tons clairs me semble ainsi « bien calée ». Mais la photo présente des tons moyens un peu trop orangés et des tons sombres pourpres, que je pense ramener davantage vers le bleu. Il y a sans aucun doute plusieurs moyens d'obtenir ce résultat...

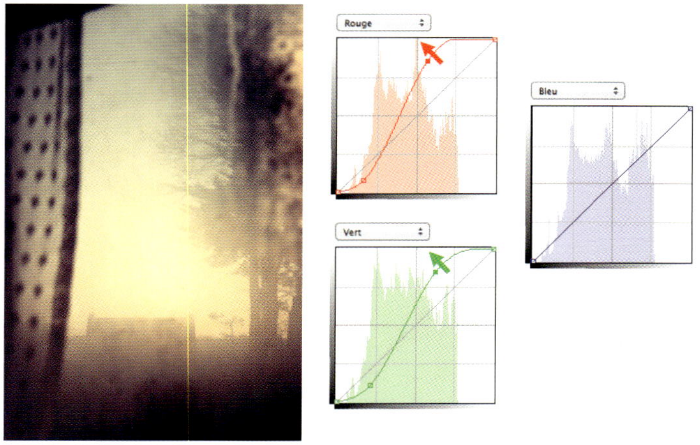

4. Bleuissement des tons moyens et sombres *via* la courbe Bleu

Je décide d'utiliser, cette fois, la courbe Bleu : elle semble parfaite pour contrarier un peu l'orangé (sa couleur complémentaire) dans les tons intermédiaires et rendre les tons sombres plus bleus. Je la saisis donc plutôt vers le bas du tracé et tire vers le haut pour bleuir. Afin de préserver les hautes lumières de ce réglage (je veux qu'elles restent bien orangées), je crée un second point sur la droite de la courbe afin de ramener, à ce niveau, le tracé sur son axe.

Voilà un rendu qui commence à s'approcher de l'effet rêveur et lumineux que je recherche, mais... un peu trop rose violacé à mon goût, tout de même !

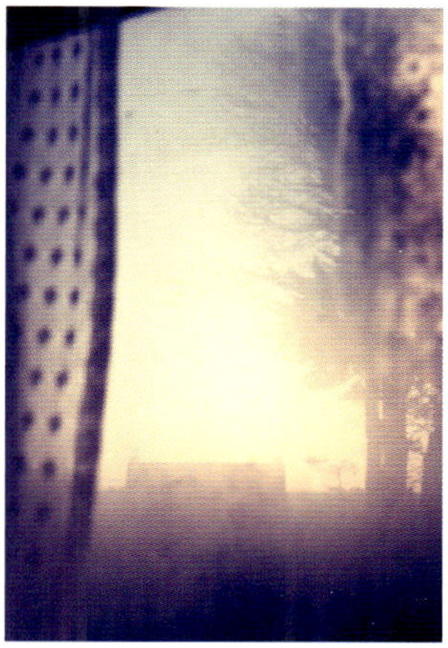

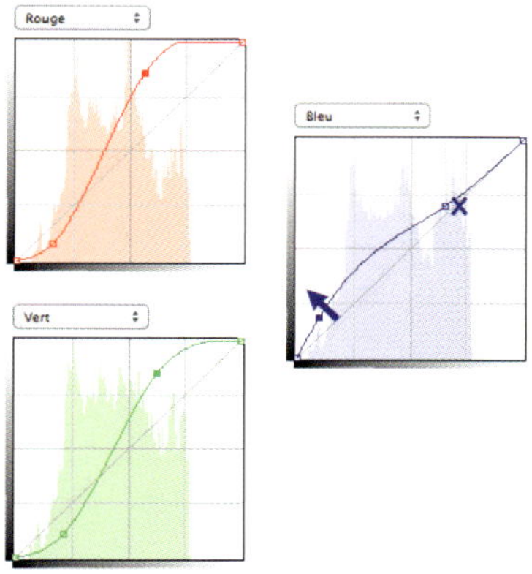

5. Recherche d'une tonalité moins rose et version définitive

C'est la courbe Vert qui contrôle le duo vert/magenta. Comme j'estime mon rendu un peu trop rose (= magenta), j'affiche une dernière fois le tracé Vert afin de contrarier cette dominante. Pour rendre les tons plutôt sombres moins magenta, je tire le point déjà créé à gauche du tracé vers le haut de manière à le rapprocher de l'axe et atténuer le réglage à ce niveau. Une déformation presque imperceptible de la courbe suffit à faire évoluer mon rendu.

La photo adopte alors le rendu subtil que j'espérais. Le bleu qui teinte notamment les rideaux répond au jaune orangé du ciel, ce qui renforce l'opposition intérieur/extérieur, le « dehors » semblant pour une fois plus chaleureux que le « dedans ». Le rendu est plus coloré, plus dynamique, plus magique !

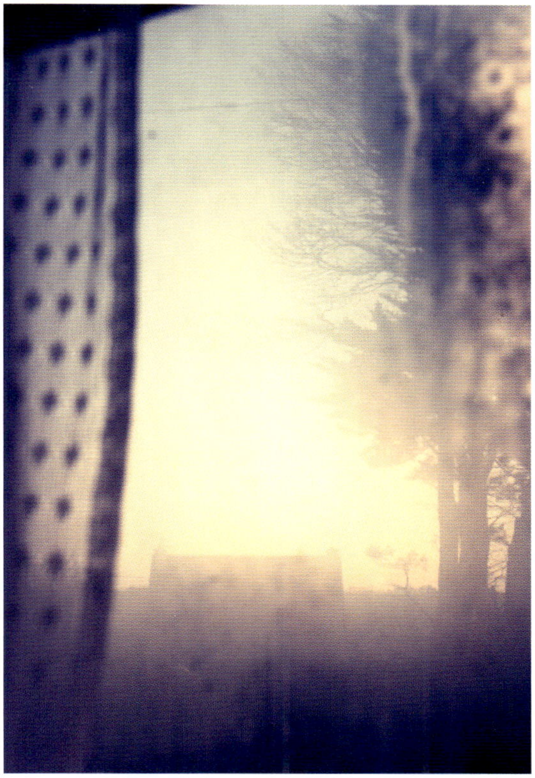

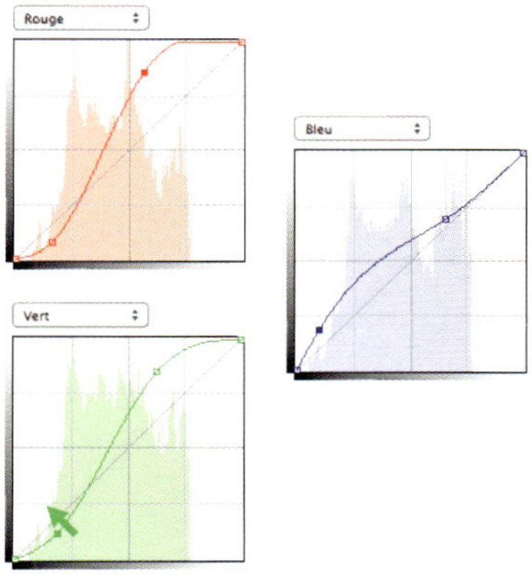

N'hésitez pas à personnaliser l'ambiance de vos photos rêveuses un peu fades. Concentrez-vous sur le choix de vos dominantes et les gammes de tons sur lesquelles vous souhaitez les appliquer. Cherchez la teinte précise qui peut servir votre image, dans telle ou telle zone.
Si, en bout de course, les teintes vous plaisent mais que la photo vous paraît trop vive, ne prenez pas le risque de déplacer à nouveau chaque point sur les courbes ! Une désaturation mesurée conviendra parfaitement pour sublimer votre rendu couleur, tout en subtilité.

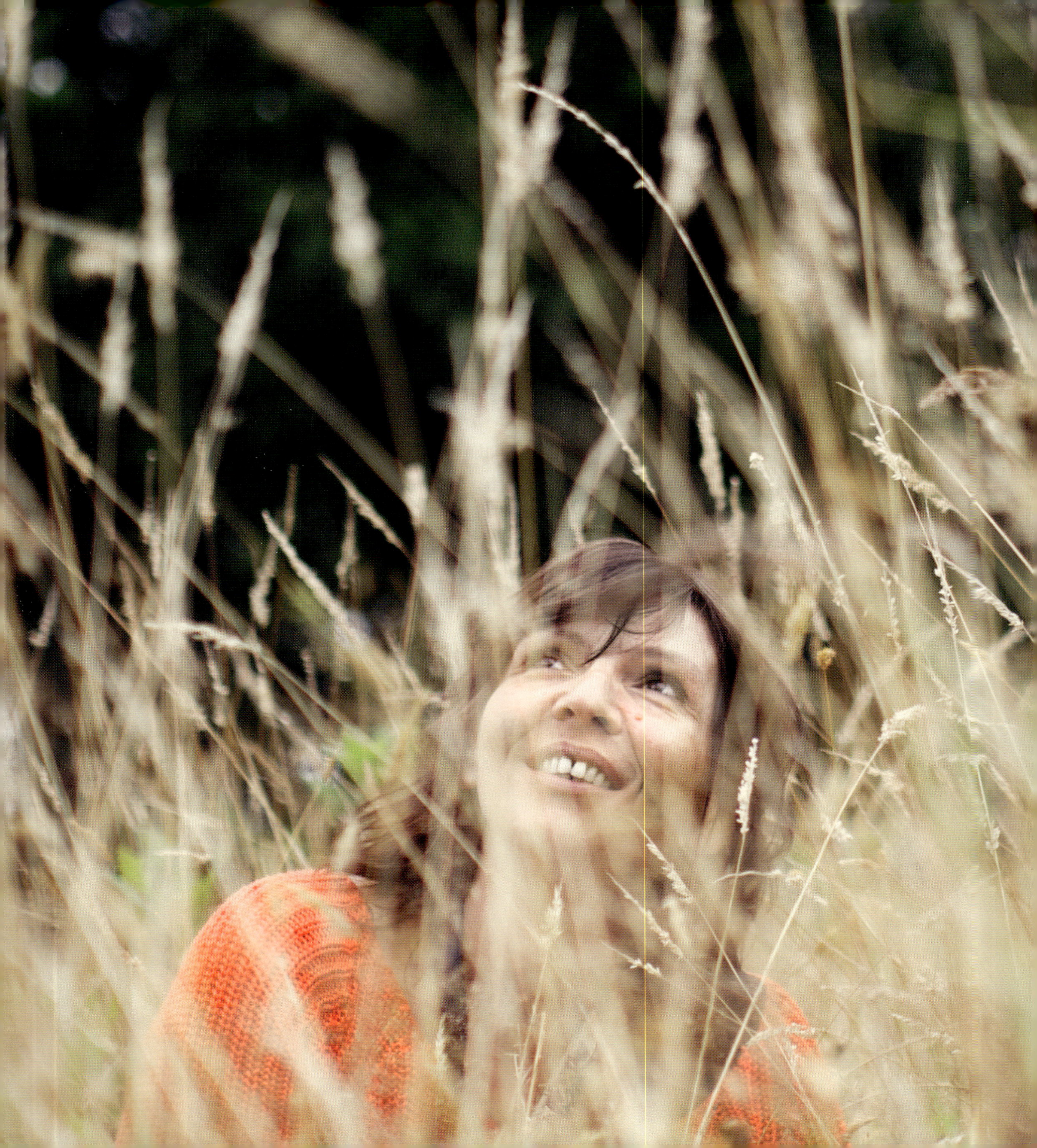

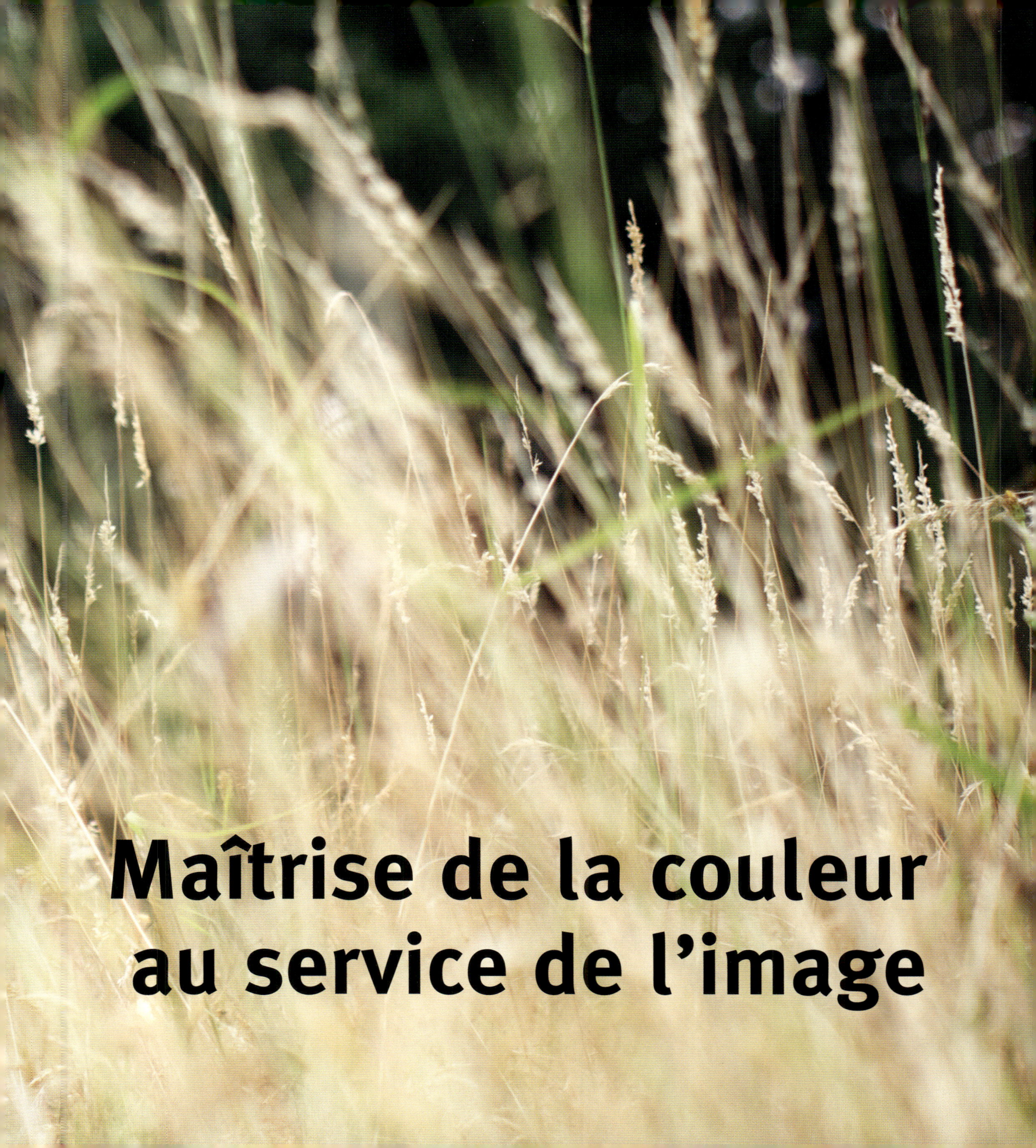

Maîtrise de la couleur au service de l'image

La colorimétrie est un formidable catalyseur d'ambiance ! En double page précédente, une balance des blancs chaleureuse a suffit à métamorphoser cette photo prise sous un ciel gris et à l'atmosphère un peu tristounette malgré le visage rayonnant du modèle. Le camaïeu de tons beiges pastel adoucit et sublime le contraste rouge/vert entre vêtement de la jeune femme et arrière-plan végétal.

Teintes acidulées et rendu « pop art »

Paradoxalement, je souhaite commencer ce chapitre dédié à la mise en œuvre des retouches couleur en remettant l'accent sur l'optimisation du contraste telle que nous l'avons étudiée dans la première moitié de l'ouvrage. En effet, la meilleure manière de booster les teintes de votre photo, de les rendre plus vives, plus présentes et plus tranchées, c'est bien l'accentuation du contraste !

« Dans la suite du chapitre, j'accompagnerai le descriptif des retouches couleur d'indications quant à l'optimisation du contraste. J'espère ainsi vous aider à faire interagir les différentes retouches pour obtenir, chaque fois, un rendu maîtrisé et abouti. »

Images concernées

Ce rendu aux couleurs acidulées est particulièrement adapté à des prises de vue montrant plusieurs sujets aux teintes variées qui contrastent entre elles. Sélectionnez des images qui offrent un fort contraste en teinte, ces couleurs franches mais peu de demi-teintes (du blanc ou du gris clair, oui, mais peu de marron, beige, ou couleurs subtiles). Les photos réalisées de jour et par temps ensoleillé sont les plus indiquées.

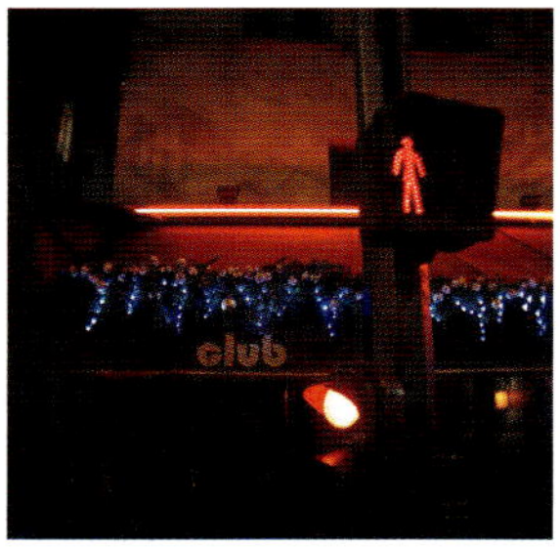

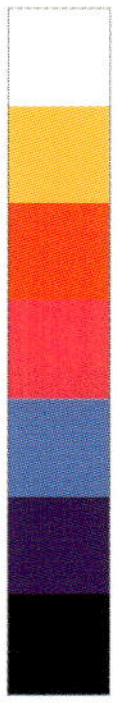
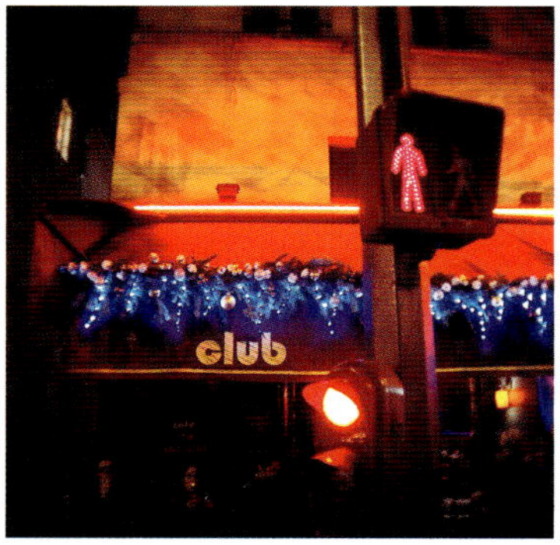

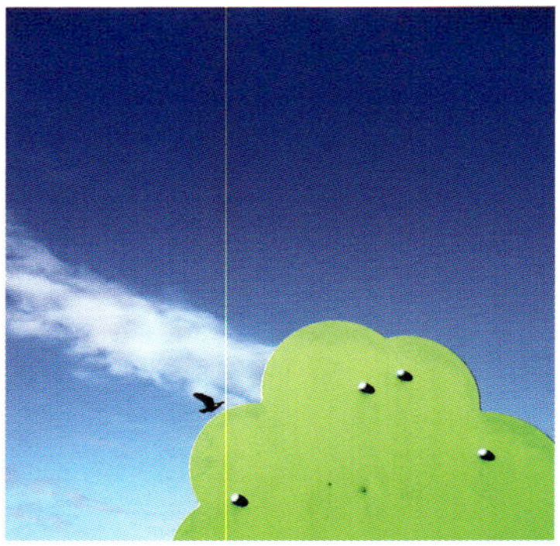
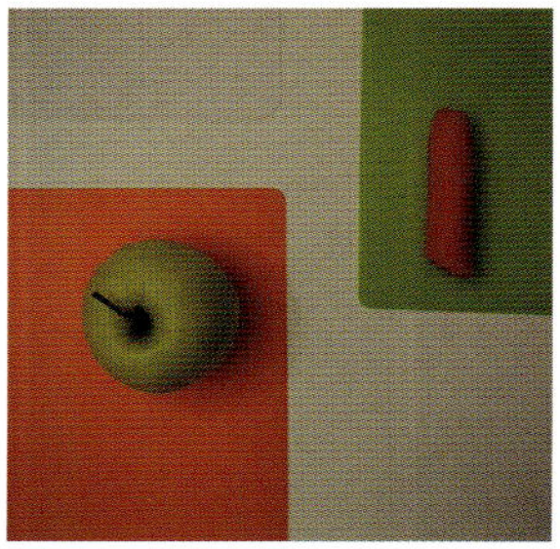
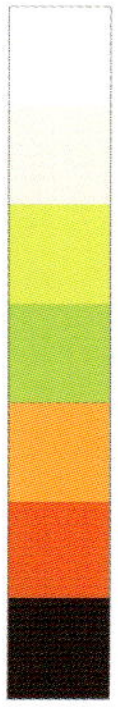
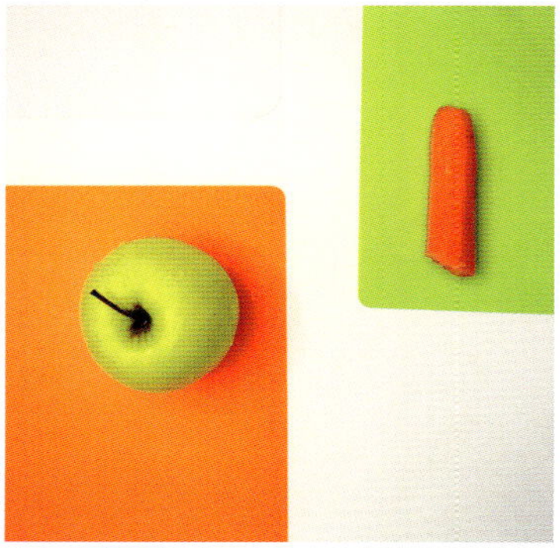
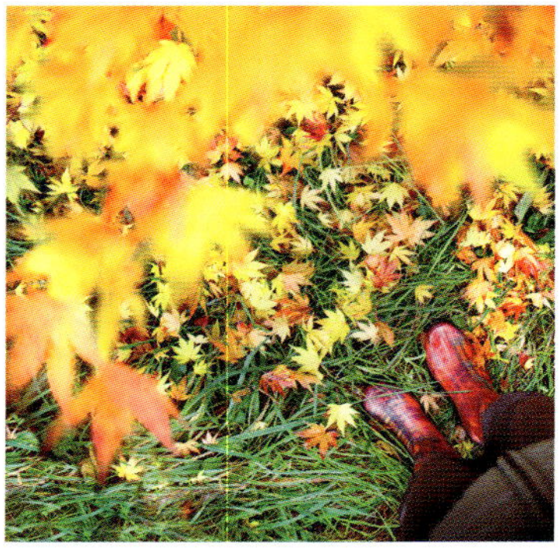

Ces images ont bénéficié d'une bonne optimisation du contraste et d'un léger ajustement de la balance des blancs. Pour les photos de droite, j'ai dû être plus vigilante et plus mesurée lors de l'augmentation de luminosité des tons moyens, afin que le jaune et le vert chartreuse, qui sont des couleurs plutôt claires, ne perdent pas en intensité.

Rendu recherché

Nous souhaitons ici faire s'opposer encore davantage les teintes en présence en les rendant plus vives. Le contraste appliqué vous permettra aussi d'optimiser le rendu des extrêmes ; le blanc et le noir, par touches ou zones de superficie plus importante, créeront une respiration idéale pour vos images hautes en couleurs.

Problématique de retouche et application

Il s'agit essentiellement d'optimiser le contraste pour mettre en valeur les couleurs. Nous recherchons des extrêmes bien marqués et un rendu plutôt lumineux (éclaircissement des tons intermédiaires) sans être toutefois ni fade ni pastel. Côté traitement couleur proprement dit, une légère variation de saturation peut être envisagée pour booster ou atténuer les couleurs, selon les cas. La balance des blancs pourra être corrigée, si besoin, de façon basique (recherche de neutralité) ; elle vous permettra d'éliminer les éventuelles dominantes afin d'obtenir des couleurs plus pures.

« Les étapes de retouche sont numérotées pour plus de clarté. Cependant, n'hésitez pas à procéder dans l'ordre qui vous convient le mieux, ou à "doubler" une étape, pour réaliser, par exemple, une seconde optimisation du contraste complémentaire après retouche des couleurs, quand cela vous semble pertinent. »

Étape 1 : contraste optimisé, aux densités moyennes plutôt lumineuses

Appliquez un bon contraste des extrêmes (touches noires et blanches ponctuant la photo, voir p. 30), puis augmentez la luminosité des tons intermédiaires (voir p. 66) pour rendre les couleurs plus vives et plus lumineuses. N'hésitez pas à utiliser la courbe pour cette retouche ; celle-ci permet souvent un éclaircissement plus intense et plus maîtrisé (voir p. 52). Plus les couleurs sont denses au départ et plus il vous faudra forcer l'éclaircissement.

Surveillez la saturation provoquée, notamment sur les teintes claires, et stoppez la retouche si vous perdez du détail dans ces zones. De plus, un contraste très fort peut également altérer la teinte de certains sujets (éléments rouges devenant roses, par exemple), ainsi soyez mesuré ou envisagez de corriger certaines teintes par la suite, comme présenté p. 136... à moins que vous appréciiez ce nouveau rendu osé !

Étape 2 : gestion fine de la saturation (facultative)

La plupart du temps, une bonne optimisation du contraste suffit à aviver les couleurs ; nul besoin alors d'augmenter directement la saturation de la photo. Selon le contraste appliqué, sursaturez cependant légèrement l'image si vous en ressentez le besoin.

Il arrive également que la photo soit au contraire « dévorée par les couleurs » et qu'il soit nécessaire d'envisager, à l'inverse, une légère diminution de la saturation (à l'aide du curseur simple, ou de manière différenciée !) pour lui redonner davantage de relief.

Étape 3 : Balance des blancs neutre

Pour obtenir des couleurs bien pures, réglez précisément la balance des blancs de manière à rendre la photo la plus neutre possible (voir p. 134). Pour cela, vérifiez si les zones qui devraient être blanches apparaissent légèrement jaunes, bleutées ou rosées en affichant la photo sur fond neutre, blanc ou gris.

Déplacez le ou les curseurs de balance des blancs (Température et Teinte) pour contrecarrer ces dominantes et obtenir un vrai blanc ou un gris neutre. Dans le doute, préférez un rendu chaleureux (légèrement jaune) à une ambiance trop froide (bleutée).

Exploitez la combinaison

Contraste lumineux + Balance des blancs neutre

pour obtenir des teintes vives et pures !

Différenciation colorée

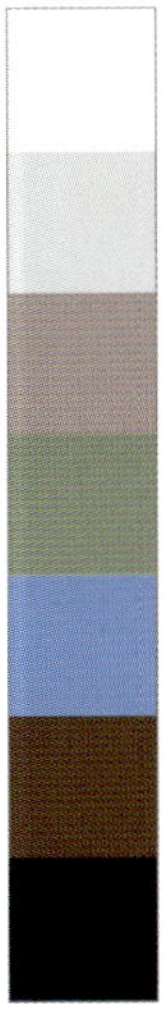

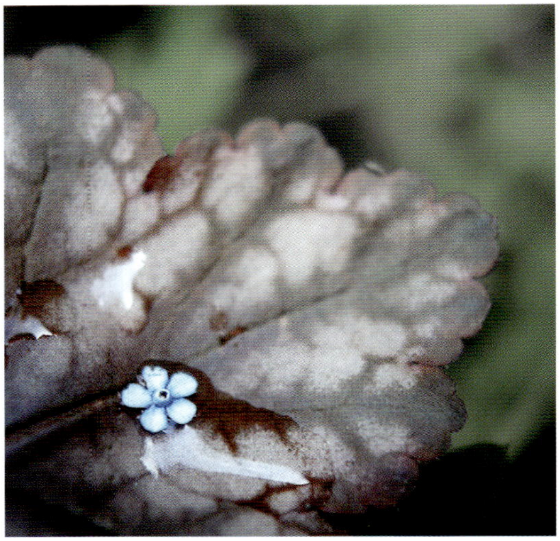

Exploitons à présent des variations directes de saturation. La fenêtre de réglage différencié par gammes de teintes peut vous être très utile pour personnaliser le rendu coloré de vos images. En effet, la couleur est la bienvenue pour attirer le regard et transmettre des émotions, mais pas pour jouer les trouble-fête ni anéantir l'harmonie de nos photos ! Voyons comment l'apprivoiser, voire la dompter un peu, grâce à ces réglages.

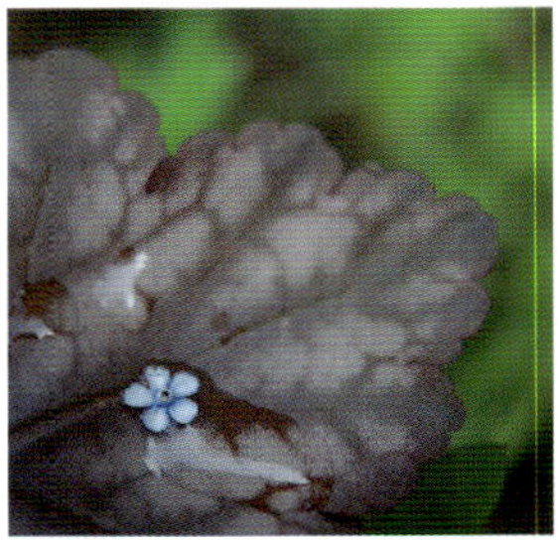

Sur cette photo montrant une fleur de myosotis posée sur un feuillage sombre, j'ai estimé que l'arrière-plan vert altérait trop l'harmonie de l'ensemble. De plus, en accentuant le contraste, les teintes se sont avivées, et le vert, devenu vert tendre tape-à-l'œil, me semblait trop voyant. J'ai donc altéré la gamme des Jaunes et des Verts pour désaturer modérément l'arrière-plan. Par chance, ces couleurs ne se retrouvaient pas sur mes sujets principaux.

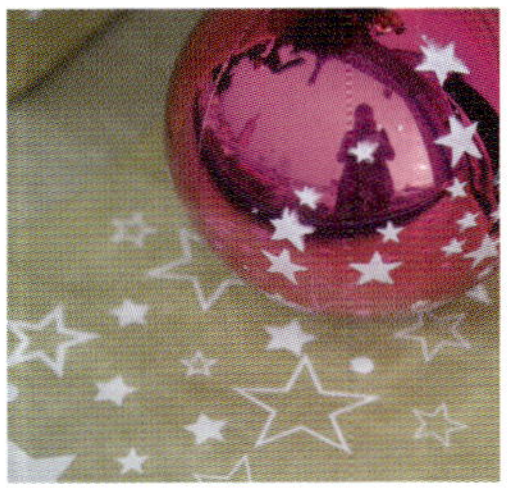

Images concernées

Le procédé de différenciation colorée permet, le plus souvent, de donner davantage de présence au sujet en atténuant les couleurs de l'arrière-plan ou, tout du moins, certaines d'entre elles. N'hésitez pas à y recourir pour améliorer des photos dont les teintes ne vous semblent pas harmonieuses ou qui présentent un élément parasite coloré mais de couleur différente de celle du sujet.

Rendu recherché

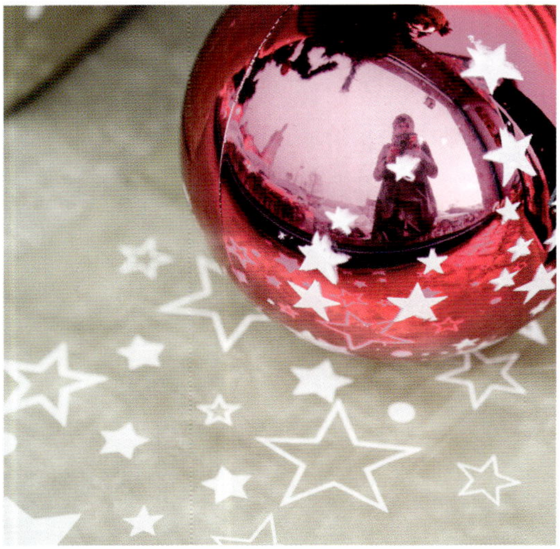

On cherche ici un rendu en demi-teinte dominé par un élément de couleur vive : le sujet ! À vous de trouver le juste dosage : évitez la désaturation partielle qui consiste à faire se détacher un élément coloré sur un arrière-plan en pur noir et blanc, et exploitez une différence de saturation subtile.

Problématique de retouche et application

Nous allons retravailler séparément les teintes présentes dans la photo jusqu'à parvenir au rendu recherché. En pratique, vous reviendrez sans doute plusieurs fois sur chacune des gammes de teintes mises en jeu pour affiner le réglage jusqu'à trouver l'équilibre idéal.

Ma démarche de retouche a consisté à booster le contraste sans pour autant obtenir des couleurs trop criardes et à atténuer la teinte jaune de l'arrière-plan. L'accentuation du contraste ayant renforcé le jaune, que j'estime ici assez parasite, et sursaturé le magenta au niveau de la boule de Noël, j'ai souhaité retravailler la saturation de l'image. Pour affiner mon rendu, j'ai tout d'abord désaturé l'ensemble de la photo jusqu'à ce que la boule adopte un rendu moins outrancier, puis désaturé sélectivement la gamme des Jaunes, de façon modérée, pour aboutir à mon rendu définitif.

Étape 1 : optimisation classique du contraste

Accentuez le contraste de l'image : allez-vous éclaircir, assombrir, contraster ? Procédez selon le rendu souhaité. Désaturer par la suite certaines couleurs vous conduira à affadir un peu la photo ainsi n'hésitez pas à opter dès le départ pour un rendu contrasté et lumineux. Affirmez-vous !

Étape 2 : désaturation mesurée de certaines gammes de teintes

Identifiez à quelle(s) gamme(s) de teintes appartient l'élément que vous souhaitez mettre davantage en retrait. Si ces teintes sont présentes ailleurs dans la photo, les retravailler peut conduire à altérer le rendu d'autres sujets de l'image sans que cela soit approprié. Si c'est le cas, soyez extrêmement mesuré ou renoncez à cette retouche.

Sélectionnez les gammes de teintes correspondantes et atténuez leur impact :

- soit en effectuant une désaturation mesurée (voir captures ci-dessous) ;
- soit en modifiant la luminosité (ou clarté) d'une gamme pour l'éclaircir ou l'assombrir en même temps que l'affadir (voir p. 124) ;
- soit en combinant les deux types de réglages précédents pour faire varier la luminosité de la teinte sélectionnée tout en la désaturant pour obtenir une couleur encore plus sourde.

Ce type de retouche peut être délicat, aussi soyez vigilant et comparez la photo avec sa version d'origine afin de repérer d'éventuelles bizarreries de rendu.

En bref, exploitez une
Saturation différenciée
pour renforcer l'impact visuel de votre sujet !

« *Envisagez, éventuellement, d'altérer modérément la teinte de la couleur sur laquelle vous travaillez pour l'aider à davantage "se fondre dans la photo". Exploitez la complémentarité des réglages de Teinte Saturation Luminosité pour trouver le rendu idéal.* »

Option 1 : réglettes TSL

Dans la fenêtre de réglage différencié des couleurs *via* des réglettes :

- sélectionnez la gamme de teintes adéquate dans le menu déroulant ;
- appliquez une désaturation mesurée soit en actionnant le curseur Saturation vers la gauche, soit en glissant le curseur Luminosité dans un sens ou dans l'autre (ou encore en combinant les effets des 2 curseurs cités) ;
- sélectionnez éventuellement une autre gamme… et ainsi de suite.

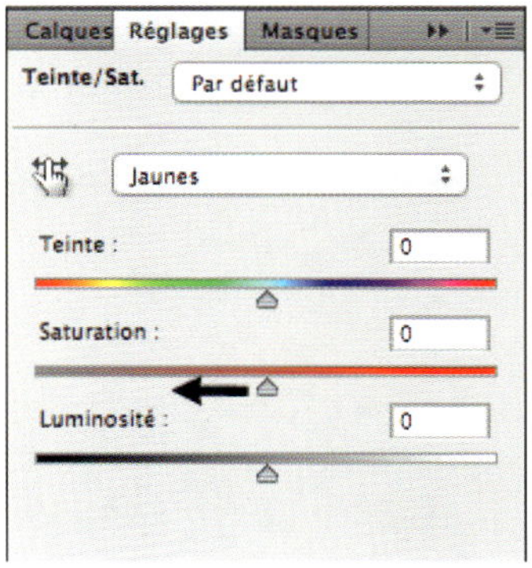

Désaturation d'une couleur à l'aide du réglage par curseurs. Ici, je désature le jaune de façon mesurée, sous Photoshop.

Option 2 : courbe de saturation

Dans le module de réglage différencié des couleurs *via* des courbes :

- affichez le réglage de saturation en cliquant sur l'onglet correspondant ;
- repérez le point associé à la gamme de teintes à retravailler ;
- cliquez sur le point et tirez vers le bas pour désaturer modérément la couleur choisie.

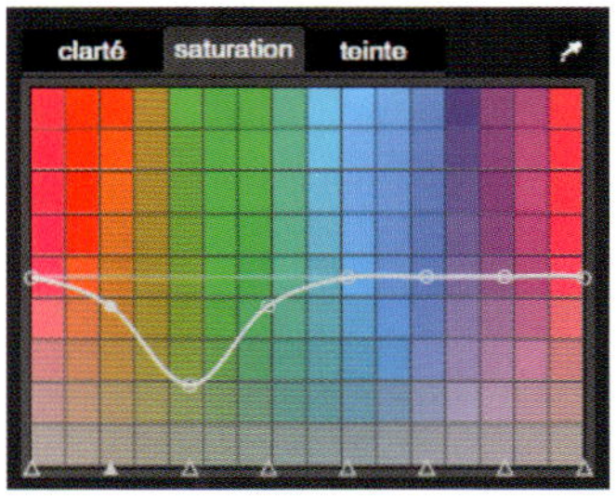

Désaturation d'une couleur à l'aide de la courbe de saturation. Ici, je désature le jaune de façon mesurée, sous Darktable.

Utilisez éventuellement l'onglet Clarté pour modeler la densité des zones à retravailler en même temps que de les affadir (voir p. 124). Alternez les réglages *via* les onglets Saturation et Clarté pour affiner et personnaliser l'effet.

Étape 3 : légère sursaturation optionnelle de certaines teintes

Si vous en ressentez le besoin, augmentez raisonnablement la saturation des gammes de teintes colorant votre sujet pour le mettre mieux en valeur, par un réglage *via* les réglettes (curseur Saturation vers la droite) ou la courbe (pic vers le haut). Veillez à ce que le rendu reste naturel.

« *TSL signifie Teinte Saturation Luminosité et fait référence à la fenêtre de réglage différencié des couleurs par curseurs.* »

Contraste dramatique en couleur

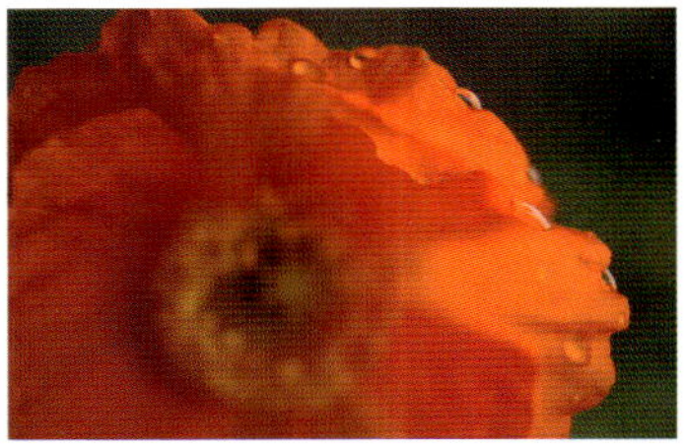

Appliquons à présent un contraste intense, extrême ! La sursaturation qui en résulte ne sert cependant pas toujours l'ambiance de nos images... En effet, couleur et contraste en densité peuvent, d'une certaine manière, entrer en conflit et se disputer la vedette !
Bridez donc les couleurs pour donner toute la place qu'il mérite à votre jeu de contraste ! Plutôt que d'envisager un traitement en noir et blanc, lui aussi propice à une bonne mise en valeur d'un contraste fort, conservons ici des demi-teintes, pour une atmosphère encore plus dramatique.

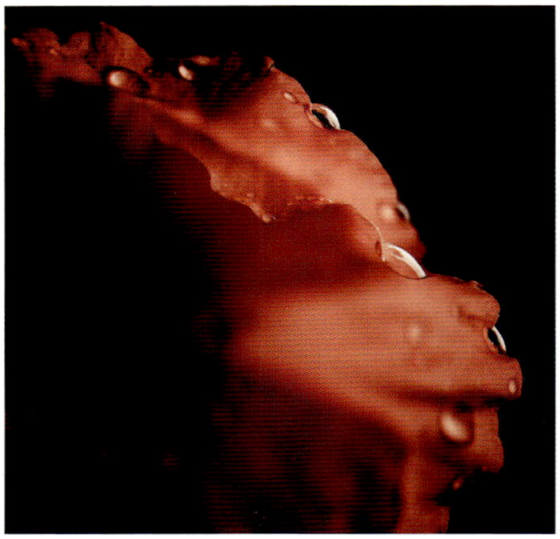

Lorsque j'ai photographié ce pavot, je n'étais pas très inspirée... J'aimais les gouttes apposées sur les pétales mais je ne savais pas trop quoi en faire. C'est au moment du tri et de la retouche que ce rendu s'est imposé. Grâce au contraste fort et à une désaturation mesurée, je m'éloigne du classique de la photo de nature, efface le cœur de la fleur pas tout à fait assez flou à mon goût, et donne une vraie personnalité à cette image. Un recadrage au format carré la rend plus graphique et améliore sa composition.

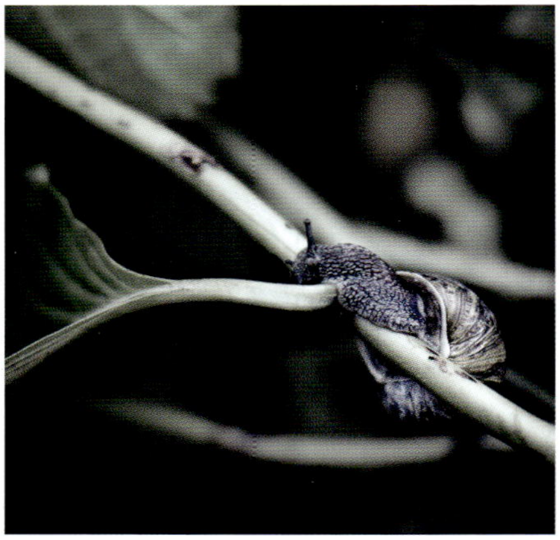

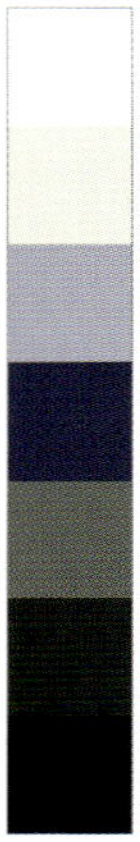

Cet escargot s'enroulant autour d'une tige, photographié ainsi en gros plan a, avec son regard vitreux et son corps rugueux, un faux air d'alien que je souhaitais exagérer au traitement. Le contraste fort renforce les matières et simplifie l'image, faisant se détacher mon sujet sur un fond presque noir. La désaturation prononcée des couleurs dramatise la scène tout en permettant à l'escargot, plutôt bleuté, de bien se détacher sur un environnement aux teintes verdâtres (un traitement en noir et blanc aurait conduit à une photo moins lisible).

Images concernées

Sélectionnez des photos qui peuvent supporter un contraste fort et resteront lisibles une fois assombries. Les vues en clair-obscur au sujet clair, éclairé ou présentant des zones luisantes, et apte à bien se détacher sur un fond plus sombre, sont tout à fait adaptées. Les effets de silhouettes offrent également un point de départ porteur.

Si les couleurs sont un peu fades au départ, ce n'est pas gênant, car cette retouche vous aidera à obtenir des couleurs plus présentes, bien que nuancées. Les photos montrant des couleurs vives, notamment du rouge comme le pavot ci-dessus, vous donneront davantage de fil à retordre (voir ci-contre). Testez donc d'abord ce rendu avec des images aux teintes délavées et plutôt constituées de couleurs froides puis aventurez-vous dans le traitement des couleurs chaudes, rouge ou rose notamment !

Rendu recherché

La photo doit apparaître plutôt sombre. Nous la souhaitons dominée par le noir mais également contrastée, c'est-à-dire présentant des hautes lumières marquées. Le rendu sera donc fait de couleurs sombres, en demi-teintes, accompagnées de quelques pastels sur les zones plus claires. Les couleurs vives sont généralement absentes mais l'impact visuel reste très fort.

Problématique de retouche et application

Nous allons booster le contraste des extrêmes tout en conservant des tons intermédiaires assez sombres, et désaturer les couleurs.

Étape 1 : contraste des extrêmes et assombrissement des tons moyens

N'hésitez pas à suivre mes conseils dédiés au rendu Low key (voir p. 92) pour cette optimisation. Noircissez la photo et augmentez l'exposition pour adopter un contraste extrême. Assombrissez les tons moyens afin d'obtenir par la suite des couleurs grisées, subtiles et un rendu plus dramatique.

Étape 2 : désaturation mesurée des couleurs

Une simple désaturation (curseur Saturation déplacé modérément vers la gauche) donnera, la plupart du temps, de bons résultats. Selon la photo d'origine et le contraste appliqué, la désaturation passera de quasi-optionnelle à ultra-essentielle !

Utilisez éventuellement le réglage de Teinte Saturation Luminosité présenté p. 128 pour doser plus précisément la densité et la teinte de chaque couleur en présence.

Enfin, si cela vous convient mieux, commencez par désaturer presque entièrement la photo avant de la contraster. Procédez à une désaturation complémentaire en bout de course si besoin.

Exploitez la combinaison
Ambiance sombre et contraste fort + Désaturation des couleurs
pour dramatiser vos images !

« Le rouge sursature extrêmement vite dès que l'on contraste une photo. De plus, il se désature également très rapidement et a tendance à noircir en perdant sa couleur ! Aussi, pour que votre rendu ne soit pas inondé de rouge à la moindre accentuation du contraste d'une image aux couleurs chaudes et pour éviter les mauvaises surprises en cours de traitement, envisagez de désaturer les couleurs au fur et à mesure que vous contrastez ce type de photos. Alternez donc les 2 étapes décrites ci-dessus pour contraster un peu l'image, désaturer, contraster encore, désaturer, etc. »

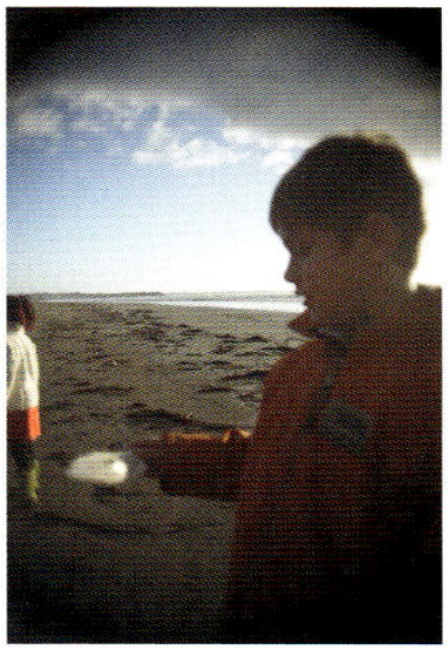

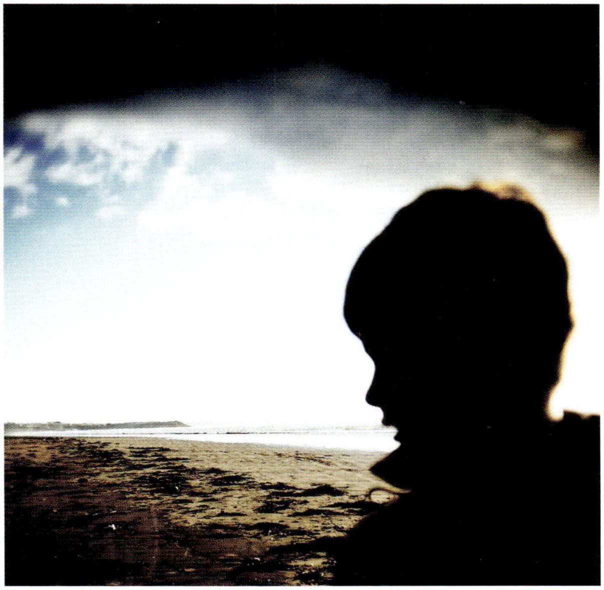

Cette image m'évoquait plusieurs rendus possibles. J'en ai réalisé une version lumineuse et colorée avec du détail dans le visage de l'enfant, mais qui s'avère toutefois plus classique. Le traitement appliqué ici est au contraire sombre et contrasté ; il me permet de créer artificiellement un effet de silhouette et d'associer au rendu déjà étrange de mon objectif « toy lens » (qui produit un fort vignetage noir sur le haut de la photo et floute le ciel) une retouche marquante et originale. La désaturation des couleurs met en retrait le sable, qui était devenu trop jaune, et rend la photo plus rêveuse et plus mystérieuse.

Atmosphère chaleureuse ou ambiance glaciale ?

Nous allons, ici, utiliser la balance des blancs ou des couleurs de façon créative pour « réchauffer » ou « refroidir » l'ambiance de nos images, tout en combinant ces effets avec d'autres retouches. Si la photo présente déjà une dominante au départ, vous pourrez l'accentuer ou la contrarier pour la remplacer par une autre couleur d'ambiance.

Cet homme tirant un âne, au sommet des Monts d'Arrée, constituait un sujet étonnant et fascinant ! J'ai déclenché alors que les silhouettes étaient bien lisibles, tout en sous-exposant pour les faire se détacher « en ombres chinoises » sur le ciel. Cependant, ma première retouche – optimisation légère du contraste – ne donnait pas un résultat à la hauteur du potentiel de la photo... Malgré un beau ciel bleu, l'aspect froid et triste des couleurs ne mettait pas en valeur cette image, qui avait besoin d'un rendu plus poétique et plus chaleureux. En amenant davantage la balance des blancs vers le jaune, j'ai obtenu un résultat convaincant.

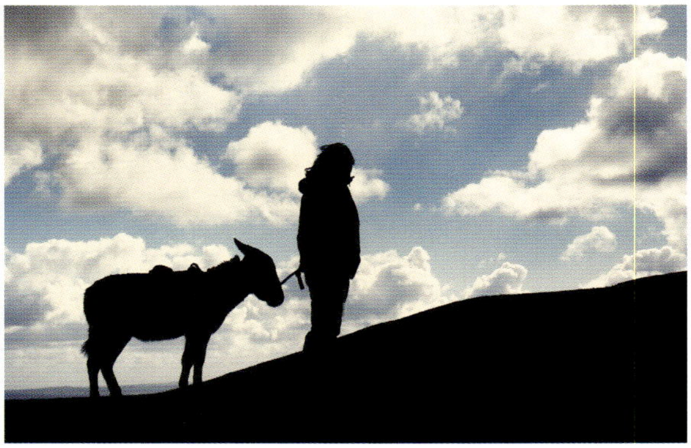

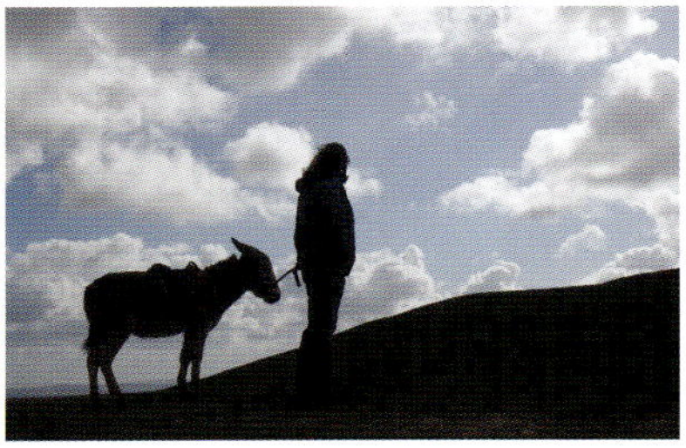

Images concernées

Si les teintes de certaines de vos photos ne vous semblent pas jolies, c'est peut-être que la dominante de l'éclairage ambiant ne convient pas vraiment à leur atmosphère. En effet, des tonalités trop chaleureuses peuvent nuire à vos images mystérieuses, et des couleurs trop froides réduire à néant vos efforts pour rendre vos images gaies et avenantes.

Sélectionnez des photos qui vous semblent ternes, tristes malgré des ambiances fortes et des couleurs plutôt porteuses et redonnez-leur une nouvelle vie !

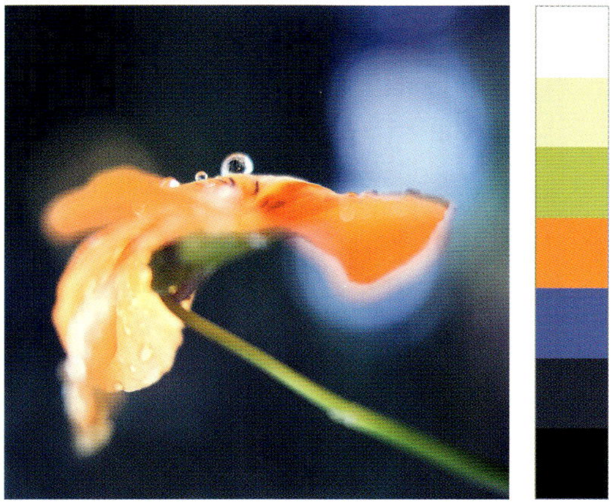

Rendu recherché

Dans tous les cas, nous allons rechercher une lumière plus typée, moins neutre, moins banale. Si vous optez pour une balance plutôt bleue, vous obtiendrez une atmosphère plus crépusculaire mais également plus rêveuse, façon contes de fées. Avec une balance plus jaune, à l'inverse, vous réchaufferez vos photos d'un rayon de soleil salvateur et leur donnerez un aspect plus estival, plus lumineux.

Cette image est vive et chaleureuse par nature, la fleur de violette cornue imposant ses tonalités orange ! J'ai souhaité « refroidir » l'atmosphère pour jouer avec des tons plus complémentaires (le orange ressort encore mieux sur un fond subtilement bleuté). J'ai effectué un essai avec la balance des blancs, mais la retouche bleuissait trop les tons clairs et pas suffisamment l'arrière-plan. Je me suis donc tournée vers la balance des couleurs différenciée : n'amener que les tons moyens vers le bleu m'a permis d'obtenir l'arrière-plan bleuté souhaité. Afin de conserver les couleurs chaudes de la fleur et de contrebalancer le bleuissement de l'image, j'ai poussé les tons clairs légèrement vers le jaune.

Problématique de retouche et application

C'est, la plupart du temps, le curseur Température (bleu/jaune) de la balance des blancs qui va nous être le plus utile. N'hésitez pas, cependant, à affiner la tonalité appliquée à vos photos à l'aide du curseur Teinte (vert/magenta). Pensez éventuellement à vous tourner vers la balance des couleurs différenciée pour affecter votre dominante à une gamme de densités en particulier et bleuir ou jaunir spécifiquement les tons sombres, moyens, ou clairs.

En bref, exploitez la Balance des blancs ou la Balance des couleurs pour personnaliser la couleur d'ambiance de vos images !

Étape 1 : optimisation du contraste, à votre convenance

Au préalable, contrastez la photo selon vos souhaits. Si vous envisagez d'exploiter la balance différenciée, veillez à rester mesuré sur le contraste ; vous pourrez toujours y revenir en bout de course si nécessaire.

Étape 2 : altération de la Balance des blancs

Modulez la balance des blancs vers le bleu ou vers le jaune selon l'atmosphère recherchée, à l'aide du curseur de température.

Si la couleur ne vous semble pas s'intégrer à la photo selon vos souhaits (par exemple, le bleu s'applique trop aux tons clairs et pas assez aux tons foncés), annulez la retouche et envisagez d'exploiter une balance des couleurs différenciée.

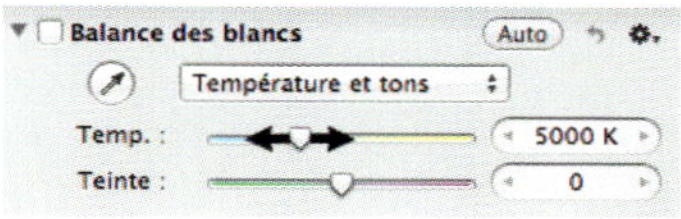

Variation de Balance des blancs via le curseur Température. La photo devient tantôt plus froide ou plus chaleureuse.

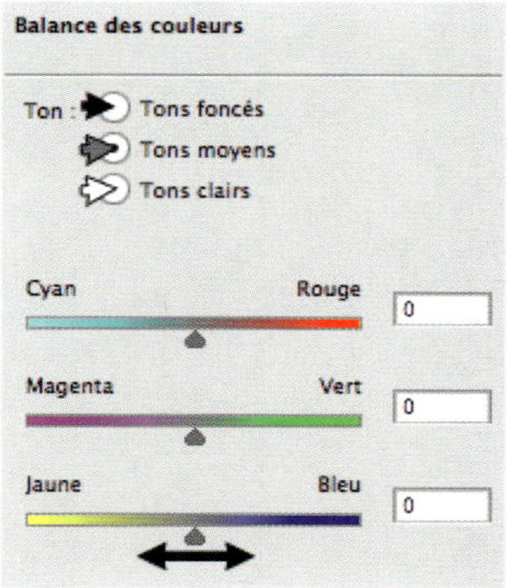

Variation « de température » appliquée de façon ciblée et différenciée à l'aide de la Balance des couleurs

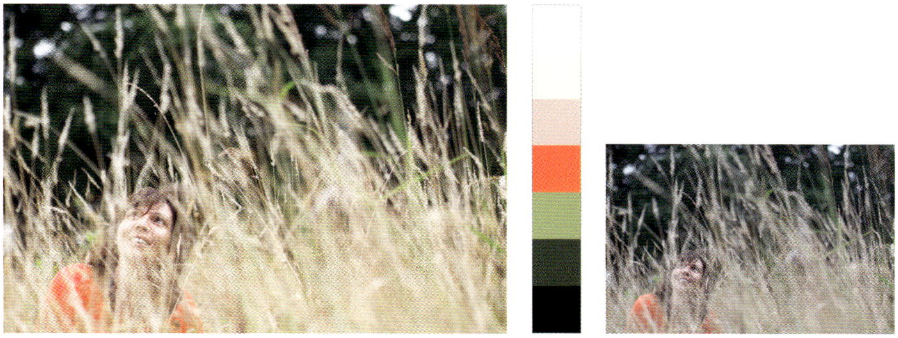

J'avais ici en tête un rendu assez doux, or l'accentuation très légère du contraste ne pouvait suffire à booster les couleurs. Une saturation aurait rougi le visage du modèle et renforcé des teintes qui ne me paraissaient pas tout à fait convaincantes... Afin d'obtenir une atmosphère plus estivale pour cette prise de vue par temps couvert, j'ai réchauffé les tons grâce à la balance des blancs.

Étape 3 : amélioration de la saturation

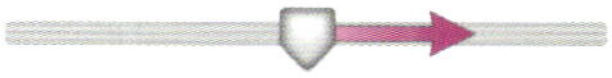

Utilisation de la réglette Saturation pour sursaturer légèrement l'image

Selon la couleur de votre sujet et notamment s'il est de teinte complémentaire à la dominante que vous appliquez, il pourra être utile de booster un peu la saturation de votre photo ou même simplement de la gamme de teintes qui colore ce dernier. En effet, la nouvelle balance des blancs va coloriser légèrement votre sujet, ce qui peut l'affadir si les teintes se contrecarrent. Selon les cas, envisagez cette sursaturation par gammes avant ou après le réglage de balance des blancs.

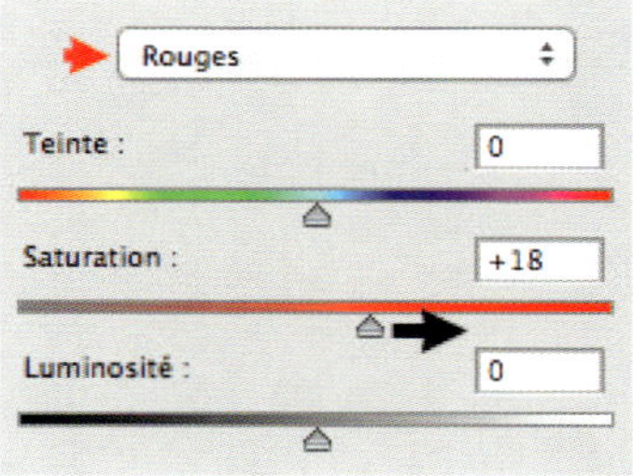

Utilisation du réglage Teinte Saturation Luminosité pour sursaturer une gamme de teintes (ici, les Rouges)

Sépias personnalisés et rendus « colorisés »

« Contrairement à une "colorisation" classique (film ou photo ancienne colorisés), il ne s'agit pas ici de "colorier" tel ou tel sujet mais de préserver par endroits un peu de leurs teintes d'origine. »

Faisons à nouveau interagir désaturation et modulation de la balance des blancs ou des couleurs, mais pour, encore une fois, un tout autre rendu. Et si, en désaturant davantage les couleurs intrinsèques de nos sujets puis en teintant la photo à l'aide de la balance des couleurs, nous pouvions créer un rendu proche du sépia, mais personnalisé ? Pour ce rendu, je vous propose de ne pas aller jusqu'au pur monochrome teinté, mais de conserver, en parallèle de l'application d'une dominante forte, un peu des couleurs de la photo d'origine. Dosez couleur d'ambiance et teintes des sujets en jouant finement avec les réglages.

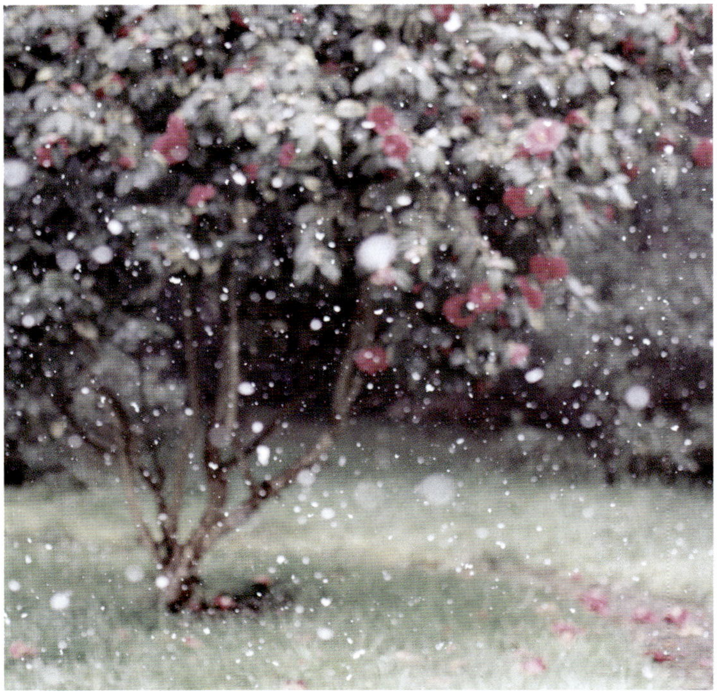

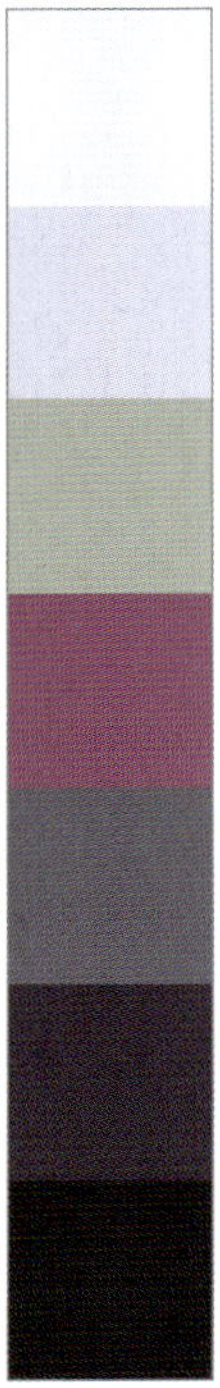

Cette photo d'un camélia en fleurs sous la neige, à la mise au point décalée sur les flocons, comportait dès le départ tous les atouts nécessaires à une image romantique et intemporelle. Pour appuyer dans ce sens, j'ai recherché des tons plus subtils en combinant désaturation de l'image et balance des couleurs dans les tons violacés. La dominante appliquée contrecarre le vert des feuillages : elle atténue le contraste en teinte vert/rouge mais rend la photo plus douce et plus harmonieuse. Les tonalités résultantes, plus froides, évoquent mieux la fin de l'hiver.

Images concernées

Une de vos photos présente des teintes parasites mais l'option du noir et blanc ne vous convient guère ? Elle contient trop de couleurs disparates et nécessite d'être unifiée par le traitement ? Vous avez envie d'harmonie, de douceur, plus que de contraste en teinte ? Ce rendu en semi-sépia personnalisé peut constituer une bonne option de retouche !

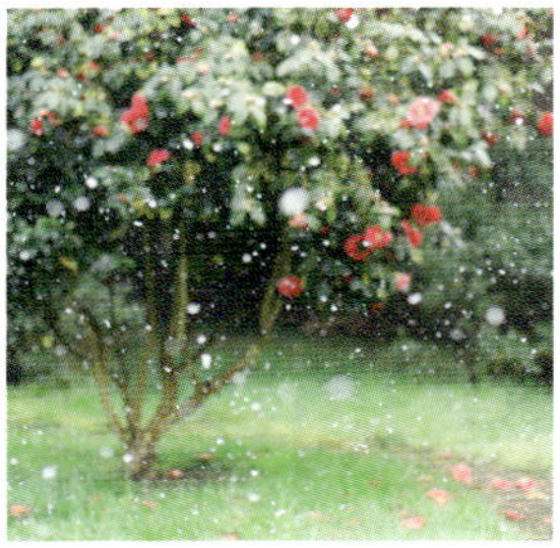

Rendu recherché

Nous cherchons ici à mettre en retrait les couleurs de la photo d'origine, réparties sur différents sujets, tout en les remplaçant partiellement par une couleur d'ambiance plus homogène.

Problématique de retouche et application

Nous allons donc désaturer fortement la photo, mais tout en gardant toujours un peu de couleur. Cela permet aussi que le rendu soit moins tranché et plus naturel.

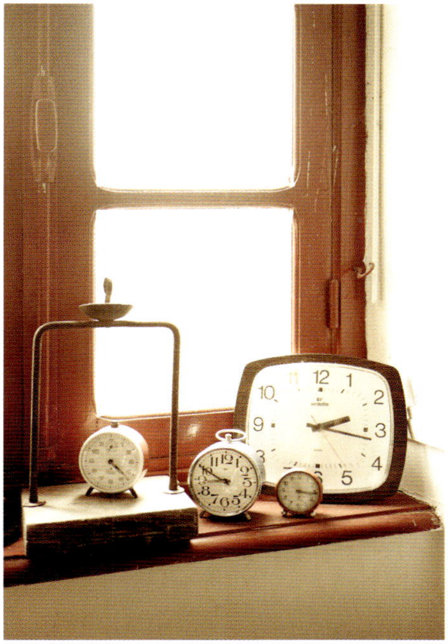

Cette collection de pendules vintage me semblait pouvoir être bien mise en valeur par un rendu un peu sépia. Cette fois, j'ai voulu appuyer la tendance donnée par l'encadrement de fenêtre rouge et évoquer un tirage vieilli en appliquant une dominante orangée, obtenue grâce aux curseurs de température et de teinte de la balance des blancs. En désaturant modérément la photo, j'uniformise le rendu et renforce ainsi le graphisme de la scène.

Selon le logiciel utilisé, variations de saturation et application de la dominante vont interagir de façon différente. Observez si la désaturation affecte également la couleur d'ambiance que vous appliquez ou seulement les teintes de la photo d'origine et adaptez-vous !

Étape 1 : optimisation du contraste, à votre convenance

Affinez, tout d'abord, l'exposition et accentuez le contraste de manière adaptée (voir chapitre 4).

Étape 2 : désaturation prononcée mais non totale de la photo

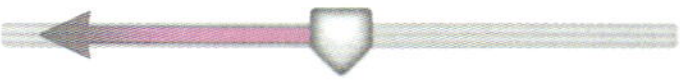

Utilisation de la réglette Saturation pour désaturer presque totalement la photo

Amenez le curseur Saturation à quelques millimètres de l'extrémité gauche de la réglette pour faire presque disparaître les teintes d'origine de la photo, ou préférez un réglage plus mesuré qui préserve davantage ses couleurs d'origine.

Étape 3 : altération de la Balance des blancs

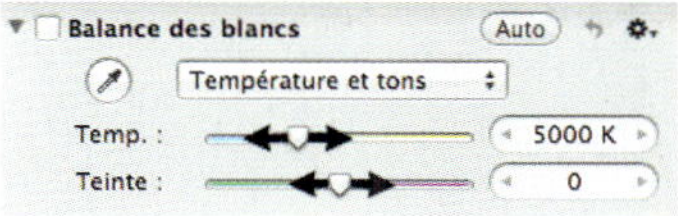

Altérez la balance des blancs ou la balance des couleurs pour appliquer une dominante sur l'image. Les tonalités jaunes et bleues sont, comme nous l'avons déjà évoqué, celles qui produisent les résultats les plus naturels, mais n'hésitez pas à tester l'effet d'autres dominantes (voir p. 136).

Limitez-vous à un réglage simple de balance des couleurs pour un rendu assez doux, homogène. Différenciez, au contraire, le réglage de balance des couleurs par gammes de densités (par exemple, tons sombres plus rouges et tons clairs plus jaunes) pour un résultat plus contrasté et une colorisation plus complexe.

Exploitez la combinaison

Désaturation prononcée + Balance des blancs ou des couleurs personnalisée

pour créer des semi-sépias à votre goût !

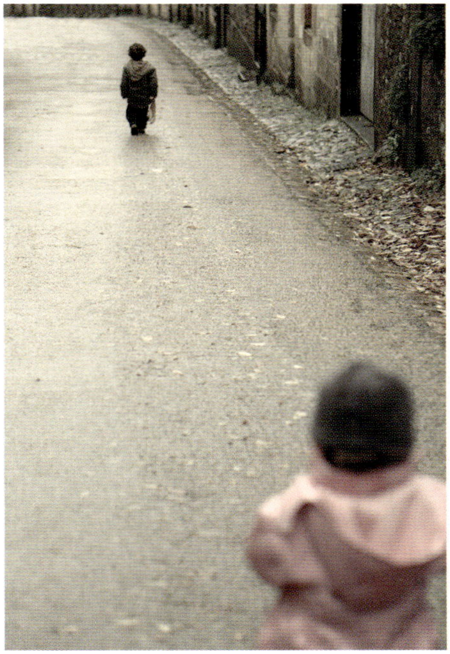

Ici, j'appréciais la tonalité rose du manteau de l'enfant au premier plan, tout en estimant que l'atténuer légèrement serait bénéfique à la photo. La balance des blancs dans les tons jaune orangé que j'ai appliquée s'accorde bien avec l'atmosphère déjà assez automnale (feuilles mortes au sol, manteau, bonnet, luminosité très douce...). Elle rend également la photo plus harmonieuse (la palette montre bien le camaïeu de beiges jaunes rose subtils obtenu) et plus intemporelle.

Nostalgie chromatique et « traitement croisé »

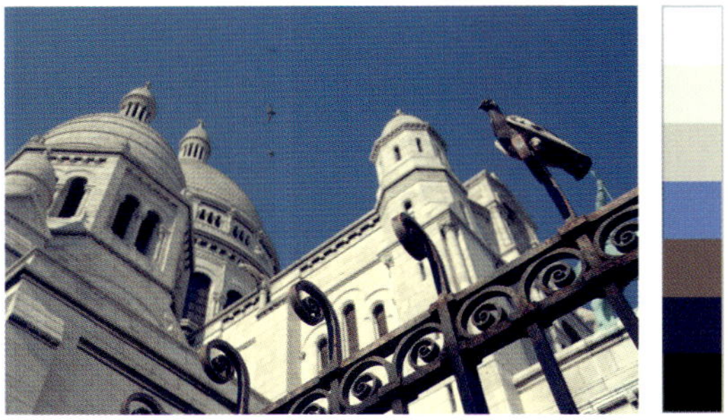

J'ai enrichi la colorimétrie de cette photo de Montmartre, que je trouvais un peu terne malgré le ciel bleu, à l'aide d'un traitement croisé. La retouche fait ressortir la façade ensoleillée et renforce l'impression de luminosité. Le monument apparaît plus coloré, sans toutefois que les couleurs ne choquent l'œil.

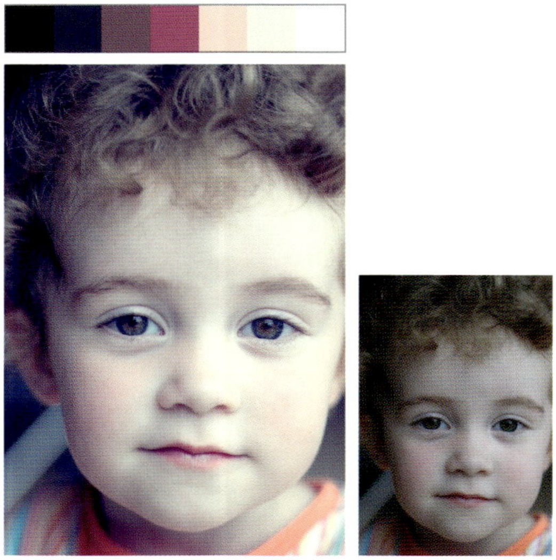

Ce portrait un peu sombre apparaît comme mis en lumière par cette retouche couleur, qui lui confère aussi un charme intemporel. Ce rendu tout en demi-teinte fonctionne à merveille pour souligner l'expression rêveuse de l'enfant. Les extrémités de la palette sont similaires à celles de la vue de Paris car, quand nous appliquons un traitement croisé, nous altérons surtout les extrémités de la palette. Son centre reste plus spécifique à l'image, et correspond aux rose chair du visage et rose vif des lèvres de l'enfant.

En bref, exploitez une
Balance des couleurs
tons sombres bleus/tons clairs jaunes
pour mimer un traitement croisé !

Les couleurs caractéristiques des tirages issus d'une pellicule, l'atmosphère typée des Polaroid, le charme apporté par des développements de film particuliers nous rendent parfois nostalgiques de l'argentique… Or, le numérique nous permet de produire des effets similaires à ceux-ci comme le font Instagram et consorts. Nos rendus seront cependant, eux, personnalisables à l'infini, pour des retouches 100 % maîtrisées et originales, dans tous les sens du terme !

Images concernées

Les photos qui vous semblent assez intemporelles mais que vous n'imaginez pas en noir et blanc peuvent être particulièrement indiquées. De nombreux sujets se prêtent à ce type de rendu.

Du fait du traitement des couleurs, et selon l'outil et la méthode utilisés, le contraste peut augmenter… Mieux vaut donc appliquer ce rendu à des images légèrement sous-exposées à la prise de vue et non encore contrastées.

Si l'image comprend un ciel bleu, surveillez son rendu et soyez mesuré au traitement sous peine d'obtenir une teinte vraiment trop intense sur cette partie de la photo. Une désaturation complémentaire peut être envisagée.

Rendu recherché

Le fameux développement croisé argentique produit des images qui sont plus bleues dans les ombres, et plus jaunes dans les hautes lumières (voir p. 138). C'est le rendu que nous recherchons également ici.

Problématique de retouche et application

C'est bien sûr grâce à la balance des couleurs que nous allons chercher à obtenir un rendu similaire au traitement croisé ou, tout du moins, s'en inspirant.

Étape 1 : éclaircissement des tons intermédiaires

Le traitement croisé pouvant contraster la photo et l'assombrir, commencez éventuellement par un léger éclaircissement des tons moyens (voir p. 66), selon la méthode de retouche que vous envisagez. Cela vous semblera peut-être étrange d'affadir ainsi la photo et de réaliser ce premier réglage « à l'aveugle », mais, peu à peu, vous saurez mieux doser cet éclaircissement préalable.

Étape 2 : traitement croisé à l'aide de la Balance des couleurs

Nous allons bleuir les basses lumières tout en jaunissant les hautes lumières, à l'aide des réglettes dédiées ou des courbes.

Option 1 : réglettes de Balance des couleurs

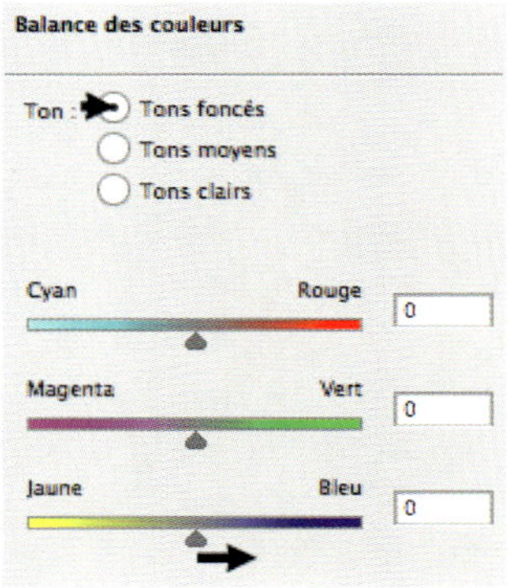

Bleuissement des basses lumières

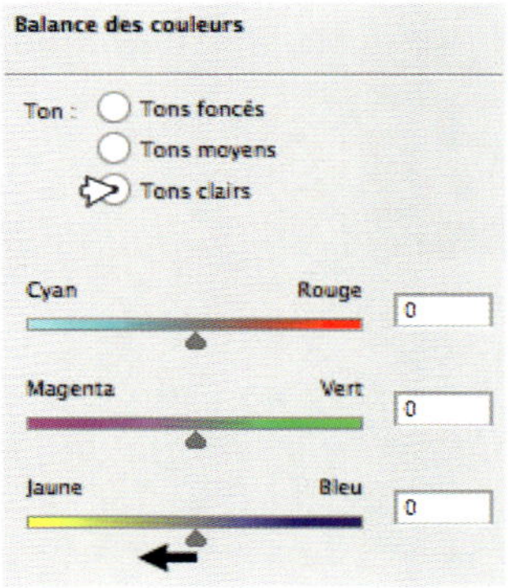

Jaunissement des hautes lumières

Sélectionnez tout d'abord Tons foncés puis déplacez le 3e curseur vers le bleu. Sélectionnez ensuite Tons clairs et déplacez le même curseur vers le jaune.

« Sous Photoshop, ce réglage a tendance à éclaircir les hautes lumières en même temps que de les jaunir. Attention aux surexpositions ! L'idéal consiste à aller jusqu'à la surexposition (la zone la plus claire de la photo devient blanche et perd du détail) pour revenir ensuite en arrière jusqu'à supprimer ce défaut. Vous aurez ainsi les hautes lumières les plus claires et les plus jaunes possibles pour votre image. »

Actionnez éventuellement les autres curseurs pour personnaliser la dominante affectée aux tons sombres, et clairs.

Affinez la position des curseurs jusqu'à trouver la combinaison idéale.

Option 2 : courbes Rouge Vert Bleu

1re variante : rendu plutôt doux, avec la courbe Bleu

Affichez la courbe Bleu puis formez un S inversé en bombant sa partie gauche (bleuissement des tons foncés) et en creusant sa partie droite (jaunissement des tons clairs). Le contraste généré est doux.

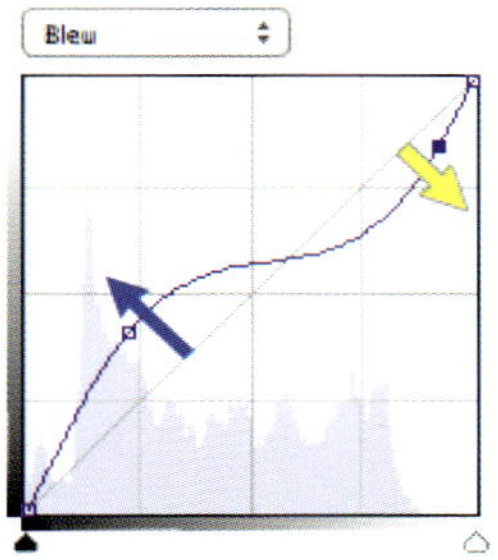

S inversé, sur la courbe Bleu, pour un traitement croisé atténuant légèrement le contraste

Si vous envisagez une optimisation du contraste par la suite, limitez-vous à une dominante légère car les couleurs seront avivées après coup.

2e variante : rendu contrasté grâce à un réglage détourné* via *les courbes Rouge et Vert

Affichez la courbe Rouge et formez un S avec le tracé en creusant sa partie gauche tout en bombant sa partie droite. Faites de même avec la courbe Vert. Une première tendance est établie.

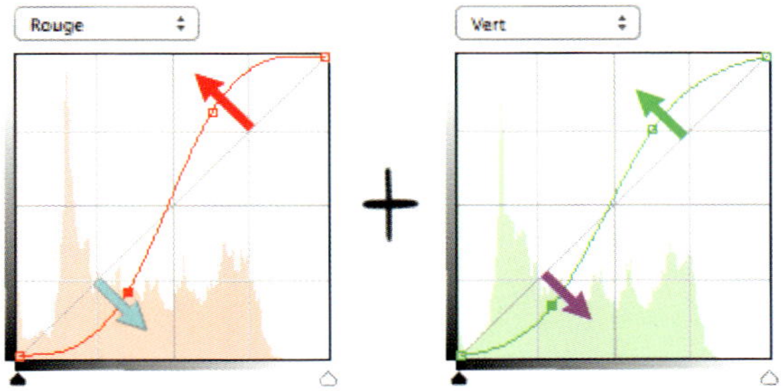

Forme de S à la fois sur les courbes Rouge et Vert, pour un traitement croisé accentuant le contraste

Sélectionnez ensuite alternativement les courbes Rouge et Vert de manière à déplacer l'un ou l'autre point sur le tracé et affiner l'effet (par exemple, rendez la « tête » du S formé sur la courbe Vert plus plate pour des hautes lumières plus rouges que vertes, et *vice versa*, voir atelier p. 148). Dosez si possible le contraste en même temps que le rendu couleur de manière à ne pas avoir à jouer sur les densités de l'image après coup.

Étape 3 : dosage des tons moyens (facultatif)

Modulez éventuellement la luminosité des tons intermédiaires (voir p. 143) pour améliorer l'image. Testez un éclaircissement, un assombrissement, pour voir ce qui lui convient le mieux.

Restez mesuré sur ce réglage pour ne pas trop exagérer les couleurs et éviter de créer des défauts.

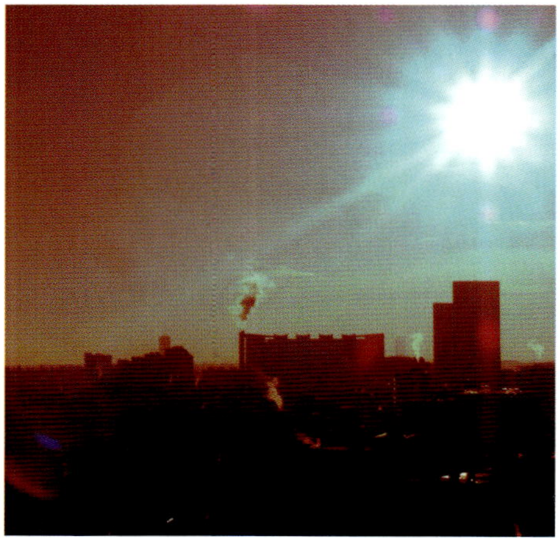

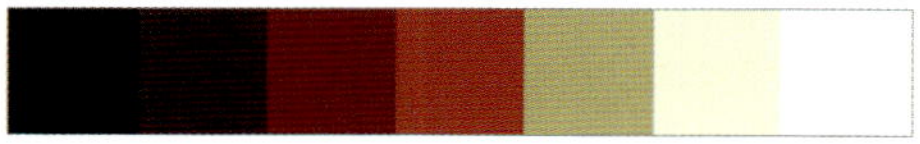

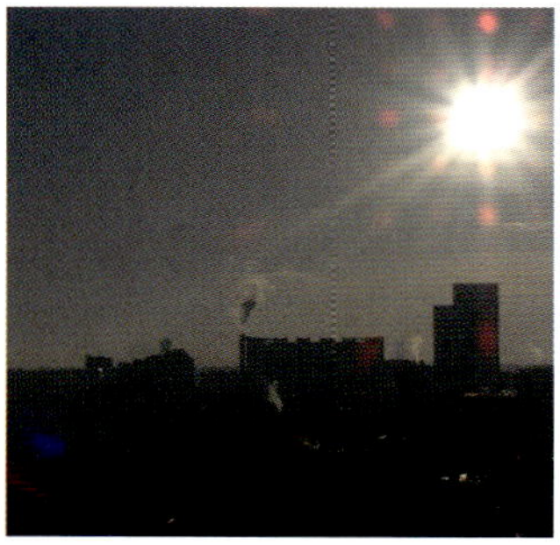

Cette vue urbaine, en contre-jour éblouissant, me semblait avoir du potentiel pour une ambiance assez apocalyptique. J'ai choisi d'associer une dominante rouge au contraste fort : j'ai amené les tons sombres vers le rouge et les tons clairs vers le cyan (voir captures en page de droite).

Opération Science-fiction !

Osez oublier la véracité de l'ambiance pour vous la jouer « effets spéciaux » ! La créativité et l'imaginaire priment ici sur la restitution authentique d'une scène. Grâce à des contrastes forts et des balances des couleurs osées, transposons nos images dans d'autres univers, façon « science-fiction » !

Images concernées

Choisissez de préférence des photos dont le sujet ou les caractéristiques aident déjà à faire un pas dans l'imaginaire : vues de buildings ou de verrières à connotation futuriste, ambiances de souterrains (parking, métro...), portraits réalisés sous un éclairage violent et contrasté, clairs-obscurs étranges, contre-jour agrémentés de flares (taches colorées), paysages désolés, ruelles pavées à la destination mystérieuse...

Comme nous allons appliquer un contraste intense en plus d'un virage coloré, les images choisies doivent pouvoir rester lisibles et porteuses une fois fortement contrastées.

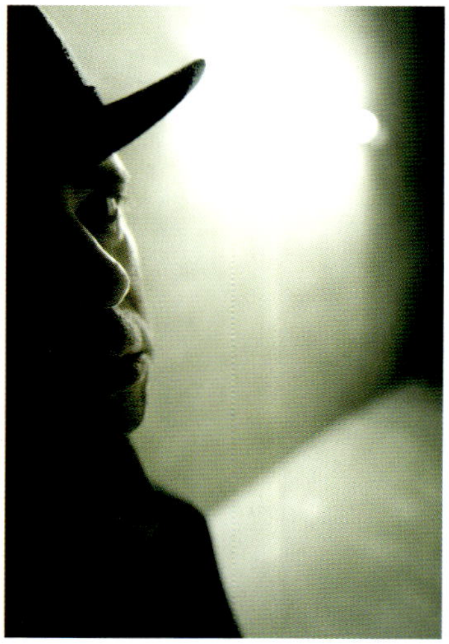

Ce portrait, réalisé de près au grand-angle et en contre-jour, à la lumière blafarde du néon d'un parking, présentait l'étrangeté nécessaire à un rendu thriller assez convaincant. Le néon n'ayant pas produit la dominante escomptée, j'ai non seulement altéré la balance des blancs au traitement de façon à rendre la photo plus verte, mais j'ai aussi fortement contrasté l'image. En découle une atmosphère plus inquiétante, bien en cohérence avec le regard froid du modèle.

Rendu recherché

Du rêve ou du cauchemar ! Jouez avec la lumière, le contraste et les couleurs, pour créer des ambiances hors du commun et de la réalité. Les scènes photographiées doivent sembler éclairées par des projecteurs colorés (façon scène ou cinéma). Imaginez que vous réalisez une couverture de thriller ou une affiche de film afin de bien intégrer la notion de fiction à votre retouche.

Problématique de retouche et application

C'est donc en associant, à un contraste très fort, une altération de la balance des blancs ou des couleurs, que nous allons créer ces effets saisissants. Privilégiez, si possible, la balance des couleurs. En effet, appliquer des teintes distinctes selon les gammes de densités génère un rendu plus riche en couleurs et plus dynamique. Suivant le logiciel et la méthode employés, le réglage vous conduira, de plus, à accentuer le contraste de l'image, ce que nous recherchons également.

Choisissez la dominante à la fois selon l'émotion que vous souhaitez susciter avec votre image (voir p. 136) et selon les teintes de départ de la photo. Comme toujours, appliquer un effet de couleur complémentaire au sujet créera un contraste fort (contraste en teinte, cette fois) et donnera à votre photo un formidable impact.

Étape 1 : accentuation du contraste

Appliquez, tout d'abord, un contraste fort à l'image. Si vous envisagez de n'utiliser que la balance des blancs, tournez-vous d'emblée vers un contraste très intense. Si, en revanche, vous pensez exploiter les possibilités offertes par la balance des couleurs, restez mesuré sur le contraste, quitte à l'accentuer à nouveau en toute fin de retouche jusqu'à obtenir le rendu souhaité.

Étape 2 : altération créative de la Balance des couleurs

N'hésitez pas à personnaliser les réglages en « mélangeant les couleurs » jusqu'à générer précisément les dominantes qui conviennent à votre image. Pour une fois, osez le rouge framboise, le magenta violacé, le cyan, le vert émeraude !

Altérez notamment les Tons sombres pour dramatiser votre photo tout en la colorant. Complétez ce réglage avec une modulation des Tons moyens et/ou clairs, souvent vers une teinte opposée à la première. Affinez progressivement les réglages pour un rendu couleur précis et maîtrisé.

Exploitez la combinaison
Contraste intense + Balance des couleurs créative
pour projeter vos photos dans l'imaginaire !

« Les captures correspondent à la retouche de la vue urbaine, en page de gauche et montrent l'application différenciée de dominantes rouge et cyan sur cette photo. »

Réglettes de Balance des couleurs

Passez d'une gamme de densités à l'autre grâce au menu déroulant Tons foncés/Tons moyens/Tons clairs et altérez la couleur d'ambiance de la photo, de manière ciblée, par gamme, à l'aide des curseurs. Affinez le rendu au fur et à mesure en alternant la retouche sur les différentes gammes et les maniements de curseurs vers l'une ou l'autre couleur.

Affinez la position de chacun des curseurs jusqu'à trouver la combinaison idéale.

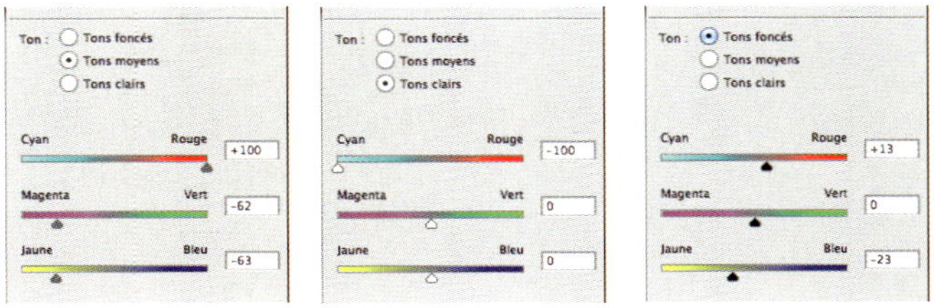

Pour accéder au duo rouge/cyan selon un impact intense, sur mon image (vue urbaine, en page de gauche), j'altère tout d'abord les tons moyens vers le rouge, les tons foncés ayant parfois tendance à trop assombrir la photo. Je combine l'effet d'un mouvement de curseur vers le rouge (réglage direct) et d'un double mouvement de curseur vers le magenta et le jaune (réglage détourné) qui contribue à rougir encore davantage la scène. Afin de me rapprocher du rendu souhaité, aux couleurs plus contrastées, je passe au réglage des tons clairs et glisse le curseur jusqu'à l'extrême gauche de la première réglette, vers le cyan. Enfin, j'amène les tons foncés un peu plus vers l'orange grâce à des mouvements de curseurs vers le rouge et le jaune.

Courbes Rouge Vert Bleu

Optez plutôt pour un tracé en forme de S sur les courbes mises en jeu, quitte à passer par le réglage détourné, si besoin (voir p. 146) afin de booster le contraste tout en modelant les couleurs. N'hésitez pas à combiner l'effet de la courbe dédiée et du réglage détourné !

Jouez avec les dominantes de couleur, expérimentez puis, éventuellement, modérez vos réglages en aplatissant les courbes ou *via* une désaturation mesurée.

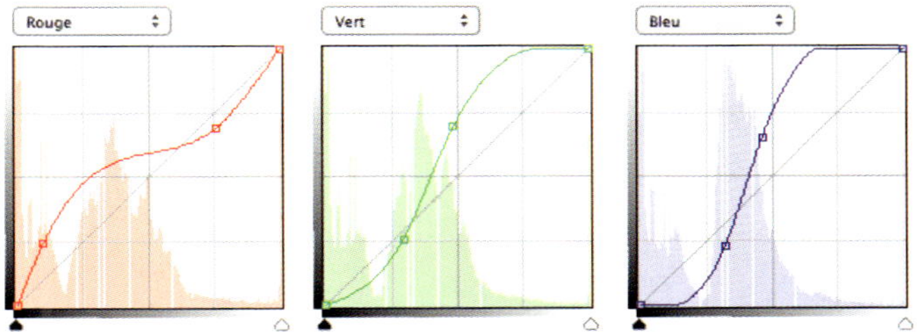

Pour générer le rendu souhaité, haut en couleur et suffisamment contrasté, je combine le réglage via *la courbe « logique », la courbe Rouge qui m'oblige à créer un S inversé pour rougir les tons sombres tout en bleuissant les tons clairs, avec des réglages détournés sur les 2 autres tracés : la courbe Bleu et la courbe Vert, sur lesquelles je forme un S classique me permettant de booster le contraste en même temps que de colorer la photo. Je passe ensuite de nombreuses fois d'une courbe à l'autre pour adapter le rendu, rendre le rouge un peu plus orangé ou plus framboise et doser la proportion du cyan dans l'image (selon qu'il altère une gamme de tons clairs plus ou moins large).*

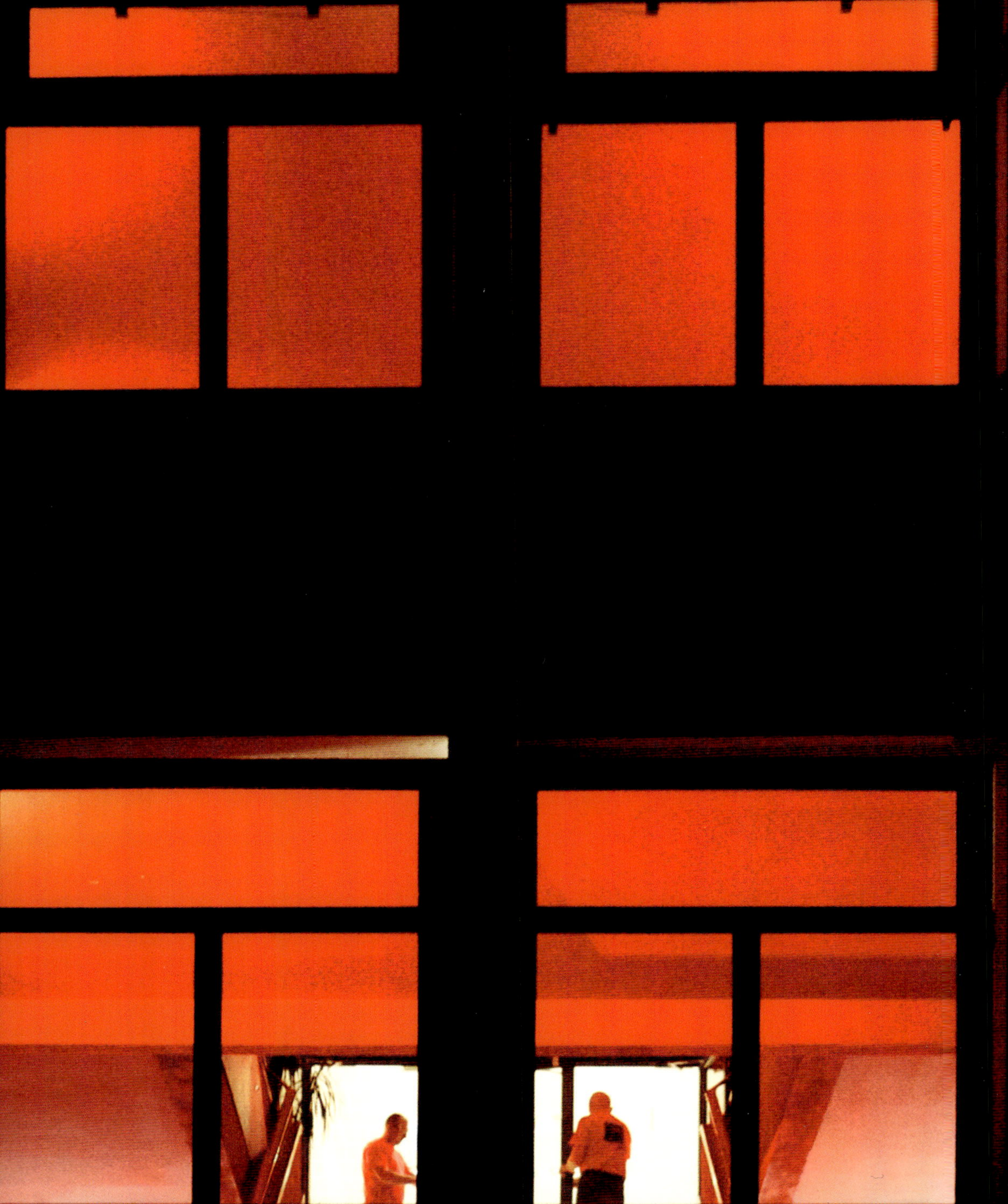

Retouches graphiques pour perfectionner vos images

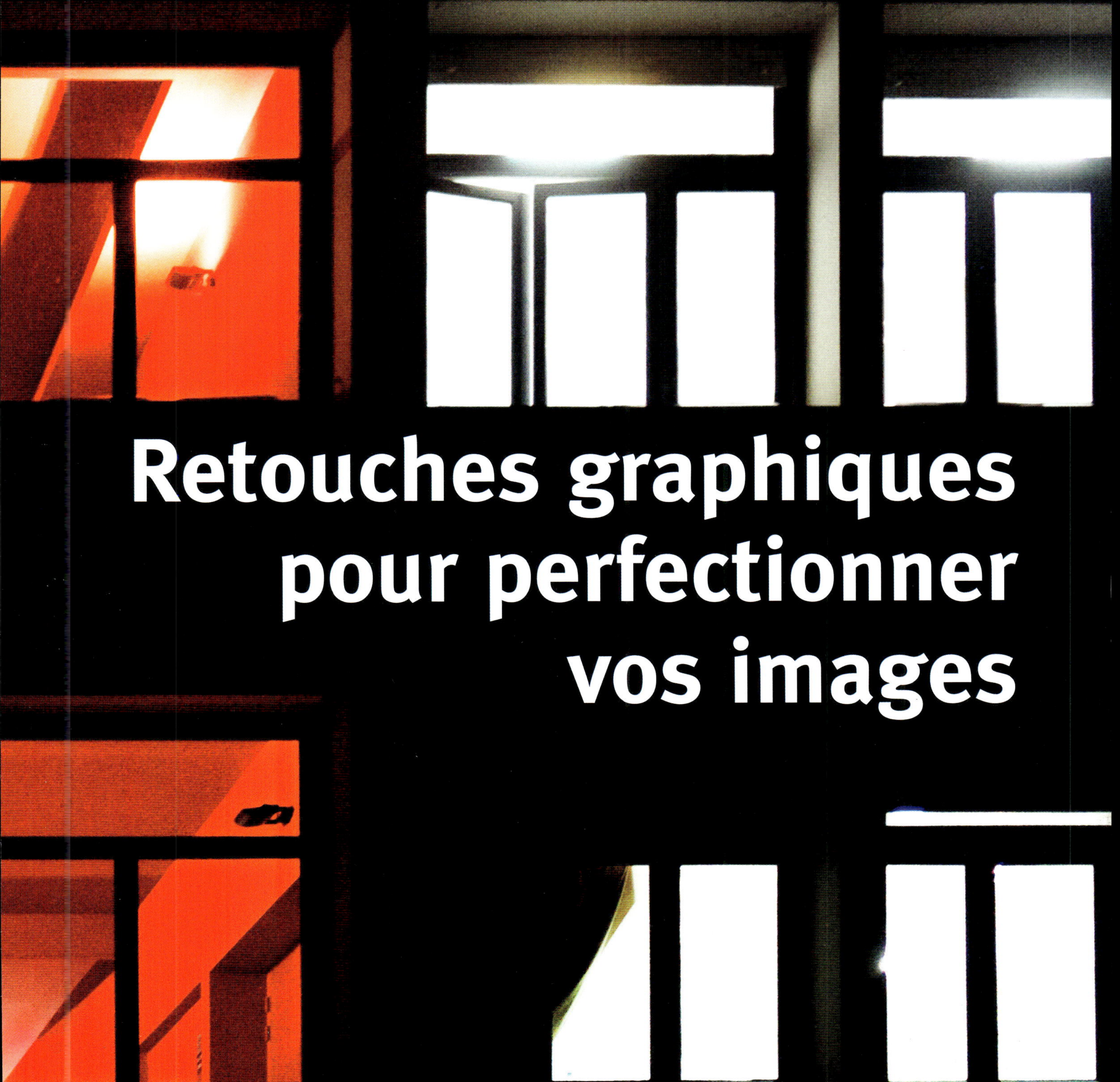

Pivoter : l'outil Rotation libre

◄ *Pour beaucoup de photos, la force du contraste ne va pas sans la rigueur graphique ! En page précédente, l'opposition façade dans l'ombre/fenêtres éclairées génère un formidable contraste en densité… Les éclairages rouges décuplent l'intérêt de l'image en focalisant notre attention sur une zone plus restreinte du cadre. Mais ce n'est qu'après une correction de la perspective que j'ai pu obtenir une vue vraiment marquante, qui associe contraste intense et graphisme maîtrisé.*

Les retouches du rendu ne doivent pas nous faire oublier l'importance d'une bonne maîtrise graphique pour nos compositions. C'est pourquoi je souhaite évoquer quelques réglages complémentaires qui vous aideront à changer du tout au tout l'impact de vos images. Voyons tout d'abord comment redresser vos photos bancales avec l'outil Pivot ou Rotation libre.

« *Les retouches graphiques peuvent s'effectuer avant ou après l'optimisation des images. Si vous commencez par elles, soyez sûr de vous ! Il est toujours possible de redresser ou recadrer après coup, mais pas de retrouver un morceau de la photo éliminé précédemment.* »

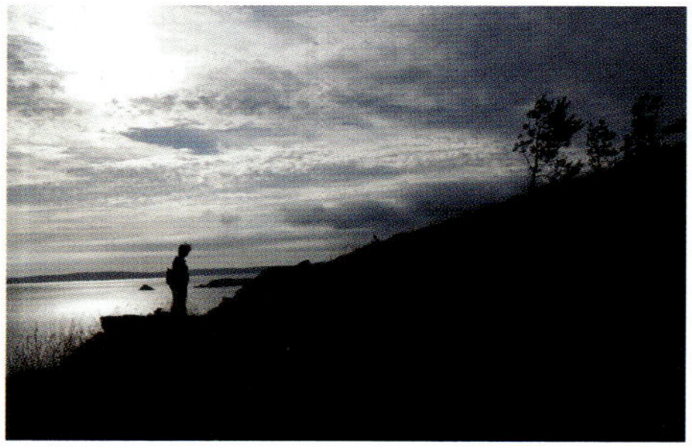

Photo de départ, penchée

Cette vue montre un beau contraste et une belle ambiance. Or, dans ma précipitation à saisir le modèle, les cheveux au vent, je n'ai pas tenu mon boîtier correctement : l'horizon penché témoigne de cette maladresse, à gauche de l'image. Heureusement, celle-ci ne présente pas de sujet important en bord de cadre qui risquerait d'être coupé au recadrage.

Dans quel cas pivoter vos images ?

Ne pas tenir notre appareil bien horizontalement à la prise de vue nous conduit parfois à produire des photos penchées. Or, sur les images qui montrent un horizon dégagé notamment (vue de mer, paysage ouvert…), l'effet s'avère désastreux et donne un peu le mal de mer !

La perspective (saisie d'une vue urbaine en trois dimensions, par exemple) peut également générer des images instables voire un peu « tordues ». Non seulement les horizontales (horizon, limites basses et hautes des portes et fenêtres, lignes des trottoirs et des toits, etc.) peuvent alors être affectées, mais aussi les verticales (angles des rues, limites droite et gauche des portes et fenêtres, poteaux, etc.). Utilisez l'outil Pivot pour « verticaliser » certaines de ces lignes. Cependant, si redresser un sujet vertical vous conduit à faire pencher les horizontales, et *vice versa*, envisagez également une torsion (voir p. 170).

En quoi consiste cette retouche ?

Il s'agit de faire tourner la photo, dans le sens des aiguilles d'une montre ou en sens inverse. Toutes les lignes de l'image subissent ainsi la même modification d'angle. Cette retouche ne déforme pas les sujets (ils sont seulement davantage penchés ou moins inclinés) ; en revanche, les bords du cadre s'inclinant eux aussi, la photo doit subir un recadrage. Celui-ci se fait automatiquement, dans certains logiciels, ou doit être réalisé manuellement. La rotation conduit donc à rapprocher le sujet du bord du cadre, avec un risque qu'il soit coupé si le cadrage est trop juste. Aussi, veillez à l'horizontalité de vos cadrages dès la prise de vue ! N'utilisez la rotation qu'en complément ; celle-ci ne doit redresser vos lignes que de quelques degrés.

Basez votre retouche sur le sujet principal de la photo et/ou l'axe (horizontal ou vertical) le moins penché. Quand le sol est présent, c'est souvent l'horizontalité qui prime ; si ce dernier est absent, ou encore naturellement incliné, surveillez plutôt la bonne verticalité du sujet. Comparez la direction des lignes de la grille qui apparaît sur l'image avec celle d'une de ses lignes de force et faites en sorte de les rendre parallèles.

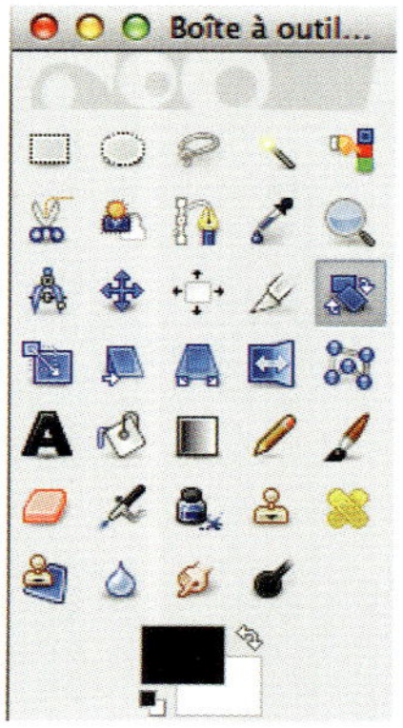

Dans la boîte à outils de Gimp, l'outil Rotation (sélectionné, à droite) est représenté par deux rectangles superposés.

« *Sur certaines plateformes, notamment RawTherapee, une fonction "Choisir la ligne d'horizon" vous donne la possibilité de rectifier l'horizontalité d'une image en traçant une ligne sur la photo. Dans Lightroom, un appui maintenu sur la touche Ctrl/Cmd conduit à cette même variante de l'outil. Celle-ci ne permet pas, en revanche, de corriger la direction d'une ligne verticale.* »

Mise en œuvre d'une rotation

- **Dans les logiciels simples, de développement d'images, et Gimp.** L'icône adéquate est souvent appelée « Rotation », « Pivot », « Redresser », ou « Angle » et revêt différentes formes : niveau à bulle, règle horizontale, rectangles superposés, « flèches qui tournent » (voir ci-dessous).

*« Dans **Pixlr**, passez par Editer>Transformation libre. Dans **BeFunky**, cliquez sur le bouton Redresser, dans Rotate. Dans **PicMonkey**, actionnez la réglette Straighten. Enfin, cherchez l'outil dans l'onglet Transformation, sous **RawTherapee** ou dans les modules de base de **Darktable**. »*

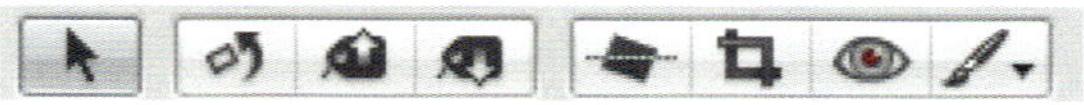

Outils Rotation (en 5e position) et Recadrage (en 6e position), dans Aperture. En mode Visualiseur, ces icônes se trouvent directement sous la photo.

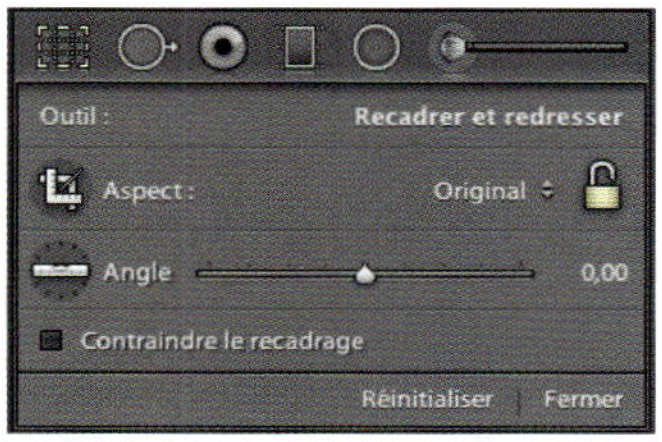

Outils Angle (rotation) et Recadrage (icône cadre légendée « Aspect »), sous Lightroom. Affichez le panneau Développement ; le groupe d'icônes se place juste au-dessus des Réglages de base. Cliquez sur l'icône rectangulaire en haut à gauche (bouton « Recadrer et redresser »), pour afficher ce module.

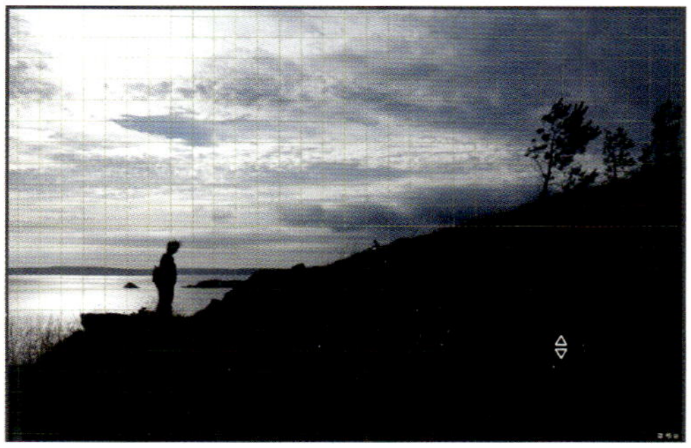

Rotation d'une image dans un logiciel de développement d'images. La grille repère s'affiche automatiquement. Le duo de flèches haut/bas indique que l'outil Rotation est actif.

Sélectionnez l'outil en cliquant sur l'icône (et sur la photo elle-même, dans Gimp) ; ensuite :

– si l'outil semble associé à une réglette, déplacez le curseur vers la droite pour incliner la photo dans ce sens, et *vice versa* ;

– si ce n'est pas le cas, cliquez et tirez sur l'image pour la faire pivoter.

Les angles superflus disparaissent naturellement (recadrage automatique), sauf sous Gimp, qui demande un recadrage manuel.

- **Sous Photoshop.** Si vous utilisez les calques, cliquez sur Arrière-plan dans la fenêtre de calques pour que le réglage affecte la photo elle-même. Puis, afin de pouvoir facilement « saisir les coins de l'image », affichez-la en plein écran *via* la touche F (appuis multiples jusqu'à obtention du fond gris permettant l'accès aux menus).

  Sélectionnez ensuite l'ensemble de l'image (Ctrl/Cmd + A ou Sélection>Tout sélectionner), puis l'outil Rotation (Edition>Transformation>Rotation).

  Placez le curseur sur l'un des angles de l'image ; une double flèche courbe apparaît. Cliquez et tirez pour faire tourner l'image. Certaines zones de la photo disparaissent tandis que des triangles unis se créent aux 4 coins du cadre. Recadrez l'image pour les éliminer (voir p. 172).

À gauche, la sélection de l'image (vue, ici, d'un détail) est indiquée par les pointillés. Le carré présent dans le coin permet d'effectuer la rotation. En y plaçant le curseur de la souris, la double flèche courbe contrôlant le mouvement apparaît. À droite, la rotation de l'image est effectuée. Photoshop ne recadrant pas la photo automatiquement, des « coins blancs » apparaissent, que je devrais supprimer par un recadrage.

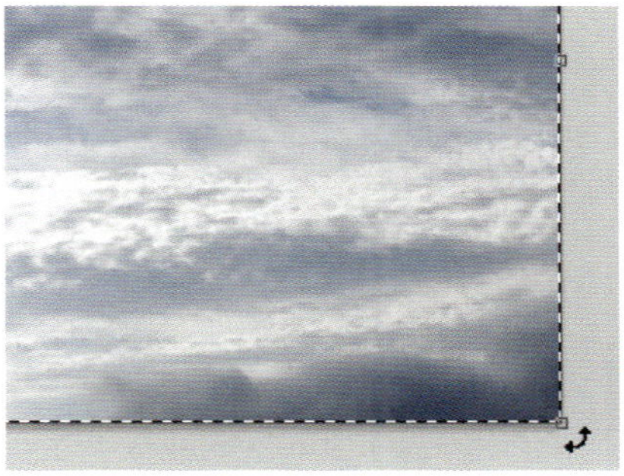

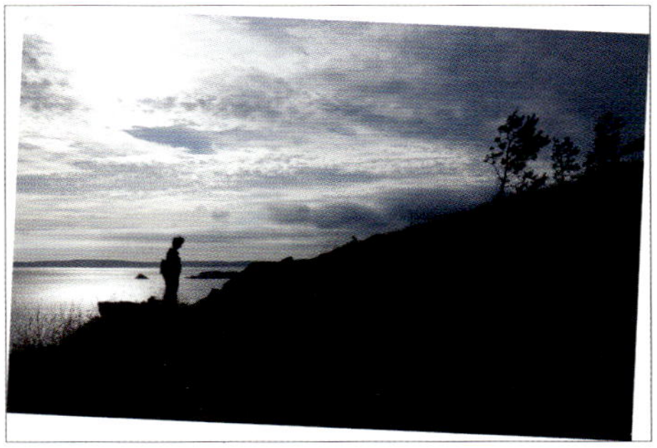

Corriger la perspective : l'outil Torsion

Si votre photo persiste à sembler penchée ou « tordue » malgré tous vos essais de rotation, c'est peut-être qu'il vous faut envisager une retouche plus lourde : une torsion, qui permet de corriger la perspective. L'outil adéquat est disponible notamment dans Photoshop, Pixlr et Darktable.

Pourquoi « tordre » vos images ?

En tentant de redresser votre photo (voir page précédente), vous ne parvenez pas à savoir quelle ligne de force choisir pour ancrer votre retouche ? Corriger l'horizontalité vous donne l'impression d'empirer le penchant vertical de l'image, ou *vice versa* ? Une torsion peut être la solution.

Cette retouche sera particulièrement utile pour améliorer certaines photos urbaines, notamment les vues de façade, rarement parfaitement frontales à la prise de vue.

« *La fonction des logiciels le plus souvent appelée "Perspective" n'est pas l'équivalent de cette torsion libre : toute correction produite par cet outil s'applique en effet de 2 côtés de l'image (en haut et en bas, ou encore à gauche et à droite). Vérifiez que l'outil que vous utilisez vous permet de travailler sur chaque angle de la photo de façon indépendante.* »

En quoi consiste cette retouche ?

Il s'agit de redresser les lignes de la photo à la fois horizontalement et verticalement. Cette fois-ci, nous allons « tordre » l'image en tirant sur les angles du cadre de façon à redresser une ligne de force, puis éventuellement une autre, et ainsi de suite.

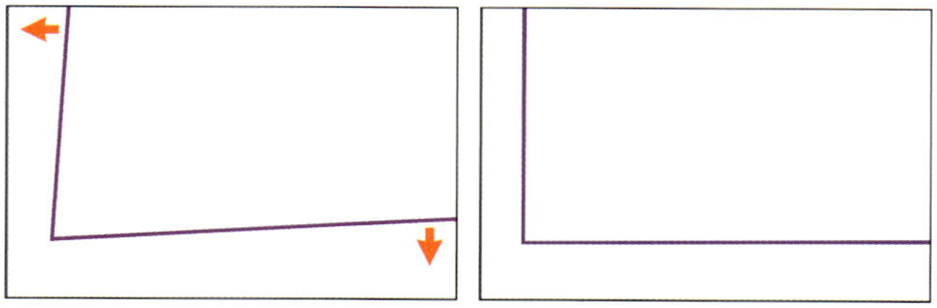

Ici, une intersection que l'on considère devoir être à angle droit est déformée par la perspective. Je tire sur ses côtés adjacents de manière à rectifier le parallélisme des lignes avec les bords du cadre.

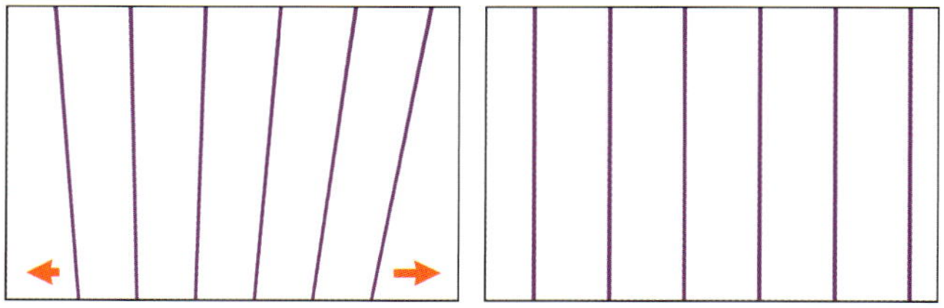

Cette fois, c'est le non-parallélisme des lignes que je souhaite corriger par une torsion. Je tire alors de part et d'autre de la zone où les lignes sont resserrées jusqu'à les rendre verticales et parallèles entre elles.

Avertissements et conseils de mise en œuvre

Afin d'éviter les maladresses, je vous conseille de toujours redresser au mieux la photo à l'aide de l'outil Rotation (voir page précédente), avant d'envisager une torsion complémentaire.

Cette retouche est délicate car elle déforme les sujets de l'image. Sur une vue architecturale, cela ne crée pas forcément de défaut majeur (attention, toutefois, à ne pas étirer toute la scène !) mais, sur une photo urbaine intégrant des passants, une torsion trop prononcée peut déformer les visages, de même que les formes circulaires... Aussi, gardez-vous bien de « mettre cette retouche à toutes les sauces » ! Il est normal que certaines de vos images comprennent des lignes penchées. Concentrez-vous sur les lignes de force les plus marquantes et n'envisagez une torsion que pour des lignes seulement légèrement inclinées par rapport aux bords du cadre.

« Saviez-vous que, dans l'Antiquité, les architectes grecs concevaient des monuments aux colonnes légèrement penchées, courbées et évasées, seule manière, selon eux, de nous donner l'impression qu'elles étaient parfaitement droites ? Pensez à eux lorsque vous effectuez vos retouches ! »

La « vérité géométrique » d'une photo à la perspective parfaite ne donne, de plus, pas toujours le meilleur résultat pour l'œil ! En effet, illusions d'optique et sensibilité humaine interfèrent dans la perception que nous avons d'une image. C'est votre impression de stabilité qui doit valider le résultat final.

Pensez aux lignes, mais veillez aussi à ce que vos sujets conservent les mêmes proportions (le réverbère ne doit pas être plus large que la normale, ni cette fenêtre plus haute !).

Enfin, effectuez éventuellement la correction en plusieurs étapes en validant des réglages intermédiaires puis en continuant la retouche si nécessaire. Réalisez, de plus, des avant/après réguliers pour vérifier que vous n'avez pas généré une image encore plus tordue que la vue d'origine !

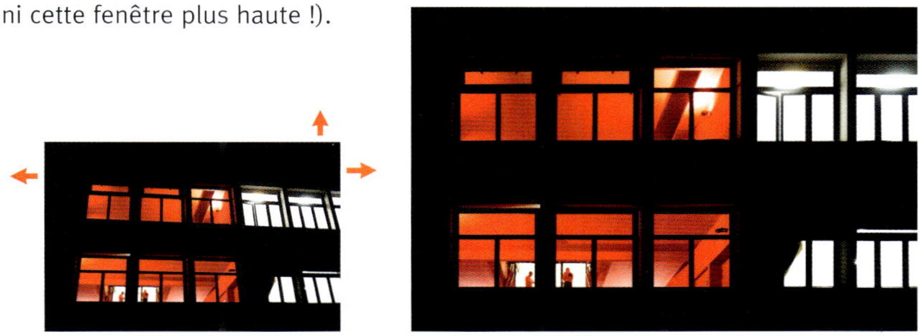

L'angle de vue en contre-plongée a généré, ici, des lignes fuyantes ; j'envisage donc une torsion pour retrouver une bonne rigueur graphique. À la prise de vue, j'ai calé mon cadrage sur les bords bas des fenêtres : leur orientation est bonne. Je tire cependant l'angle supérieur gauche vers la gauche (pour redresser leur bord gauche), puis l'angle supérieur droit vers la droite (pour redresser leur bord droit) et vers le haut (pour redresser leur bord haut). Enfin, ma précédente torsion vers la droite ayant affecté les bords gauches, qui se trouvent à nouveau inclinés, je tire une dernière fois sur l'angle supérieur gauche, vers la gauche. Cette torsion prononcée fonctionne bien ici, car le sujet est plat et se réduit à un plan. De manière générale, évitez d'aller aussi loin sur des sujets en volume !

Correction de la perspective

Afin de pouvoir facilement « tirer sur les coins de l'image », affichez-la en plein écran à l'aide de la touche F, sous Photoshop, ou du bouton Augmenter, dans l'angle de la fenêtre photo, sous Pixlr.

- Sous **Photoshop**, si vous utilisez les calques, cliquez sur Arrière-plan dans la fenêtre de calques pour que le réglage affecte la photo elle-même. Sélectionnez ensuite l'ensemble de l'image (Ctrl/Cmd + A ou Sélection>Tout sélectionner), puis l'outil Torsion (Edition>Transformation>Torsion).
- Sous **Pixlr**, passez simplement par Editer>Distorsion libre.

Quel que soit le logiciel utilisé, repérez de quel côté la ligne inclinée s'éloigne du bord du cadre et placez le curseur de la souris sur l'angle correspondant. Tirez vers l'extérieur de la photo de manière à rendre cette ligne parallèle au bord du cadre.

Si, au lieu de cela, vous tirez vers l'intérieur de la photo, du côté où la ligne se rapproche du cadre, vous effectuerez également la bonne correction. Vous créerez cependant un angle vide qui nécessitera un recadrage.

Répétez l'opération, si besoin, sur un autre angle du cadre ou dans une autre direction, pour redresser telle ou telle ligne, et vérifiez la direction de chacune de vos lignes repères au fur et à mesure de la retouche.

- Sous **Darktable**, dans Recadrer et pivoter, ouvrez le menu Perspective et sélectionnez « Les deux » qui signifie « déformation à la fois horizontale et verticale ». Un cadre se superpose à l'image, dont vous pouvez déplacer les angles (« nœuds » entourés en rouge) de manière à ce que les lignes de réglage suivent la direction actuelle des lignes de force de la photo. Une fois le « cadre » déformé comme le sujet de votre photo, cliquez sur Ok, au centre de l'image, pour redresser toutes les lignes d'un coup.

« Gimp intègre aussi cette fonction, mais son utilisation est particulièrement laborieuse... »

Recadrer

Le recadrage consiste en un cadrage effectué *a posteriori*. Cette retouche graphique est la plus répandue… mais est-elle la plus facile à réaliser ? Sous un jour accessible, le recadrage comporte de forts enjeux, en termes de composition d'image et d'impact visuel.

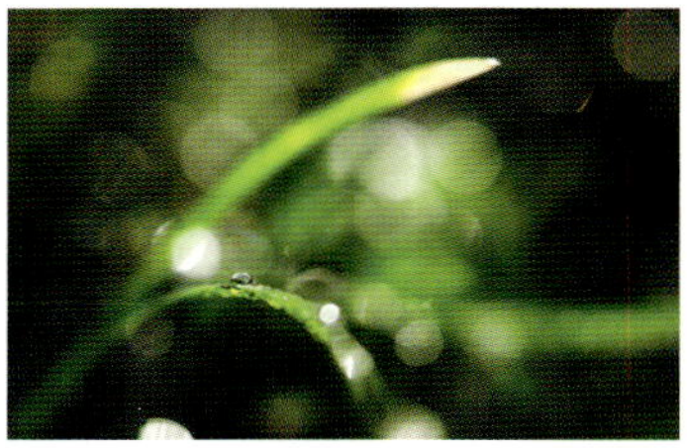

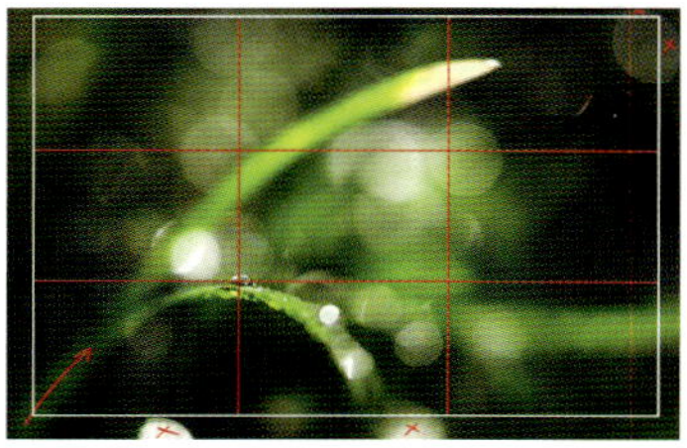

L'élément blanc coupé par le cadre en bas de l'image attire l'œil ; je souhaite le supprimer par un recadrage. Une autre zone claire sera, au passage, éliminée. N'étant pas convaincue, de plus, par la tangence de la « bulle de flou » avec le cadre (en haut, à droite), je décide de recadrer très légèrement le haut de la photo (coupe plus franche). Pour conserver mon format standard 3 x 2 et contrebalancer les recadrages haut et bas, il me faut aussi couper la photo à droite et/ou à gauche. Je prends soin, ce faisant, de conserver la ligne de force matérialisée par le brin d'herbe surgissant dans l'angle inférieur gauche du cadre et la composition qui place la goutte d'eau à l'intersection des tiers.

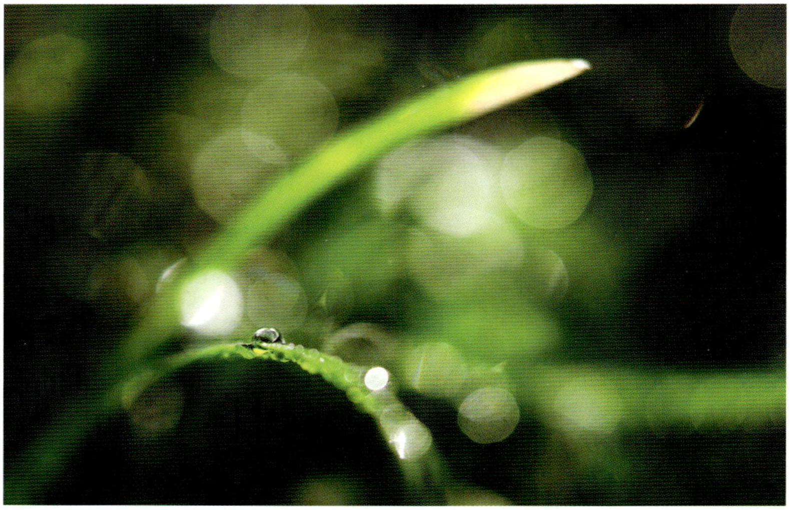

« Le recadrage ne doit généralement concerner que quelques millimètres ou centimètres sur le bord du cadre. Envisagez cependant, parfois, un changement de format ou d'orientation pour améliorer la composition. »

Recadrer : les raisons

Selon le matériel que nous utilisons, nous ne voyons pas toujours l'intégralité de la photo captée lors du déclenchement : il est fréquent que le viseur de nos appareils ne restitue que 90 à 95 % de l'image. Or, il arrive que le pourtour de la photo, « en angle mort », comporte des éléments gênants… En prise de vue à l'écran, nous voyons 100 % de l'image finale mais obtenir d'emblée le cadrage parfait sur un écran d'assez petite taille est, là aussi, souvent difficile…

De plus, la correction de l'horizontalité ou de la perspective, en particulier sous Photoshop, implique un recadrage.

Enfin, dans le vif de l'action, mieux vaut parfois déclencher à la volée que rater une image extraordinaire ! Le post-traitement peut alors nous aider à affiner notre prise de vue.

Recadrer : les enjeux

Cadrage et recadrage comportent 2 aspects essentiels pour l'impact de la photo finale.

- **Dynamiser la composition.** Lors de la retouche, n'hésitez pas à remettre en cause l'impact graphique de votre photo : le sujet principal n'est-il pas trop centré dans le cadre ? Couper sur les deux côtés adjacents les plus proches du sujet le décalera vers l'un des angles tout en le décentrant. Laissez toutefois toujours une marge suffisante entre le bord du cadre et votre sujet, ou coupez-le carrément.

- **Soigner les bords de l'image.** Traquez les éléments ponctuels qui tranchent avec le reste du décor et perturbent la composition : pétouille blanche bordant une photo plutôt sombre ou tache sombre sur le pourtour d'une photo claire. Observez aussi comment le ou les sujets sont – si c'est le cas – coupés par le cadre. Repérez les coupes mal placées ou peu assumées (œil coupé en deux, par exemple…) et préférez-leur une coupe franche.

Démarche de recadrage

Dupliquez votre image afin d'en conserver une version au cadrage intact, puis suivez ces étapes.

- **Étudiez attentivement la composition de votre photo.** Déterminez de quel(s) côté(s) il faudrait couper pour la rendre plus harmonieuse et plus dynamique. Examinez aussi ses bords.
- **Repérez l'outil dans votre logiciel.** Il s'appelle souvent simplement « Recadrage », ou « Crop » (en anglais). L'icône correspondante se présente sous la forme d'un cadre dont, généralement, les bords se prolongent au delà de l'angle (voir p. 169).
- **Gérez le premier cadre.** À ce stade, certains logiciels superposent automatiquement un cadre sur la photo (Aperture, RawTherapee, BeFunky…). D'autres nécessitent que vous activiez la fonction *via* un menu ou un bouton (sélectionnez Oui dans Darktable et cochez Activé dans RawTherapee). Si le cadre affiché est plus petit que la photo, agrandissez-le jusqu'à faire coïncider la zone de recadrage avec l'image elle-même ; cela vous évitera de recadrer par erreur une portion utile de l'image. Enfin, dans les autres logiciels (Photoshop, Aperture, Pixlr…), tracez vous-même le cadre sur l'image. Dans Lightroom, modulez le cadre appliqué sur la photo ou cliquez sur l'icône cadre pour tracer librement le contour de votre futur recadrage, selon votre préférence.
- **Choisissez un format de recadrage** pour déterminer les proportions de l'image. Renseignez donc une proportion *via* un menu déroulant Aspect, Proportions, Ratio ou en rentrant 2 valeurs (voir ci-dessous) dans les cases Largeur et Hauteur. Sélectionnez Proportions d'origine pour recadrer l'image sans changer de format, ou choisissez 3 x 2 (ou 6 x 4) pour le format rectangulaire standard, 3 x 4 pour le format rectangulaire numérique moins allongé, 1 x 1 pour le format carré, etc.
- **Changez éventuellement l'orientation de la zone de recadrage.** Pour inverser les valeurs de Largeur et de Hauteur, cliquez sur le « x » ou la double flèche séparant les valeurs (ou sur la petite flèche tournante de Darktable). Sinon, utilisez le menu ou les boutons Paysage ou Landscape, pour le format horizontal, ou Portrait pour le format vertical. Dans Lightroom, appuyez sur la touche X pour passer d'un format à l'autre. Dans PicMonkey, un mouvement sur la photo permet de changer d'orientation.
- **Redimensionnez la zone de recadrage.** Déplacez l'un de ses coins ; les deux côtés adjacents à l'angle choisi bénéficieront du recadrage. Actionnez, si nécessaire, les différents angles de la zone de recadrage et n'hésitez pas à revenir plusieurs fois sur un même angle pour recadrer un peu plus ou, au contraire, « sauver » une portion de la photo.
- **Vérifiez, validez !** Jugez une dernière fois de l'équilibre de votre composition, puis validez. N'hésitez pas à comparer l'image avec sa version dupliquée pour repérer d'éventuelles maladresses. Il est normal de tâtonner parfois !

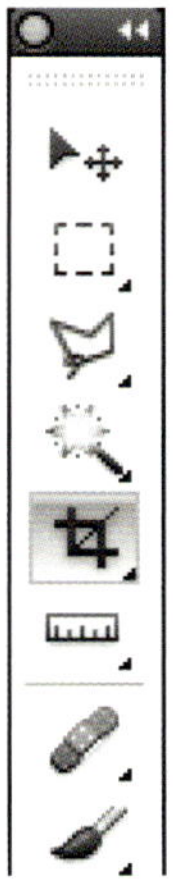

Sous Photoshop, la fonction Recadrage correspond à l'icône cadre, sélectionnée ici (en 5ᵉ position). Cette barre d'outils se trouve par défaut à gauche de l'écran. Pour l'afficher, passez par le menu Fenêtre>Outils.

« Évitez le recadrage libre sans proportions définies souvent proposé par défaut (votre production, constituée d'images de formats différents, manquerait d'homogénéité). »

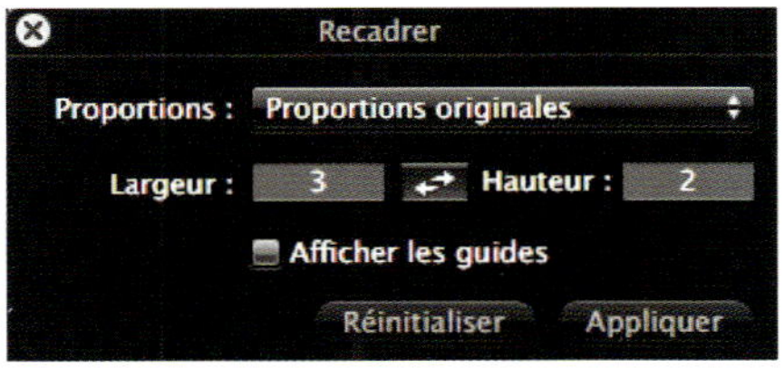

Voici la fenêtre de recadrage, sous Aperture. Le menu déroulant Proportions permet de sélectionner le bon format. Les cases Largeur et Hauteur donnent la possibilité d'indiquer des valeurs personnalisées. Le bouton à double flèche contrôle le changement d'orientation : de vertical en horizontal, et vice versa.

Atelier

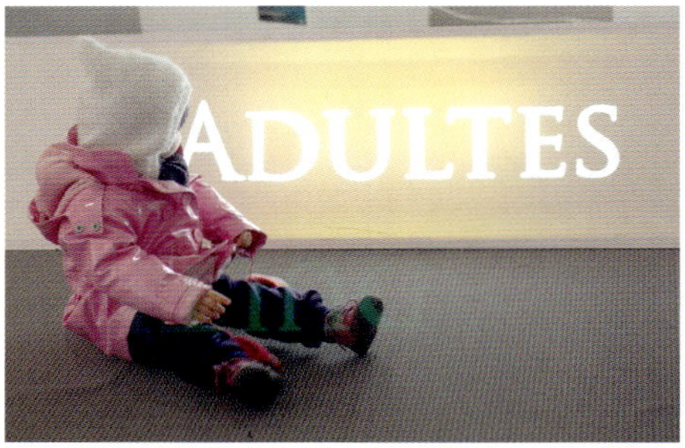

Perfectionner une composition

J'ai réalisé cette image un peu « à la volée », ne voulant pas rater ce face à face entre la fillette et le mot « Adultes » qui met l'enfance en perspective. En résulte une photo au cadrage imparfait. La ligne penchée et les éléments gênants, en haut du cadre me dérangent particulièrement.

1. Vérification de l'horizontalité

La ligne oblique, en haut de la photo, donne à première vue l'impression d'un cadrage penché. Cependant, en y regardant de plus près, je ne suis plus tout aussi sûre que la photo pèche par un défaut d'horizontalité. Pour en avoir le cœur net, j'active l'outil Rotation, qui superpose une grille à l'image. Et effectivement, je constate que la ligne de force qui la traverse en son centre est parfaitement horizontale ; la ligne la plus haute, elle, est, cependant, bel et bien penchée.

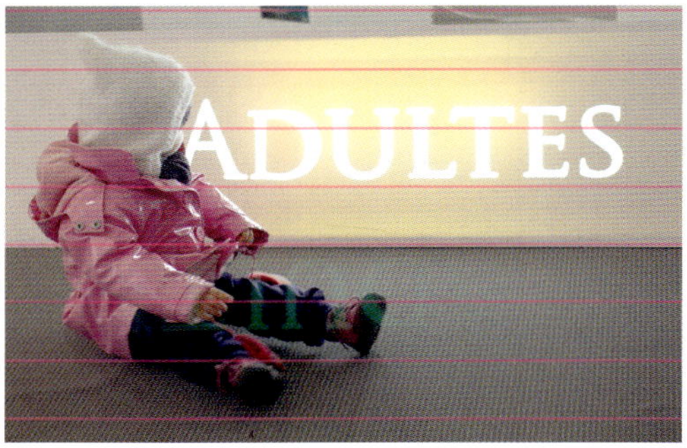

Or, redresser la photo, à l'aide de l'outil Rotation, pour rectifier l'horizontalité de cette ligne supérieure conduirait à faire pencher vers la droite la ligne de force centrale.

« Si plusieurs lignes de votre photo sont inclinées de la même manière, l'appareil était penché à la prise de vue : corrigez l'horizontalité par une rotation. Si, au contraire, comme ici, certaines lignes sont orientées correctement tandis que d'autres apparaissent penchées, c'est que vous avez "photographié en perspective". Effectuez une torsion pour redresser les lignes de force de l'image. »

2. Correction de la perspective

L'outil Torsion est donc le plus adapté, ici, pour corriger la perspective et modifier l'orientation des lignes de l'image de manière différenciée.

Je saisis l'angle supérieur gauche de la photo et tire vers le haut jusqu'à redresser la ligne supérieure du panneau. Malheureusement, cette manipulation provoque une légère inclinaison de ma ligne de force, au milieu de la photo. Je corrige ce défaut en tirant également sur l'angle inférieur gauche, vers le bas, jusqu'à ce que la ligne retrouve son horizontalité.

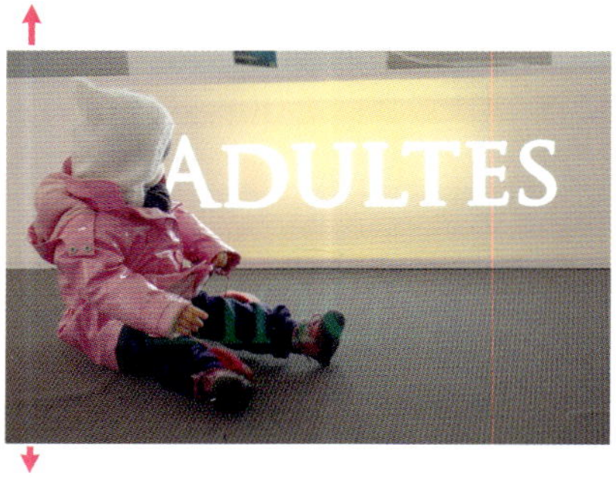

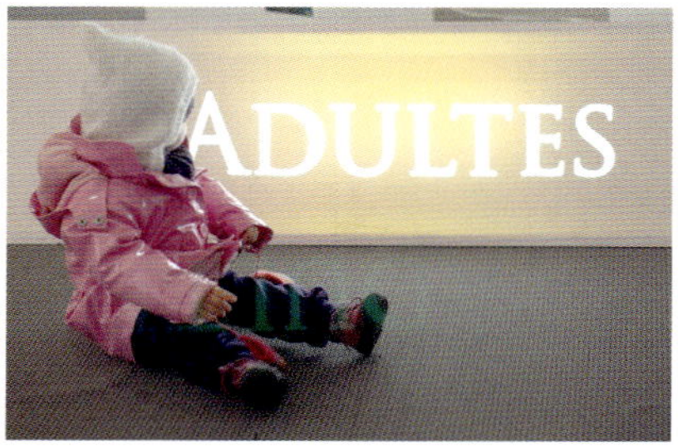

Je vérifie une dernière fois la bonne horizontalité de la première ligne en jeu (chaque nouvelle manipulation peut altérer légèrement l'orientation des autres lignes), puis valide ma torsion. Cette retouche modérée n'engendre pas de déformation gênante sur le sujet humain que constitue la fillette.

3. Recadrage et photo définitive

La photo est ainsi déjà plus « propre ». N'est-il pas fascinant de constater à quel point un petit détail change la physionomie de l'image ?! J'envisage à présent un recadrage visant à exclure les formes grises qui surgissent en haut du cadre et attirent trop le regard à mon goût. J'actionne l'outil Recadrage tout en sélectionnant le format horizontal (réglage « 3 x 2 » ou « Proportions originales » puisque la prise de vue a été faite à l'horizontale et que je conserve son format natif).

Afin d'éliminer les éléments gênants, je réduis la zone de recadrage en hauteur en confondant son bord haut avec celui du panneau. Malheureusement, cela me conduit à couper très près du bonnet de l'enfant mais, pour supprimer les zones grises avec les outils présentés, ce recadrage constitue la seule option possible. Il devrait donner, tout de même, un bon résultat.

J'ai, de plus, repéré un tout petit élément parasite noir sous le pied droit de l'enfant et décide donc de couper également le bas de l'image de quelques millimètres. Ces recadrages prévus en haut et en bas de la photo conduisent mon futur cadre à exclure également des zones à droite et/ou à gauche de la photo, condition nécessaire pour que je puisse obtenir en bout de course une image au format standard 3 x 2. Je déplace horizontalement la zone de recadrage sur l'image afin d'harmoniser les espaces et de déterminer la proportion de coupe à droite et à gauche du cadre. Je décide de laisser un peu plus de place à droite du mot « Adultes » que derrière l'enfant, puis je valide ma retouche.

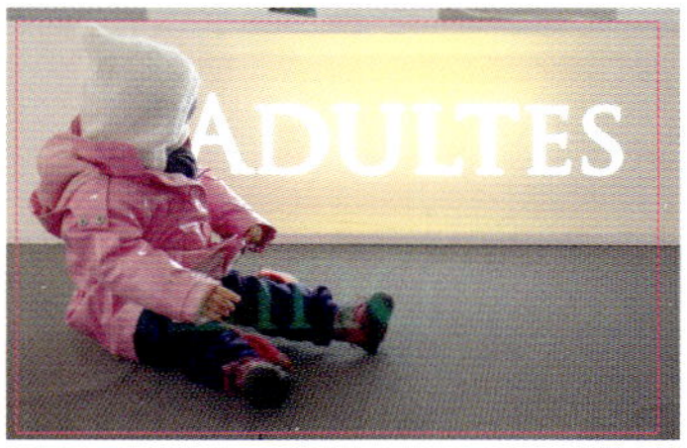

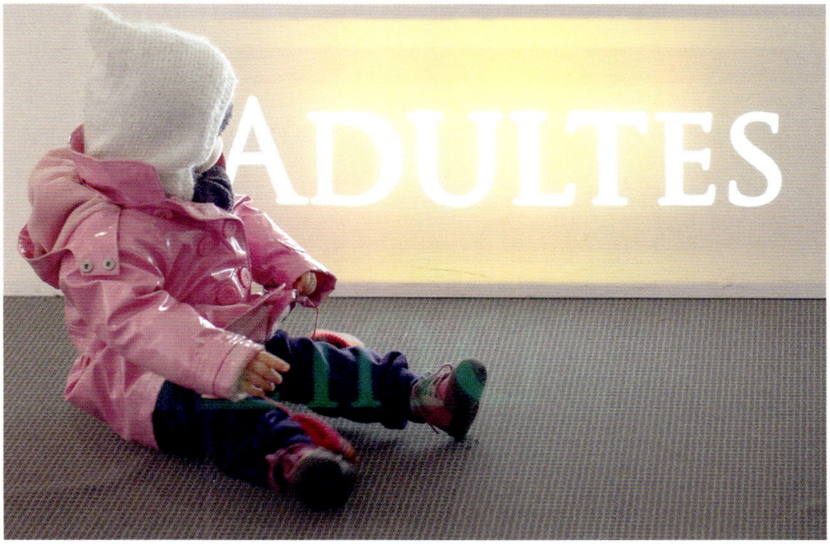

L'image est ainsi beaucoup plus sobre, épurée, ce qui permet à notre œil de mieux se concentrer sur ses sujets. La rigueur graphique (lignes bien horizontales) et l'absence d'éléments gênants sont un vrai plus pour ma photo, qui gagne alors en impact, bien que les retouches appliquées soient de faible ampleur (torsion très légère et recadrage limité).

Je vous invite à vous montrer vous-même particulièrement attentif aux détails et rigoureux, lors de vos phases de retouche comme lors de vos prises de vue, afin de présenter des images abouties dont rien ne vient atténuer l'impact.

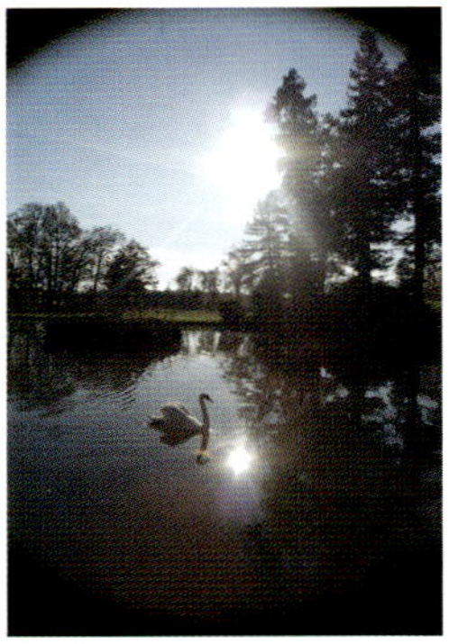

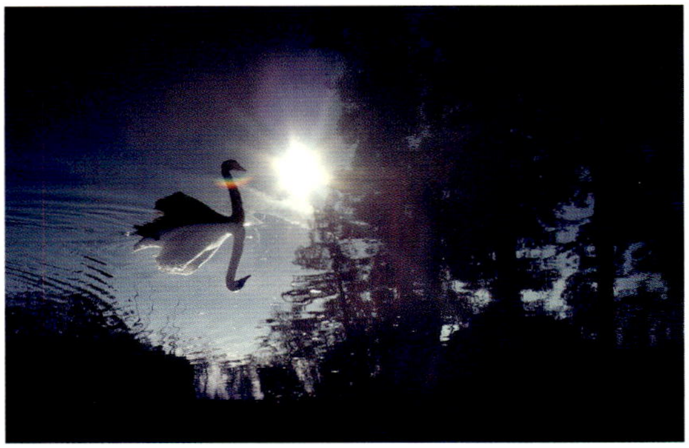

Rotations à angle droit et symétries

Ces derniers outils graphiques n'ont pas pour but de corriger un défaut de nos photos. Ils permettent toutefois d'améliorer certaines images ou de les rendre plus personnelles.

Lorsque j'ai fait cette photo, je n'ai pas trop eu le temps de penser à la composition ni à l'atmosphère rêveuse que je pourrais transmettre ; j'étais bien trop occupée à jouer avec la magie du contre-jour et ce petit arc-en-ciel qui semblait flotter autour du cygne ! Ce n'est qu'après coup qu'un recadrage prononcé et une symétrie verticale se sont imposés. Nous voilà presque transportés dans une 4e dimension !

*« Pour accéder à ces outils, dans **Lightroom**, faites un clic droit sur la photo puis affichez le contenu du sous-menu Transformation. Dans **RawTherapee** et **Aperture**, utilisez les icônes placées autour des images. Passez par le bouton Rotate dans **PicMonkey** et **BeFunky**. Utilisez les menus Edition>Transformation pour **Photoshop**, Image pour **Pixlr** et Image>Transformer pour **Gimp**. Dans **Darktable**, la rotation à angle droit se fait dans la Table Lumineuse, grâce aux flèches tournantes présentes dans le module "Images sélectionnées", et la symétrie via le module "Recadrer et pivoter" de la Chambre Noire. »*

La rotation à angle droit

Souvent symbolisé par une flèche courbe dans nos logiciels, cet outil nous permet de faire pivoter nos images d'un quart de tour. Il est souvent possible de les tourner dans un sens ou dans l'autre (90° horaire ou anti-horaire) et même de réaliser un demi-tour d'un seul coup (180°). Notez qu'actionner 2 fois l'outil Rotation à angle droit permet d'effectuer un demi-tour (rotation à 180°).

Cette photo prise à pic laisse une certaine liberté quant à son orientation. Ainsi, le sens d'origine, avec la plante plus rouge à gauche, peut voir sa composition évoluer, de quart de tour en quart de tour. Un format vertical lui donne plus de dynamisme. Un retournement résultant de 180° permet que les plantes semblent pousser de bas en haut, ce qui rend également l'image plus vivante. Seules les quelques pierres du mur, que l'on devine, révèlent le stratagème et, sur la version retournée, le spectateur est en droit de se demander où j'ai bien pu poser les pieds pour déclencher !

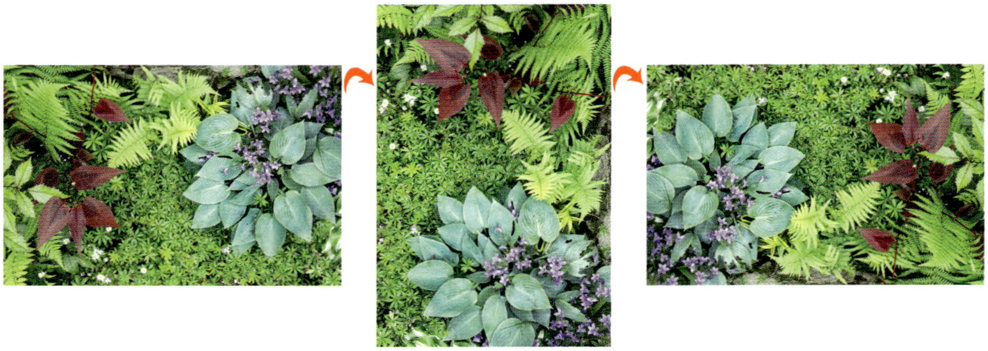

Première utilité de cet outil : si votre appareil ne pivote pas automatiquement vos prises de vue verticales, vous pourrez les redresser par une telle rotation. D'autres images gagneront à être, elles aussi, tournées sur elles-mêmes, notamment :

- **les vues abstraites** (prises de vue de textures, par exemple) qui n'ont pas un sens préférentiel ;
- **les vues à pic, qu'elles soient saisies vers le haut ou vers le bas,** et qui peuvent être visionnées selon n'importe quelle orientation. En pratique, la prise de vue étant rarement réalisée parfaitement à pic, le visionnage à l'envers peut occasionner quelques surprises, souvent porteuses

pour une approche créative. Le spectateur aura même parfois l'impression que vous lévitiez au-dessus du sol… ;

- **les photos de reflets dans une surface horizontale** (flaque, plan d'eau…) **et d'ombres de passants se trouvant en face de vous.** En ombre ou en reflet sur le sol, les silhouettes semblent souvent « avoir la tête en bas ». Pourquoi ne pas retourner la photo à 180° pour leur donner plus de présence ?
- **les images dont vous souhaitez « détourner le sujet » et influencer le sens,** dans un but créatif. Cette approche demande, le plus souvent, une réflexion pour que la photo réalisée soit parfaitement adaptée à l'effet. Elle nécessite généralement qu'un élément de l'image semble, là encore, être remis à l'endroit. Photographiez, par exemple, un enfant faisant « l'équilibre » ou le « cochon pendu » sur un trapèze et retournez l'image à 180° !

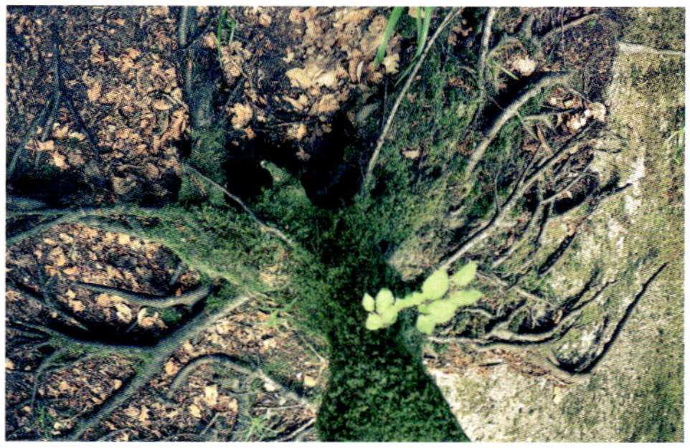

Le sujet, des racines affleurantes courant sur le sol, était porteur, mais l'image réalisée me semblait assez banale. Après un retournement à 180°, le résultat est tout autre ! Les racines se transforment en branches et forment un arbre mystérieux atteignant un plafond minéral. Encore une vision comme tout droit sortie d'un conte…

Les symétries

La fonction Symétrie permet, elle, d'inverser une image, comme si on la regardait dans un miroir (il s'agit d'ailleurs de la fonction Miroir, dans Gimp). Une Symétrie horizontale provoque une inversion droite/gauche de la photo ; une Symétrie verticale produit un retournement bas/haut.

Cet outil de retouche peut vous être utile pour améliorer :

- **les photos de sujets inversés à la prise de vue.** Une inscription apposée sur une vitre (ou un support translucide) vue de derrière, ou dont on saisit le reflet, apparaît à l'envers. Si celle-ci a une importance pour la signification de notre image, mieux vaut remettre le texte à l'endroit par une inversion droite/gauche ;

« Autant une symétrie peut vous permettre de remettre un texte à l'endroit s'il est photographié à l'envers, autant la réciproque est vraie également. Attention aux photos contenant des sujets orientés (inscriptions, chiffres, logos…) ! »

- **les photos de sujets tournés vers la gauche.** Selon notre sens de lecture occidental, un sujet semble plus dynamique lorsqu'il se déplace ou est tourné vers la droite. Si ce n'est pas le cas, pourquoi ne pas essayer un effet de symétrie pour améliorer votre composition ?
- **les photos dont on souhaite influencer la signification.** Tourné vers la gauche, sur un quai de gare, par exemple, un voyageur semble attendre un train… tandis que tourné vers la droite (photo inversée horizontalement), il donne l'impression d'être venu saluer le départ du train !
- **les images tournées à 180°** (voir ci-contre). Lorsque l'on tourne une photo sur elle-même, le sujet qui se trouvait à gauche se place alors à droite et *vice versa*, ce qui nous donne parfois l'impression que la composition résultante ne correspond plus à nos souhaits. Pour éviter cela, nous pouvons faire suivre la rotation à 180° d'une symétrie horizontale… ou appliquer une symétrie verticale à la photo brute pour la « retourner » tout en conservant la disposition droite/gauche de ses sujets !

Ainsi, ces outils pourront se mettre au service de vos compositions comme de votre créativité !

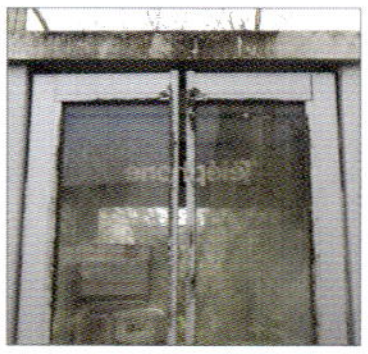

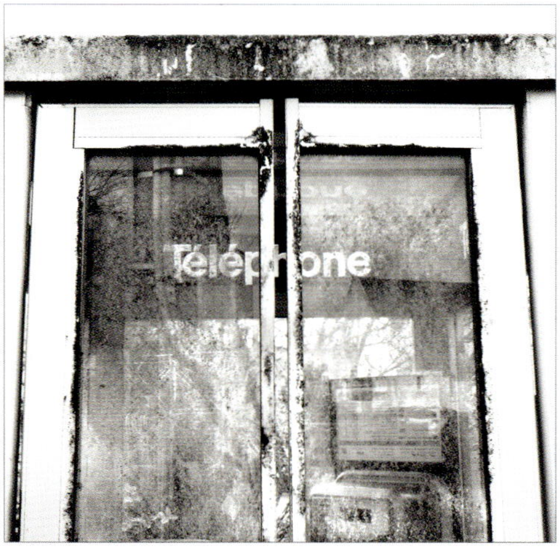

Cette cabine téléphonique moussue, à l'état de vestige, était éclairée en contre-jour, ce qui faisait bien ressortir l'inscription « Téléphone ». Malheureusement, selon cette orientation lumineuse, le texte apparaissait « en transparence » et donc, écrit à l'envers. Contourner la cabine aurait rendu l'inscription lisible mais j'aurais alors perdu le contre-jour ! J'ai donc pris la photo selon cette orientation lumineuse puis l'ai inversée droite/gauche grâce à l'outil Symétrie horizontale. J'ai également converti la photo en monochrome et appliqué un très fort contraste pour accentuer les effets de matière.

De l'intention à la retouche

Matinée brumeuse... Le soleil rasant de l'hiver perce la brume et passe entre les arbres, créant des effets de rayons particulièrement porteurs.

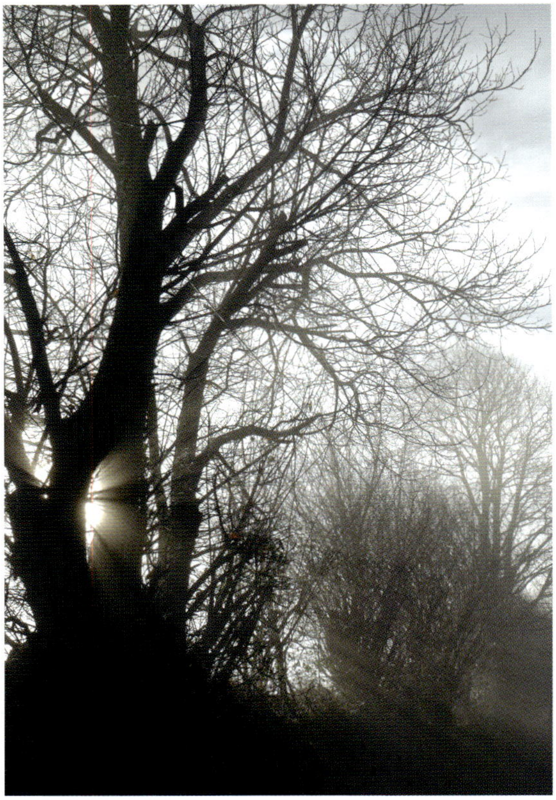

1. À la prise de vue

Cet arbre au tronc divisé m'inspire particulièrement puisqu'il me permet de donner l'impression que le rayonnement lumineux surgit de ses entrailles. Pour obtenir cet effet, je masque partiellement le soleil derrière un tronc, et oscille de droite à gauche jusqu'à trouver le meilleur angle de vue. Je surexpose également l'image à +1 IL à l'aide de la correction d'exposition pour retranscrire l'ambiance lumineuse assez éblouissante du moment et rendre les rayons plus apparents.

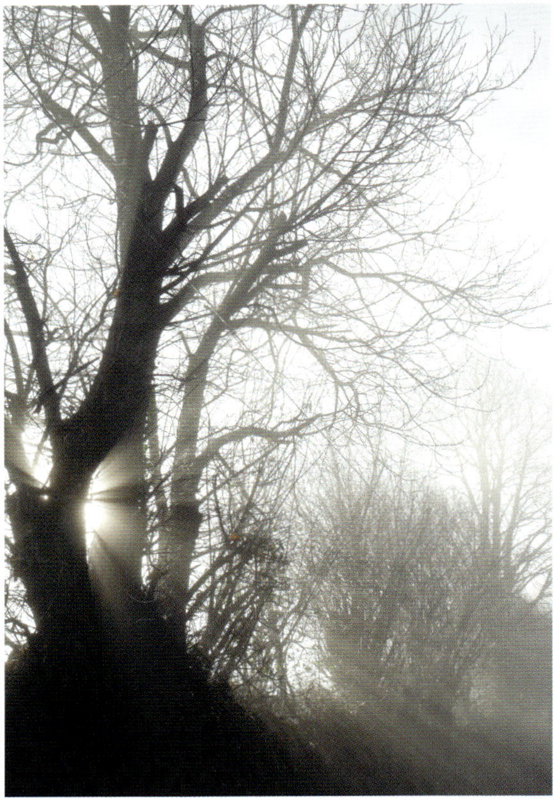

2. Optimisation du contraste

La photo résultante est cependant trop sombre à mon goût. Or, toute ma démarche de retouche vise, ici, à renforcer la présence lumineuse de la scène. J'envisage donc d'éclaircir les tons intermédiaires pour rendre l'image plus lumineuse sans pour autant trop la surexposer, de manière à conserver un bon modelé dans les hautes lumières et du détail dans les branches les plus fines. Cela la « dénoircit » même un peu. J'utilise ici la Courbe pour réaliser cet éclaircissement subtil (voir p. 53 et 67).

3. Augmentation de la saturation

Contrairement à une accentuation du contraste, l'augmentation de luminosité précédente ne booste pas les couleurs... Je décide donc d'augmenter modérément la saturation, en glissant la réglette Saturation vers la droite (voir p. 116), pour révéler davantage la tonalité jaune des rayons lumineux.

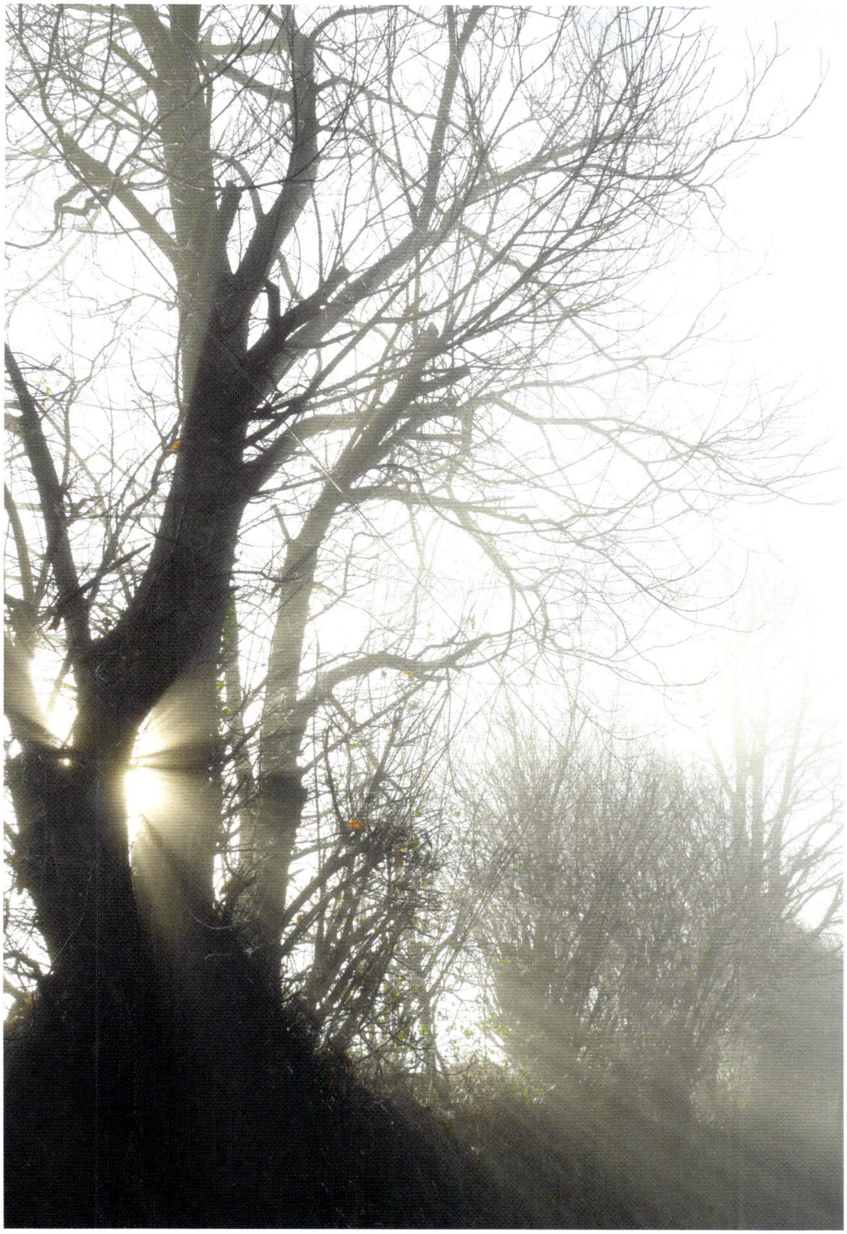

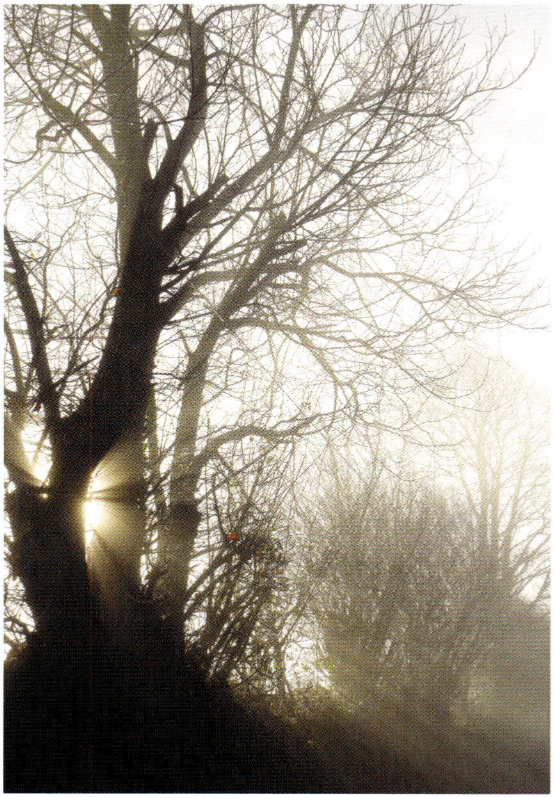

4. Altération de la balance des blancs

Je ne saurais dire si les tonalités d'origine de l'image sont fidèles à la réalité de la prise de vue, mais le souvenir que j'en ai consiste en une ambiance bien plus chaleureuse ! Je règle la balance des blancs de manière à amener les tons de la photo davantage vers le jaune (curseur Température) et légèrement vers le rouge (curseur Teinte), voir p. 135.

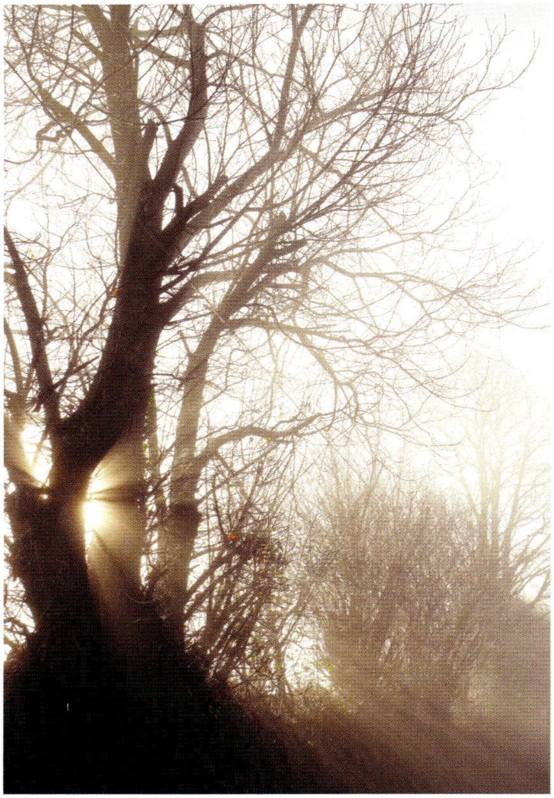

5. Réglage de balance des couleurs différenciée et éclaircissement complémentaire de l'image

L'ambiance souhaitée commence à s'installer mais le rayonnement lumineux ne montre pas encore tout à fait les teintes chaleureuses que je recherche. Si j'accentuais uniquement ma retouche *via* la balance des blancs, l'image deviendrait jaune orangé de façon trop uniforme. J'envisage donc un réglage de balance des couleurs différenciée pour réchauffer la photo sans la surcharger de couleurs. Je fais ainsi contraster tons sombres (altérés vers le jaune et le cyan) et tons clairs (vers le bleu et le cyan), alors que les tons intermédiaires teintés de rouge et même de bleu génèrent une tonalité chaleureuse assez nuancée. Ainsi, j'y suis presque ! Mon réglage de balance des couleurs ayant légèrement contrasté la photo et, notamment, l'ayant assombrie, je reviens une dernière fois sur l'optimisation du contraste, *via* la Courbe, pour retrouver le degré de luminosité escompté.

6. Léger recadrage et photo définitive

Avant de terminer ma retouche, je m'interroge sur le cadrage de l'image. La composition plaçant le point de départ du rayonnement décalé vers l'angle inférieur gauche est bonne et la photo ne semble pas présenter d'élément gênant. Cependant, le caractère un peu fouillis de la zone bordant l'arbre, à gauche, qui alterne secteurs clairs et sombres, me pose question. Après différents essais, de proche en proche, je me décide pour un léger recadrage qui simplifie le bord de la photo sans toutefois trop amputer l'arbre. Pour retomber sur le format standard vertical 2 x 3, je coupe également quelques millimètres en haut du cadre.

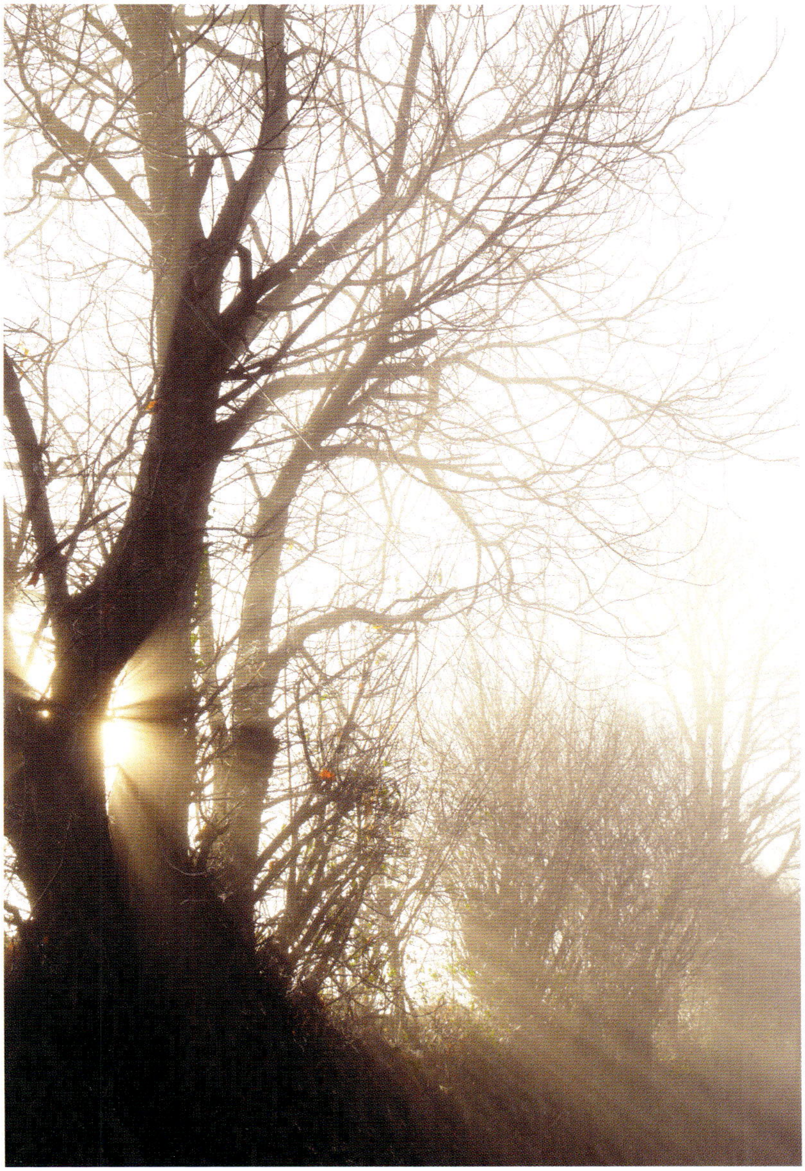

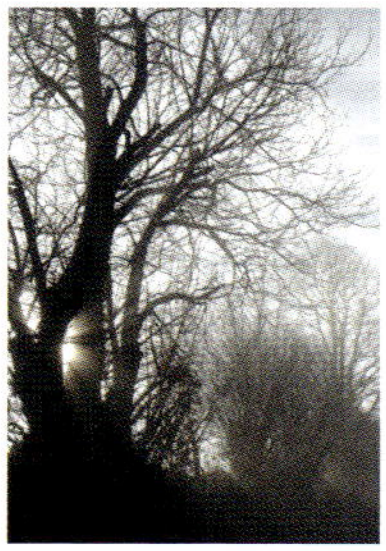

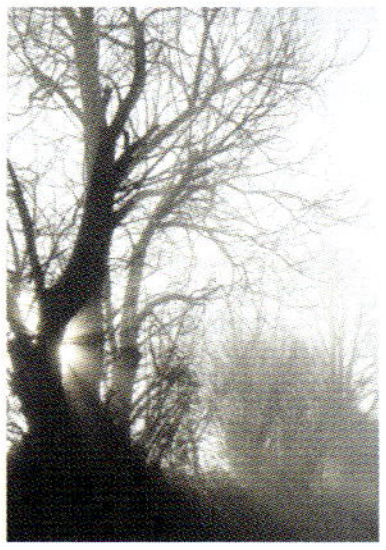

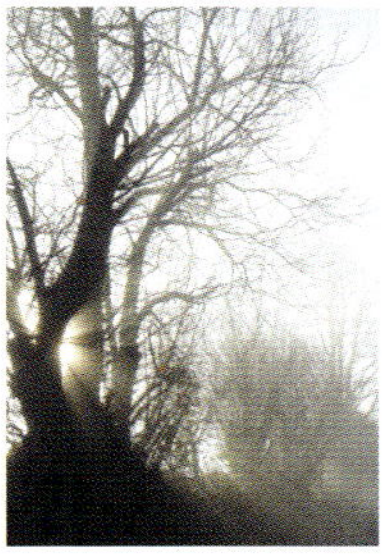

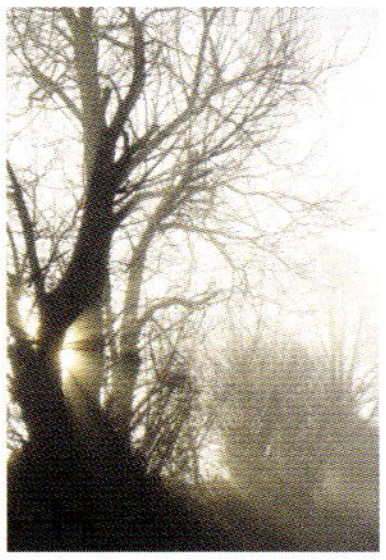

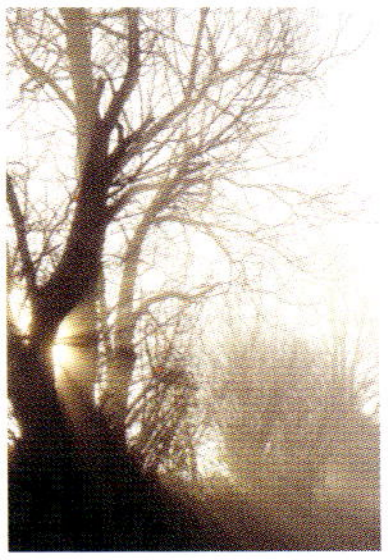

L'image réalisée est ainsi bien plus conforme à l'émotion que je voulais transmettre et bien plus esthétique, puisqu'elle associe contraste lumineux et couleur marquante et chaleureuse. L'éblouissement est mis en avant par le traitement qui ne dénature pas l'authenticité de la photo de départ mais, au contraire, révèle et souligne la beauté de la nature.

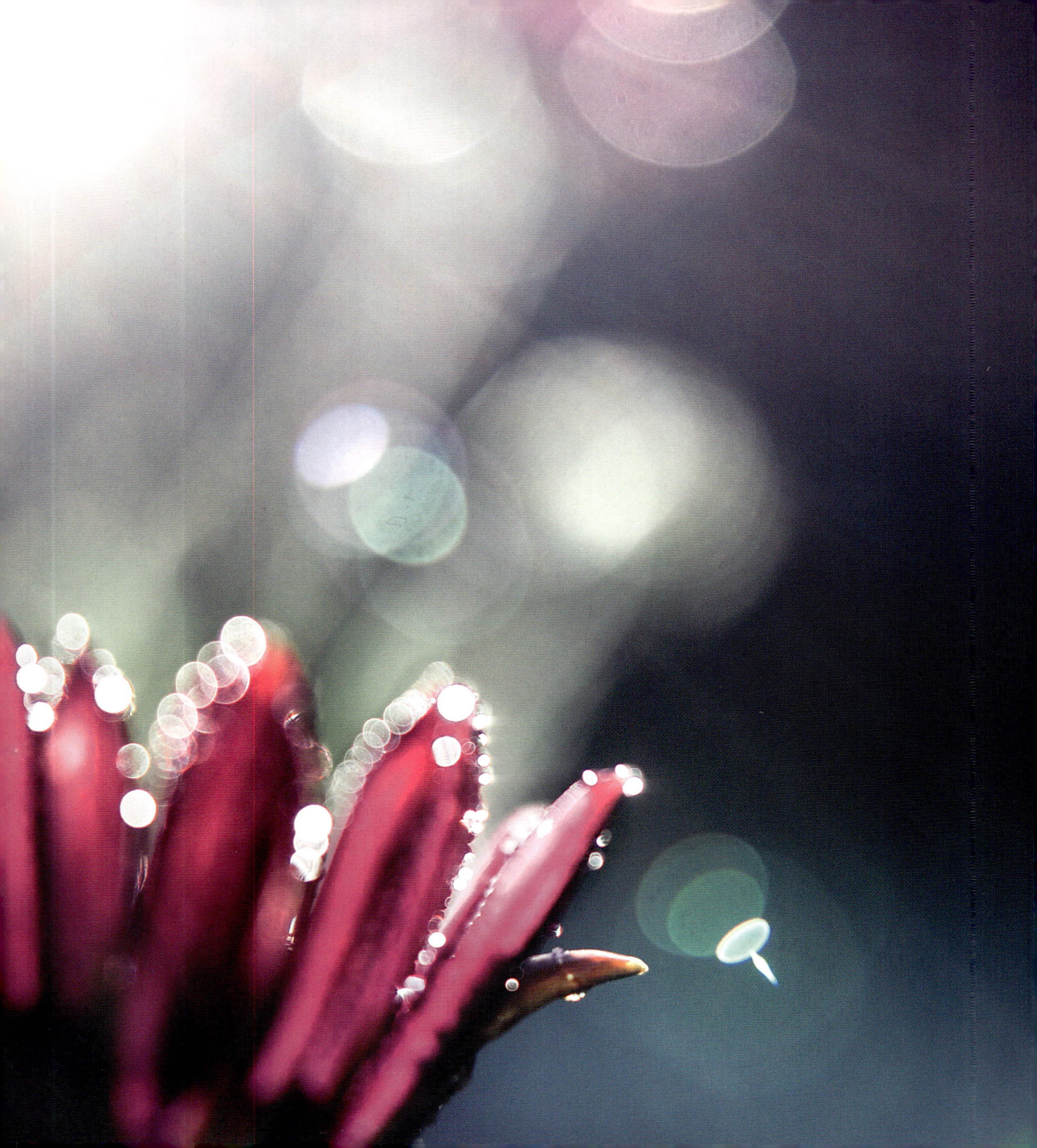

Le mot de la fin…

Que d'opportunités dans ces quelques curseurs et courbes !

Vous en êtes à présent convaincu, ce n'est pas la multiplicité des outils logiciels qui commande la richesse de nos retouches mais bien les innombrables manières possibles de doser et de faire interagir quelques réglages essentiels pour améliorer nos images.

J'espère de tout cœur que cet ouvrage vous aura ouvert de nouvelles perspectives, créatives et expressives, et qu'il vous aura donné toutes les clés techniques nécessaires pour redécouvrir et sublimer vos images.

Ne perdez pas de vue que retravailler ses photos sur ordinateur, tout comme déclencher, n'est pas une fin en soi. Créer des images qui vous ressemblent, réinventer le monde à votre manière, partager vos idées, vos émotions, vos coups de cœur… Voilà ce qui nourrit votre passion pour la photographie !

Alors, bonne alchimie photographique,
au déclenchement comme à la retouche !

Anne-Laure Jacquart.

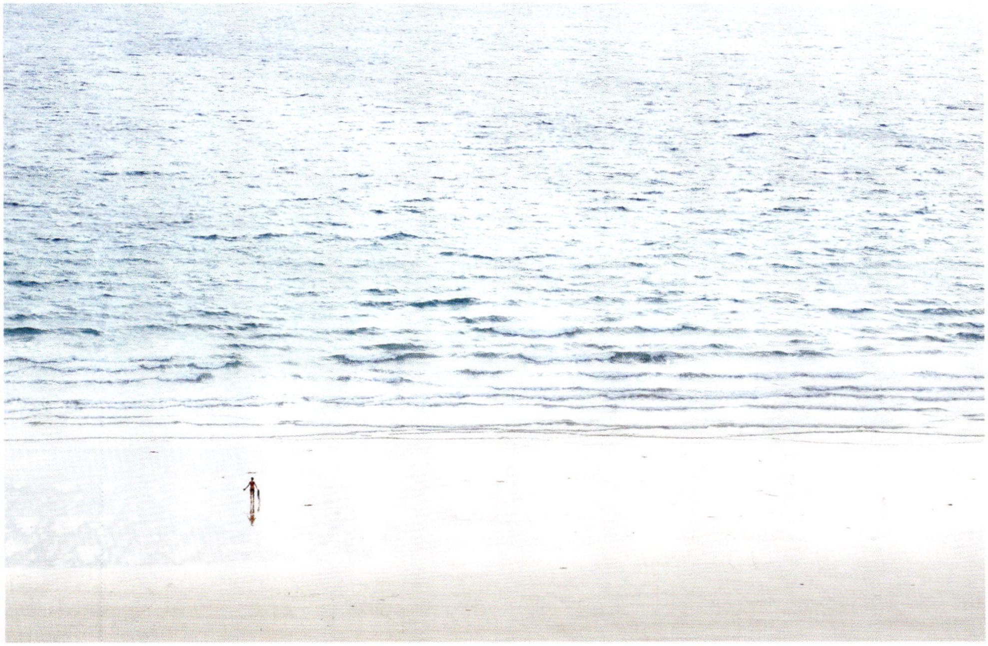

Dépôt légal : mai 2014
Numéro d'éditeur : 9206
Imprimé par Ingoprint en Espagne